Udo Kuckartz | Stefan Rädiker

Qualitative Inhaltsanalyse. Methoden, Praxis, Umsetzung mit Software und künstlicher Intelligenz

Grundlagentexte Methoden

Udo Kuckartz | Stefan Rädiker

Qualitative Inhaltsanalyse. Methoden, Praxis, Umsetzung mit Software und künstlicher Intelligenz

6., überarbeitete und erweiterte Auflage

BELTZ JUVENTA

Die Autoren

Udo Kuckartz, Jg. 1951, Dr. phil. M. A., ist emeritierter Professor für empirische Erziehungswissenschaft und Methoden der Sozialforschung an der Philipps-Universität Marburg. Seine Arbeitsschwerpunkte sind qualitative und quantitative Methoden sowie Forschung zum Umwelt- und Klimabewusstsein.

Stefan Rädiker, Jg. 1976, Dr. phil., ist Dozent und Berater für Forschungsmethoden und Evaluation. Er hat zahlreiche Lehrbücher zur qualitativen und quantitativen Forschung verfasst. Im Zentrum seiner Forschung und Lehre steht die computergestützte Analyse von qualitativen und Mixed-Methods-Daten.

MIX
Papier | Fördert gute Waldnutzung
FSC® C089473

Dieses Buch ist erhältlich als:
ISBN 978-3-7799-7912-8 Print
ISBN 978-3-7799-7913-5 E-Book (PDF)

6., überarbeitete und erweiterte Auflage 2024

in der Verlagsgruppe Beltz · Weinheim Basel
Werderstraße 10, 69469 Weinheim

Herstellung: Ulrike Poppel
Satz: text plus form, Dresden
Druck und Bindung: Beltz Grafische Betriebe, Bad Langensalza
Beltz Grafische Betriebe ist ein Unternehmen mit finanziellem Klimabeitrag
(ID 15985-2104-100)
Printed in Germany

Weitere Informationen zu unseren Autor_innen und Titeln finden Sie unter: www.beltz.de

Vorwort

In der letzten, der fünften Auflage dieses Lehrbuches, hatten wir im Juli 2021 mit einem Ausblick auf die zukünftige Entwicklung der qualitativen Inhaltsanalyse geendet. Unsere Prognose war, dass die künstliche Intelligenz bei dieser Entwicklung der Motor sein würde und so endete das Schlusskapitel mit dem Satz „Ihr werdet es erleben". Diese Einschätzung hat sich bewahrheitet, das Tempo und das Ausmaß der Entwicklung hat uns allerdings total überrascht. Im November 2022, als OpenAI mit viel Public Relation die KI ChatGPT vorstellte, hat sich die Welt verändert. Auch vorher gab es schon künstliche Intelligenz. Es gab schon seit längerem Literatur über die Möglichkeiten von KI, Literatur über Risiken sowie Warnungen vor den Folgen. Ja die Gründung der Firma OpenAI war bereits eine Reaktion auf die wahrgenommene Gefahr, dass ein Unternehmen, nämlich Google, die Möglichkeiten der KI ohne Rücksicht auf die Risiken entwickeln wollte (siehe Biografie von Elon Musk).

Im Frühjahr 2023 schien sich plötzlich alle Welt mit ChatGPT zu beschäftigen. So wie an einem sehr warmen Tag im März plötzlich alle Tulpen in einem Garten aufblühen und allseits die Aufmerksamkeit auf sich ziehen, so ähnlich passierte es mit ChatGPT, einem KI-Chatbot, welcher es nun allen ermöglichte, die Leistungen heutiger künstlicher Intelligenz am eigenen Laptop, PC oder Handy selbst zu erkunden. Nach anfänglicher Skepsis und Zögern haben wir dann auch selbst Versuche gestartet, qualitative Daten mittels ChatGPT auszuwerten und wir haben erkundet, wie die Schritte der qualitativen Inhaltsanalyse mit ChatGPT 3.5 durchgeführt werden können. Was war das Resultat? Wir waren enthusiastisch und erschrocken zugleich, denn die Resultate waren beängstigend gut und sie wurden mit der neuen Version 4 von ChatGPT noch besser. Bei uns stellte sich das Bauchgefühl ein: Gleichgültig wie die Rezeption sein würde, die KI ist gekommen, um zu bleiben. Der Kopf sagte allerdings gleichzeitig Probleme voraus, solche des Datenschutzes, der Ethik und der wissenschaftlichen Forschung und Lehre insgesamt. Es dauerte auch nicht lange, da ging auf vielen Ebenen und in vielen Communitys die Diskussion um die Chancen und Risiken von KI wie ChatGPT los. Sogar Elon Musk plädierte für ein Moratorium der KI-Weiterentwicklung, einige Universitäten verboten die Benutzung, während andere schon neue Studiengänge mit dem attraktiven Namen „Prompt Engineering" vor Augen hatten.

Mittlerweile ist ein Jahr vergangen und die Aufgeregtheit der Diskussion hat sich ein wenig abgeschwächt. Gleichwohl mangelt es immer noch an Regeln, wie im Wissenschaftsbetrieb, in Forschung und Lehre mit den neuen Möglichkeiten umgegangen werden kann. Bei den Autoren dieses Buches hat sich das anfängliche Bauchgefühl, nämlich dass diese neue Technologie bleiben wird, bewahrheitet und wir haben uns mit der konkreten Umsetzung in die Praxis qualitativer Datenanalyse beschäftigt. Dabei waren wir von vornherein davon überzeugt, dass wir die KI nicht als Konkurrent oder gar als Ersatz der menschlichen Analyse begreifen wollten, sondern als … ja, als was denn? Allzu leicht wird einem das Wort „Werkzeug" in den Sinn kommen: Ja, die KI als ein innovatives Werkzeug, um den Analyseprozess effizienter und valider zu gestalten, um Zeit zu sparen – etwa beim allseits als sehr aufwendig wahrgenommenen Prozess der Codierung der Daten. Diese Zeit, so die Hoffnung, könne dann für tiefergehende Interpretationen und substanziellere Analysen verwendet werden. Aber diese Rollenzuschreibung greift zu kurz: Die KI ist nicht nur Werkzeug, sondern gewissermaßen auch Partnerin bei der gemeinsamen Auswertung, sie ist Assistent und Co-Analysator und kann sogar Zusammenhänge aufzeigen, welche die Forschenden erstmal nicht im Blick hatten. In dieser Rolle ist die KI auch durchaus in der Lage, disruptive Potenziale zu entwickeln. Noch ist es allerdings nicht so weit, dass sie menschliche Analysten ersetzen würde. Mittelfristig kann die KI eine sehr wichtige Rolle bei der qualitativen Inhaltsanalyse spielen, und zwar insbesondere dann, wenn sie sinnvoll in die einzelnen Phasen und Schritte der qualitativen Inhaltsanalyse integriert wird. Welche Möglichkeiten hier bestehen, stellen wir im neuen Kapitel 10 dar, welches speziell der KI-Integration in die Analyse gewidmet ist.

As time goes by. Nun ist es über ein Jahrzehnt her, seit die erste Auflage dieses Lehrbuches erschien. Das Buch kann also schon auf eine längere Geschichte zurückblicken. Diese Formulierung sollte allerdings nach den APA-Regeln vermieden werden, denn es handelt sich um einen Anthropomorphismus: Ein Buch kann nicht zurückblicken. Aber ein Buch kann eine Geschichte haben und diese wollen wir Autoren, Udo Kuckartz und Stefan Rädiker, kurz erzählen: Den Anstoß gaben die vielen Methodenseminare und Workshops, die Udo Kuckartz an verschiedenen Hochschulen und Forschungsinstituten durchführte und die vielen Fragen der Studierenden, die im Rahmen ihrer Abschlussarbeiten nach einer Analysemethode suchten. Als Hochschullehrer, seit 1999 an der Philipps-Universität in Marburg, konnte er bei Bachelor- und Masterstudierenden, Doktorandinnen und Doktoranden immer wieder beobachten, wie unsicher sie sich bei der Auswertung ihrer qualitativen Daten fühlten. Ziemlich ratlos suchten sie nach einer geeigneten Analysestrategie und vor allem nach möglichst genau beschriebenen Methoden und Techniken, die sie bei der praktischen Durchführung ihrer Datenauswertung benutzen konnten. Ein Lehrbuch, so die Idee, könnte dabei helfen, diesen dringlichen Bedarf zu adressieren.

Schon in den verschiedenen Auflagen von Udo Kuckartz' Lehrbuch „Computergestützte Analyse qualitativer Daten" (3. Auflage 2010) war ein Kapitel über verschiedene Analysemethoden enthalten, unter anderem über die Grounded Theory und die qualitative Inhaltsanalyse. Nun war dieses Buch von Auflage zu Auflage auf fast 300 Seiten angewachsen und es schien nicht sinnvoll, die Darstellung der Analysemethoden wesentlich auszuweiten und damit das Buch weiter anwachsen zu lassen. So entstand der Plan, ein spezielles Buch über die qualitative Inhaltsanalyse und ihre verschiedenen Varianten zu schreiben. Seit Anfang 2010 nahm der Plan konkrete Formen an, Udo Kuckartz erstellte Konzepte und schrieb Entwürfe der einzelnen Kapitel. Im September 2011 war unsere Arbeitsgruppe MAGMA (das Kürzel steht für Marburger Arbeitsgruppe für Methoden und Evaluation) zum jährlichen Retreat ins Kleinwalsertal gefahren, ins Marburger Haus, einem Studienhaus der Philipps-Universität. In einem kleinen holzvertäfelten Seminarraum saßen wir zusammen und diskutierten das Buchprojekt. Stefan Rädiker, der mit der fünften Auflage als zweiter Autor hinzugekommen ist, war bereits damals unter den Diskutanten. Es wurde eine sehr produktive Arbeitssitzung, die Gliederung und die Kernaussagen der Kapitel wurden thematisiert und das Vorhaben erhielt einen Schub. Von nun an ging es rasant voran, mit dem Juventa Verlag und dem engagierten Lektor Frank Engelhardt wurde ein renommierter Publikationsort gefunden. Im Juli 2012 erschien dann die erste Auflage. Im Vorwort hieß es programmatisch:

> „Ziel des Buches ist es, eine möglichst nachvollziehbare Beschreibung der Vorgehensweise bei qualitativen Inhaltsanalysen zu liefern, und zwar am Beispiel der Auswertung von qualitativen Interviews, genauer gesagt von leitfadenorientierten Interviews. Die vorgestellten Verfahren eignen sich im Prinzip auch für andere Datenarten wie beispielsweise narrative Interviews, Beobachtungsprotokolle, visuelle Daten, Bilder, Dokumente etc.; sie müssen aber jeweils entsprechend angepasst werden. (…)
>
> Es werden in diesem Buch also keine Patentrezepte gegeben, sondern es werden inhaltsanalytische Basisverfahren dargestellt, die jeweils an die spezifische Situation eines Forschungsprojektes angepasst werden müssen“.

An dieser grundlegenden Positionsbestimmung halten wir auch für diese sechste Auflage fest. Ebenso ist die praktische Orientierung für uns weiter maßgebend. Sie hat dazu geführt, dass das Buch von Beginn an sehr viele Leser und Leserinnen gefunden hat; diese große Resonanz führte dazu, dass in rascher Folge vier Neuauflagen (2014, 2016, 2018, 2022) erschienen. Seit der fünften Auflage wird das Buch von Udo Kuckartz und Stefan Rädiker gemeinsam verfasst. Damit verbindet sich die Erwartung, dass dieses Lehrbuch auch in Zukunft weiterentwickelt wird, also „lebendig“ bleibt. Es wird also hoffentlich noch viele weitere Auflagen des Buches geben.

The times they are a-changin'. Es hat sich seit der ersten Auflage dieses Buches viel geändert in punkto qualitative Inhaltsanalyse, vor allem was die internationale Sichtbarkeit dieser Methode betrifft. In zahlreichen Forschungsprojekten wird die qualitative Inhaltsanalyse weltweit genutzt, englische Lehrbücher wie die von Schreier (2012), Kuckartz (2014a) und Kuckartz und Rädiker (2023) sind erschienen und in Beiträgen in Zeitschriften und Handbüchern lassen sich mittlerweile Darstellungen der Methode finden. Besonders erwähnenswert sind die 2019 bzw. 2020 erschienenen beiden Special Issues „Qualitative Content Analysis" der Online-Zeitschrift *Forum Qualitative Sozialforschung*. Diese enthalten mehr als 50 Beiträge, die sich mit unterschiedlichen Aspekten der qualitativen Inhaltsanalyse befassen, von Fragen der Konzeption und Methodologie über Fragen der Abgrenzung zu anderen Methoden bis hin zu Anwendungsbeiträgen aus verschiedenen Disziplinen.

In dieses Lehrbuch haben wir diese Entwicklungen aufgenommen, ohne die Kernidee und den Aufbau des Buches über Bord zu werfen. In den Vorworten zu den vergangenen Auflagen stand, dass das Hauptmotiv zum Schreiben des Buches war, Studierenden eine Anleitung für eine valide und nachvollziehbare Methode an die Hand zu geben, mit der sie die Daten ihrer Abschlussarbeiten analysieren können. Daran hat sich nichts geändert.

Für wen das Buch geschrieben ist

Zielgruppe dieses Buch sind alle diejenigen, die vor der Aufgabe stehen, qualitative Daten zu analysieren und dieses in einer methodisch kontrollierten, transparenten und dokumentierbaren Art und Weise tun wollen. Dies sind zuvorderst empirisch Forschende und Studierende, die bereits ein Grundwissen in qualitativen und quantitativen Methoden erworben haben, und nun vor dem praktischen Problem der Datenanalyse stehen, beispielsweise im Rahmen einer Bachelor- oder Masterarbeit oder einer Dissertation. Die Aufgabe, qualitative Daten zu analysieren, ist dabei keine Angelegenheit einer speziellen Wissenschaftsdisziplin, sondern diese Aufgabe stellt sich in sehr vielen Wissenschaftsdisziplinen und Praxisbereichen, z. B. in der Erziehungswissenschaft, der Soziologie, der Politikwissenschaft, der Psychologie, im Marketing, in Medien- und Kommunikationswissenschaft, den Geisteswissenschaften, den Gesundheits- und Pflegewissenschaften und vielen anderen mehr, die hier nicht alle aufgeführt werden können.

Auch außerhalb von Hochschulen und akademischen Forschungseinrichtungen besteht ein großes Interesse an Methoden zur Analyse qualitativer Daten, denn qualitative Forschung ist aus guten Gründen immer attraktiver geworden. Durch sie wird es möglich, in den Daten tiefer zu schürfen als es gemeinhin in quantitativer Forschung möglich ist. Hier lässt sich viel erfahren über Motive, subjektive Wahrnehmungen und Präferenzen, über Interaktionen und biografische Entscheidungsprozesse. In einer Welt, in der Fakten oder vermeintliche Fakten keine gesicherte Rolle mehr spielen, sind es gerade diese früher als „weiche Faktoren" bezeichneten Phänomene, die verstärkt in den Mittelpunkt der Aufmerksamkeit rücken und auf das „Verstehen" des wirklichen Lebens zielen.

Zum Aufbau des Buches

Ziel des Buches ist es, die Vorgehensweise bei qualitativen Inhaltsanalysen möglichst nachvollziehbar zu beschreiben, und zwar wie schon in den vorangehenden Auflagen vorrangig am Beispiel der Analyse qualitativer *Interviews.*

Im *ersten Kapitel* werden die allgemeinen Fragen zur Methode der qualitativen Inhaltsanalyse und ihren Grundlagen behandelt. Hier erläutern wir unsere methodologische Position, argumentieren für die zentrale Rolle der Forschungsfrage(n) und zeichnen die historische Entwicklung von der quantitativ orientierten Inhaltsanalyse zur qualitativen Inhaltsanalyse nach.

Das *zweite Kapitel* ist den wichtigsten Instrumenten der qualitativen Inhaltsanalyse gewidmet, den Kategorien und dem Codieren. Während wir in diesem Kapitel die eher allgemeinen Fragen wie etwa nach Kategorienarten und Kategoriendefinition behandeln, wenden wir uns im *dritten Kapitel* der Praxis zu und befassen uns mit einer für die qualitative Inhaltsanalyse eminent wichtigen Tätigkeit, nämlich dem praktischen Prozess des Bildens von Kategorien. Behandelt und an Beispielen erläutert werden sowohl die Kategorienbildung am Material (induktive Kategorienbildung) als auch Formen der deduktiven Kategorienbildung basierend auf dem aktuellen Forschungsstand, einer Theorie oder einer bereits vor der Auswertung vorhandenen inhaltlichen Strukturierung.

In den *Kapiteln 4 bis 7* werden drei Methoden der qualitativen Inhaltsanalyse behandelt: die inhaltlich strukturierende Analyse, die evaluative und die typenbildende Analyse. *Kapitel 4* ist ein einleitendes Kapitel, in dem zunächst die Gemeinsamkeiten und Differenzen dieser drei Methoden thematisiert werden. Zudem geht es hier um die erste Phase der Analyse, die initiierende Textarbeit, das Schreiben von Memos und das Erstellen erster Fallzusammenfassungen, d. h., Tätigkeiten, die allen drei Methoden gemeinsam sind.

In den *Kapiteln 5, 6 und 7* werden sodann die drei Methoden der qualitativen Inhaltsanalyse detailliert in ihrem Ablauf beschrieben. *Kapitel 5* ist der inhaltlich strukturierenden Analyse, *Kapitel 6* der evaluativen und *Kapitel 7* der typenbildenden qualitativen Inhaltsanalyse gewidmet.

Die Vorgehensweisen bei der computergestützten Analyse mit Hilfe von QDA-Software sind Gegenstand von *Kapitel 8,* wobei der gesamte Analyseprozess, von der initiierenden Textarbeit bis zur Verschriftlichung der Ergebnisse beleuchtet wird.

Kapitel 9 fokussiert die Themen Gütekriterien, Erstellung des Forschungsberichts und Dokumentation des Auswertungsprozesses.

Kapitel 10 wurde neu in diese sechste Auflage aufgenommen. Unter dem Titel „Unterstützung durch künstliche Intelligenz“ stellen wir zunächst dar, welche Rolle nach unserer Auffassung künstliche Intelligenz in der qualitativen Inhaltsanalyse spielen kann. Anschließend erörtern wir entlang der verschiedenen Phasen einer qualitativen Inhaltsanalyse die praktischen Möglichkeiten im Detail.

Dieses Buch besitzt einen linearen Aufbau, d. h., es ist so konzipiert, dass die einzelnen Kapitel aufeinander aufbauen und deshalb optimalerweise auch hintereinander gelesen werden sollten. Wir sind uns aber der geänderten Lesegewohnheiten bewusst: Oftmals werden nur spezielle Kapitel – etwa über Kategorienbildung – gelesen und die Verlage tragen dem auch insofern Rechnung, als sie gute Online-Recherchierbarkeit und gesonderte DOI-Nummern für die einzelnen Kapitel vorsehen. Wir haben dies insoweit berücksichtigt, als wir darauf geachtet haben, dass die einzelnen Kapitel so weit wie möglich auch aus sich heraus verständlich sein sollen. Manchmal hat dies Redundanzen zur Folge, die aber bei dieser Zielsetzung nicht vermeidbar sind.

Danksagung
Wir danken all denjenigen, die seit der ersten Auflage zu diesem Buch beigetragen und uns immer wieder Ideen und wertvolle Feedbacks gebracht haben, vor allem den vielen Studierenden und jungen Wissenschaftlern und Wissenschaftlerinnen, die in Seminaren, Workshops, Summer Schools und Beratungen schlaue Fragen gestellt haben, unseren Ansatz hinterfragt und ggf. auch kritisiert haben.

Wie immer ist es eine große Freude, wenn ein Buch nach Monaten der Arbeit endlich fertiggestellt ist. Doch handelt es sich meistens um eine never ending story, bereits beim ersten Durchblättern eines frisch gedruckten Exemplars kommen Ideen zur Verbesserung und manchmal werden auch gleich einige Fehlerchen entdeckt, die sich trotz aller Sorgfalt eingeschlichen haben. Wir möchten alle Leserinnen und Leser zum Feedback ermutigen: Senden Sie uns ihre Bewertungen, Lob und Tadel sowie Verbesserungsvorschläge einfach per Mail an kuckartz@uni-marburg.de oder raediker@methoden-expertise.de.

Berlin im Juni 2024
Udo Kuckartz und Stefan Rädiker

P. S.: Wir haben auch eine Webseite zu diesem Buch eingerichtet, auf der Sie neben den Ablaufgrafiken für die drei Varianten der Methode qualitative Inhaltsanalyse auch Checklisten zur Studiengüte und einiges mehr finden.
→ www.qualitativeinhaltsanalyse.de

Inhalt

1 Grundlagen der Methode „Qualitative Inhaltsanalyse“

In diesem Kapitel erfahren Sie etwas über

- die Unterscheidung von qualitativen und quantitativen Daten,
- die Merkmale von qualitativer, quantitativer und Mixed-Methods-Forschung,
- die grundlegenden Probleme des Verstehens von Texten und hermeneutische Zugänge,
- die zentrale Stellung der Forschungsfragen für die Analyse,
- die Notwendigkeit von methodischer Strenge, auch in der qualitativen Forschung,
- die Geschichte der qualitativen Inhaltsanalyse,
- wichtige Kennzeichen qualitativer Inhaltsanalyse und ihre Definition sowie typische Datenarten und
- relevante methodologische Aspekte.

1.1 Qualitative Daten, quantitative Daten – einige notwendige Vorbemerkungen

In diesem Buch geht es um Methoden zur Analyse qualitativer Daten, doch was ist überhaupt unter „qualitative Daten“ und dem komplementären Begriff „quantitative Daten“ zu verstehen? Während der Begriff „quantitative Daten“ – auch von Laien – ohne Umschweife mit Zahlen, Statistiken und im ökonomischen Bereich möglicherweise mit Kosten assoziiert wird, ist der Begriff „qualitative Daten“ nicht gleichermaßen selbsterklärend, denn er hat in verschiedenen Wissenschaftsdisziplinen wie auch im Alltagsleben sehr verschiedene Bedeutungen. Im Bereich des Personalwesens umfasst er beispielsweise solche Bereiche wie Mitarbeiterzufriedenheit, Leistungsbereitschaft oder Betriebsklima – im Gegensatz zu den quantitativen (harten) Daten wie etwa Personalkosten, Mitarbeiterzahl etc. In der Geographie sind die Einwohnerzahlen von verschiedenen Gemeinden typische quantitative Daten, während es sich bei der Einteilung einer Gemeinde nach Nutzungszonen um qualitative Daten handelt. Etwas verwirrend ist, dass in der Methodenliteratur über die Analyse quantitativer Daten häufig auch kategoriale nominalskalierte Variablen als qualitative Daten bezeichnet werden, d. h., es handelt sich hierbei also um einen Datentyp aus dem Bereich standardisierter quantitativ orientierter

Forschung. Dementsprechend findet man dort auch den Begriff „qualitative Analyseverfahren“ für Formen der statistischen Analyse solcher kategorialer Daten, so etwa in Wolf und Best (2010).

Im Rahmen dieses Buches soll mit folgender pragmatischer Definition von quantitativen und qualitativen Daten gearbeitet werden:

Als quantitative Daten werden numerische Daten, also Zahlen, bezeichnet. Qualitative Daten sind demgegenüber vielfältiger, es kann sich um Texte, aber auch um Videos, Bilder, Fotografien, Audioaufzeichnungen, kulturelle Artefakte und anderes mehr handeln.

Trotz der Multimedia-Revolution, die in den letzten Dekaden stattgefunden hat, und trotz der allerorten diagnostizierten epochalen Verschiebung zum Visuellen in unserer Kultur, sind es im Bereich der Sozialwissenschaften, der Psychologie und der Erziehungswissenschaften nach wie vor Texte, die den dominierenden Typ qualitativer Daten darstellen. Die im Folgenden vorgestellten Methoden qualitativer Inhaltsanalyse sind für den Datentyp „Text“ konzipiert und in den dargestellten Beispielen werden auch ausnahmslos Texte verwendet, prinzipiell sind die Methoden allerdings ebenso auf andere Arten qualitativer Daten wie Videos, Bilder oder Fotos übertragbar.

Anders als dies in der Methodenliteratur häufig geschieht, betrachten wir qualitative Daten keineswegs als Daten von minderer Qualität. Die Vorstellung, dass es analog zur Wertigkeit von Skalen – zuunterst Nominal-, dann Ordinal- und zuoberst Intervallskala – auch eine Wertigkeit von Analyseformen gäbe und die eigentliche Wissenschaft erst mit Quantifizierung und der statistischen Analyse quantitativer Daten beginnen würde, erscheint uns abwegig und wird durch einen Blick in andere wissenschaftliche Disziplinen eindeutig widerlegt. In vielen Wissenschaftszweigen, nicht zuletzt in der Klimaforschung, der Geo-Physik und der Medizin wird mit nicht-numerischen Daten gearbeitet, beispielsweise im Bereich der hoch entwickelten bildgebenden Verfahren der Medizin (MRT, MRI, NMRI etc.). Qualitative Daten sind keineswegs eine *schwache* Form von Daten, sondern eine *andere* Form, die auch andere nicht minder komplexe und methodisch kontrollierte Analyseverfahren erfordern.

In diesem Kontext ist auch der Hinweis von Bernard und Ryan (2010, S. 4–7) auf die Mehrdeutigkeit des Begriffs „qualitative data analysis“ (qualitative Datenanalyse) bedeutsam. Diese lässt sich sofort erkennen, wenn die drei Wörter „qualitative“, „data“ und „analysis“ auf unterschiedliche Weise zusammengeklammert werden. Während mit „(qualitative data) analysis“ die Analyse von qualitativen Daten – also im obigen Sinne von Texten, Bildern, Filmen etc. – gemeint ist, bedeutet „qualitative (data analysis)“ die qualitative Analyse von Daten aller Art – also sowohl von qualitativen wie von quantitativen Daten.

Folgt man dieser Differenzierung von Daten und Analyse ergibt sich folgende Vier-Felder-Tafel[1]:

Tab. 1 Qualitative und quantitative Daten und Analyse (nach Bernard & Ryan, 2010, S. 4)

	qualitative Daten	quantitative Daten
qualitative Analyse	A Interpretative Textanalyse, Hermeneutik, Grounded Theory etc.	B Suche und Darstellung der Bedeutung von Resultaten quantitativer Verfahren
quantitative Analyse	C Transformation von Worten in Zahlen, quantitative Inhaltsanalyse, Worthäufigkeiten, Wortlisten etc.	D Statistische und mathematische Analyse numerischer Daten

Das Feld A (oben links) und das Feld D (unten rechts) erscheinen uns wohlbekannt: Feld A beinhaltet die *qualitative Analyse von qualitativen Daten,* etwa in Form hermeneutischer Analysen, der Grounded Theory oder anderer qualitativer Analysemethoden. Feld D, die *quantitative Analyse von quantitativen Daten,* ist uns ebenfalls vertraut. Dies geschieht unter Einsatz von statistischen Verfahren, also der typischen Analyseweise für quantitative Daten. Die Tabelle zeigt allerdings auch zwei zunächst nicht erwartete Kombinationen, nämlich die qualitative Analyse von quantitativen Daten (Feld B) und die quantitative Analyse von qualitativen Daten (Feld C). Letztere kann etwa in der Auswertung der Häufigkeit von Wörtern und Wortkombinationen bestehen. Die qualitative Analyse von quantitativen Daten (Feld B), sprich die interpretative Arbeit bei der Auswertung quantitativer Daten, beginnt dann, wenn die statistischen Verfahren durchgerechnet sind und die Resultate in Form von Tabellen, Koeffizienten, Parametern und Schätzungen vorliegen. Nun heißt es, die *Bedeutung* der Resultate zu interpretieren und die Substanz der Resultate herauszuarbeiten. Ohne diese qualitative Analysearbeit bleiben die bloßen Zahlen steril und im wörtlichen Sinn *nichts sagend.*

Die differenzierte Betrachtung von Bernard und Ryan macht deutlich, dass die Art der Daten nicht zwingend die Art der Analyse determiniert. Rückt man von der Annahme einer solch zwingenden Verbindung zwischen Datentyp und Analysetyp ab, wird deutlich, dass durchaus eine quantitative

1 Die Vier-Felder-Tafel nimmt eine ältere von Alan Bryman (1988) stammende Differenzierung auf, in der allerdings anstelle von qualitativen und quantitativen Daten von qualitativer und quantitativer Forschung die Rede war. Die Felder B und C der Tabelle rubriziert Bryman als „inkongruent".

Analyse qualitativer Daten wie auch eine qualitative Analyse quantitativer Daten möglich sind. Es besteht also kein Grund zu der Annahme eines tiefen Grabens zwischen qualitativer und quantitativer Perspektive. Im Alltag – wie auch in der Wissenschaft – hegen wir Menschen sogar eher einen natürlichen Hang zur Methodenkombination: Wir bemühen uns stets beide Perspektiven im Auge zu behalten, den qualitativen und den quantitativen Aspekt sozialer Phänomene.

1.2 Qualitative, quantitative und Mixed-Methods-Forschung

Von einem Buch über Methoden der Analyse qualitativer Daten erwartet man möglicherweise nicht nur eine Definition der Begriffe „qualitative Daten" und „quantitative Daten", sondern eine Definition des Begriffs „qualitative Forschung", die über die Formulierung „Erhebung und Auswertung nicht-numerischer Daten" hinausgeht. Einschlägige Definitionen gibt es in großer Zahl und zahlreich sind auch die Versuche der Gegenüberstellung von quantitativer und qualitativer Forschung (so z. B. bei Johnson & Christensen, 2020, S. 33–34; Lamnek & Krell, 2016, S. 254). Flick, der sein Lehrbuch „Qualitative Sozialforschung. Eine Einführung" (Flick, 2007) mit einem Abschnitt zur Aktualität und zur Geschichte qualitativer Forschung beginnt, schreibt der qualitativen Forschung eine prinzipiell andere Grundhaltung zu:

> „Qualitative Forschung ist von anderen Leitgedanken als quantitative Forschung bestimmt. Wesentliche Kennzeichen sind dabei die Gegenstandsangemessenheit von Methoden und Theorien, die Berücksichtigung und Analyse unterschiedlicher Perspektiven sowie der Reflexion des Forschers über die Forschung als Teil der Erkenntnis." (Flick, 2007, S. 26)

Nun würden zumindest hinsichtlich des letzten Punktes (kritische Reflexion der eigenen Forschung) Protagonisten quantitativer Forschung vermutlich den impliziten Vorwurf zurückweisen, sie würden dies in ihrer Forschung nicht tun. Die Unterscheidungsmerkmale „Gegenstandsangemessenheit von Methoden und Theorien" und „Analyse unterschiedlicher Perspektiven" werden jedenfalls dann problematisch, wenn sie als Abgrenzung zu Mixed-Methods-Ansätzen dienen sollen, denn Vertreter:innen dieser Ansätze, die häufig als „third methodological movement"[2] verstanden werden (Tashakkori & Teddlie, 2010, S. IX), schreiben sich eben genau diese Merkmale auf die eigenen Fahnen

2 Aus diesem Blickwinkel gilt das quantitative Paradigma als das erste und das seit den 1970er Jahren existierende qualitative Paradigma als das zweite „Movement".

und haben damit keineswegs unrecht. Schließlich konstatiert auch Flick sowohl für qualitative wie für quantitative Forschung die Existenz von Grenzen hinsichtlich dessen, was sich mit dem jeweiligen Ansatz erforschen lässt, woraus sich plausibel die Forderung nach der Integration und Kombination der beiden Forschungsarten herleiten lässt.

Die qualitative Forschung präsentiert sich heute als ein kaum überschaubares Feld von einzelnen, teilweise exotisch anmutenden Methoden und Techniken.[3] Tesch hatte bereits Anfang der 1990er Jahre den Versuch unternommen, die Vielfalt der Ansätze qualitativer Forschung in eine übersichtliche Ordnung zu bringen. Ergebnis war ein Tableau von fast 50 verschiedenen qualitativen Ansätzen, Strömungen und Analyseformen, die vom „Action Research" bis zum „Transformative Research" reichten (Tesch, 1990, S. 58–59). Tesch hatte diese Vielfalt in einer *Cognitive Map* geordnet und die Ansätze danach unterschieden, ob sich das Forschungsinteresse a) auf die Charakteristika von Sprache, b) auf die Entdeckung von Regelmäßigkeiten, c) auf das Verstehen der Bedeutung des Textes bzw. der Handlung oder d) auf Reflexion richtet.

Es scheint, als fühle sich fast jeder Autor und jede Autorin eines Lehrbuches qualitativer Methoden immer wieder aufs Neue verpflichtet, eine Systematik qualitativer Ansätze zu erstellen. Die Ergebnisse solcher Systematisierungen unterscheiden sich stark: Beispielsweise kommen Creswell und Poth zu einer komplett anderen Differenzierung und unterscheiden fünf verschiedene (Haupt-)Ansätze von qualitativer Forschung: „Narrative Research", „Phenomenology", „Grounded Theory Research", „Ethnography" und „Case Study" (Creswell & Poth, 2018). Gegenüber Teschs am Forschungsinteresse ausgerichteter Differenzierung sind bei Creswell und Poth einerseits wissenschaftstheoretische und andererseits forschungspragmatische Gesichtspunkte leitend.

Es ist hier nicht der Ort für eine Synopse dieser Vielzahl von Systematisierungen, sondern es soll lediglich auf die Existenz einer schillernden Vielfalt qualitativer Ansätze verwiesen werden, denen kein einheitliches theoretisches und methodisches Verständnis zu Grunde liegt (Flick, 2007, S. 29–30). Demzufolge sind auch die Definitionen von „qualitativer Forschung" sehr different. Manche Elemente wie Fallbezogenheit, Authentizität, Offenheit und Ganzheitlichkeit findet man nahezu in jeder Definition. Es soll an dieser Stelle genügen, auf die zwölf Kennzeichen qualitativer Forschungspraxis zu verweisen, die von Flick et al. (2017, S. 24) genannt werden:

1. Methodisches Spektrum statt Einheitsmethode
2. Gegenstandsangemessenheit von Methoden

3 Dieser Eindruck stellt sich jedenfalls ein, wenn man das „Handbook of Qualitative Research" von Denzin und Lincoln (2018) oder die Abstract-Bände der Qualitative Inquiry Konferenzen zur Hand nimmt (www.icqi.org).

3. Orientierung am Alltagsgeschehen und/oder Alltagswissen
4. Kontextualität als Leitgedanken
5. Perspektiven der Beteiligten
6. Reflexivität des Forschers
7. Verstehen als Erkenntnisprinzip
8. Prinzip der Offenheit
9. Fallanalyse als Ausgangspunkt
10. Konstruktion der Wirklichkeit als Grundlage
11. Qualitative Forschung als Textwissenschaft
12. Entdeckung und Theoriebildung als Ziel

In der Methodenliteratur wird aber nicht nur die Position einer strikten Gegenüberstellung von quantitativer und qualitativer Forschung vertreten. So vertritt beispielsweise Oswald in seinem programmatischen Handbuchartikel „Was heißt qualitativ forschen?" (Oswald, 2010) den Standpunkt, dass qualitative und quantitative Methoden auf einem Kontinuum liegen, dass es also Gemeinsamkeiten und Überschneidungen sowie vielfältige sinnvolle Kombinationsmöglichkeiten gebe. Auch in der quantitativen Forschung gebe es, so Oswald, qualitative Merkmale (dort Kategorialdaten genannt) und auch dort würden die Ergebnisse statistischer Analysen *interpretiert.* Umgekehrt finde man auch in der qualitativen Forschung Quasi-Quantifizierungen, was sich in der Verwendung von Begriffen wie „häufig", „selten", „in der Regel", „typischerweise" etc. manifestiert. Ergebnis von Oswalds Überlegungen ist folgende instruktive Beschreibung der Differenz von qualitativer und quantitativer Forschung:

> „Qualitative Sozialforschung benutzt nichtstandardisierte Methoden der Datenerhebung und interpretative Methoden der Datenauswertung, wobei sich die Interpretationen nicht nur, wie meist bei den quantitativen Methoden auf Generalisierungen und Schlussfolgerungen beziehen, sondern auch auf die Einzelfälle." (Oswald, 2010, S. 75)

Was in Oswalds Position durchscheint, nämlich dass qualitative und quantitative Methoden sich keineswegs wechselseitig ausschließen, das wird im Diskurs um *Mixed Methods* offensiv in den Mittelpunkt gestellt. Bei Mixed-Methods-Ansätzen handelt es sich – im Selbstverständnis der führenden Akteure – um ein neues zeitgemäßes Methodenverständnis, das die alte Dualität der Ansätze in einem neuen dritten Paradigma aufhebt. Autorinnen und Autoren wie Bazeley (2018), Creswell und Plano Clark (2018), Mertens (2018), Morgan (2014), Tashakkori et al. (2021) und viele andere haben Mixed-Methods-Ansätze detailliert ausgearbeitet und sehr vielfältige und präzise Designvorschläge für Mixed-Methods-Forschung präsentiert. *Forschungspraktisch* außerordentlich interessant und relevant sind die Vorschläge dieser Autorinnen und Autoren für Forschungsprojekte in vielen Wissenschaftsdisziplinen. *Methodologisch* verdienen in diesem Kontext auch die Arbeiten von Udo Kelle zur Methodenintegration Erwähnung (Kelle, 2008). Während der Ansatz der Mixed Methods-Bewegung dem Pragmatismus verpflichtet ist (Creswell & Plano Clark, 2011, S. 22–36), setzt Kelle (2008) wissenschaftstheoretisch an, nämlich an der Erklären-Verstehen-Debatte, die seit mehr als hundert Jahren die Kontroverse zwischen Geistes- und Naturwissenschaften prägt. Kelles Konzept der Methodenintegration ist ein methodologisches, ihm geht es darum, die Kombination von Methoden auf einer tiefer liegenden Ebene zu fundieren. Er kehrt quasi zu den Anfängen der empirischen Sozialforschung und der Qualitativ-quantitativ-Kontroverse zurück, fragt, wie sozialwissenschaftliche, empirisch fundierte Theoriebildung möglich ist, und gelangt zu einem Konzept „verstehender Erklärung", das im Prinzip schon in den Forschungsarbeiten Max Webers zu entdecken ist (Kuckartz, 2009).

1.3 Die Herausforderung qualitativer Datenauswertung in der Forschungspraxis

Die methodische Orientierung empirischer Forschung in den Sozialwissenschaften, der Erziehungswissenschaft, den Gesundheitswissenschaften, der Politikwissenschaft und in abgeschwächter Form auch in der Psychologie hat sich in den letzten Jahrzehnten verschoben: Qualitative Forschung hat sich zunehmend etablieren können und erfreut sich heute insbesondere beim wissenschaftlichen Nachwuchs großer Beliebtheit. Tagungen und Konferenzen wie das *Berliner Methodentreffen* (www.berliner-methodentreffen.de) oder der *International Congress of Qualitative Inquiry* (www.icqi.org) repräsentieren die riesige Resonanz, die qualitative Forschung heute weltweit erzeugt.

Mit der Verschiebung der Forschungsmethoden in Richtung qualitative Methoden ist eine große Ausweitung der entsprechenden Methodenliteratur einhergegangen. Diese Literatur befasst sich sehr detailliert mit Erhebung und Design in der qualitativen Forschung, während Fragen der Auswertung qualitativer Daten häufig recht allgemein behandelt werden und nicht klar wird, wie genau man vorzugehen hat. In einem deutschsprachigen Doktorandenforum war beispielsweise der folgende Hilferuf einer Diplomandin zu lesen:

> Hallo,
>
> eigentlich wollte ich für meine Diplomarbeit einen Onlinefragebogen erstellen (es geht um Abgrenzung in der Beziehung erwachsener Kinder zu ihren Eltern). Da

meine Konstrukte aber schwer zu fassen und zu operationalisieren sind, meinte meine Betreuerin neulich: Haben Sie schon mal darüber nachgedacht, das Ganze qualitativ anzugehen und Interviews durchzuführen?

Mhm, naja. Ich durchwühle jetzt jede Menge Literatur, eher aus der sozialwissenschaftlichen Ecke. Aber ich finde einfach nichts Handfestes zur Auswertung qualitativer Daten. Das ist alles sehr schwammig. Und ich will ja auch ein paar Ergebnisse berichten am Ende. Bin grad sehr verzweifelt. Kann mir hier jemand einen Tipp geben?

Liebe Grüße, Dana

Der Studentin Dana lässt sich schwerlich widersprechen: So richtig Handfestes zur Auswertung qualitativer Daten ist nicht leicht zu finden. Genau an dieser Stelle setzt das vorliegende Buch an: Es will Wege aufzeigen, wie qualitative Daten methodisch kontrolliert und in systematischer Weise ausgewertet werden können. Qualitative Daten zu *erheben* ist nicht nur interessant und spannend, sondern in der Regel auch ohne größere *methodische* Probleme realisierbar. Die Schwierigkeiten betreffen eher den Feldzugang oder das eigene Verhalten im Feld, jedoch nicht die Methoden der Erhebung im engeren Sinne. Aber wie geht es nach der Erhebung der Daten weiter, wenn die Interviews aufgenommen, die Feldnotizen geschrieben oder Daten in Form von Videos gesammelt wurden?

Nicht nur Studierende fühlen sich an diesem Punkt des Forschungsprozesses unsicher und scheuen das Risiko qualitativer Forschung, weil eben die Analyseprozesse und die einzelnen Schritte der Auswertung in der Literatur nicht genau beschrieben und deshalb nur schwer nachvollziehbar sind. In durch Drittmittel finanzierten Projekten sieht es im Prinzip nicht wesentlich anders aus. Auch in den Forschungsberichten von Großprojekten, die innerhalb von Projektverbünden gefördert werden, lassen sich häufig nur sehr unpräzise Beschreibungen des Vorgehens bei der Datenanalyse finden. Eher floskelhaft wird lediglich beschrieben, man habe sich „an der Grounded Theory orientiert", sei „inhaltsanalytisch vorgegangen" oder habe „verschiedene Methoden kombiniert und abgekürzt". Eine präzisere, gut nachvollziehbare Darstellung der Vorgehensweise unterbleibt nur allzu häufig.

Nicht selten trifft man in punkto qualitative Datenanalyse allerdings auch auf eine Mentalität des (falsch verstandenen) „anything goes"[4]: Forschende, die aus der Lektüre qualitativer Methodentexte eine solche Schlussfolgerung

4 Das „Anything Goes" des amerikanischen Wissenschaftstheoretikers Paul Feyerabends war ja keineswegs als Freibrief gemeint, nun methodisch alles machen zu dürfen, was einem so einfiele, sondern als Aufforderung zum kreativen Einsatz von Methoden.

ziehen, glauben, sie könnten mehr oder weniger machen, was sie wollen. Sie könnten herrlich heruminterpretieren und den eigenen Assoziationen freien Lauf lassen, ohne dass die Gefahr bestünde, durch strenge Methodiker und Methodikerinnen in die Schranken gewiesen zu werden. Dabei können sie sich sogar noch auf die in der Diskussion um die Gütekriterien qualitativer Forschung anzutreffenden konstruktivistischen und postmodernen Standpunkte berufen, die betonen, dass die soziale Welt selbst kognitiv konstruiert sei und multiple Welten und Weltsichten nebeneinander existierten, sodass die Frage allgemeingültiger und objektiver Gütekriterien ohnehin obsolet sei. Solche Positionen werden in diesem Buch nicht geteilt, sondern uns erscheint die von Seale entwickelte Position eines „subtilen Realismus" (Seale, 1999) überzeugend: Seale plädiert im Diskurs um die Qualität qualitativer Forschung (an Hammersleys (1992) Arbeit anknüpfend) für einen pragmatischen Kompromiss zwischen den beiden Extremen, nämlich zwischen dem Festhalten an den starren Regeln der klassischen Forschungskonzepte (Objektivität, Reliabilität, Validität) einerseits und der Zurückweisung allgemeiner Kriterien und Standards andererseits. Gegenüber einer „skeptical audience" (Seale, 1999, S. 467) wie auch gegenüber forschungsfördernden Institutionen bedeutet die Formulierung angemessener Qualitätskriterien und die präzise Beschreibung und Dokumentation analytischer Verfahrensweisen (vgl. Kapitel 9) zweifellos einen Zuwachs an Glaubwürdigkeit und Reputation.

1.4 Sinnverstehen, Rolle des Vorwissens und klassische Hermeneutik

Wie wird ein Text (sozial-)wissenschaftlich analysiert? Ohne einen Text zu *verstehen,* kann man allenfalls die Zeichen und Wörter eines Textes oder seine syntaktischen Eigenschaften auswerten. Damit lässt sich etwas über die Länge des Textes in Zeichen und Worten oder über die Anzahl der Wörter insgesamt, über die Anzahl verschiedener Wörter, die durchschnittliche Satzlänge, die Anzahl der Nebensätze und dergleichen mehr erfahren. Soll sich die Auswertung auf die Semantik erstrecken, kommt man nicht umhin, sich mit der Frage des Sinnverstehens auseinanderzusetzen. Im Alltag nehmen wir es naiv als selbstverständliche Eigenschaft von uns Menschen an, dass wir einander *verstehen* können, dass wir z. B. die Zeitung aufschlagen und *verstehen,* wovon dort die Rede ist, wenn in einem Artikel über den Bologna-Prozess und die Umstellung der universitären Studiengänge auf das Bachelor- und Master-System die Rede ist. Doch schon beim zweiten Hinschauen lässt sich unschwer erkennen, dass Verstehen eine Fülle von Voraussetzungen besitzt und zudem eine Fülle von Vorwissen erfordert. Zunächst einmal ist es erforderlich, dass wir überhaupt die Sprache verstehen, in der kommuniziert wird. Wäre der gleiche Zeitungsartikel in *Kinyarwanda* verfasst, verstünden die meisten von uns wahrscheinlich gar nichts. Vermutlich wissen die meisten Leser und Leserinnen an dieser Stelle nicht einmal, was für eine Sprache Kinyarwanda überhaupt ist.[5] Aber auch wenn man die Sprache versteht, bedarf es eines erheblichen Vorwissens; man muss – um im obigen Beispiel zu bleiben – wissen, was eine Universität und was ein Studiengang ist und, um den Artikel schließlich vollständig zu verstehen, müssen wir sogar wissen, was mit Bologna-Prozess gemeint ist und was dieser zum Ziel hat.

Je mehr wir wissen, desto besser sind wir in der Lage zu erkennen, dass ein Text verschiedene Sinnschichten besitzt. Erst wenn wir ein großes Vorwissen und Kontextualisierungswissen haben, können wir beispielsweise erkennen, dass der im Zeitungsartikel zitierte Politiker, der vielleicht früher ein strikter Gegner des Bologna-Prozesses war, nun recht differenziert und erstaunlich ausgewogen argumentiert. Wissen wir dann auch noch, dass dieser Politiker Mitglied der bayerischen Landesregierung ist, so können wir vielleicht aus der Äußerung schließen, dass die bayerische Landesregierung offenbar ihre bisher negative Haltung in nicht allzu ferner Zukunft ändern will.

Ein induktives Verständnis eines Textes nur aus sich selbst heraus ist schlichtweg unmöglich. Das mag man sich am Beispiel einer bildlichen Darstellung einer Bibelszene aus dem Mittelalter vergegenwärtigen. Je besser man mit der Ikonographie der Zeit und der christlichen Symbolik vertraut ist, desto besser wird man das Dargestellte verstehen. Das Verständnis hierzu lässt sich nicht aus dem Bild erschließen. Die christliche Symbolik ist etwas der bildlichen Darstellung Vorgelagertes – die Bibel lässt sich nicht aus dem Abbild von Bibelszenen induktiv erschließen.

Ein wichtiger Orientierungspunkt für die Auswertung qualitativer Daten sind allgemeine Überlegungen zum Verstehen und insbesondere zum Verstehen und Interpretieren von Texten. Im deutschsprachigen Raum wird dies häufig mit *Hermeneutik* in eins gesetzt. Was ist überhaupt Hermeneutik? Was meint dieser Begriff, der in der angelsächsischen sozialwissenschaftlichen Methodenliteratur kaum eine Rolle spielt?

Der aus dem Griechischen stammende Begriff Hermeneutik (von ἑρμηνεύειν gleich aussagen, auslegen, übersetzen, den Sinn einer Aussage erklären) bedeutet Kunst und Theorie der Auslegung und Deutung, Technik des Verstehens. Als Theorie der Interpretation hat die Hermeneutik eine lange Geschichte, die bis zur mittelalterlichen Interpretation der Bibel, ja sogar bis zu Platon, zurückreicht. Im Kontext wissenschaftlichen Denkens taucht sie Ende des 19. Jahrhunderts auf, als vor allem Dilthey im Anschluss an Schleiermacher

5 Es handelt sich um eine Bantu-Sprache, die im ostafrikanischen Ruanda und im Ost-Kongo gesprochen wird.

die Hermeneutik als die wissenschaftliche Vorgehensweise der Geisteswissenschaften den erklärenden Methoden der Naturwissenschaft entgegensetzen wollte. Kulturelle Produkte wie Texte, Bilder, Musikstücke oder geschichtliche Ereignisse sollten in ihrem Zusammenhang erschlossen und ihr Sinn verstanden werden. Programmatisch heißt es bei Dilthey in dem berühmten Satz: „Die Natur erklären wir, das Seelenleben verstehen wir" (Dilthey, 1894/1990, S. 144; siehe auch Tenorth & Lüders, 1994).

Der Gegensatz von Erklären und Verstehen wird in der Literatur zur Wissenschaftstheorie ausführlich diskutiert und soll hier nicht weiter thematisiert werden. An dieser Stelle soll ein Hinweis auf den sehr instruktiven Text von Kelle (2008) reichen, der auf eine neue Weise den Gegensatz Erklären versus Verstehen zu überwinden sucht. Er greift hierbei auf das von dem australischen Wissenschaftstheoretiker John Mackie entwickelte Konzept multipler Kausalität zurück (Kelle, 2008, S. 159–164).

Die Hermeneutik hat sich über einen sehr langen Zeitraum entwickelt und in ihren Positionen ausdifferenziert. Von einer Einheitlichkeit hermeneutischer Ansätze kann keine Rede sein, zu groß sind die Unterschiede von Dilthey und Schleiermacher bis zu modernen Ausformulierungen bei Gadamer (1960) oder auch bei Klafki (2001), Mollenhauer (1997) und anderen. In diesem Buch interessiert die Hermeneutik weniger in ihrem wissenschaftshistorischen, -theoretischen und philosophischen Kontext als vielmehr im Hinblick auf die Orientierung, die sie für die inhaltsanalytische Auswertung qualitativer Forschungsdaten geben kann. Wie geht man bei einer inhaltsanalytischen Auswertung von Texten vor, wenn man sich an hermeneutischen Vorgehensweisen orientiert? Ein sehr gut nachvollziehbares Beispiel hat Klafki mit der Interpretation eines Humboldt-Textes über den Plan zur Errichtung des Litauischen Stadtschulwesens geliefert (Klafki, 2001). In seinem erstmals 1971 erschienenen Text hat Klafki elf methodologische Grunderkenntnisse des hermeneutischen Verfahrens formuliert, deren Beachtung auch heute noch angeraten ist. Im Kontext der Inhaltsanalyse sind vier Kernpunkte der Hermeneutik von Bedeutung.[6]

Erstens: Beachtung der Entstehungsbedingungen. Man sollte sich vergegenwärtigen, unter welchen Bedingungen der zu analysierende Text – beispielsweise ein offenes Interview – entstanden ist. Wer kommuniziert hier mit wem, unter welchen Bedingungen? Welche Interaktionen zwischen Forschenden und Feld hat es bereits im Vorfeld des Interviews gegeben? Wie ist die Interaktion zwischen Interviewenden und Interviewten zu bewerten? Welche

6 In diesem Abschnitt greifen wir auf zentrale Aussagen zur Hermeneutik des Buches „Einladung zur Literaturwissenschaft" von Vogt (2016) zurück.

Informationen haben die Forschungsteilnehmenden vorab über das Projekt erhalten? Was sind die gegenseitigen Erwartungen? Welche Rolle spielt möglicherweise soziale Erwünschtheit?

Zweitens: Hermeneutischer Zirkel. Zentrale Grundregel des hermeneutischen Vorgehens ist, beim Verstehen eines Textes das Ganze aus dem Einzelnen und das Einzelne aus dem Ganzen zu verstehen. Mit einem Vorverständnis, mit Vermutungen über den Sinn des Textes, geht man an den Text heran, liest ihn in seiner Gänze, erarbeitet sich den Text, was zu einer Weiterentwicklung des ursprünglichen Vorwissens führt – natürlich immer vorausgesetzt, dass man bei der Bearbeitung des Textes Offenheit an den Tag legt und bereit ist, vorher bestehende Urteile zu verändern.

Jeder Versuch, einen Text zu verstehen, setzt ein gewisses Vorverständnis bei den Interpretierenden voraus. Wenn man mehrere Durchgänge durch den Text bzw. seine einzelnen Teile vornimmt, ist das Bild einer sich im Raum höher schraubenden Spirale wohl zutreffender als das Bild des Zirkels (Klafki, 2001, S. 145), denn man kehrt ja nicht zum Ausgangspunkt zurück, sondern entwickelt ein fortschreitendes Verständnis für den Text.

Für den hermeneutischen Zirkel bzw. die hermeneutische Spirale findet man häufig Visualisierungen wie in Abb. 1 dargestellt.

Abb. 1 Die hermeneutische Vorgehensweise (nach Danner, 2006, S. 57)

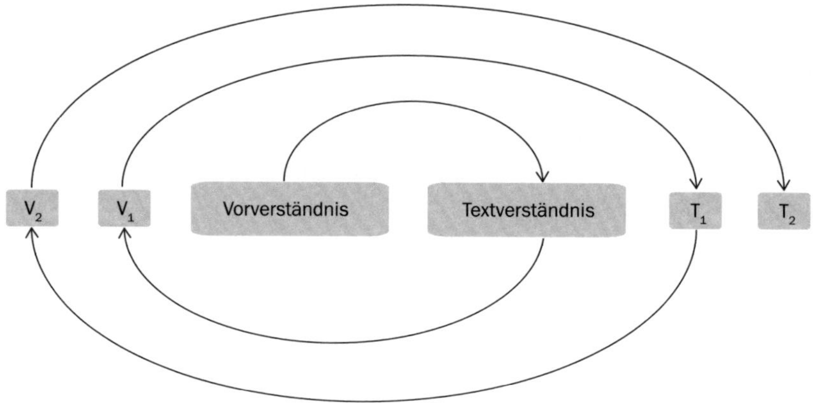

Drittens: Hermeneutische Differenz. Der Begriff der hermeneutischen Differenz weist auf das zentrale Problem aller sprachlichen Kommunikation hin, dass nämlich alles, was gedeutet werden soll, zunächst fremd ist, in dem Sinne, dass erst durch den Deutungsprozess ein Verstehen – oder ein vermeintliches Verstehen – erreicht werden kann. Die hermeneutische Differenz kann graduell sehr unterschiedlich sein. Sie ist maximal, wenn wir in einem fremden Land nicht einmal die Sprache der Bevölkerung verstehen, sogar noch größer, wenn uns – wie im Chinesischen – auch die Zeichensysteme unbekannt sind und wir nicht einmal die unbekannten Wörter im Wörterbuch nachschlagen können.[7] In der Alltagskommunikation erscheint uns die hermeneutische Differenz klein zu sein – oder sogar gegen Null zu gehen. Für Gespräche über das Wetter, so Schleiermacher, ist keine Hermeneutik nötig, ebenso wenn wir in der Bäckerei an der Theke „Bitte fünf Brötchen" verlangen. Dort kann es aber bereits zu – unerwarteten – Irritationen kommen, wenn die Szene sich in einer Berliner Bäckerei zuträgt und man auf den geäußerten Wunsch nach Brötchen die Antwort erhält „Ham wer nich, wir ham nur Schrippen". Hermeneutik findet im Bereich zwischen Fremdheit und Vertrautheit statt. „In diesem Zwischen ist der wahre Ort der Hermeneutik" (Gadamer, 1960, S. 279).

Viertens: Angemessenheit und Richtigkeit. Hermeneutische Verfahren sind der Versuch, kulturelle Produkte wie Texte, Bilder, Kunstwerke etc. zu verstehen oder wie Mollenhauer und Uhlendorff (1992) als Anspruch betonen, *richtig* zu verstehen. Keine Methodik kann allerdings die *Richtigkeit* garantieren. Hermeneutik kommt nicht ohne den *Verstehenden* aus, der immer schon ein Vorverständnis über den Gegenstand des Verstehens, wie Gadamer formuliert „Vor"-Urteile, besitzt. Eine den Kriterien intersubjektiver Übereinstimmung genügende hermeneutische Deutung kann deshalb per se nicht postuliert werden. Es gibt keine richtige oder falsche, sondern nur mehr oder weniger angemessene Interpretation.

Zusammenfassend lässt sich festhalten, dass aus der Hermeneutik fünf Handlungsregeln für das Verstehen von qualitativen Daten im Rahmen sozialwissenschaftlicher Datenanalyse gewonnen werden können:

1. Das eigene Vorverständnis darzulegen und vorhandene „Vor-Urteile" über die Forschungsfrage zu reflektieren,
2. den Text als Ganzes zu erarbeiten, ggf. zunächst unverständliche Teile des Textes zurückzustellen, bis durch Kenntnis des gesamten Textes diese möglicherweise klarer werden,

7 Gemeinhin lassen sich drei Formen hermeneutischer Differenz unterscheiden: linguistische, historische und rhetorische. Im obigen Beispiel handelt es sich um eine linguistische Differenz. Historische Differenz kann sich als sachliche und sprachliche äußern, etwa in Form veralteter Begriffe bzw. Redeweisen oder unbekannter Personen, Fakten und Konstellationen.

3. sich der hermeneutischen Differenz kritisch bewusst zu werden, d.h. sich zu fragen „Gibt es eine andere Sprache, Kultur, die mir den Text fremd macht?“ und die Differenz möglicherweise kleiner zu machen, z.B. durch Erlernen der Sprache, durch Übersetzung[8],
4. beim ersten Durchgang durch den Text bereits darauf zu achten, welche Themen, die für die eigenen Forschung eine Rolle spielen, im Text vorkommen,
5. zu unterscheiden zwischen einer Logik der Anwendung, d.h., Themen und Kategorien werden im Text identifiziert, der Text wird indiziert, und einer Logik der Entdeckung, d.h., wichtiges Neues, vielleicht sogar Unerwartetes wird im Text identifiziert.

Mitunter wird behauptet, die Hermeneutik sei eine Methode, die sich nur bedingt mit den wissenschaftlichen Ansprüchen der Intersubjektivität und Gültigkeit in Kongruenz bringen lässt. Dies ist allerdings ein sehr verkürzter Standpunkt, denn zum einen haben hermeneutische Verfahren sehr wohl einen Platz in der empirischen Forschung, nämlich bei der Gewinnung von Hypothesen und bei der Interpretation von Ergebnissen. Zum anderen kommt auch strikt quantitativ orientierte Forschung nicht ohne hermeneutische Überlegungen, also ohne Bedeutungsermittlung, aus. Klafki hat diesen Tatbestand, dass schon in Design und Fragestellungen empirischer Untersuchungen hermeneutische Voraussetzungen stecken, für den Bereich der Erziehungswissenschaft folgendermaßen formuliert:

> „Ich vermute, dass im Grunde jede Hypothese einer empirischen Untersuchung durch Überlegungen zustande kommt, die den Charakter der Sinn- oder Bedeutungsermittlung haben, also durch hermeneutische Überlegungen. Damit ist allerdings nicht gesagt, dass alle Empiriker diese gedanklichen Schritte, die zu ihren Hypothesen führen, selbst als hermeneutische Überlegungen erkennen und mit der notwendigen und möglichen Strenge vollziehen. Oftmals wird dieser Tatbestand, dass Hypothesen empirischer Untersuchungen an sich auf hermeneutischem, sinnauslegendem Wege zustande kommen, deshalb übersehen, weil es Fragestellungen gibt, die den Fachleuten der Erziehung in einem bestimmten geschichtlichen Zeitraum unmittelbar als sinnvoll und der Untersuchung bedürftig einleuchten, weil

8 Das leuchtet unmittelbar ein bei interkultureller Forschung, aber auch bei Forschung, die in einem den Forschenden nicht vertrauten Kontext stattfindet, kann dies sinnvoll sein. So berichtet Sprenger (1989) davon, wie in einem sozialwissenschaftlichen Projekt über Technikeinsatz in der Intensivmedizin, medizinische Experten zu den Interpretationssitzungen des Forschungsteams eingeladen wurden, um bestimmte beobachtete Phänomene zu erläutern und damit angemessener wissenschaftlicher Analyse zugänglich zu machen.

eben diese Fachleute bereits ein gemeinsames Vorverständnis mitbringen.“ (Klafki, 2001, S. 129)

1.5 Die Zentralität der Forschungsfrage

Dreh- und Angelpunkt jedes Forschungsprojektes sind die *Forschungsfragen:* Was genau soll in dem Forschungsprojekt untersucht werden? Was ist das spezielle Problem, über das die Forschung mehr Erkenntnisse bringen soll? Warum, mit welcher praktischen Zielsetzung und welchem Nutzen? Welcher Typ von Untersuchung soll durchgeführt werden, um über die Forschungsfrage Aufschluss zu erhalten? Welche Methoden sind für die Forschungsfrage optimal angemessen?

Miller und Salkind (2002) unterscheiden zwischen drei prinzipiellen Typen von Forschung, die sich auch in entsprechenden Designs niederschlagen: *Basic Research* (Grundlagenforschung), *Applied Research* (Angewandte Forschung) und *Evaluation Research* (Evaluationsforschung). Zwar ist Basic Research prädestiniert für experimentelle Methoden und das Testen von Hypothesen, dennoch gilt, dass alle drei Forschungstypen sowohl mit qualitativen wie mit quantitativen Methoden arbeiten können. Es ist, so Miller und Salkind, die unterschiedliche Fragerichtung von Forschungsfragen, welche die Differenz zwischen den Methoden ausmacht:

> „They are not another way to answer the same question. Instead, they constitute a relatively new way to answer a different type of question, one characterized by a unique approach with a different set of underlying assumptions reflecting a different worldview of how individuals and group behavior can best be studied.“ (Miller & Salkind, 2002, S. 143)

Eine etwas andere Unterscheidung von Formen empirischer Untersuchungen nimmt Diekmann (2007, S. 33–40) vor, der vier Studientypen unterscheidet: explorative, deskriptive und hypothesentestende Studien sowie als vierten Typ Evaluationsstudien. In allen vier von Diekmann genannten Untersuchungsformen können sowohl qualitative als auch quantitative Methoden zum Einsatz kommen, auch die Kombination beider Methoden innerhalb eines Untersuchungstyps sei möglich. Der Anteil qualitativer Methoden ist, so Diekmann, bei den einzelnen Untersuchungsformen unterschiedlich. Während man bei explorativen Studien überwiegend qualitative Methoden antreffe, finde man unter den deskriptiven Studien, die einen möglichst verallgemeinerbaren Überblick geben wollen, eher quantitativ orientierte Surveyforschung.

Für alle genannten Untersuchungsformen gilt, dass sie ihren Ausgangspunkt in *Forschungsfragen* haben. Ohne eine solche ist wissenschaftliche

Forschung nur schwer vorstellbar. Denn gleichgültig, ob es sich nun um eine Qualifikationsarbeit handelt oder einen Forschungsantrag, für den Drittmittelunterstützung angestrebt wird, im ersten Schritt ist jeweils ein Exposé, eine Forschungsskizze oder ein Forschungsantrag zu erarbeiten, in dem die Darlegung der Forschungsfragen eine zentrale Rolle spielt.

Bei der *Formulierung von Forschungsfragen* sollte man sich immer des theoretischen Hintergrunds versichern und das eigene Vorwissen reflektieren, sich also fragen: Welche Gedanken habe ich mir schon über das Forschungsfeld gemacht? Welche anderen Forschungen gibt es bereits? Welche Theorien scheinen mir in Bezug auf meine Forschungsfrage Erklärungskraft zu besitzen? Welche Vorurteile besitze ich selbst und welche kennzeichnen die Scientific Community, in der ich beheimatet bin?[9]

Ein Tabula-rasa-Denken, d. h. die Vorstellung, sich gänzlich ohne Vorwissen als „unbeschriebenes Blatt" einem Forschungsgegenstand zuwenden zu können, ist reine Fiktion (Kelle, 2007b). Selbst dann, wenn man – aus wohl begründeten Überlegungen heraus – sich nicht auf vorhandene Forschungsergebnisse beziehen will, weil man „vorurteilslos" an die Forschungsfrage herangehen bzw. sich ins Feld begeben will, sollte man genau dies und die Begründung für dieses Tun reflektieren und auch zu Papier bringen. Der bloße Verweis auf Autorinnen und Autoren, die eine solche theorielose Herangehensweise empfehlen, kann als Begründung nicht ausreichen, stattdessen bedarf es der Reflexion, warum genau eine solche theorieabstinente Vorgehensweise für die Beantwortung der eigenen Forschungsfrage angemessen ist und welche besseren Ergebnisse dadurch erwartet werden. Nicht selten trifft man unter Bezug auf die Grounded Theory auf Aussagen, denen zufolge das Lesen von Büchern zum Themenbereich der Forschung als forschungsmethodisch kontraproduktiv bezeichnet wird. Dies ist ein grotesker Unsinn, der allenfalls geeignet ist, qualitative Vorgehensweisen in der Scientific Community und der weiteren Öffentlichkeit zu diskreditieren. Auch in der Grounded Theory selbst ist dieses Missverständnis der Rezeption der frühen Grounded-Theory-Texte (Glaser & Strauss, 1998) längst richtiggestellt worden (Breuer et al., 2019; Corbin im Gespräch mit Cisneros-Puebla, 2004; Kelle, 2007b; Strauss im Gespräch mit Legewie & Schervier-Legewie, 2004). Natürlich gibt es Forschungssituationen, die es nahelegen, zunächst einmal vorurteilsfrei Erfahrungen im Feld zu machen. Wer das Leben von Nicht-Sesshaften teilnehmend beobachtend erfahren will, braucht dazu nicht vorher wochenlang in der Bibliothek zu sitzen und die soziologische und psychologische Literatur über Nicht-Sesshafte durchzuarbeiten. Sinnvoll wäre es aber, den Forschungsstand im Anschluss an

9 Wer weitere Anregungen zur Formulierung von Forschungsfragen sucht, findet diese unter anderem bei Creswell und Báez (2021, S. 95–104), Creswell und Poth (2018, S. 127–146) sowie bei O'Leary (2018).

die Beobachtung im Verlauf der Datenanalyse, spätestens bei der Diskussion der Ergebnisse einzubeziehen. Schwer vorstellbar ist hingegen, dass jemand die Ursachen rechtsradikalen Denkens bei Jugendlichen analytisch erforschen will und dabei konsequent alle Forschungen und alle Literatur ignoriert, die sich bereits mit dem Problem beschäftigen. In diesem Buch wird die Position vertreten, dass es sinnvoll und nötig ist, bei der Erforschung von sozialen Phänomenen vom erreichten Forschungsstand auszugehen. Man kann Hopf und Schmidt nur beipflichten, wenn sie dazu ermuntern, den aktuellen Forschungsstand zum gewählten Thema zu berücksichtigen:

> „Nichts spricht deshalb dafür, die Unabhängigkeit des eigenen Urteils vorschnell zu pessimistisch einzuschätzen und sich damit auch viele Erkenntnismöglichkeiten zu zerstören, die mit einer theoriegeleiteten, vom erreichten Forschungsstand ausgehenden empirischen Forschung verbunden sind." (Hopf & Schmidt, 1993, S. 17)

1.6 Die Notwendigkeit von methodischer Strenge

Wie lässt es sich begründen, bei der Auswertung qualitativer Daten systematisch, methodisch kontrolliert und regelgeleitet vorzugehen? Behindert eine solche Herangehensweise nicht die Kreativität und Offenheit qualitativer Methoden? Für die qualitative Forschung werden seit Mitte der 1990er Jahre Fragen der Qualität und der Geltungsbegründung vermehrt diskutiert, wobei drei prinzipielle Standpunkte in Bezug auf die Übernahme der bestehenden Gütekriterien für quantitative Forschung eingenommen werden:

- Universalität: Es gelten für die qualitative Forschung die gleichen Kriterien wie für die quantitative Forschung.
- Spezifität: Es müssen eigene methodenangemessene Kriterien für die qualitative Forschung formuliert werden.
- Ablehnung: Für die qualitative Forschung werden Gütekriterien generell zurückgewiesen.

Flick fügt noch eine vierte Variante an, nämlich dass Antworten auf die Frage nach der Güte jenseits der Formulierung von Kriterien gefunden werden sollten, etwa in Form eines Total Quality Managements, welches den gesamten Forschungsprozess zum Gegenstand hat. Für den generellen Diskurs um die Gütekriterien qualitativer Forschung soll es hier genügen auf einschlägige Beiträge zu verweisen (Flick, 2020; Grunenberg, 2001; Seale, 1999; Steinke, 1999). An dieser Stelle soll das Thema nur mit Blickrichtung auf die qualitative Inhaltsanalyse fokussiert betrachtet werden, wobei die zweite der o. g. Positionen zur Grundlage gemacht wird, spezielle und angemessene Kriterien für die qualitative Forschung zu formulieren und nicht lediglich solche der quantitativen Forschung zu übernehmen. Dort haben sich, angelehnt an die psychologische Testtheorie, die Kriterien Objektivität, Reliabilität und Validität fest etabliert und sind heute in jedem Lehrbuch der Methoden der Sozialforschung anzutreffen (z. B. in Diekmann, 2007; Kromrey, 2006; Schnell et al., 2018). Diese Gütekriterien sind an der naturwissenschaftlichen Logik des Messens orientiert und eher statisch auf messbare Größen (z. B. Reliabilitätskoeffizienten) hin orientiert. Kriterien für die Qualität qualitativer Forschung können hingegen von vornherein nicht auf die Berechnung einer Maßzahl hinauslaufen. Für eine solche Berechnung fehlt die datenmäßige Grundlage, stattdessen müssen die Kriterien per se eher prozessorientiert sein.

In den letzten Jahren sind verstärkt Bemühungen gemacht worden, qualitative Forschungsabläufe zu kanonisieren und Qualitätsgesichtspunkte zu diskutieren (Flick, 2007, 2020). Insbesondere die Arbeiten von Clive Seale sind viel beachtet worden. Seale und Silverman (1997, S. 16) plädierten in einem programmatischen Aufsatz für die Sicherstellung von Strenge in der qualitativen Sozialforschung („ensuring rigour in qualitative research") und die Konstituierung von Qualitätskatalogen. Bedeutet dies nun, dass die Logik von Qualitätskriterien quantitativer Forschung zu übernehmen ist und technisch fixierte Auswertungsinstrumentarien anzuwenden sind? Seales Position, der „subtile Realismus", geht hier einen mittleren Weg, jenseits von umstandsloser Annahme oder Ablehnung der klassischen Qualitätskriterien. Die Gütekriterien quantitativer Forschung sind nicht eins zu eins auf die qualitative Forschung übertragbar. Qualitative Forschung geschieht in natürlichen Settings und unterscheidet sich stark vom Ablauf des hypothetiko-deduktiven Forschungsmodells (Kelle, 2007a, S. 57–63). Dort steht das Testen von Hypothesen im Mittelpunkt und das Ziel ist die Erstellung von – möglichst generalisierbaren – kausalen Wirkungsmodellen. Auch qualitative Forschung will durchaus verallgemeinern, aber dies ist nicht ihre allein selig machende Bestimmung. Vor allem der Anspruch einer möglichst weiten Generalisierung, der der Forschungslogik des hypothetiko-deduktiven Modells innewohnt, ist ihr fremd (Seale, 1999, S. 107). Letzten Endes ist das Ziel des hypothetiko-deduktiven Modells das Auffinden von Gesetzen mit möglichst überörtlicher und überzeitlicher Geltung, während es in der qualitativen Forschung, und zwar auch in der speziell auf Theoriebildung zielenden Grounded Theory, um Theorien mittlerer Reichweite geht.

Was spricht nun konkret dafür, bei der Auswertung qualitativen Materials methodische Strenge an den Tag zu legen? Für eine systematische, methodisch kontrollierte Inhaltsanalyse spricht im Anschluss an Grunenbergs allgemeine Betrachtung (Grunenberg, 2001) vor allem, dass

- der sich bei qualitativen Daten nur allzu leicht einstellende Anekdotismus dadurch vermieden wird, dass das gesamte Material in die Analyse einbezogen wird und nicht etwa nur einzelne Textstellen extensiv interpretiert werden,
- generell die Nachvollziehbarkeit für die Scientific Community und interessierte Leser und Leserinnen erhöht wird,
- das Vertrauen in die Forschenden und die Forschungsergebnisse wächst, wenn bestimmte Standards und Regeln eingehalten werden,
- sich auch außerhalb der Gemeinschaft qualitativ Forschender in der Scientific Community und der interessierten Öffentlichkeit eine höhere Reputation erzielen lässt,
- die Akzeptanz bei forschungsfördernden Institutionen größer ist.

1.7 Zur Geschichte der qualitativen Inhaltsanalyse als sozialwissenschaftliche Methode

Die qualitative Inhaltsanalyse hat sich aus der klassischen, quantitativ-orientierten Inhaltsanalyse heraus entwickelt; deshalb ist es sinnvoll, diese Geschichte kurz zu beschreiben. Als Max Weber auf dem ersten deutschen Soziologentag 1910 in seinem Vortrag eine „Enquête für das Zeitungswesen" vorschlug, markierte dies gewissermaßen die Geburtsstunde der Inhaltsanalyse als sozialwissenschaftliche Forschungsmethode.

> „Dies Material sind ja die Zeitungen selbst, und wir werden nun, deutlich gesprochen, ganz banausisch anzufangen haben damit, zu messen, mit der Schere und dem Zirkel, wie sich denn der Inhalt der Zeitungen in quantitativer Hinsicht verschoben hat im Laufe der letzten Generation, nicht am letzten im Inseratenteil, im Feuilleton, zwischen Feuilleton und Leitartikel, zwischen Leitartikel und Nachricht, zwischen dem, was überhaupt an Nachricht gebracht wird und was heute nicht mehr gebracht wird (…). Es sind die ersten Anfänge von solchen Untersuchungen vorhanden, die das zu konstatieren suchen, aber nur die ersten Anfänge. Und von diesen quantitativen Bestimmungen aus werden wir dann zu den qualitativen übergehen." (Weber, 1911/1988, S. 440)

Webers Vorschlag beinhaltete drei Aspekte, die auch für die Entwicklung der Inhaltsanalyse in den folgenden drei Jahrzehnten charakteristisch waren, nämlich

- erstens der Bezug zur Analyse von Medien – bei Weber ist es die Zeitung, später in der Geschichte der Inhaltsanalyse kommen auch Radio und Fernsehen und generell Kommunikation via Massenmedien hinzu.

- zweitens die Zentralität quantitativer Argumentation – Weber will Zeitungsartikel sogar ausschneiden und deren Größe messen, analog hierzu findet man heute beispielsweise das Zählen von Zeichen als Indikator für die Relevanz von Themen (z. B. Korte et al., 2007).
- drittens die themenorientierte Analyse, die auch heute noch in Form der Themenfrequenzanalyse von Massenmedien das prototypische Anwendungsfeld quantitative orientierter Inhaltsanalyse ist. Lehrbücher (z. B. Früh, 2017) und Sammelbände (Bos & Tarnai, 1996; Züll & Mohler, 1992) zur Inhaltsanalyse benutzen häufig genau solche Anwendungen als Beispiele.

Was die klassische Inhaltsanalyse für die Entwicklung von Methoden zur Analyse qualitativer Daten interessant macht, ist dass sie auf eine sehr lange Erfahrung mit der systematischen Analyse von Texten – auch von großen Textmengen – zurückblicken kann und sich in diesem langen Zeitraum bereits mit vielen Problemen befasst hat (und sie auch teilweise gelöst hat), die sich bei der Auswertung qualitativer Forschungsdaten, wie etwa Interviews oder Fokusgruppen, ebenfalls stellen.

Manche Autoren, wie etwa Klaus Merten (1995) oder Klaus Krippendorff (2018), die Arbeiten über die Inhaltsanalyse publiziert haben, lassen die Geschichte der Inhaltsanalyse bereits früh beginnen: Merten mit der Bibelexegese oder Sigmund Freuds Traumdeutung, Krippendorff mit den inquisitorischen Verfolgungen der Kirche im 17. Jahrhundert. Merten spricht in diesem Kontext von einer bis ca. 1900 reichenden „Phase der Intuition" (Merten, 1995, S. 35–36). Den eigentlichen Beginn der Idee einer wissenschaftlichen Inhaltsanalyse wird man aber, wie oben dargestellt, auf die Anfänge des 20. Jahrhunderts datieren müssen, als nämlich 1910 Max Weber auf dem 1. Kongress für Soziologie den oben zitierten Vorschlag zu einer „Enquete über das Zeitungswesen" inklusive eines ausführlichen Teils über Design und Methoden der Studie machte. In dieser „Phase der Deskription" (Merten, 1995) wurden zahlreiche kommunikationswissenschaftliche Arbeiten angefertigt. Die goldene Zeit der Inhaltsanalyse begann mit der Erfindung des Radios und vor allem mit der Analyse der Wirkung von Kriegsberichterstattung in den 1940er Jahren. Weithin bekannt gewordene Projekte wie der „World attention survey" 1941 und Harold Lasswells Untersuchungen zu Kriegsberichten und Propaganda („Experimental Division for the study of wartime communication", US-Regierung und Hoover Institute) belegen die auch politisch große Bedeutung der kommunikationswissenschaftlichen Inhaltsanalyse jener Zeit. Herausragend war auch das von der Rockefeller Foundation geförderte „Radio Project", in dem unter Leitung von Paul Lazarsfeld und zeitweiser Mitarbeit von Theodor W. Adorno über die Effekte des Massenmediums Radio geforscht wurde.

Aus dieser Zeit stammen sowohl die Bezeichnung „Content Analysis" (erstmals 1940) als auch zentrale Begriffe wie „sampling unit" (Auswahleinheit), „coding unit" (Codiereinheit) und „intercoder reliability" (Intercoder-Reliabilität), die von den damals führenden Inhaltsanalytikern Lasswell, Berelson und Lazarsfeld geprägt wurden. Methodisch machte die Inhaltsanalyse beträchtliche Fortschritte: Bernard Berelson schrieb 1941 die erste Dissertation zur Methodik der Inhaltsanalyse und gemeinsam mit Paul Lazarsfeld das Lehrbuch „The Analysis of Communication Content" (1948). Zudem erschienen zahlreiche Publikationen und Konferenzen dienten dem methodischen Austausch der inhaltsanalytisch Forschenden (Früh, 2017, S. 11–15).

Für den weiteren Verlauf der Geschichte der Inhaltsanalyse ist eine seit den 1940er Jahren zunehmende Orientierung in Richtung von Quantifizierung und statistischer Analyse charakteristisch. Dies muss im Kontext der allgemeinen Entwicklung in den Sozialwissenschaften in Richtung Behaviorismus gesehen werden, die sich in der Nachkriegszeit und in den 1950er und frühen 1960er Jahren abspielte. Nur die Überprüfung von Hypothesen und Theorien sollte im Zentrum empirischer Forschung stehen. Qualitative Forschung galt als unwissenschaftlich und qualitative Elemente verschwanden mehr und mehr aus der Inhaltsanalyse, die sich nun programmatisch auf den manifesten Inhalt von Kommunikation und dessen quantifizierende Analyse beschränkte. So definierte Berelson die Inhaltsanalyse wie folgt:

> „Content analysis is a research technique for the objective, systematic and quantitative description of the manifest content of communication." (Berelson, 1952, S. 18)

Schon früh, nämlich 1952, setzte eine Kritik an einer so methodisch verengten Inhaltsanalyse ein. Weithin bekannt ist die Kritik Siegfried Kracauers, der Berelson vorwarf, seine Inhaltsanalyse könne den Inhalt nur sehr oberflächlich erfassen, während die subtileren Bedeutungen verloren gingen. Kracauer war es auch, der erstmals für eine „qualitative content analysis" (Kracauer, 1952) plädierte. Eine solche qualitative Form der Inhaltsanalyse sollte auch die latente Bedeutung thematisieren, nicht im Sinne von objektiver Bedeutung, von wahrscheinlichen und unwahrscheinlichen Lesarten, sondern als latente Bedeutung, auf die man sich intersubjektiv verständigen kann. Hiermit ist die generelle Frage nach dem Verstehen von Texten gestellt, für die sich eine Betrachtung der Hermeneutik als der klassischen Theorie der Interpretation empfiehlt (vgl. Kapitel 1.4).

Eine „qualitative content analysis", so heißt es schon in Siegfried Kracauers erster Skizzierung einer Gegenposition zur Mainstream-Inhaltsanalyse der damaligen Zeit, ist eine Form der Inhaltsanalyse, die mit der unter dem Eindruck des herrschenden behavioristischen Paradigmas selbst gesetzte Beschränkung auf den manifesten Inhalt Schluss machen will und auch den Aspekt der *Be-*

deutung von Texten (oder generell von Kommunikationsinhalten) erfassen will (Kracauer, 1952). Die heutige qualitative Inhaltsanalyse beruft sich nun einerseits auf solche historischen sozialwissenschaftlichen Vorbilder wie Kracauer, die sich nicht auf den manifesten Textinhalt und dessen Quantifizierung beschränken wollten, und andererseits auf hermeneutische Traditionen, von der sie eine Menge über die Grundprinzipien des Text- und Sinnverstehens lernen kann.

Welches sind nun die Stationen, die den Weg zu der in diesem Buch dargestellten Methode der qualitativen Inhaltsanalyse markieren? Schon Kracauer hatte die qualitative Inhaltsanalyse nicht als Gegenmodell zur klassischen Inhaltsanalyse, sondern als eine notwendige Erweiterung der immer mehr quantitativ verengten Inhaltsanalyse konzipiert. Führende Inhaltsanalytiker dieser Zeit hatten die Vorstellung vorgebracht, es gebe ein Kontinuum unterschiedlicher Texte. An einem Ende des Kontinuums befänden sich nicht weiter interpretationsbedürftige Mitteilungen, in der Regel Fakten oder vermeintliche Fakten wie etwa die Zeitungsnachricht über einen Zugunfall, am anderen Ende stünden hoch interpretationsbedürftige Texte, beispielsweise Produkte moderner Lyrik.

Gegen die Konzeption, die Inhaltsanalyse müsse sich auf manifeste Inhalte beschränken, wandte Kracauer ein, dass es in der empirischen Forschung in den seltensten Fällen um die Auswertung von solchen nicht weiter interpretierbaren Ereignissen wie Zugunglücke gehe. In diesen Fällen sei eine quantitative, zählende Auswertung selbstverständlich möglich und sinnvoll. Aber auch jenseits der Interpretation von moderner Lyrik gehe es nicht ohne die subjektive Interpretation von Texten; quantitative Verfahren seien eben gerade nicht exakter, sondern weniger exakt als solche des deutenden Verstehens, etwa wenn Aspekte der Kommunikation auf einer nur wenige Stufen umfassenden Skala von „very favorable“ bis „very unfavorable“ eingestuft werden (Kracauer, 1952, S. 631).

Kracauer plädierte für eine qualitative Inhaltsanalyse als notwendige Ergänzung und Präzisierung der Mainstream-Inhaltsanalyse. Seine Schlussfolgerung war schließlich: Es muss eine Codifizierung, d. h. eine möglichst genaue Beschreibung aller Schritte, einer solchen qualitativen Inhaltsanalyse stattfinden.

In den folgenden zwei Jahrzehnten spielte die qualitative Inhaltsanalyse in der Methodenliteratur nur eine marginalisierte Rolle. Falls man sich überhaupt damit befasste, geschah dies, wie Devi Prasad (2019) beschreibt, in einer eher ablehnenden Art und Weise. Allerdings sind viele Forschende in ihrer

Forschungspraxis inhaltsanalytisch vorgegangen und haben Kracauers Plädoyer für eine qualitative Inhaltsanalyse in die Praxis umgesetzt. Gerade die Forschungspraxis war es, in der über Jahrzehnte die geforderte methodische Weiterentwicklung stattfand. Die marginalisierte Rolle änderte sich erst mit der aufkommenden Diskussion um qualitative Forschung in den 1970er und 1980er Jahren. Nun erschienen, insbesondere im deutschsprachigen Raum, Texte, die sich mit qualitativer Inhaltsanalyse auseinandersetzten (beispielsweise Ritsert, 1972). Besondere Bedeutung kommt in diesem Kontext dem erstmals 1983 erschienen Buch „Qualitative Inhaltsanalyse: Grundlagen und Techniken" von Philipp Mayring zu. Dieses Buch fand weite Verbreitung, was zur Folge hatte, dass im deutschsprachigen Raum der Begriff „Qualitative Inhaltsanalyse" für einen längeren Zeitraum mit Mayrings Buch assoziiert wurde. Gleichwohl existierten in der Forschungspraxis zahlreiche Formen qualitativer Datenauswertung, die ihre Vorgehensweise selbst als „inhaltsanalytisch" bezeichneten, ohne sich an Mayrings Ansatz zu orientieren.

Seit der Jahrtausendwende erfreut sich die qualitative Inhaltsanalyse stetig wachsender Beliebtheit. Zum einen sind Bücher erschienen, die sich speziell mit der qualitativen Inhaltsanalyse befassen (Gläser & Laudel, 2004; Mayring & Gläser-Zikuda, 2005; Schreier, 2012; Steigleder, 2008), zum anderen ist die Methode in sehr vielen Forschungsprojekten heute die Methode der Wahl. Dies gilt allerdings vornehmlich für den deutschen bzw. europäischen Bereich, in denen eine relativ starke hermeneutische Tradition vorhanden ist. Im angelsächsischen Bereich existieren eine Reihe von Lehrbüchern zur qualitativen Datenanalyse, die grundlegende Ideen der qualitativen Inhaltsanalyse beinhalten, aber selbst nicht die Bezeichnung „Qualitative Content Analysis" benutzen, z. B. Miles und Huberman (1984, 1994), Boyatzis (1998), Guest et al. (2012). Die Ursache für die Vermeidung des Begriffs ist vermutlich die im Laufe der Zeit eingetretene Kopplung der „Content Analysis" an quantitative Methoden sowie die fortwährende Geringschätzung, die führende Vertreter der Content Analysis den Formen qualitativer Analyse generell entgegenbringen. So widmet Krippendorff in seinem 472 Seiten umfassenden Lehrbuch „Content Analysis: An Introduction to its Methodology" (2018) nur wenige Seiten qualitativen Ansätzen.

Seit etwa einem Jahrzehnt nimmt die Verbreitung der qualitativen Inhaltsanalyse allerdings auch im anglo-amerikanischen Bereich zu: Artikel in internationalen Zeitschriften thematisieren die Methode (z. B. Elo et al., 2014; Hsieh & Shannon, 2005) und die Lehrbücher von Schreier (2012) und Kuckartz (2014a) sind in englischer Sprache erschienen. Eine wesentliche Rolle bei der Verbreitung spielen die beiden Ausgaben „Qualitative Content Analysis" (I als Vol. 20 No. 3, 2019 und II als Vol. 21 No. 1, 2020) der Online-Zeitschrift „FQS – Forum Qualitative Sozialforschung". Dort sind mehr als 50 deutsch- und englischsprachige Beiträge zu finden, die sowohl die Grundlagen der

Methode als auch Anwendungen in den unterschiedlichen wissenschaftlichen Disziplinen zum Thema haben. In diesen beiden FQS-Ausgaben wird eindrucksvoll demonstriert, dass Kracauers Forderung nach einer um Elemente der Interpretation erweiterten Form der Inhaltsanalyse in den vergangenen Jahrzehnten auf fruchtbaren Boden gefallen und vielfach sehr produktiv in Forschungsprojekten aufgegriffen worden ist.

1.8 Definition und Datenarten

Definition qualitativer Inhaltsanalyse

Im vorangehenden Kapitel über die Geschichte der qualitativen Inhaltsanalyse wurde bereits Berelsons bekannte Definition der quantitativ orientierten Inhaltsanalyse zitiert, in der er die *objektive, systematische und quantitative Beschreibung des manifesten Inhalts* als zentrale Merkmale benannte. Am Anspruch der systematischen Vorgehensweise wird auch bei der qualitativen Inhaltsanalyse festgehalten, doch dürfte klar sein, dass sich in einer Definition der qualitativen Inhaltsanalyse die Begriffe „quantitativ" und „objektiv" ebenso wenig als zentrale Merkmale wiederfinden werden wie der Begriff „manifest". Es ist ja gerade der Anspruch, auch latente Inhalte in die Analyse einzubeziehen, mit dem bereits Kracauer sein Plädoyer für eine qualitative Inhaltsanalyse begründete. Kurz gesagt, es bedarf also einer anderen Definition, die sich deutlich von den in der Literatur auffindbaren Definitionen quantitativer Inhaltsanalyse (Früh, 2017; Krippendorff, 2018; Rössler, 2017) unterscheidet.

Stamann et al. (2016) haben zahlreiche Definitionen und Definitionsversuche der qualitativen Inhaltsanalyse zusammengetragen. Ergebnis ist, dass sie eine große Vielfalt konstatieren. Als Kern der qualitativen Inhaltsanalyse identifizieren sie „die systematische Analyse der Bedeutung interpretationsbedürftigen Materials mittels Zuordnung zu den Kategorien eines Kategoriensystems" (ebd., Abs. 5) und formulieren folgende Definition:

> „Unserem Verständnis nach ist allen qualitativ-inhaltsanalytischen Verfahren die Systematisierung von Kommunikationsinhalten mit dem Ziel einer in hohem Maße regelgeleiteten Interpretation gemein. Daher handelt es sich bei der qualitativen Inhaltsanalyse um eine Forschungsmethode zur Systematisierung von manifesten und latenten Kommunikationsinhalten. Die Methode zeichnet sich durch eine Vielzahl von forschungskontextuell spezifischen Verfahren aus. Als grundlegendes Instrument für die angestrebte Systematisierung der Inhalte dienen Kategoriensysteme. Auswertungsgegenstand sind Texte aller Art im Sinne eines erweiterten Textbegriffes." (ebd., Abs. 9)

Uns erscheint es sinnvoll, an wesentlichen Stellen über die Definition von Stamann et al. hinauszugehen. Als Grundlage für die in diesem Buch dargestellte Konzeption der qualitativen Inhaltsanalyse haben wir folgende ausführliche Definition formuliert:

Unter qualitativer Inhaltsanalyse wird die systematische und methodisch kontrollierte wissenschaftliche Analyse von Texten, Bildern, Filmen und anderen Inhalten von Kommunikation verstanden. Es werden nicht nur manifeste, sondern auch latente Inhalte analysiert. Im Zentrum der qualitativen Analyse stehen Kategorien, mit denen das gesamte für die Forschungsfrage(n) bedeutsame Material codiert wird. Die Kategorienbildung kann deduktiv, induktiv oder deduktiv-induktiv erfolgen. Die Analyse geschieht primär qualitativ, kann aber auch quantitativ-statistische Auswertungen integrieren; sie kann sowohl kategorienorientiert als auch fallorientiert erfolgen.

Drei Unterschiede zu Stamann et al. sind uns wichtig, erstens die Präzisierung in Bezug auf die möglichen Arten der Kategorienbildung, zweitens dass die Analyse primär qualitativ erfolgt und drittens, dass die qualitative Inhaltsanalyse nicht nur kategorienorientiert ist, sondern auch eine Fallorientierung aufweisen kann. Ein vierter Unterschied erscheint uns weniger relevant, sollte aber erwähnt werden: Wir arbeiten nicht mit einem erweiterten Textbegriff, der auch Videos, Filme und Bilder umfasst, sondern differenzieren zwischen diesen Datenarten.

Diese Definition unterscheidet sich in einigen Punkten auch deutlich von der von Margrit Schreier formulierten Definition (dort steht die Abkürzung QCA für „Qualitative Content Analysis“):

> „QCA is a method for systematically describing the meaning of qualitative material. It is done by classifying material as instances of the categories of a coding frame.“ (Schreier, 2012, S. 1)

An Schreiers Definition scheinen uns zwei Aspekte problematisch:

- Erstens die Festlegung der qualitativen Inhaltsanalyse auf die systematische *Beschreibung* von qualitativem Material. Unseres Erachtens kann mit der qualitativen Inhaltsanalyse weitaus mehr geleistet werden als Beschreibung. Die qualitative Inhaltsanalyse kann auch Zusammenhänge *entdecken* und sogar Hypothesen bzw. Theorien *überprüfen;* sie ist also eine Methode der Analyse und nicht bloß der Beschreibung.
- Zweitens die Auffassung des Codierens als einen Vorgang, *Instanzen von Kategorien* aufzufinden. Dies ist geeignet, ein Missverständnis zu erzeu-

gen, und zwar, dass vorab definierte Kategorien immer an das Material *herangetragen* werden, eine Vorgehensweise die Kritiker der qualitativen Inhaltsanalyse als „subsumtionslogisch“ bezeichnen. Hier scheint uns der Entdeckungsvorgang in der Definition zu fehlen, dass nämlich durch das Codieren am Material, das induktive Codieren, Kategorien erst entdeckt und im Verlauf der Analyse weiterentwickelt werden.

Einen weiteren wesentlichen Unterschied sehen wir darin, dass – wie bei der von Stamann et al. – bei Schreiers Definition auf den Einbezug einer fallorientierten Perspektive, die ja in der qualitativen Sozialforschung anders als in der quantitativen Forschung eine sehr bedeutende Rolle spielt, verzichtet wird.

Bei Mayring (2015), der inzwischen die Bezeichnung „qualitativ orientierte kategoriengeleitete Textanalyse“ statt qualitative Inhaltsanalyse vorzieht (Mayring, 2020, S. 500), findet sich keine Definition im eigentlichen Sinne, sondern eine Aufzählung von 15 Grundsätzen zur Entwicklung einer qualitativen Inhaltsanalyse (2015, S. 49):

„1. Notwendigkeit systematischen Vorgehens
2. Notwendigkeit eines Kommunikationsmodells
3. Kategorien im Zentrum der Analyse
4. Überprüfung anhand von Gütekriterien
5. Entstehungsbedingungen des Materials
6. Explikation des Vorverständnisses
7. Beachtung latenter Sinngehalte
8. Orientierung an alltäglichen Prozessen des Verstehens und Interpretierens
9. Übernahme der Perspektive des anderen
10. Möglichkeit der Re-Interpretation
11. Semiotische Grundbegriffe
12. Pragmatische Bedeutungstheorie
13. Nutzung linguistischer Kontexttheorien für Explikationen
14. Psychologie der Textverarbeitung
15. Nutzung von Kategorisierungstheorien zur Bildung eines Kodierleitfadens“

Eine solche Aufzählung von „Grundsätzen“ übersteigt bei weitem den üblichen Rahmen von Definitionen, deren Funktion ja die prägnante Bestimmung des Wesens einer Sache, hier der qualitativen Inhaltsanalyse, wäre. Die Mayring'sche Sammlung von 15 Grundsätzen entstammt hingegen einer Tour d'Horizon durch unterschiedliche Traditionen und Forschungsansätze, was natürlich sogleich die Frage nach deren Vereinbarkeit aufwirft (Stamann et al., 2016, Abs. 6). Hierauf wird weiter unten im Kapitel 1.9 „Methodologische Aspekte“ näher eingegangen.

Die Relevanz einer Definition sollte allerdings nicht zu hoch angesetzt werden. Hier sei an Karl Poppers Ablehnung der traditionellen Auffassung erinnert, man müsse vor dem Beginn einer Diskussion erst einmal die Begriffe definieren, d. h., Übereinstimmung über das zu verwendende Vokabular erzielen. „Nicht durch die Definition wird die Anwendung eines Begriffes festgelegt, sondern die Verwendung des Begriffes legt das fest, was man seine ‚Definition' oder seine ‚Bedeutung' nennt. Anders ausgedrückt: Es gibt nur Gebrauchsdefinitionen" (Popper, 1979/2010, S. 447).

Insofern ist es für die Beurteilung der von Mayring vorgeschlagenen Variante der qualitativen Inhaltsanalyse aufschlussreicher, anstelle der Definition seine praktische Verwendung der Methode nachzuvollziehen. Diese lässt sich sowohl an der Beschreibung eines praktischen Beispiels, das der Autor mit der zwölften Auflage seines Lehrbuches eingefügt hat (Mayring 2015, S. 88–89), nachvollziehen, als auch an der festgelegten Ablauflogik der verschiedenen Analyseschritte in der von Mayring und Fenzl konzipierten Software QCAMap (Fenzl & Mayring, 2017).

Typische Datenarten

Welche Daten lassen sich mit der qualitativen Inhaltsanalyse bearbeiten? Prinzipiell kommen alle in der qualitativen Forschung üblichen Datenarten in Frage, zum Beispiel:

- Interviews aller Art (narrative Interviews, problemzentrierte Interviews, Online-Interviews, Telefoninterviews etc.)
- Fokusgruppen und Gruppendiskussionen
- Dokumente (z. B. Akten des Jugendamtes, Jahresberichte, Nachhaltigkeitsberichte von Unternehmen)
- Beobachtungsprotokolle (z. B. Interaktionsgeschehen auf Intensivstationen)
- Feldnotizen
- Filmaufnahmen (z. B. Interaktion im Unterricht, erzieherisches Verhalten)
- Videos (z. B. aus dem Internet)
- Bilder, Zeichnungen und Fotos
- Antworten auf offene Fragen in Surveys
- Social-Media-Daten (d. h. Daten von Twitter und Facebook, YouTube-Kommentare, Beiträge in Online-Foren, Kommentare zu Zeitungsmeldungen etc.)
- (Lern-)Tagebücher

Auch jenseits dieser für qualitative Forschung prototypischen Daten kommt die qualitative Inhaltsanalyse gewinnbringend zum Einsatz, etwa bei der Analyse von

- Artikeln in Zeitungen, Zeitschriften und anderen Medien,

- Reden und Debatten (z. B. von Kundgebungen und im Bundestag),
- Podcasts,
- Internetdaten (z. B. Blogbeiträge, Unternehmensauftritte),
- wissenschaftlichen Publikationen,
- Schulbüchern.

Für Interviews und Fokusgruppen gilt, dass sie in der Regel in verschriftlichter Form und nicht als Audioaufnahme analysiert werden, d. h., in diesem Fall ist es zunächst erforderlich, die Tonaufnahme zu transkribieren. In Bezug auf die Datenarten lässt sich keine Eignungsrangfolge dergestalt angeben, dass die qualitative Inhaltsanalyse etwa besser für die Analyse von Interviews als für die Analyse von Dokumenten oder Social-Media-Daten geeignet wäre. Faktisch kommt die qualitative Inhaltsanalyse in der Forschungspraxis sehr häufig für die Analyse von Interviews und Fokusgruppen zum Einsatz, was aber keineswegs bedeutet, dass sie nun für Dokumente oder YouTube-Kommentare weniger gut geeignet wäre. Immer dann, wenn es gilt qualitatives Material in systematischer Weise und mit Hilfe von Kategorien auszuwerten ist die qualitative Inhaltsanalyse eine ausgezeichnet geeignete Methode.

Schaut man in die letzten Jahrgänge wissenschaftlicher Fachzeitschriften, stellt man fest, dass Social-Media-Daten in der Forschung eine immer wichtiger werdende Rolle spielen. Dies hat Folgen für die qualitativ Inhaltsanalyse, denn bei der Analyse dieser Datenarten ist mit erheblich mehr Material zu rechnen als dies bei einer Studie mit offenen Interviews oder Fokusgruppen der Fall ist. Angesichts solcher Materialfülle, beispielsweise mehr als 10 000 Tweets bei der Analyse von Twitterdaten, ist es nicht mehr möglich, das gesamte Material zu überfliegen oder gar zu lesen, sondern die initiierende Textarbeit und die Exploration der Daten muss sich auf eine gezielte Auswahl beschränken; auch entsteht bei diesen Datenarten verständlicherweise der Wunsch nach der Integration automatisierter bzw. teilautomatisierter Analyseschritte in den Analyseprozess.

Zusammenfassend lässt sich auf die Frage „Für welche Arten von Analyse eignet sich die qualitative Inhaltsanalyse?“ die kurze Antwort geben: Sie eignet sich für alle Formen der Analyse, die auf Systematik Wert legen und die methodische Kontrolle als sehr wichtig erachten. Wie in den obigen Definitionen deutlich wurde, spielen bei der qualitativen Inhaltsanalyse Kategorien eine zentrale Rolle. Hinsichtlich des Datenmaterials, das analysiert werden soll, existieren keine Einschränkungen, allerdings bedingt die Zielsetzung der Systematik und des Vergleichs von Daten, dass diese eine gewisse Vergleichbarkeit besitzen müssen. Die qualitative Inhaltsanalyse ist deshalb weniger gut geeignet, wenn nur wenig Daten über einen längeren Zeitraum verstreut erhoben wurden und dazu dienen sollen, Entwicklungen und Veränderungen zu erfassen. Dies ist prototypisch in ethnologischer Feldforschung der Fall, wo möglicherweise über einen sehr langen Zeitraum immer wieder teilnehmende Beobachtung stattfindet um bestimmte Sitten, Riten und Regeln herauszufinden. Hier kann die qualitative Inhaltsanalyse allerdings zum Einsatz kommen, um bestimmte Teilfragestellungen und Teilerhebungen auszuwerten, etwa Interviews, die gezielt mit einer bestimmten Gruppe im Rahmen der Feldforschung durchgeführt wurden.

Differenz zur quantitativen Inhaltsanalyse

Wie groß sind die Unterscheide zwischen qualitativer Inhaltsanalyse und der klassischen Inhaltsanalyse, die sich, wie in Kapitel 1.7 dargestellt, im Laufe der Jahrzehnte zunehmend in Richtung Quantifizierung entwickelt hat. Drei Charakteristika erscheinen bei qualitativer und quantitativer Inhaltsanalyse beim ersten Hinschauen sehr ähnlich:

1. Die kategorienbasierte Vorgehensweise und die Zentralität der Kategorien für die Analyse.
2. Das systematische Vorgehen mit klar festgelegten Regeln für die einzelnen Schritte.
3. Die Klassifizierung und Kategorisierung der gesamten Daten und nicht nur eines Teils derselben.

Bei näherem Hinschauen zeigen sich allerdings auch bei diesen drei Punkten relevante Unterschiede, beispielweise hinsichtlich der systematischen Vorgehensweise, die bei der qualitativen Inhaltsanalyse mehrere Schritte vorsieht und häufig auch zirkulären Charakter hat, während sie bei der klassischen Inhaltsanalyse linear voranschreitet. Entscheidend ist aber, dass die qualitative Inhaltsanalyse eine Form der Auswertung ist, in welcher Textverstehen und Textinterpretation eine wesentlich größere Rolle spielen als in der klassischen, sich auf den manifesten Inhalt konzentrierenden Inhaltsanalyse. Autoren von Standardwerken der klassischen Inhaltsanalyse wie Früh oder Krippendorff argumentieren, dass die Unterschiede zwischen der klassischen Inhaltsanalyse und der qualitativen Inhaltsanalyse nicht so groß seien, als dass sich eine prinzipielle diametrale Gegenüberstellung rechtfertigen lasse (z. B. Früh, 2017; Krippendorff, 2018). Dem ist prinzipiell zuzustimmen, das gilt allerdings nicht für die von den beiden Autoren präsentierten empirischen Beispiele, etwa die bei Früh ausführlich dargestellte Themenfrequenzanalyse. Zu dieser Form quantitativer Inhaltsanalyse sind die Unterschiede doch sehr gravierend.

Die Feststellung, dass die Differenz von qualitativer und klassischer Inhaltsanalyse doch beträchtlich ist, gilt insbesondere für die ausschließlich auf statistische Auswertung abzielende computerisierte automatische Inhaltsanalyse, wie sie sich seit Mitte der 1960er Jahre vornehmlich in den USA entwickelt hat. Zwischen der qualitativen Inhaltsanalyse und dieser im deutschsprachigen

Raum häufig als „Computerunterstützte Inhaltsanalyse (CUI)“[10] bezeichneten Analyseform bestehen gewaltige Unterschiede: Bei der CUI wird wortbezogen und mittels eines Diktionärs automatisch codiert, wobei die Mehrdeutigkeit von Worten und die Frage der Bedeutung weitgehend ignoriert werden. Demgegenüber stellt die qualitative Inhaltsanalyse eine interpretative Form der Auswertung dar, hier werden Codierungen aufgrund von Interpretation, Klassifikation und Bewertung vorgenommen; die Textauswertung und -codierung ist hier also an eine menschliche Verstehens- und Interpretationsleistung geknüpft.

Fazit: Die qualitative Inhaltsanalyse unterscheidet sich in wesentlichen Punkten von der klassischen quantitativ ausgerichteten Inhaltsanalyse:

- Erstens ist die Formulierung von Hypothesen zu Beginn in der Planungsphase nicht zwingend, sondern im Bereich der qualitativen Inhaltsanalyse eher selten anzutreffen. Hier ist eher ein offenes Vorgehen, ohne vorab formulierte Hypothesen, die Regel.
- Zweitens sind die Analysephasen bei qualitativen Inhaltsanalysen nicht so strikt voneinander getrennt wie im Modell der quantitativen Inhaltsanalyse, sondern Auswertungsprozesse und Erhebungen können durchaus parallel erfolgen, auch werden häufig Rückkopplungsschleifen durchlaufen.
- Drittens ist der Prozess der Codierung des Datenmaterials stärker hermeneutisch-interpretativ orientiert und schließt die von der Hermeneutik inspirierte Reflexion über die Daten und die interaktive Form ihrer Entstehung ein.
- Viertens bleibt auch nach der Codierung das Ursprungsmaterial, sprich die verbalen Daten, von großem Interesse, d. h., sie haben sich nicht durch die Codierung „erledigt“ und sind nicht etwa überflüssig geworden.
- Fünftens haben die Kategorien bei der qualitativen Inhaltsanalyse vor allem eine strukturierende und systematisierende Bedeutung und nicht die Bedeutung der Transformation von Daten aus dem empirischen ins numerische Relativ.
- Sechstens läuft die qualitative Inhaltsanalyse nicht zwingend auf statistische Datenanalyse hinaus. Statistische Auswertungen können auch im Rahmen der qualitativen Inhaltsanalyse geschehen, aber anders als bei der klassischen Inhaltsanalyse können sie auch lediglich eine Nebenrolle spielen oder eine qualitative Inhaltsanalyse kann auch völlig auf statistische Auswertungen verzichten.

10 Die Bezeichnung CUI wird von vielen Autorinnen und Autoren der quantitativ orientierten Inhaltsanalyseliteratur benutzt, beispielsweise von Früh (2017) sowie Züll und Mohler (1992).

An dieser Stelle sei noch ein in der Methodenliteratur mitunter anzutreffendes Missverständnis erwähnt, nämlich jenes, dass die Inhaltsanalyse ein Verfahren der Daten*erhebung* sei. Als solches wird die Inhaltsanalyse beispielsweise bei Diekmann (2007) oder bei Kromrey (2006) eingestuft, obwohl doch schon der Name „Inhaltsanalyse" nahelegt, dass es sich um ein *Analyse*verfahren handelt. Ferner findet man mitunter auch die Charakterisierung, die Inhaltsanalyse sei im Unterschied zu Befragung, Beobachtung und Experiment ein „nicht-reaktives Verfahren", also eine Methode, bei der keine Beeinflussung der Beforschten durch die Forschenden stattfindet. Wie kommen Diekmann, Kromrey und andere dazu, Inhaltsanalyse als nicht-reaktives Erhebungsverfahren zu sehen? Offenbar resultieren diese Charakterisierungen aus der Geschichte der Inhaltsanalyse, die sich lange Zeit im Rahmen der Kommunikationswissenschaft und Medienanalyse abgespielt hat. Dort ging es primär um die Auswertung bereits vorhandener Zeitungs- und Zeitschriftenartikel oder Radiosendungen, also um Dokumente im weitesten Sinne. Bei diesem Datenmaterial ist die Inhaltsanalyse natürlich in der Tat nicht-reaktiv, weil sie eben keine Rückwirkung auf die analysierten Kommunikationsinhalte besitzt. Generell ist im sozialwissenschaftlichen Kontext die Inhaltsanalyse aber kein Erhebungsverfahren, sondern eine Methode der Analyse, die sich sowohl für reaktiv als auch nicht-reaktiv gewonnenes Datenmaterial eignet.

1.9 Methodologische Aspekte

Methode oder Methodologie?

In Workshops zur qualitativen Inhaltsanalyse wie auch im Rahmen der einschlägigen Literatur werden immer wieder Fragen gestellt, die nicht direkt die Methodik und die praktische Anwendung der qualitativen Inhaltsanalyse betreffen, sondern methodologischer und epistemologischer Natur sind. So werfen Stamann et al. (2016) die Frage nach der „methodologischen Positionierung" der qualitativen Inhaltsanalyse auf und kritisieren das Fehlen einer Verortung in einer „Hintergrundtheorie". Es bestehe, so Stamann et al. in Anschluss an Uhlendorff und Prengel (2013), ein Dilemma: Entweder sei die qualitative Inhaltsanalyse eine qualitative Methode ohne theoretische Fundierung oder gar keine qualitative Methode, weil sie sich an die Tradition der quantitativen Inhaltsanalyse anlehne und damit die grundlegenden Annahmen des kritischen Rationalismus übernehme:

> „Entweder setzt man eine genuin qualitative Inhaltsanalyse an – der jedoch die theoretische Fundierung fehlt. Oder man geht von einer qualitativen Inhaltsanalyse aus, die sich aus der quantitativen Tradition heraus entwickelt hat und sich auch weiterhin stark an diese anlehnt, und für die entsprechend auch die für die

> quantitative Forschung grundlegenden Annahmen des kritischen Rationalismus und die damit einhergehenden Ansprüche an die Durchführung und Aussagekraft von empirischer Forschung gelten." (Stamann et al., 2016, Abs. 6)

In dieser Argumentation scheinen uns zwei Irrtümer enthalten:

Erstens trifft die Aussage, dass quantitative Forschung auf den grundlegenden Annahmen des kritischen Rationalismus basiere, schlichtweg nicht zu. Sie lässt sich schon wissenschaftshistorisch widerlegen, denn Karl Popper, der Begründer des kritischen Rationalismus, war nicht einmal geboren als der Soziologe Max Weber Ende des 19. Jahrhunderts empirische Forschungen für den Verein für Sozialpolitik durchführte und dabei typische Methoden der quantitativen Surveyforschung benutzte. Schon mehr als ein Jahrzehnt vorher hatte auch Karl Marx Forschung angeregt, die heute als quantitativ zu bezeichnen wäre. Schwerlich lässt sich unterstellen, dass sein „Fragebogen für Arbeiter" von 1880 den Geist kritischen Rationalismus (oder gar Positivismus) atme.

Zweitens enthält die Argumentation implizit das Postulat, dass Methoden eine Hintergrundtheorie, eine theoretische Fundierung, besitzen müssen. Nach unserer Auffassung ist die qualitative Inhaltsanalyse eine *Methode,* sie ist keine Methodologie und sie setzt keine bestimmte Zugangsweise zu dieser Welt und ihren sozialen Problemen voraus. Der Begriff Methode stammt aus dem Altgriechischen, Methodos (μέθοδος) bedeutet dort Nachgehen, Verfolgen. Eine Methode ist ein Mittel zur Erkenntnis, ein planmäßiges, auf Regeln aufbauendes Verfahren, so ähnlich wie beispielsweise ein Dieselmotor ein Verfahren ist, um durch Verbrennung Energie zu erzeugen, sodass damit ein VW Golf angetrieben werden kann. Methoden lassen sich in sehr verschiedenen Kontexten anwenden, so werden Verbrennungsmotoren auch in Rasenmähern, Heckenscheren, Schiffen oder Flugzeugen eingesetzt. Als Methode kann die qualitative Inhaltsanalyse beispielsweise auch im Rahmen einer Grounded-Theory-Studie oder auch im Rahmen diskursanalytischer Forschung zum Einsatz kommen; auch Rational-Choice-Adepten können sich ihrer bedienen. Anders als Varianten der Diskursanalyse, die sich als Methode aus der Foucault'schen Diskurstheorie heraus entwickelt haben (Keller, 2011), besitzt die qualitative Inhaltsanalyse keine Hintergrundtheorie. Das ist keineswegs als ein Mangel aufzufassen. Auch quantitative Methoden wie die Varianzanalyse, die multiple Regression oder kausalanalytische Ansätze wie das LISREL-Modell besitzen keine Hintergrundtheorie, sondern lassen sich in ganz unterschiedlichen theoretischen Kontexten einsetzen. Mitunter gibt es Verzahnungen zwischen Methoden und theoretischen Ansätzen wie zwischen der Bourdieu'schen Habitustheorie und der Korrespondenzanalyse (Blasius, 2001), aber selbstverständlich lässt sich die Methode der Korrespondenzanalyse auch im Rahmen anderer theoretischer Ansätze verwenden.

Ein weiterer Vorschlag von Stamann et al. (2016, Abs. 11) besteht darin, eine begriffliche Trennung von Methode und Verfahren vorzunehmen. Dies erscheint uns nicht sinnvoll. Schon ein Blick in ein beliebiges Lexikon oder Wörterbuch zeigt, dass die beiden Begriffe eher als Synonyme aufzufassen sind. So heißt es etwa in Wikipedia „Eine Methode ist ein mehr oder weniger planmäßiges Verfahren zur Erreichung eines Ziels" (Zugriff 07.05.2021). Ganz ähnlich im Methodenportal der Uni Leipzig: „Allgemeinsprachlich ist eine Methode ein planmäßiges Verfahren, um ein bestimmtes Ziel zu erreichen".[11]

Möglichkeit der Kombination mit anderen Methoden

Häufig werden in Seminaren, Workshops und Beratungssituationen Fragen nach Möglichkeiten der Kombination mit anderen Ansätzen und Methoden thematisiert, z. B. „Ist eine Auswertung mit der qualitativen Inhaltsanalyse für mein Vorhaben einer kritischen Diskursanalyse überhaupt geeignet?", „Kann ich eine qualitative Inhaltsanalyse mit der Grounded Theory verknüpfen?".

Die Frage, ob die qualitative Inhaltsanalyse mit bestimmten Forschungsstilen oder theoretischen Ansätzen „vereinbar" ist, kann nicht von Seiten der qualitativen Inhaltsanalyse, sondern nur seitens der jeweiligen Forschungstradition beantwortet werden. Es obliegt also beispielsweise dem Ansatz der rekonstruktiven Sozialforschung sensu Bohnsack (2014) entsprechende Vereinbarkeits- oder Unvereinbarkeitserklärungen zu formulieren.

Seitens der qualitativen Inhaltsanalyse als Methode steht einem Einsatz im Rahmen von Ansätzen, die an eine bestimmte Theorie und bestimmte Begrifflichkeiten gebunden sind, nichts entgegen. Die qualitative Inhaltsanalyse lässt sich durchaus mit diskursanalytischen Ansätzen oder interaktionistischen Ansätzen kombinieren. Ob dies aus der Perspektive des Ansatzes produktiv oder „statthaft" ist, kommt selbstverständlich auf den jeweiligen Ansatz an.

Unserer Erfahrung nach kommt qualitative Inhaltsanalyse sehr häufig im Kontext von Mixed-Methods-Projekten für die Auswertung der qualitativen Teilstudie zum Einsatz. Wir führen dies unter anderem darauf zurück, dass in diesen Projekten häufig Leitfadeninterviews durchgeführt werden, für die systematische und effektive Analysetechniken benötigt werden. Die qualitative Inhaltsanalyse erlaubt es nicht nur, größere Fallzahlen systematisch und effektiv zu bearbeiten, sondern ihre Ergebnisse können auch hervorragend in sogenannte „Joint Displays" (Guetterman & Creswell et al., 2015) integriert werden. In Kuckartz und Rädiker (2021) beschreiben wir zahlreiche Integrationsstrategien, wie sich qualitative und quantitative Daten und/oder Ergebnisse einer Mixed-Methods-Studie in solchen Joint Displays darstellen lassen.

11 https://home.uni-leipzig.de/methodenportal/was_sind_methoden (Zugriff 26.05.2021).

In der Praxis finden sich zahlreiche Joint Displays, in denen typische Ergebnisse qualitativer Inhaltsanalysen (identifizierte Themen, fallweise thematische Zusammenfassungen, ...) präsentiert werden (Guetterman & Fetters et al., 2015). Der häufige Einsatz der qualitativen Inhaltsanalyse in Mixed-Methods-Projekten ist auch darauf zurückzuführen, dass sich oftmals Ergebnisse der qualitativen Analyse in Zahlen transformieren und mit den quantitativen Daten gemeinsam auswerten lassen.

Offenheit und Sinnverstehen

„Wie qualitativ ist die qualitative Inhaltsanalyse bezogen auf die zentralen Erfordernisse von Offenheit und Sinnverstehen im Forschungsprozess?" – so lautete eine der Leitfragen für die Arbeitsgruppen im Rahmen des Ideenforums der Tagung „Qualitative Inhaltsanalyse – and beyond" (Oktober 2016 in Weingarten).

In dieser Frage wird implizit unterstellt, es gäbe ein *Kontinuum des Qualitativen von Methoden,* dass also Analysemethoden mehr oder weniger qualitativ sein können. Tatsächlich haben einige Strömungen der qualitativen Forschung solche Sichtweisen kultiviert und verstehen sich selbst als die eigentlich Qualitativen. Andere Ansätze qualitativer Forschung bewerten sie als weniger oder nur halbherzig qualitativ bzw. sprechen diesen sogar gänzlich das Attribut qualitativ ab, beispielsweise weil sie unzulässige „Abkürzungsstrategien" benutzen und nicht genügend Zeit aufbringen würden, um wirklich qualitativ zu forschen; möglicherweise geschieht dies aufgrund von den Zwängen von Drittmittelprojekten und/oder Auftraggebern, denen die Projekte unterliegen. In diesem Kontext sei an die in Kapitel 1.1 dargestellte, von Ryan und Bernard stammende, Vier-Felder-Tafel von qualitativen und quantitativen Daten und qualitativer und quantitativer Analyse erinnert. Dort sind die Begriffe qualitative und quantitative Daten ebenso klar und eindeutig definiert wie qualitative und quantitative Analyse. So wie es im Bereich des Quantitativen nicht sinnvoll erscheint, von ein bisschen Zahl, ein bisschen Mittelwert- oder Varianzberechnung zu sprechen, so wenig erscheint es uns sinnvoll, eine Wertigkeit des Qualitativen zu unterstellen. Unbestritten ist, dass Offenheit und Sinnverstehen zentrale Merkmale qualitativer Forschung sind. Insofern ist die Frage, wie offen die qualitative Inhaltsanalyse als Methode vorgeht und welche Rolle das Sinnverstehen in diesem Rahmen einnimmt, sehr berechtigt.

Offenheit der qualitativen Inhaltsanalyse. Was „Offenheit" betrifft, so ist es erforderlich zu explizieren, was genau mit Offenheit gemeint sein soll. Offenheit kann im Rahmen eines Forschungsprojektes auf verschiedenen Ebenen lokalisiert sein: Für das Forschungsprojekt insgesamt bedeutet Offenheit offen zu sein für die Entdeckung des Neuen. Für die Forschungsteilnehmenden bedeutet Offenheit, auf eine Frage oder ein gestelltes Thema völlig frei und offen antworten können. Das heißt, es werden, anders als bei einer standardisierten Befragung, keine vorformulierten Antworten vorgelegt, zwischen denen Forschungsteilnehmende lediglich auswählen können und die somit den Denkrahmen vorgeben. Auf der Ebene der Forschenden stellt sich die Frage nach der Offenheit anders dar, nämlich als Offenheit in punkto Erhebungssituation und (theoretischem) Vorwissen: Bedeutet das Postulat der Offenheit hier, dass die Forschenden gar keine gezielten Fragen stellen dürfen? Dass sie beispielsweise bei einem offenen Interview in der Wohnung der Forschungsteilnehmenden zur Tür hereinkommen und nach einem initiierenden Stimulus auf Narrationen zu warten haben? Oder bedeutet das Postulat der Offenheit in Bezug auf die Forschenden, dass sie sich dem Forschungsgegenstand und den Forschungsteilnehmenden ohne Vorwissen nähern sollten? Dies würde in der Konsequenz bedeuten, dass Forschende quasi als Tabula rasa, ins Feld gehen und vorher keine Fachliteratur lesen sollten, sondern sich unvoreingenommen und nicht durch vorhandene Theorien geblendet auf die Forschungssituation einlassen sollen.

Diese Fragen lassen sich nur aus der Perspektive des gewählten Forschungsansatzes und des Designs des Forschungsprojektes beantworten. Die qualitative Inhaltsanalyse ist, das sei erneut betont, kein Forschungsstil, keine Methodologie und erst recht kein Paradigma, nach welchem Forschung gestaltet und Forschungsdesigns konzipiert werden. Sie ist eine Analysemethode und kann als solche in vielen Forschungskontexten und Disziplinen eingesetzt werden. Mit ihr lässt sich das Material analysieren, und zwar mittels Kategorien; diese können vorab definiert sein oder direkt am Material gebildet werden, wobei Mischformen möglich sind. Insofern ist die qualitative Inhaltsanalyse je nach dem gewählten Forschungsansatz im Analyseprozess mehr oder weniger offen. Charakteristikum der qualitativen Inhaltsanalyse ist der hohe Grad an Flexibilität, sie kann sowohl mit einem aus der Theorie abgeleiteten Kategoriensystem arbeiten als auch mit Kategorien, die gänzlich am Material entwickelt wurden. Mittels qualitativer Inhaltsanalyse lassen sich sowohl sehr offene Interviews, beispielsweise narrative Interviews, als auch problemzentrierte Interviews wie auch stark strukturierte Antworten auf offene Fragen in Surveys analysieren.

Sinnverstehen im Rahmen der qualitativen Inhaltsanalyse. Die Frage nach dem Sinnverstehen im Rahmen der qualitativen Inhaltsanalyse ist von grundlegender Bedeutung, deshalb muss man hier etwas weiter ausholen. Die Kategorie Sinn ist hochgradig aufgeladen; sie ist primär eine philosophische und theologische Kategorie. Vielen Leserinnen und Lesern werden bei dem Begriff Sinn gleich grundsätzliche Fragen in den Sinn (sic!) kommen, wie etwa die Frage nach dem Sinn einer Berufskarriere oder gar nach dem Sinn des Lebens. Existiert ein Weg, den Sinn des Lebens zu verstehen, und zwar richtig zu verstehen? Über diese Frage zerbrechen sich die führenden Köpfe der Philosophie seit Jahrtausenden den Kopf: Einige haben eine kurze Antwort gefunden, wie sie etwa Douglas Adams in seinem Buch „Per Anhalter durch die Galaxis" beschreibt, wo nach sieben Millionen Jahren Rechenzeit die Antwort 42 gefunden wird. Die Frage „Was ist der Sinn des Lebens?" enthält natürlich wie viele andere Fragen nach dem Sinn implizit die Prämisse, dass es einen solchen überhaupt gibt. Doch ist augenscheinlich nicht jede Aussage und jedes Handeln mit einem subjektiven Sinn verbunden. Im Alltagsleben existieren beispielsweise Routinen des Verhaltens, die immer aufs Neue geschehen, ohne dass sie mit einem subjektiven Sinn verbunden wären. Welche sinnhaften Überlegungen mögen beispielsweise dahinterstecken, dass Unterwäsche in Deutschland nach Auskunft der Bürger und Bürgerinnen meist täglich, der Schlafanzug aber nur alle paar Tage gewechselt wird? Auch moderne persönliche Assistenzsoftware wie Apples Siri, Cortana (Microsoft) oder Alexa (Amazon) formulieren Antworten in natürlicher Sprache, ohne dass sie selbst damit einen subjektiven Sinn verbinden, es sei denn diese Software habe sich bereits hinter dem Rücken der Developer selbstständig gemacht und produziere nun Sinn. Wie man sieht, gerät man schnell in eine philosophische Diskussion, welche die Frage nach Sinnverstehen im Kontext der Methode der qualitativen Inhaltsanalyse überschreiten würde.

Der Begriff Sinn hat vielfältige Bedeutung, damit können beispielweise die Sinne unserer Wahrnehmung oder die innere Beziehung einer Person zu einer Sache („Ich hab keinen Sinn für klassische Musik") gemeint sein. Es können aber zweitens auch, so Wikipedia, die Bedeutungen und Vorstellungen, die sich mit einem sprachlichen Ausdruck verbinden und drittens der Zustand, die Ausrichtung der Gedanken einer Person gemeint sein. Die obige Frage nach dem Sinnverstehen im Rahmen der qualitativen Inhaltsanalyse zielt vermutlich darauf, den *Sinn eines sprachlichen Ausdrucks* zu verstehen. Vielleicht ist aber auch gemeint, den *Zustand und die Gedanken einer Person zu verstehen.* Dies sind allerdings zwei grundsätzlich verschiedene Ausrichtungen von Sinnverstehen. Um es klar zu formulieren, für letzteres ist die qualitative Inhaltsanalyse nicht wirklich gut geeignet, sie will und kann nicht die inneren Zustände einer Person verstehen; dies ist das professionelle Feld der Psychologie und ein so verstandenes Sinnverstehen lässt sich wohl nicht ohne weiteres von Personen ohne psychologische Ausbildung praktizieren. Das Alltagsleben zeigt zudem, dass es höchst schwierig ist, andere Personen in diesem Sinne valide oder wirklich zu verstehen. Die qualitative Inhaltsanalyse ist keine Methode individualpsychologischen Sinnverstehens, verstanden als Einfühlen in Innenwelten. Bei Projekten, die mit der qualitativen Inhaltsanalyse arbeiten, geht es meistens um das Sinnverstehen von sozialem Handeln und das Sinnverstehen von Aussagen und Argumentationen. Wie das deutende Verstehen und die Erklärung sozialen Handelns zu geschehen hat, ist eine der Analysemethode qualitative Inhaltsanalyse vorgelagerte Frage. Forschende können sich beispielsweise an

Max Webers weitgehend bekannten Handlungstypen oder am Framing-Modell von Esser (2001) orientieren (Prosch & Abraham, 2006). Wie wir in Kapitel 1.4 beschrieben haben, können unseres Erachtens hermeneutische Techniken eine wichtige Orientierungshilfe geben. Mit der Methode der qualitativen Inhaltsanalyse ist hier kein Modell des Verstehens zwingend vorgegeben, es wird allerdings verlangt, dass die Forschenden ein gemeinsames Kategoriensystem entwickeln mit dem Anspruch der Übereinstimmung der Anwendung der Kategorien beim Codieren des Materials.

Qualitative Inhaltsanalyse und Theoriebildung

Gleichgültig welche Fragen mit einer empirischen Studie untersucht werden sollen, Forschende verfügen immer über ein Vorwissen. Dieses mag groß oder klein sein, in jedem Fall sollten sich Forschende selbstkritisch fragen, welches Vorwissen und welche (Vor-)Urteile sie besitzen. Forschende besitzen auch, je nach Wissenschaftsdisziplinen, in der sie ausgebildet wurden, eine theoretische Sensibilität, d. h., sie kennen die grundlegenden Theorien ihrer Disziplin, deren kategoriales Rüstzeug und grundlegende Zusammenhänge empirischer Phänomene. Meistens verfügen Forschende auch über profunde Kenntnisse des aktuellen Forschungsstands in Bezug auf die untersuchten Forschungsfragen, denn die Verfahren der Forschungsförderung verlangen in den jeweiligen Richtlinien für die Antragstellung üblicherweise einen solchen Bezug auf den Stand der Forschung. Im Prinzip besitzt das theoretische Vorwissen für qualitative Inhaltsanalysen keine besonders auffällige Rolle, die sich von jener bei anderen Methoden unterscheiden würde. Gleichgültig, welche Methode auch gewählt wird, stellt sich die Frage, wie mit dem eigenen Vorwissen umgegangen wird, wie hinreichende Offenheit für neue Perspektiven und bislang unbekannte Faktoren bewahrt werden kann. Eine der Stärken der qualitativen Inhaltsanalyse ist die Möglichkeit der direkten Übersetzung von Vorwissen in Analysekategorien. Häufig ist solches Vorwissen bereits in die Konzeption der Datenerhebung eingegangen, beispielsweise in die Konzeption eines Interviewleitfadens für problemzentrierte Interviews, an den mit der Kategorienbildung hervorragend angeknüpft werden kann. Solche Vorgehensweisen sind zwar häufig anzutreffen, doch ist die qualitative Inhaltsanalyse auch bei völlig anderen Konstellationen einsetzbar und kann auch zur Analyse von Daten eingesetzt werden, die nur mit geringem oder gar keinem Vorwissen erhoben wurden.

Beschreibung oder Theorie, welchen Ertrag bringt die qualitative Inhaltsanalyse? Zunächst ist festzustellen: Hier gibt es kein Entweder-Oder. Viele Forschungsprojekte zielen auf Beschreibung, typisch sind Forschungsfragen wie: „Welchen Beitrag können Familien für die Versorgung von Alzheimer-Patienten leisten?“, „Wie gestaltet sich der Alltag von Schülern und Schülerinnen zu Zeiten des pandemiebedingten Lockdowns?“, „Wie lassen sich Haushalte für die energetische Modernisierung ihrer Einfamilienhäuser gewinnen?" Die genaue und differenzierte Beantwortung solcher Forschungsfragen kann mit Hilfe qualitativer Inhaltsanalyse in beschreibender Art und Weise geleistet werden. Bei diesen Forschungsfragen steht nicht die Theoriebildung im Vordergrund, sondern es geht darum, praktisch verwertbares Wissen durch entsprechende Forschung zu erlangen. Ganz ähnlich verhält es sich im Bereich der Evaluation bzw. Evaluationsforschung, wo es um Optimierung von Programmen und Prozessen geht und wo Fragen der Theoriebildung keine zentrale Rolle spielen. Doch ist die qualitative Inhaltsanalyse kein auf Beschreibung beschränkte Methode. Mit ihrer Hilfe lassen sich auch Zusammenhänge entdecken, Hypothesen und Theorien formulieren und unter bestimmten Voraussetzungen auch Theorien überprüfen. Ähnlich wie bei der Grounded Theory geht es dabei normalerweise um Theorien mittlerer Reichweite und nicht um „Grand Theory" (Breuer et al., 2019). In diesem Kontext sind natürlich allgemeine Fragen zur Generalisierung im Rahmen qualitativer Forschung angebracht, also Fragen, die nicht speziell die Theoriebildung im Kontext der qualitativen Inhaltsanalyse zum Gegenstand haben. Im Kapitel 9.5 gehen wir auf solche Fragen näher ein.

2 Kategorien als zentrales Instrument der qualitativen Inhaltsanalyse

In diesem Kapitel erfahren Sie etwas über
- die Bedeutung des Begriffs „Kategorie“,
- verschiedene Arten von Kategorien,
- die Relation der Begriffe „Kategorie“, „Code“, „Thema“ und „Konzept“,
- Kategoriensysteme und ihren Aufbau,
- den Aufbau und den Nutzen von Kategoriendefinitionen und
- das Codieren.

Bei Berelson, einem der Pioniere der klassischen Inhaltsanalyse, heißt es:

> „Content analysis stands or falls by its categories (…) since the categories contain the substance of the investigation, a content analysis can be no better than its system of categories.“ (Berelson, 1952, S. 147)[12]

Diese Aussage gilt im Prinzip auch für die qualitative Inhaltsanalyse. Auch hier dreht sich (fast) alles um die Kategorien und so ist es naheliegend, dem Begriff „Kategorie“ besondere Aufmerksamkeit einzuräumen.

2.1 Der Begriff „Kategorie“

Der aus dem Griechischen stammende Begriff „Kategorie“ (κατηγορία), der ursprünglich Klasse, Anklage, aber auch Beschuldigung bedeutet, existiert in vielen wissenschaftlichen Disziplinen, von der Philosophie und den Sozialwissenschaften bis hin zur Biologie, Linguistik und Mathematik. Im sozialwissenschaftlichen Kontext wird der Begriff meist im Sinne von „Klasse“ benutzt, d. h., eine Kategorie ist das Ergebnis der Klassifizierung von Einheiten. Bei den klassifizierten Einheiten kann es sich beispielsweise um Personen, Ideen, Institutionen, Prozesse, Aussagen, Diskurse, Gegenstände, Argumente und vieles andere mehr handeln. Vertraut sind wir mit dem Begriff Kategorie im Kon-

12 Deutsche Übersetzung (durch die Autoren): „Die Inhaltsanalyse steht und fällt mit ihren Kategorien, da die Kategorien die Substanz der Forschung enthalten, kann eine Inhaltsanalyse nicht besser sein als ihr Kategoriensystem“.

text von Wissenssystemen, wie sie beispielsweise Lexika, Schlagwortkataloge oder Pflanzentaxonomien darstellen. Für den Begriff „Kategorie“ sind zahlreiche Synonyme gebräuchlich, im Leipziger Wortschatz-Lexikon[13] werden unter anderem folgende Begriffe als Synonyme angegeben: Abstraktion, Begriff, Gattung, Klasse, Ordnung, Reihe, Sorte, Typ. Weitere Synonyme, die man häufig finden kann, sind Abteilung, Gebiet, Rubrik, Einordnung und Art. Eng verbunden mit dem Begriff Kategorie ist die menschliche Fähigkeit des Kategorisierens, für welche sich folgende prägnante Definition in der englischen Wikipedia finden lässt:

> „Categorization is the human ability and activity of recognizing shared features or similarities between the elements of the experience of the world (such as objects, events, or ideas), organizing and classifying experience by associating them to a more abstract group (that is, a category, class, or type), on the basis of their traits, features, similarities or other criteria. Categorization is considered one of the most fundamental cognitive abilities, and as such it is studied particularly by psychology and cognitive linguistics.“ („Categorization“, 2021)

Kategorien zu bilden ist also ein für jede geistige Tätigkeit elementarer Prozess. Als grundlegender kognitiver Vorgang ist die Kategorienbildung sowohl Gegenstand entwicklungspsychologischer als auch erkenntnistheoretischer Überlegungen. Die Umwelt wahrnehmen, das Wahrgenommene einordnen, abstrahieren, Begriffe bilden, Vergleichsoperationen durchführen und Entscheidungen fällen, welcher Klasse eine Beobachtung angehört – ohne solche fundamentalen kognitiven Prozesse wäre für uns weder der Alltag lebbar noch Wissenschaft praktizierbar. Jeder Prozess der Kategorisierung ist somit auf Wahrnehmung und aktive geistige Tätigkeit angewiesen; eine Emergenz von Kategorien in dem Sinne, dass Dingen der äußeren Welt eingeschrieben wäre, um welche Kategorie, welche Klasse von Dingen, es sich handelt, existiert nicht.

Der Frage, was nun genau eine Kategorie in der empirischen Forschung ist, wird in der Methodenliteratur nur geringe Aufmerksamkeit geschenkt. Es wird mehr oder weniger vorausgesetzt, dass man wohl schon wisse, was eine Kategorie sei. Statt einer Definition findet man meistens nur eine Reihe von Postulaten in Bezug auf die Eigenschaften von Kategorien, insbesondere im Rahmen der Methode der klassischen, quantitativ orientierten Inhaltsanalyse. So heißt es im Handbuch „Publizistik und Kommunikationswissenschaft“, Textmerkmale sollen „mithilfe eines systematisch erarbeiteten Kategorien-

13 Vgl. https://corpora.uni-leipzig.de/de/res?corpusId=deu_news_2020&word=Kategorie (Zugriff 26. 05. 2021)

systems mit eindeutig definierten Kategorien erfasst werden. Die Kategorien müssen trennscharf voneinander abgegrenzt sein (…)“ (Pürer, 2003, S. 551).

Liest man Methodentexte der empirischen Sozialforschung (z. B. Atteslander, 2003; Diekmann, 2007; Kromrey, 2006), kann man durchaus erstaunt über die Vielfalt des Gebrauchs des Kategorienbegriffs sein: Ähnelt doch im einen Fall („Persönliche Betroffenheit durch Klimawandel“) die Kategorie einer Variable mit verschiedenen Ausprägungen in der quantitativen Analyse, im anderen Fall („In jedem Fall ist eine gute Beziehung zu Schülern erreichbar“) einem Aussagesatz.

2.2 Verschiedene Arten von Kategorien

Wie vielfältig das Spektrum dessen ist, was in den Sozialwissenschaften als Kategorie bezeichnet wird, verdeutlicht die folgende Sammlung von Beispielen, die sich allesamt in der sozialwissenschaftlichen Literatur finden lassen:

Tab. 2 Beispiele für Kategorien

Kategorie	Herkunft (Fundort)
42 Energieverbrauch/Energiebedarf	Kategorie aus einer quantitativen Inhaltsanalyse (Früh, 2017, S. 169)
13100 Afghanistan-Konflikt	Kategorie aus einer quantitativen Inhaltsanalyse (Rössler, 2017, S. 131)
Gesellschaftliche Einflussnahme	Kategorie aus einer qualitativen Inhaltsanalyse zum Thema Klimabewusstsein
Bäcker	Kategorie zur Berufsklassifikation
Schützendes Lenken	Kategorie entwickelt in der Grounded Theory (Strauss & Corbin, 1996, S. 104)
Persönliche Betroffenheit durch Klimawandel mit den Ausprägungen – hohe Betroffenheit – wenig bis mittlere Betroffenheit – keine Betroffenheit – nicht ermittelbar	evaluative Kategorie entwickelt in einer eigenen Studie der sozialwissenschaftlichen Umweltforschung
Umfang (Länge/Dauer)	Kategorie bei einer Medienanalyse (Rössler, 2017, S. 116)
Kritik an vielgestaltigem Rassismus mit Markierung von Widerstandsoptionen zwischen Diskursorientierung und Gewaltanwendung	Kategorie entwickelt in einer Grounded-Theory-Studie im Forschungsfeld „Digitale Jugendkulturen“ (Dietrich & Mey, 2019)

Offensichtlich ist das Spektrum dessen, was unter einer Kategorie verstanden wird, sehr weit. Wir schlagen vor, folgende Arten zu unterscheiden:

a) **Fakten-Kategorien:** Dies sind Kategorien, die sich auf eine bestimmte objektive oder vermeintlich objektive Gegebenheit beziehen, beispielsweise einen Beruf klassifizieren (jemand ist „Politikerin"; jemand sagt: „Ich bin Bäcker"), einen Ort („Ich wohne in Wilmersdorf", „Ich wohne in einem Sanierungsgebiet") oder ein Ereignis („Zugunfall im Frankfurter Hauptbahnhof") bezeichnen.
b) **Thematische Kategorien:** Hier bezeichnet eine Kategorie ein bestimmtes Thema, auch ein bestimmtes Argument, eine bestimmte Denkfigur etc., wie beispielsweise „Politisches Engagement", „Konsumverhalten", „Umweltwissen". Innerhalb eines Interviews werden die Textstellen bezeichnet, die Informationen zu diesen inhaltlichen Kategorien enthalten. Die Kategorien haben hier die Funktion von Zeigern, sie zeigen auf eine bestimmte Stelle, ein bestimmtes Segment, im Text. Gütekriterium in diesem Fall ist, dass die richtigen Stellen bezeichnet werden, dass die Richtung des Zeigers stimmt. Eine exakte Bestimmung der Grenzen des Segments ist nicht vorrangig.
c) **Evaluative, skalierende Kategorien:** Mit Hilfe dieser Kategorien werden Bewertungen bestimmter Daten aufgrund von Bewertungsmaßstäben der Forschenden vorgenommen. Evaluative Kategorien besitzen eine definierte Zahl von Ausprägungen, aufgrund derer die Daten eingeschätzt werden. Häufig besitzen evaluative Kategorien ordinales Skalenniveau; beispielsweise könnten für eine Kategorie „Helfersyndrom" drei Ausprägungen vorgesehen werden, und zwar „ausgeprägt", „wenig ausgeprägt", „nicht ausgeprägt". Auch dichotome Bewertungsskalen (Merkmal „vorhanden", „nicht vorhanden") können eingesetzt werden. Die Codierenden bearbeiten einschlägige Stellen des Materials und nehmen eine Einstufung aufgrund von festgelegten Regeln vor.
d) **Analytische Kategorien:** Dieser Kategorientyp ist Resultat der intensiven Auseinandersetzung der Forschenden mit den Daten, d. h., die Kategorien entfernen sich von der Beschreibung, wie sie etwa mittels thematischer Kategorien erfolgt. Ein Beispiel: Die Analyse der thematischen Kategorie „Umweltverhalten" und ihrer Dimensionen „Mobilitätsverhalten", „Energieverhalten" etc. führt die Forschenden zu der Erkenntnis, dass die Forschungsteilnehmenden häufig über die finanziellen Kosten und den Nutzen bestimmter Verhaltensweisen sprechen, sie definieren daraufhin die analytische Kategorie „Kosten-Nutzen-Kalkül".
e) **Theoretische Kategorien:** Dieser Kategorientyp stellt eine besondere Form analytischer Kategorien dar. Die Kategorien beziehen sich auf vorhandene Theorien bzw. sind aus diesen abgeleitet, z. B. „Kognitive Dissonanzreduk-

tion" nach der Theorie von Festinger (1957). Theoretische Kategorien können ohne Ansehen der Daten vorab gebildet werden.

f) **Natürliche Kategorien:** Dabei handelt es sich um die Terminologie und die Begriffe, die von den Handelnden im Feld selbst verwendet werden. In der englischsprachigen Methodenliteratur, insbesondere in der Grounded Theory, wird hierfür der Begriff „In-vivo-Code" benutzt (Strauss & Corbin, 1996, S. 50). Ein Beispiel hierfür ist die von Strauss erwähnte Bezeichnung „Traditionsträger der Station", mit der eine Oberschwester eine andere Stationsschwester bezeichnet (Kuckartz, 2010, S. 75). Der Übergang zu analytischen Kategorien ist fließend, denn die Akteure benutzen diese Begriffe, um sich selbst und anderen die Phänomene ihrer Alltagswelt zu erklären. Häufig sind natürliche Kategorien sehr plastisch und bildhaft, etwa wenn befragte Jugendliche eine bestimmte Lehrerin als „Die Öko-Tante" bezeichnen.

g) **Formale Kategorien:** Dieser Kategorientyp bezeichnet Daten und Informationen über die zu analysierende Einheit. Bei einem offenen Interview z. B. die Länge des Interviews in Minuten, das Datum der Erhebung, die Anzahl der Wörter.

Bei der qualitativen Inhaltsanalyse spielt häufig noch eine andere Form von Kategorien eine Rolle, die sogenannten *Ordnungskategorien.* Diese dienen nicht zur Codierung des Datenmaterials, sondern zur Strukturierung der Kategorien selbst. Damit kommt den Ordnungskategorien eine ähnliche Funktion zu wie den Überschriften in einem Buch oder in einem Artikel. Hierdurch wird die Übersichtlichkeit erheblich verbessert.

Die Bedeutung einer solchen Unterscheidung von Kategorienarten sehen wir vor allem darin, dass hierdurch die analytische Sensibilität bei einer qualitativen Inhaltsanalyse gefördert wird. Darüber hinaus wird ein prüfendes und vergleichendes Nachdenken über die Angemessenheit von Kategorienarten für die jeweilige Forschungsfrage in Gang gesetzt. Obgleich es im Prinzip immer darum geht, einem bestimmten Segment des Materials, beispielsweise einer bestimmten Textstelle, eine Kategorie zuzuweisen, unterscheiden sich je nach Kategorienart selbstverständlich auch die Prozesse des Codierens. Dass die Art und Weise des Codierens unterschiedlich ist, wird bereits klar, wenn man das Codieren von natürlichen Kategorien und Faktenkategorien miteinander vergleicht: Im einen Fall hält man explorierend und interpretierend nach besonders treffenden Redeweisen von Forschungsteilnehmenden Ausschau, im anderen Fall geht es um das Identifizieren von Fakten, Merkmalen und Attributen, die mit den Forschungsfragen in direktem Zusammenhang stehen. Kategorienarten und die Formen des Codierens sind also aufs Engste miteinander verbunden. Während wir uns dieser Beziehung Kategorien-Codieren vonseiten der Kategorien nähern und Kategorienarten unterscheiden, nimmt

Saldaña (2013) die Perspektive von der Seite des Codierens ein. Er unterscheidet zahlreiche Arten des Codierens, darunter auch das mit den obigen Beispielen „Faktenkategorien“ und „natürliche Kategorien“ korrespondierende „attribute coding“ und „in vivo coding“. Saldañas fast enzyklopädische Darstellung von Codierungsformen in der Forschungspraxis regt die analytische Phantasie an und ist vor allem dann hilfreich, wenn man erfahren will, in welchen Studien bestimmte Arten des Codierens, z. B. „narrative coding“, „emotion coding“ oder „dramaturgical coding“, praktiziert wurden. Saldaña unterscheidet bereits 32 Arten des Codierens und fordert die Leserinnen und Leser auf, weitere Codierformen, die ihnen in der Literatur begegnen oder die sie selbst entdecken, in die in seinem Buch enthaltenen leeren Formblätter einzutragen (Saldaña, 2013, S. 183). Ob es wirklich sinnvoll ist, für die Arbeit mit der qualitativen Inhaltsanalyse derart viele Codierformen zu unterscheiden, erscheint fraglich; vor allem weil sich bei näherem Hinsehen doch viele Codierarten wechselseitig überlappen und weil sie auf gänzlich unterschiedlichen Abstraktionsleveln angesiedelt sind.

2.3 Zur Relation der Begriffe „Kategorie“, „Code“ und „Thema“

Kategorie ist nicht gleich Kategorie, sondern man hat es, wie im vorangehenden Abschnitt aufgezeigt, mit sehr verschiedenen Arten von Kategorien zu tun. Über die beschriebenen Unterschiede hinaus unterscheiden sich Kategorien zudem durch ihre inhaltliche Breite, den Grad an Komplexität, den Grad an Abstraktion und die Bedeutung und Relevanz für das Kernthema des Forschungsprojekts. Schließlich differieren sie auch hinsichtlich des Zeitpunkts ihres Entstehens im Forschungsprozess – und damit sind wir bei einem Problem angelangt, das von vielen auch als Begriffsverwirrung wahrgenommen wird: Viele unterschiedliche Begriffe wie beispielsweise Hauptkategorie, Oberkategorie, Subkategorie, Kernkategorie oder Schlüsselkategorie kursieren, ohne dass hierfür allgemein anerkannte Definitionen und Abgrenzungen existieren. Augenscheinlich spiegeln die Begriffe die oben genannten Unterscheidungsmerkmale wider. Doch was ist eigentlich eine Hauptkategorie, was unterscheidet sie von einer Kernkategorie und wann kann eine Kategorie als Schlüsselkategorie bezeichnet werden und wie viele davon sollte oder darf eine Analyse haben?

Die Verwirrung steigt noch, weil in der qualitativen Sozialforschung auch der Begriff „Code“ und entsprechende Spezifikationen (Subcode, Obercode etc.) sehr häufig benutzt werden (z. B. in Bazeley, 2021, S. 155–260; Miles et al., 2020, S. 61–102). Dies gilt zuvorderst für die Grounded Theory, wo der Begriff „Code“ gleich in mehrfacher Gestalt auftritt, nämlich als „offener“ und

„axialer Code" in den Anfängen der Analyse und als „substantive code", „key code", „selective code" oder „theoretical code" in den späteren Analysephasen (Strauss & Corbin, 1996, S. 43–117). Den unterschiedlichen Analysetätigkeiten in den unterschiedlichen Phasen des Auswertungsprozesses entsprechend, bezeichnet der Begriff „Code" manchmal einen abstrakten, viele Dimensionen umfassenden Begriff, manchmal aber auch nur ein erstes ad-hoc entwickeltes Konzept, das sich möglicherweise innerhalb der weiteren Analyse zu einer Kategorie entwickelt. Damit wäre nun ein weiterer Begriff, nämlich Konzept, eingeführt, dessen Relation zu den Begriffen Code und Kategorie auch nicht so recht klar ist. Obwohl Strauss und Corbin (1996, S. 43–55) sich bemüht haben, ein wenig Klarheit bezüglich der unterschiedlichen Begriffsverwendung zu schaffen, lässt sich schwerlich bestreiten, dass zwar in manchen Schriften der Grounded Theory zwischen den Begriffen Code und Kategorie differenziert wird, aber die Verwendung oftmals nicht durchgängig einheitlich und konsistent ist. Das gilt beispielsweise für die verschiedenen Auflagen des Lehrbuches von Strauss und Corbin. Zudem arbeiten Vertreterinnen und Vertreter der Grounded Theory mit einem erweiterten Begriff von Codieren, der hier das Analysieren, Benennen und Kategorisieren sowie das theoretische Einordnen der Daten insgesamt umfasst.

Augenscheinlich existieren verschiedene Traditionen und Begriffskulturen in der qualitativen Forschung, auch innerhalb der Grounded Theory selbst. So werden bei der konstruktivistischen Variante, wie sie von Charmaz (2014) vertreten wird, teilweise dieselben Begriffe wie bei Glaser (2005), Strauss und Corbin (1996) benutzt, teilweise aber auch andere wie etwa „focused code". Insgesamt stößt man im Bereich der qualitativen Datenanalyse auf zahlreiche Ungereimtheiten und verwirrende Phänomene in Bezug auf die Verwendung der Begriffe „Code" oder „Kategorie". So wird hinsichtlich der aktiven Tätigkeit fast immer von Codieren, aber weitaus seltener vom Kategorisieren gesprochen. In Übersetzungen aus dem Englischen wird zudem häufig Code mit Kategorie übersetzt.

Ein Blick über den Tellerrand qualitativer Forschung hinaus zeigt, dass in den Kommunikationswissenschaften und der dort vorherrschenden Form der Inhaltsanalyse üblicherweise fast immer von Kategorien und nicht von Codes gesprochen wird. Die Anwendung von Kategorien auf Forschungsdaten, etwa auf Medienprodukte, wird allerdings als Codieren und nicht als Kategorisieren bezeichnet und die Personen, die dies tun, werden als Codierer, Codiererin oder Codierende bezeichnet (Früh, 2017; Krippendorff, 2018). Wer in der quantitativ orientierten sozialwissenschaftlichen Forschung beheimatet ist, wird ganz besonders erstaunt sein, denn Code, Kategorie und Codieren bedeuten dort etwas ganz anderes als im Kontext der qualitativen Datenanalyse: Code bedeutet die Zuordnung einer Zahl, oder allgemeiner formuliert eines Zeichens, zu einem bestimmten Merkmal bzw. einer Merkmalsausprägung (auch Kategorie genannt). Beispielsweise lassen sich in einer Datenmatrix Befragte aus Bayern mit „1“ und Befragte aus Bremen mit „2“ codieren. Das Codieren bezeichnet hier also einen Transformationsvorgang vom empirischen ins numerische Relativ.

Von besonderer Wichtigkeit ist, dass in Software für qualitative Datenanalyse (siehe Kapitel 8) nahezu ausschließlich der Begriff „Code“ benutzt wird, egal ob es sich um einen Code, eine Kategorie, eine Haupt- oder Schlüsselkategorie, ein Konzept oder ein Thema handelt.

All dies lässt Bemühungen um eine Abgrenzung der Begriffe als sehr schwierig und eigentlich wenig aussichtsreich erscheinen. Selbst dann, wenn es in diesem Buch gelänge, würden die Leserinnen und Leser doch verwirrt, sobald sie andere einschlägige Bücher zu Hand nähmen. Es mag also die Frage gestellt werden, ob nicht doch alle genannten Begriffe letztlich das Gleiche meinen und lediglich eine unscharfe Begriffsverwendung konstatiert werden muss. Das wird man sicherlich für einige Methodentexte und Forschungsansätze bejahen können. Vor allem in Arbeiten, die sich an der Grounded Theory orientieren, wird – wie beschrieben – häufig kein systematischer, durchgehender Unterschied zwischen Konzept, Code und Kategorie gemacht. Es spricht also einiges dafür, die Begriffe „Code“ und „Kategorie“ synonym zu gebrauchen, so auch die Tatsache, dass manche Komposita im Deutschen gebräuchlicher sind als andere, z. B. „Kategoriensystem“ eher als „Codesystem“, „Kategorienbildung“ eher als „Codebildung“, aber „Codememo“ eher als „Kategorienmemo“ und „Codename“ eher als „Kategorienname“. Im Englischen ist es dann mitunter genau umgekehrt, z. B. häufiger „coding frame“ anstelle von „category frame“ oder „categorizing frame“. Gegen die synonyme Verwendung spricht, dass es plausible Bemühungen gibt, den Begriffen differenzierte Bedeutungen zuzuschreiben und eine zeitliche, am Forschungsprozess orientierte Reihenfolge zu etablieren. So beschreiben Creswell und Creswell Báez (2021, S. 158–171) den Weg von den Rohdaten (Texten) zu den Themen in folgender Abfolge: a) Texte lesen und Codes zu Textsegmenten zuordnen, b) Codes ordnen und Codes zu Themen zusammenfassen, c) eine „map of the themes“ erstellen und ihre Wechselbeziehungen im „qualitative report“ beschreiben. In dieser induktiven Vorgehensweise werden aus den anfänglichen, noch wenig entwickelten Codes im Laufe der Analyse Themen, in der Sprache der qualitativen Inhaltsanalyse Kategorien. Eine solche Entwicklung von einfachen zu abstrakteren und komplexeren Analyseinstrumenten ist typisch für viele Analyseansätze, die mit Codes bzw. Kategorien arbeiten und deshalb wollen wir sie auch für die qualitative Inhaltsanalyse empfehlen. Bei induktiver Vorgehensweise (was das genau ist, wird in Kapitel 3 beschrieben) sprechen wir also, sofern es um die Anfänge der Analyse geht, von Codes. Wenn es aber um die Hauptphasen der qualitativen Inhaltsanalyse geht, soll immer von Kategorien und nicht von Codes gesprochen werden. Die Überschrift von Kapitel 3 dieses Buches lautet deshalb auch „Kategorienbildung in der Praxis“ und nicht „Codes und Konzepte bilden“. Wir werden versuchen in Bezug auf die qualitative Inhaltsanalyse eine konsistente Verwendung der Begriffe durchzuhalten. Sofern wir uns im weiteren Text aber auf die Grounded Theory oder ihr nahestehende Positionen beziehen (etwa auf die Technik des offenen Codierens) werden wir nicht versuchen, der Grounded Theory ex-post eine konsistente Begriffsverwendung zu oktroyieren und eine Art Standardsprech einzuführen. Ähnliches gilt für Kapitel 8, in dem wir die Umsetzung der qualitativen Inhaltsanalyse mit QDA-Software beschreiben. In den gängigen QDA-Programmen existieren nur der Begriff „Code“ und seine Komposita (z. B. „Subcode“, „Codename“ etc.) – daran können wir nichts ändern und so verwenden wir natürlich auch diese Begriffe, was mitunter etwas seltsam anmutet, beispielweise wenn wir beschreiben, dass neue Kategorien mit der Option „Neuer Code“ gebildet werden.

Was die Relation der Begriffe Thema und Kategorie betrifft, so verstehen wir diese Begriffe dann als Synonyme, wenn es sich um thematische Kategorien handelt. Beispielsweise würden wir bei der Zusammenfassung der codierten Textsegmente der Kategorie „Persönliches Umweltverhalten“ eher von einer thematischen Analyse als von einer kategorialen Analyse sprechen.

Den Begriff „Konzept“ begreifen wir als zu den Begriffen Code, Kategorie und Thema querliegenden Begriff. Ein Konzept kann sowohl in der ersten Phase der Analyse eine Bezeichnung für einzelne Ereignisse, Phänomene und Vorkommnisse sein (so bei Strauss & Corbin, 1996, S. 43–46) als auch eine ausgearbeitete Idee, ein komplexer Plan, beispielsweise das „Konzept Nachhaltigkeit der Grünen“ (Ergebnis der Analyse entsprechender Dokumente) oder „Heidi Klums Konzept von Schönheit“ (Ergebnis der Analyse diverser Sendungen von Germany's Next Topmodel“). In diesem Sinne kann ein Konzept sowohl ein Code sein als auch ein Thema bzw. eine Schlüsselkategorie, die sich durch die Analyse erst in einer späten Phase der Forschung ergeben hat.

2.4 Kategoriensystem

Die Gesamtheit aller Kategorien wird üblicherweise als „Kategoriensystem“ oder „Codesystem“, im Englischsprachigen oft als „coding frame“ bezeichnet. Ein Kategoriensystem kann a) als lineare Liste, b) als Hierarchie oder c) als Netzwerk organisiert werden:

Eine *lineare Liste* ist eine Aufreihung von Kategorien, die sich alle auf einer Ebene befinden, z. B. Umweltwissen, Umwelteinstellungen, Umweltverhalten.

Ein *hierarchisches Kategoriensystem* besteht aus verschiedenen über- und untergeordneten Ebenen, beispielsweise die Kategorie Umweltverhalten mit den Subkategorien Energieverhalten, Mobilitätsverhalten, Konsumverhalten, Recyclingverhalten etc. Solche Kategoriensysteme sind uns aus Alltag und

Wissenschaft wohl vertraut. Sie begegnen uns bei der Strukturierung des Angebotes bei Amazon oder Ebay ebenso wie als Ordnungsstrukturen in wissenschaftlichen Bibliotheken und Stadtbüchereien sowie als Organigramme von Verwaltungen und Instituten. Hierarchische Strukturen lassen sich als Baumstrukturen abbilden, die Zahl der Ebenen und Verästelungen ist dabei nicht begrenzt. Was die Terminologie betrifft, so spricht man bei hierarchischen Kategoriensystemen von Haupt- bzw. Oberkategorien und von Sub- bzw. Unterkategorien. Sobald eine Kategorie untergliedert wird, lässt sie sich als *Oberkategorie* bezeichnen und die Kategorien der untergeordneten Ebene als *Subkategorien* oder *Unterkategorien.* Bei computergestützter Analyse und Einsatz von QDA-Software lauten die Bezeichnungen entsprechend Obercode und Subcode. In einem hierarchischen Kategoriensystem kann es natürlich mehr als zwei Ebenen geben, d. h., es können auch Subkategorien von Subkategorien existieren und insofern ist der Begriff Oberkategorie bzw. Obercode in diesem Fall nicht mehr eindeutig. Häufig wird auch anstelle des formalen Begriffs Oberkategorie der Begriff Hauptkategorie benutzt. Dies könnte zu dem Fehlschluss Anlass geben, dass es sich hierbei um für das Forschungsprojekt besonders wichtige Kategorien, eine Art Schlüsselkategorien, handeln würde. Das ist aber keineswegs immer der Fall, die Vorsilbe „Haupt“ bezeichnet häufig nur den Unterschied zu den untergeordneten Subkategorien. Wir plädieren jedoch dafür, den Begriff Hauptkategorie nur dann zu verwenden, wenn es sich tatsächlich um eine Kategorie handelt, die für das betreffende Forschungsprojekt besonders wichtig ist. Für eine Hauptkategorie ist es eigentlich nicht unbedingt erforderlich, dass sie weiter untergliedert ist und Subkategorien besitzt. In der Forschungspraxis wird dies aber fast immer der Fall sein, denn bei einer besonders wichtigen Kategorie wird die analytische Vorgehensweise fast immer so aussehen, dass Dimensionen und spezifizierende Merkmale ermittelt und auf dieser Basis Subkategorien definiert werden.

Der dritte Typ der Organisation von Kategoriensystemen, die *Netzwerkstruktur,* ist dadurch charakterisiert, dass die Elemente (Knoten) des Netzwerks auf vielfältige Art (und nicht nur hierarchisch) miteinander verbunden sein können. Netzwerke werden meist als Graphen mit Knoten und Kanten dargestellt. Netzwerke lassen unterschiedliche Verbindungswege zu, ein Tatbestand, den man sich beispielsweise bei der Organisation von Webseiten zunutze macht.

Die Kategoriensysteme der qualitativen Inhaltsanalyse sind fast immer hierarchisch aufgebaut. Das gilt auch für die in diesem Buch dargestellten Beispiele. Gegenüber linearen Listen besitzen hierarchische Kategoriensysteme den Vorteil, dass sie hervorragend strukturiert werden können. Dies kommt einer mehrstufigen Arbeitsweise entgegen, die ins Detail gehen und durch die Analyse Dimensionen und Spezifika entdecken will. Gegenüber netzwerkartigen Kategoriensystemen sind hierarchische Kategoriensysteme weitaus übersichtlicher und sie ermöglichen, nach Zusammenhängen auf verschiedenen Ebenen zu suchen. Der Vorteil einer hierarchischen Strukturierung mag an folgendem Beispiel der geographischen Strukturierung deutlich werden: Bei entsprechender Strukturierung können wir Länder miteinander vergleichen (Deutschland und Italien), Regionen dieser Länder (Bayern und Toskana), Städte dieser Regionen (München und Florenz), bestimmte Viertel in diesen Städten usw. Unschwer lässt sich jeweils aggregieren und disaggregieren, ein Vorteil, der besonders bei Nutzung von QDA-Software zum Tragen kommt.

Sind bestimmte Ansprüche an Kategoriensysteme zu stellen? Diese Frage lässt sich eindeutig bejahen: Kategoriensysteme sollten einen inneren Zusammenhang besitzen und ihr Aufbau sollte plausibel und nachvollziehbar sein. Woran noch lässt sich ein gutes und brauchbares Kategoriensystem erkennen und worin unterscheidet es sich von einem weniger guten? Folgende Kriterien sollten erfüllt sein (entsprechend Kuckartz & Rädiker, 2024, S. 36–39):

Die Kategorien stehen in enger Beziehung zu den Forschungsfragen. Dies ist die wichtigste Bedingung, schließlich sollen die Kategorien dazu beitragen, die formulierten Forschungsfragen zu beantworten. Es gilt also, bei jeder Kategorie zu fragen, inwieweit diese dabei hilft, das Ziel einer Studie zu erreichen. Der Nutzen einer Kategorie kann natürlich auch darin bestehen, wichtiges Kontextwissen zu erfassen, d. h., nur weil der Zusammenhang zur Forschungsfrage nicht auf den ersten Blick erkenntlich sein sollte, muss die Kategorie nicht gleich entfernt werden. Der prüfende Blick sollte auch das Gesamtkonstrukt erfassen: Bietet das System ausreichend analytische Tiefe oder ist es rein beschreibend? Hilfreich kann es sein, schon einmal den fertigen Ergebnisbericht und dessen Gliederung zu antizipieren: Sind alle wichtigen untersuchten Aspekte abgedeckt oder fehlen möglicherweise für die Forschungsfragen relevante Kategorien?

Die Kategorien sind erschöpfend. Dies bedeutet, dass für jeden Aspekt in den Daten, der für die Beantwortung der Forschungsfragen wichtig ist und erfasst werden soll, auch eine Kategorie existiert. Ob dieses Kriterium erfüllt ist, lässt sich erst bei der Anwendung der Kategorien mit Sicherheit sagen, d. h., es handelt sich vorrangig um eine empirische Frage. Mindestens zu Beginn der Analyse bietet sich die Erstellung einer Kategorie „Sonstiges“ an, manchmal auch auf mehreren Ebenen des Kategoriensystems, um Aspekte jenseits der bereits formulierten Kategorien erfassen zu können. Im Verlauf der Analyse kann dann entschieden werden, ob es sich um Einzelaspekte handelt, die keiner eigenen Kategorie bedürfen, oder ob induktiv aus den Daten eine weitere Kategorie ergänzt wird.

Die Kategorien sind trennscharf, je nach Anwendungsfall auch disjunkt. Trennscharf bedeutet, dass immer möglichst eindeutig ist, welche Kategorie einem Textabschnitt zugeordnet wird – und welche nicht. Wenn man beim Zuordnen von Kategorien ständig zwischen zwei Kategorien schwankt, ist dies ein Indiz für geringe Trennschärfe. Diese kann nicht immer mit absoluter Eindeutigkeit hergestellt werden, nichtsdestotrotz sollte besonderes Augenmerk auf präzise Kategoriendefinitionen gelegt werden. Trennscharf bedeutet nicht, dass einer Textstelle immer nur eine Kategorie zugeordnet wird. Sehr häufig werden in der Anwendung der qualitativen Inhaltsanalyse mehrere Hauptkategorien oder Subkategorien an ein und derselben Aussage vergeben, teilweise auch überlappend, weil in einer Aussage mehrere Aspekte angesprochen werden. In manchen Anwendungsfällen ist die Mehrfachvergabe von Kategorien jedoch nicht gewünscht und es ist notwendig, dass sich Kategorien gegenseitig ausschließen, sie disjunkt sind. Typisches Beispiel sind evaluative Subkategorien, etwa „niedrige", „mittlere" und „hohe" Pro-Umwelt-Einstellungen.

Die Kategorien sind wohlformuliert. Es ist wichtig darauf zu achten, wie Kategoriennamen formuliert sind. Sind gleichwertige Subkategorien auch sprachlich gleichwertig formuliert? Es macht auch einen Unterschied, ob ich als Kategorie „Klima" oder „Klimakrise", „Motivation" oder „Haltung" wähle. Hilfreich ist ein Blick in ein Wörterbuch oder einen Thesaurus, um Abgrenzungen zu anderen Begriffen in die Kategoriendefinition aufzunehmen und möglichst passende Begriffe auszuwählen.

Die Kategorien bilden zusammengenommen eine Gestalt. Diesen Aspekt haben wir in den einleitenden Sätzen oben bereits angesprochen. Es geht darum, dass ein Kategoriensystem eine innere Kohärenz hat und die Kategorien nicht bloß lose und zusammenhangslos nebeneinanderstehen. Für die Überprüfung dieses Kriteriums ist es hilfreich, auf das Abstraktionsniveau der Kategorien zu achten, insbesondere sollten gleichwertige Subkategorien einen vergleichbaren Grad an Allgemeinheit aufweisen. Auch die Hauptkategorien sollten in der Regel einen ähnlichen Grad an Abstraktheit und Allgemeinheit besitzen.

Die Subkategorien sind Dimensionen, Ausprägungen oder Unteraspekte ihrer Oberkategorie. Der Abstraktionsgrad nimmt sinnvollerweise mit jeder niedrigeren Hierarchiestufe weiter ab, da die Subkategorien stets Aspekte, Ausprägungen oder Dimensionen der Oberkategorien sein sollten. Das scheint zwar logisch, kann aber bei der Kategorienbildung am Material einen längeren Entwicklungsprozess mit sich bringen. Ist die im Interview angesprochene Natur ein Unteraspekt von „Umwelt" oder steht sie auf gleicher Ebene und es hieße besser „Natur & Umwelt"? Sollte „Klima" eine eigenständige Hauptkategorie sein oder Unterkategorie von „Umwelt"?

Die Kategorien sind verständlich und nachvollziehbar. Die Kategoriennamen sollten nicht zu kompliziert gewählt werden. Es sollte mit Bezeichnungen gearbeitet werden, die sowohl für die Codierenden als auch für die spätere Rezeption der Studie leicht verständlich sind. Das soll nicht heißen, dass keine Fachtermini verwendet werden dürfen und Kategoriennamen in einfacher Sprache zu formulieren sind. Es ist jedoch sinnvoll, sich bei der Formulierung und dem Aufbau des Kategoriensystems zu vergegenwärtigen, wer mit den Kategorien arbeiten wird und wem diese später in Publikationen, Vorträgen und Postern präsentiert werden.

2.5 Kategoriendefinition, Kategorienhandbuch und Codierleitfaden

Die Arbeit mit Kategorien und die Entwicklung eines Kategoriensystems ist von großer Wichtigkeit für die Methode der qualitativen Inhaltsanalyse. Die Konstruktion des Kategoriensystems erfordert sorgfältige Arbeit, benötigt eine Menge Zeit und ist folgenreich. Für die qualitative Inhaltsanalyse als einem regelgeleiteten Verfahren ist es sehr wichtig, gleichzeitig mit der Konstruktion des Kategoriensystems auch Kategoriendefinitionen zu formulieren. Eine Kategoriendefinition erläutert, was in einer Studie unter einer Kategorie genau zu verstehen ist, was „Umwelteinstellung", „Globale Politik" oder „Resilienz" genau bedeuten sollen. Gleichgültig, auf welche Weise die Kategorien entwickelt wurden, ob induktiv am Material oder konzept- bzw. theorieorientiert vorab ohne empirische Daten: Kategorien sollen definiert werden, und zwar sollen die Definitionen möglichst so präzise sein, dass alle Codierenden ein gleiches Verständnis von den Kategorien haben und dadurch das Material auf dieselbe Weise codieren können. Das gilt natürlich nicht für Kategorien wie Eigennamen, Ortsbezeichnungen und dergleichen. Manche Kategorien scheinen auf den ersten Blick nicht definitionsbedürftig wie etwa „Ballsportart", doch kann eine bestimmte Forschungsfrage Zuordnungsprobleme zur Konsequenz haben: Soll beispielsweise Harry Potters Lieblingssportart „Quidditch" als Subkategorie von Ballsportart zu kategorisieren sein? Dann benötigt eine eigentlich selbsterklärende Kategorie wie Ballsportart doch eine Definition.

Eine Kategoriendefinition sollte folgenden Aufbau haben:

Abb. 2 Allgemeines Schema für Kategoriendefinitionen

Name der Kategorie:	Möglichst prägnante Bezeichnung
Inhaltliche Beschreibung:	Beschreibung der Kategorie, ggf. mit theoretischer Anbindung
Anwendung der Kategorie:	„Kategorie xy" wird codiert, wenn folgende Aspekte genannt werden ...
Beispiele für Anwendungen:	Zitate mit Quellenangabe (Dokument; Absatz bzw. Seite)
Weitere Anwendungen (optional):	Die Kategorie wird auch codiert, wenn ... Zitate mit Quellenangabe (Dokument; Absatz bzw. Seite)
Abgrenzung zu anderen Kategorien (optional):	Die Kategorie wird nicht codiert, wenn ...: ... sondern in diesem Fall wird Kategorie z verwendet Zitate mit Quellenangabe (Dokument; Absatz bzw. Seite)

Die Zitate aus den Texten sollen helfen, die konkrete Anwendung einer Kategorie zu illustrieren, d. h., es müssen Beispiele ausgewählt werden, die möglichst typisch für eine Kategorie sind. Nicht immer ist es möglich, ein wirklich typisches Beispiel zu finden, das alle Anwendungsfälle einer Kategorie abdeckt. In diesem Fall können mehrere Zitate in die Kategoriendefinition integriert werden oder es kann alternativ oder ergänzend ein typisches Beispiel konstruiert werden, welches natürlich als solches zu kennzeichnen ist.

Kategoriendefinitionen haben eine doppelte Funktion: Erstens dokumentieren sie grundlegende Elemente der qualitativen Inhaltsanalyse für die Rezipient:innen der Studie und für die Scientific Community insgesamt. Ohne das Wissen um diese Grundelemente sind die Ergebnisse der Analyse für Außenstehende schwerlich interpretierbar. Zweitens stellen die Kategoriendefinitionen – ergänzt um konkrete Handlungsanweisungen – den Codierleitfaden für die Codierenden dar. Das heißt, je genauer die Definitionen sind, je illustrativer die Beispiele für die Anwendungen der jeweiligen Kategorie, desto problemloser gestaltet sich das Codieren und desto wahrscheinlicher ist es, eine hohe Übereinstimmung der Codierenden zu erreichen.

Vom Codierleitfaden zu unterscheiden ist das „Kategorienhandbuch"; alternativ werden hierfür auch die Bezeichnungen „Codebuch" bzw. englisch „Codebook" benutzt. Letztere haben nichts mit Geheimdiensten oder Kryptologie zu tun, sondern bezeichnen ein Dokument, das alle Kategorien und ihre Definitionen enthält.

Der Unterschied zwischen Codierleitfaden und Kategorienhandbuch lässt sich am einfachsten durch eine Gleichung ausdrücken: Kategorienhandbuch + Anweisungen und Hilfen für die Codierenden = Codierleitfaden. Der Codierleitfaden ist ein Dokument, das vorrangig für die interne Verwendung gedacht ist und den Codierenden spezielle Hinweise für Ihre Arbeit gibt. Das Kategorienhandbuch ist hingegen für die Außenwelt des Projektes konzipiert. Kategorien sind nun einmal zentral für die qualitative Inhaltsanalyse und insofern kommt dem Kategorienhandbuch eine sehr wichtige Funktion zu, dokumentiert es doch die Sorgfalt und Genauigkeit, mit der gearbeitet wurde.

2.6 Das Codieren

Die Begriffe „Kategorie“ und „Codieren“ sind bei der qualitativen Inhaltsanalyse aufs Engste verknüpft. Zwar kommt dem Kategoriensystem als einem Struktur- und Ordnungssystem eine eigenständige Bedeutung zu, doch ist der eigentliche Sinn und Zweck der Kategorien die entsprechende Codierung der Daten bzw. von Teilen der Daten, die dann als „codierte Segmente“ bezeichnet werden. Bei verbalen Daten wird unter einem codierten Segment also eine Textstelle verstanden, die mit einer bestimmten Kategorie, einem bestimmten Inhalt, z. B. einem Thema, einer Verhaltensweise, einem Motiv etc., in Verbindung steht. Dabei kann die Blickrichtung eine doppelte sein: Zum einen kann man von der Kategorie auf die Stelle im Text blicken – diese ist dann ein codiertes Segment, das unter eine bestimmte Kategorie fällt. Zum anderen kann man ausgehend von der Textstelle, d. h., am Material, Konzepte und Kategorien entwickeln, d. h., das Material in einem erweiterten Sinn *codieren.*

Der Prozess des Identifizierens und Klassifizierens von einschlägigen Textstellen und das damit verbundene Codieren kann also beides sein:

a) ein Akt des *Subsummierens* unter eine bereits gebildete Kategorie oder
b) ein Akt des *Generierens* einer Kategorie, unter Umständen auch die Erfindung eines völlig neuen Begriffs, für ein Phänomen, welches man in den empirischen Daten erkannt hat.

Das Resultat beider Blickrichtungen ist letzten Endes das gleiche, nämlich eine Verbindung von Textstelle und Kategorie. Die folgende Abbildung (nächste Seite) verdeutlicht dieses Grundprinzip: Links ist der Originaltext abgebildet, rechts das codierte Segment. Der grau hinterlegte Abschnitt wurde mit der Kategorie „Lernen via Werteerziehung“ codiert.

Die geschilderte bidirektionale Blickweise stellt einen entscheidenden Unterschied zwischen klassischer und qualitativer Inhaltsanalyse dar: In der klassischen Inhaltsanalyse findet durch das Codieren ein Schritt hin auf eine neue, höhere analytische Ebene statt, ein Rückbezug auf das Ausgangsmaterial ist nach diesem Schritt nicht länger intendiert; es wird mit einer aus Zahlen bestehenden Datenmatrix (Analyseeinheiten mal Kategorien) weitergearbeitet. In der qualitativen Inhaltsanalyse bleibt hingegen die Beziehung zwischen Ka-

Abb. 3 Der Codiervorgang: Originaltext, Kategorie und codiertes Segment

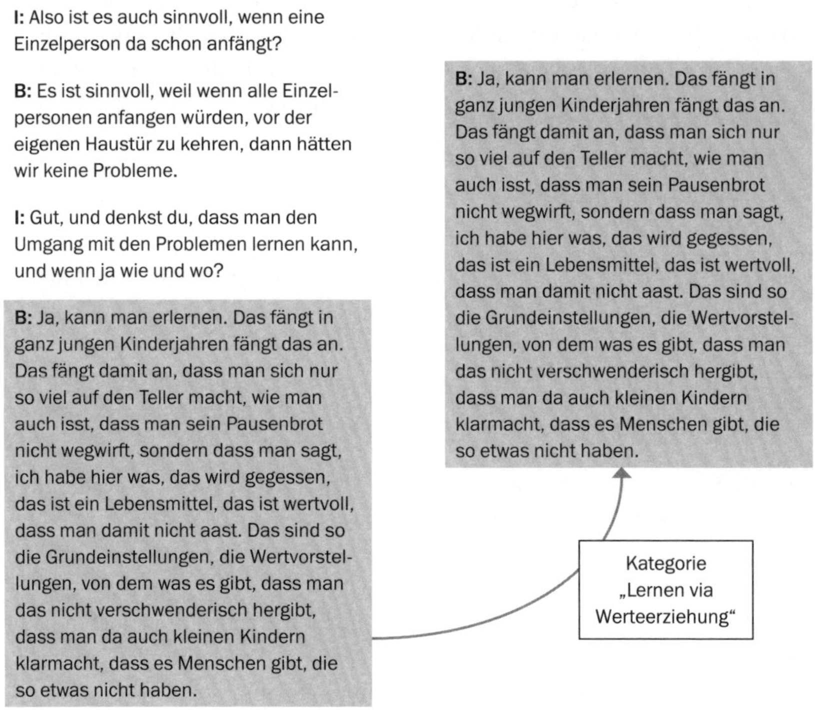

tegorie und Ausgangsmaterial während der gesamten Analyse bestehen: Erstens kann es von Interesse sein, jederzeit auf den zugrunde liegenden codierten Text zurückgreifen zu können, und zweitens basieren die qualitativen Analyseformen auf diesen Originaldaten sowie deren Zusammenfassungen und Abstraktionen.

Die klassische Inhaltsanalyse blickt nur von den Kategorien auf den Text und benutzt dementsprechend auch eine andere Terminologie: Dort ist nicht von „codiertem Segment" die Rede, sondern von „Codiereinheit". Damit wird das einzelne Element bezeichnet, das eine Codierung, d. h. die Zuordnung einer Kategorie, auslöst. Die Zuordnung der Kategorie „Amerikanischer Präsident" wird durch die Wörter „Bill Clinton", „Barack Obama", „George W. Bush", „Vater Bush" etc. ausgelöst. Nach dem Verständnis der klassischen Inhaltsanalyse sollte eine Codiereinheit nur eine einzige Kategorie ansprechen, d. h., „Bill Clinton" gilt nur als Indikator für „Amerikanischer Präsident" und nicht auch als Indikator für „Jurist". Margrit Schreier (2012) orientiert sich in ihrem Buch „Qualitative Content Analysis" an dieser Logik der klassischen Inhaltsanalyse. Für sie ist es zentral, vor dem Codieren die Segmentierung der Daten in Codiereinheiten vorzunehmen:

> „Before you can get started on trying out your coding frame, you first have to divide your material up into smaller units, which you will then code using your coding frame. This is called segmentation.“ (Schreier, 2012, S. 126)

In der qualitativen Inhaltsanalyse hat das Codieren unseres Erachtens eine umfassendere Bedeutung als das bloße Indexieren oder „Tagging“ und eine Vorab-Bestimmung von Codiereinheiten ist nicht erforderlich, sondern dem Ablauf der Analyse eher fremd. Im Rahmen der qualitativen Inhaltsanalyse werden in der Regel Sinneinheiten codiert und nicht vorab Codiereinheiten bestimmt, das bedeutet, dass sich die codierten Segmente durchaus überlappen können oder ineinander verschachtelt sein können. Das Kriterium für die Bestimmung der Segmentgrenzen ist die Verständlichkeit „out of context“, d.h., dass die Segmente für sich auch außerhalb ihres Kontextes verständlich sein sollen. Natürlich müssen es nicht notwendigerweise Sinneinheiten sein, die als codiertes Segment gewählt werden. Bei Faktenkategorien oder natürlichen Kategorien (In-vivo-Codes) ist die Situation eine andere: Auch das Vorkommen bestimmter Personen oder Orte, bestimmter Metaphern oder Redewendungen kann codiert werden, d.h., in diesem Fall sind die codierten Segmente sehr kurz und stellen keine Sinneinheiten dar.

Häufig werden, vor allem dann, wenn die zu bearbeitende Textmenge sehr groß ist, über das wissenschaftliche Forschungsteam hinaus Hilfskräfte speziell für die Codierung des Materials hinzugezogen. Für die qualitative Inhaltsanalyse ist dabei unbedingt ein gewisses Maß an Interpretationskompetenz erforderlich, d.h., die Codierenden müssen über die Fragestellung, die theoretischen Konstrukte und die Bedeutung der Kategorien gut informiert werden. Üblicherweise werden Teamsitzungen zum Codieren sowie Codier-Workshops durchgeführt, um eine möglichst große Übereinstimmung beim Codieren zu erreichen. Während in der quantitativ orientierten Inhaltsanalyse zur Beurteilung der Übereinstimmung entsprechende Koeffizienten wie Krippendorffs Alpha, Cohens Kappa, Scotts Pi o.ä. (Krippendorff, 2004) zur Ermittlung der sogenannten Intercoder-Reliabilität oder Inter-Rater-Reliabilität berechnet werden, tendiert man in der qualitativen Inhaltsanalyse dazu, ein prozedurales Vorgehen zu wählen, das Nicht-Übereinstimmungen durch Diskussion und Entscheidung im Forschungsteam zu minimieren sucht. Im Kapitel 9 sind diese Vorgehensweise und die Möglichkeiten zur Bestimmung der Intercoder-Übereinstimmung näher beschrieben.

3 Kategorienbildung in der Praxis

In diesem Kapitel erfahren Sie etwas über
- das Thema Kategorienbildung in der Methodenliteratur,
- die A-priori-Kategorienbildung unabhängig vom empirischen Material (deduktive Kategorienbildung),
- verschiedene Ansätze zur Kategorienbildung am Material (induktive Kategorienbildung),
- Mayrings Ansatz der induktiven Kategorienbildung via zusammenfassende, paraphrasierende Inhaltsanalyse
- die Bildung von Kategorien am Material in der Grounded Theory,
- Mischformen der Kategorienbildung (deduktiv-induktive Kategorienbildung).

Wer sich für die qualitative Inhaltsanalyse als Auswertungsmethode entscheidet, wird sich sogleich Fragen wie die folgenden stellen: „Wie komme ich zu meinen Kategorien?“, „Wie viele Kategorien benötige ich überhaupt für meine Analyse?“ oder „Nach welchen Regeln muss ich bei der Bildung von Kategorien vorgehen?“.

In der Methodenliteratur wird Kategorienbildung eher als eine Common-Sense-Technik behandelt, die keine besondere Aufmerksamkeit verdient und auf deren nähere Beschreibung verzichtet werden kann. Nicht selten finden sich dann solche, leider nur wenig hilfreichen Sätze wie „Patentrezepte für die Kategorienbildung gibt es nicht“ (Kriz & Lisch, 1988, S. 134). Auf der anderen Seite wird die Kategorienbildung aber in den gleichen Methodentexten in punkto Relevanz weit nach vorne geschoben, etwa wenn formuliert wird, die Inhaltsanalyse stehe und falle mit ihren Kategorien. Aber, so mag man fragen, wie bewerkstelligt man es dann um Himmels willen, so etwas Wichtiges wie die Kategorien überhaupt zu bilden?

Die Art und Weise der Kategorienbildung hängt in starkem Maße von der Forschungsfrage, der Zielsetzung der Forschung und dem Vorwissen ab, das bei den Forschenden über den Gegenstandsbereich der Forschung vorhanden ist. Je stärker die Theorieorientierung, je umfangreicher das Vorwissen, je gezielter die Fragen und je genauer die eventuell bereits vorhandenen Hypothesen, desto eher wird man bereits *vor* der Auswertung der erhobenen Daten Kategorien bilden können.

Mit Blick auf empirische Studien lässt sich eine Polarität von theoretischer und empirischer Kategorienbildung konstatieren:

Bezug für die Kategorienbildung

Theorie ⟵——⟶ Empirie

Die beiden Pole stellen hier eine ausschließlich theorieorientierte und eine ausschließlich empirieorientierte Kategorienbildung dar. Wir ziehen es allerdings vor, verschiedene Arten der Kategorienbildung danach zu unterschieden, welche Rolle das empirische Material bei der Bildung des Kategoriensystems spielt. Die linke Seite des Kontinuums bildet dann die *deduktive Kategorienbildung*, die auch als A-priori-Kategorienbildung bezeichnet werden kann. Bei dieser werden die Kategorien unabhängig vom erhobenen Datenmaterial gebildet. Bei der A-priori-Kategorienbildung werden die bei der Inhaltsanalyse zum Einsatz kommenden Kategorien auf der Basis einer bereits vorhandenen inhaltlichen Systematisierung gebildet. Dabei kann es sich um eine Theorie oder eine Hypothese handeln, aber auch um einen Interviewleitfaden oder ein bereits vorhandenes System zur inhaltlichen Strukturierung. Das heißt: A-priori-Kategorienbildung ist nicht unbedingt an einer Theorie orientiert.

Die rechte Seite des Kontinuums wird häufig auch als *induktive Kategorienbildung* bezeichnet: Hier werden die Kategorien direkt an den empirischen Daten gebildet.

A-priori-Kategorienbildung und Kategorienbildung am Material sowie die Anwendung der so gebildeten Kategorien in der qualitativen Inhaltsanalyse sind nicht so gegensätzlich wie man zunächst vielleicht vermuten könnte. Für die Inhaltsanalyse insgesamt ist charakteristisch, dass das komplette Material codiert wird, d. h., auf der Basis eines Kategoriensystems systematisch bearbeitet wird. Für die Anwendung eines Kategoriensystems gelten dabei immer die gleichen Regeln und Standards, gleichgültig, ob die Kategorien nun direkt am Material oder unabhängig von diesem gebildet wurden.

Im Folgenden werden Verfahren der deduktiven Kategorienbildung und der induktiven Kategorienbildung am Material beschrieben. Anschließend wird auf häufig anzutreffende Mischformen der Kategorienbildung eingegangen.

3.1 Deduktive (a priori) Kategorienbildung

Deduktive Kategorienbildung erfolgt weitgehend unabhängig von den erhobenen Daten. Der Begriff „deduktive Kategorienbildung“ ist allerdings für diese Vorgehensweise bei der Bildung von Kategorien und die im Hintergrund ablaufenden kognitiven Prozesse nicht wirklich optimal. Deduktiv bedeutet ja, dass das Besondere aus dem Allgemeinen erschlossen wird, also eine logische Ableitung vorgenommen wird. So erweckt der Begriff „deduktiv“ unwillkürlich den Anschein, als gehe alles mehr oder weniger wie von selbst, ähnlich wie bei der Ableitung einer mathematischen Funktion. Wenn alles den Regeln entsprechend gemacht wird, so die Vermutung, kommen alle zum gleichen Ergebnis. Dies ist nun (leider) ganz und gar nicht der Fall, weshalb uns eigentlich eine alternative Bezeichnung, etwa „A-priori-Kategorienbildung unabhängig von den empirischen Daten" sinnvoller erscheinen würde, denn sie beschreibt lediglich das Prozedere und suggeriert nicht, es stelle sich, wenn denn den Regeln entsprechend vorgegangen wird, ein eindeutiges und „richtiges" Ergebnis ein. Die Bezeichnung „deduktive Kategorienbildung" hat sich allerdings im Sprachgebrauch qualitativer Forschung zu einem Standard entwickelt, sodass jede und jeder sofort zu verstehen glaubt, was mit diesem Terminus gemeint ist. Deshalb haben wir uns – zähneknirschend – dafür entschieden, die Bezeichnung beizubehalten und sprechen im Folgenden dann auch von „deduktiver Kategorienbildung".

Quellen für deduktive Kategorien

In der qualitativen Inhaltsanalyse stehen verschiedene Quellen zur Verfügung, die für die Entwicklung deduktiver Kategorien herangezogen werden können:

Interviewleitfaden. Werden Interviews mit einem Leitfaden durchgeführt, sind üblicherweise in dessen Entwicklung bereits zahlreiche Vorüberlegungen eingeflossen, die das Forschungsinteresse widerspiegeln. Insofern bietet es sich an, direkt aus dem Interviewleitfaden Kategorien zu entwickeln. Das daraus entstehende Kategoriensystem besteht häufig aus thematischen Kategorien, welche in ihrer Anordnung der Struktur des Interviewleitfadens folgen. Sofern der Interviewleitfanden in Themenblöcke unterteilt ist, können diese als gliedernde Ordnungskategorien übernommen werden.

Theorie. Wenn eine Theorie leitend für eine Studie ist, können die in der Theorie enthaltenen Konstrukte und Konzepte in Kategorien übersetzt werden. Wird beispielsweise in einer Interviewstudie die Medienkompetenz bei der Einschätzung von (Fake-)News zum Klimawandel untersucht, dann wird im Interview gewiss nicht direkt nach dieser Medienkompetenz gefragt werden. Dennoch sollten die theoretischen Ausarbeitungen zu Medienkompetenz bei der Kategorienbildung herangezogen werden, um sicherzustellen, dass wichtige theoriebasierte Konstrukte bei der Auswertung berücksichtigt werden. Die wichtigen Konstrukte der leitenden Theorie finden sich in der Regel auch in den Forschungsfragen wieder, d. h., es ergibt sich eine Triade mit den drei in Beziehung stehenden Elementen Theorie, Forschungsfragen und Kategorien, die es bei der Bildung deduktiver Kategorien in Einklang zu bringen gilt.

Forschungsstand. Auch ist es sinnvoll, den aktuellen Forschungsstand für die Entwicklung von Kategorien heranzuziehen. Wenn bereits Zusammenhänge zwischen Medienkompetenz und der Einschätzung von (Fake-)News empirisch abgesichert sind, können diese in die Kategorienbildung einfließen. Möglicherweise gibt es sogar existierende Kategoriensysteme thematisch ähnlicher Studien, die zumindest als Ausgangsbasis übernommen werden können.

Prozessmodelle. In der Unterrichtsforschung lässt sich eine Schulstunde nach bestimmten Aspekten unterteilen, ein Evaluationsprozess folgt einem typischen Ablauf, ebenso der Besuch in einer Arztpraxis. Diese zeitliche Abfolge, die einem untersuchten Gegenstand inhärent ist und für die häufig Prozessmodelle in der Literatur vorliegen, lässt sich in Kategorien übersetzen.

Hypothesen und Vermutungen. Sollen mit Hilfe der qualitativen Inhaltsanalyse Hypothesen und Vermutungen über ein Untersuchungsfeld überprüft werden, müssen die Kategorien diese in irgendeiner Form widerspiegeln. Dabei spielt es keine Rolle, ob die Vermutungen aus früheren empirischen Studien stammen und dort als abduktiv gewonnene Erklärungen für die Forschungsergebnisse herangezogen wurden oder ob die Forschenden in einem ersten Analyseschritt ihre Vermutungen über das untersuchte Phänomen zu Zwecken der Reflexion notiert haben.

Alltagswissen. Es spricht nichts dagegen, Alltagswissen für die Entwicklung deduktiver Kategorien heranzuziehen, solange das Ergebnis dazu beiträgt, die Forschungsfragen sinnvoll zu beantworten. Soll untersucht werden, warum junge Erwachsene ihr Studium abbrechen oder welche Motive Studierende antreiben, ein Auslandssemester zu absolvieren, können ohne Rückbezug auf Theorie oder erhobene Daten bereits Kategorien a priori auf Basis von Alltagswissen entwickelt werden. Die so entwickelten Kategorien können theoriebasierte Kategorien ergänzen oder mit dem Ergebnis einer späteren induktiven Kategorienbildung verglichen werden.

Persönliche Erfahrung, subjektive Theorie. Gewissermaßen eine Sonderform von Alltagswissen stellt die persönliche Erfahrung dar, die auch mit einer subjektiven Theorie gekoppelt sein kann. Wenn ich mehrere Jahre als Pädagoge in der Bildung für nachhaltige Entwicklung Kurse für Schulklassen gegeben habe, und mich dazu entschließe, eine Doktorarbeit über die dabei auftretenden Lernprozesse zu schreiben, dann kann ich auf diese Erfahrung zurückgreifen und kann meine Hypothesen und subjektiven Theorien bei der Kategorienbildung berücksichtigen.

Diese Quellen für deduktive Kategorien schließen sich nicht gegenseitig aus. Im Gegenteil sollten in einem Forschungsprojekt stets verschiedene Quellen für deduktive Kategorien in Betracht gezogen werden, um die Chance auf den Einbezug wertvoller und innovativer Kategorien zu erhöhen.

Beispiel für deduktive Kategorien basierend auf Alltagswissen

Eine bekannte Tageszeitung unterscheidet zwischen folgenden sieben Rubriken:

1. Politik
2. Wirtschaft
3. Finanzen
4. Sport
5. Lokales
6. Kultur
7. Vermischtes

Diese sieben Kategorien wurden von der Zeitungsredaktion unabhängig von den Daten, also den Meldungen, gebildet und erscheinen uns sofort plausibel, denn sie besitzen einen Bezug zu unserem Alltagswissen und zur wahrgenommenen sozialen Realität in diesem Lande, in der sich diese kategoriale Differenzierung beispielsweise in Form von Ministerien und sogar als Wissenschaftsdisziplinen finden lässt. Eine andere Zeitung kann natürlich mit ganz anderen Kategorien arbeiten, z. B. „Technik & Motor" und „Leben". Wenn nun neue Nachrichten von den Agenturen über den Newsticker eingehen, können diese von „Codierenden" an die entsprechende Redaktion weitergeleitet werden, etwa so:

Abb. 4 Einordnung von Nachrichten in vorab definierte Kategorien

Uhrzeit	Headline	Zugeordnetes Ressort/ Kategorie
18:48	Verschüttete von Begleitern befreit	Vermischtes
18:24	EU-Schuldengrenzen bleiben auch 2022 ausgesetzt	Finanzen
17:58	Spektakulärer Gefängnisausbruch in Athen	Vermischtes
17:22	Wird Israels Koalition schon am Mittwoch vereidigt?	Politik
16:17	Schon wieder Lawinenabgang in den Alpen	Vermischtes
16:05	Weltgrößter Fleischkonzern fährt Produktion wieder hoch	Wirtschaft
15:52	Die Riesen-Batterien aus Wittenberg	Wirtschaft
15:16	Türkei stoppt Einfuhr von Europas Plastikmüll	Wirtschaft
15:10	David Diop gewinnt britischen International-Booker-Literaturpreis	Kultur
15:08	Warum Faulheit wichtig für die Demokratie ist	Vermischtes

Es lässt sich unschwer erkennen, dass es in einigen Fällen zu Schwierigkeiten bei der Zuordnung kommen kann, z.B. ist es unklar, ob eine Meldung mit der Schlagzeile „DAX auf höchstem Stand seit Herbst 2015“ zur Kategorie „Wirtschaft“ oder zu „Finanzen“ gehören soll. In diesem Fall wird es also dringend erforderlich sein, Kriterien zur Abgrenzung der Kategorien „Wirtschaft“ und „Finanzen“ zu formulieren, die eine vorab formulierte Intention der Zuordnung so umsetzen, dass diese von Codierenden auch zuverlässig praktiziert werden kann. Eine solche schriftlich fixierte Zuordnungsregel bezeichnet man in der Inhaltsanalyse als *Kategoriendefinition.* Eine solche Definition kann in unserem Beispiel folgendermaßen aussehen:

Abb. 5 Kategoriendefinition für die Kategorie Finanzen

Name der Kategorie:	Finanzen
Inhaltliche Beschreibung:	Alle Meldungen, die Aspekte nationaler oder globaler Finanzen zum Inhalt haben.
Anwendung der Kategorie:	Zum Beispiel bei Meldungen über öffentliche Finanzen, Steuern, nationale und internationale Finanzmärkte, Börse, Vermögen etc.
Beispiele für Anwendungen:	DAX auf höchstem Stand seit Herbst 2015
Abgrenzungen:	Die Kategorie wird nicht codiert, wenn ... – sich Meldungen auf die lokalen Finanzen beziehen, diese werden der Kategorie „Lokales“ zugeordnet – sich Meldungen auf Wirtschaftspolitik sowie Arbeit, Verkehr und Technik beziehen, diese werden der Kategorie „Wirtschaft“ zugeordnet

Eine Kategoriendefinition muss mindestens die Bezeichnung der Kategorie und eine inhaltliche Beschreibung beinhalten. Darüber hinaus ist es sehr nützlich, wenn konkrete Beispiele und Abgrenzungen zu benachbarten Kategorien enthalten sind. Bei der Anwendung der Kategorien sollten konkrete Beispiele aus den Daten ergänzt werden.

Eine wichtige Aufgabe deduktiver Kategorienbildung besteht in der möglichst präzisen Formulierung der Kategoriendefinitionen, und zwar so, dass die Kategorien sich nicht überschneiden. Ferner besteht die Forderung nach Vollständigkeit der Kategorien: Die Brauchbarkeit des obigen Kategoriensystems wäre gering, wenn etwa eine solch wichtige Kategorie wie „Wirtschaft“ vergessen worden wäre; zumindest muss durch eine Restekategorie (hier heißt diese „Vermischtes“) die Möglichkeit bestehen, das Material vollständig zuzuordnen. In der Methodenliteratur lautet deshalb die Anforderung an Kategorien bei deduktiver Kategorienbildung auch häufig *Kategorien sollen disjunkt und er-*

schöpfend sein (Diekmann, 2007, S. 589). Disjunkt bedeutet trennscharf, d. h., im obigen Beispiel dürfte eine Nachricht des News-Tickers nicht gleichzeitig an zwei Ressorts weitergeleitet werden, ansonsten bestünde die Gefahr, dass dieselbe Meldung an mehreren Stellen in der Zeitung erscheinen würde. Im Alltag einer Zeitung ist es nicht sinnvoll, eine Meldung zweimal unterzubringen. In der qualitativen Inhaltsanalyse kann hingegen eine Aussage auch mehrere Aspekte enthalten und deshalb ggf. auch mehreren Kategorien zugeordnet werden. Nur durch eine möglichst genaue Definition lässt sich eine hinreichende Güte bei der Anwendung der Kategorien erreichen.

Beispiel für deduktive Kategorienbildung aus einem Interviewleitfaden

Wenn bei der Datenerhebung strukturierende Mittel zum Einsatz kommen, beispielsweise ein Interviewleitfaden bei offenen Interviews, wird häufig so vorgegangen, dass zu Beginn der qualitativen Inhaltsanalyse Kategorien direkt aus dem Interviewleitfaden abgeleitet werden, d. h. mit deduktiven Kategorien begonnen wird. Die Weiterentwicklung der Kategorien und die Bildung von sogenannten Subkategorien erfolgt dann unmittelbar am Material. Eine solche Mischform der Kategorienbildung wird im Kapitel 5 („Inhaltlich strukturierende qualitative Inhaltsanalyse“) beschrieben.

Die folgende Tabelle zeigt, wie aus einem Interviewleitfaden zum Klimabewusstsein Kategorien abgeleitet werden können (Beispiel aus Kuckartz & Rädiker, 2024, S. 33):

Tab. 3 Deduktiv aus einem Interviewleitfaden entwickelte Kategorien

Themenbereiche und Fragen des Leitfadens	Kategorie
WELTBILDER	
1) Was sind aus Ihrer Sicht die größten Probleme der Welt im 21. Jahrhundert?	Größte Weltprobleme
2) Wie kann mit den Problemen umgegangen werden? Sind sie prinzipiell überhaupt beeinflussbar? Von wem?	Gesellschaftliche Einflussnahme
3) Wenn Sie an den Klimawandel und die notwendigen CO_2-Reduktionen denken: Kann eine Veränderung der Konsumgewohnheiten in den entwickelten Ländern hierzu einen positiven Beitrag leisten?	Konsum und Klima
BILDER DER ANDEREN	
4) Oft wird von der Diskrepanz zwischen Einstellung und Verhalten geredet. Leute reden so und handeln aber anders. Was denken Sie, was die Ursachen dafür sind?	Ursachen für die Diskrepanz

BILDER VON SICH SELBST	
5) Wie bringen Sie sich selbst in Zusammenhang mit globaler Entwicklung?	Relationierung
6a) Durch welche Verhaltensweisen glauben Sie, Einfluss nehmen zu können? 6b) Und wie verhalten Sie sich tatsächlich? 6c) Möchten Sie gerne mehr tun?	Handeln
7) Spüren Sie Verantwortung, sich mit den Problemen des 21. Jahrhunderts auseinanderzusetzen?	Verantwortung
ABSCHLUSS	
8) Denken Sie, dass man den Umgang mit diesen Problemen erlernen kann? Wenn ja: Wie? Und wo?	Erlernbarkeit

Die Kategoriennamen greifen den inhaltlichen Fokus der Interviewfragen auf und bringen diesen in einem Wort oder mehreren Worten unter Berücksichtigung der Forschungsfragen auf den Punkt. Die Namen können wie im Beispiel sehr kurz und prägnant ausfallen, was meist sehr praktisch für die weitere Darstellung und Nutzung in QDA-Software ist. Sie können aber auch ausführlicher formuliert werden, wie wir es in Kapitel 5.4 beschreiben. Beispielsweise ließe sich anstelle von „Erlernbarkeit“ auch „Erlernbarkeit des Umgangs mit globalen Problemen“ als Kategorienname verwenden. In jedem Fall ist es notwendig, die Bedeutung der Kategorien, soweit es a priori möglich ist, in Kategoriendefinitionen festzuhalten.

Beispiel für deduktive Kategorienbildung auf Basis des Forschungsstandes

In mehreren Workshops haben wir den Teilnehmenden die Aufgabe gestellt, unabhängig von empirischem Material ein Kategoriensystem zum Thema „Lebensqualität“ zu entwickeln. Folgendes Szenario war vorgegeben: Im Rahmen einer Online-Studie wurden Bürgerinnen und Bürger gefragt „Was macht Ihrer Meinung nach Lebensqualität in Deutschland aus?“.

Die Aufgabe der Kleingruppen war nun, für die inhaltsanalytische Auswertung vorab, d.h. ohne irgendeine der Antworten anzusehen, ein Kategoriensystem *thematischer* Kategorien zu bilden, die an den Forschungsstand zum Thema „Lebensqualität“ anknüpfen. Hierzu sollten die Workshop-Teilnehmenden den Forschungsstand im Internet – unter anderem in der Online-Enzyklopädie Wikipedia – recherchieren.

In der folgenden Abbildung sind die im Rahmen dieser Übungen entstandenen Kategoriensysteme von sieben verschiedenen Arbeitsgruppen (mit jeweils drei bis vier Mitgliedern) wiedergegeben.

Abb. 6 Kategorienvorschläge verschiedener Arbeitsgruppen

Gruppe 1	Gruppe 2	Gruppe 3	Gruppe 4	Gruppe 5	Gruppe 6	Gruppe 7
Gesundheit	Gesundheit	Gesundheit	Gesundheit	Gesundheit	Gesundheit	Gesundheit
Selbstbestimmung	Soziale Einbindung	Freie Wahl des Lebensstils	Freiheit	Chance zur Verwirklichung	Selbstverwirklichungsmöglichkeiten	Vielfalt
Bildungsangebot	Bildung	Zugang zu Bildung	Soziale Einbindung	Bildung	Bildungschancen	Sozialpolitik
Berufschancen	Arbeit und Berufschancen	Arbeit und Beruf	Arbeitsmarkt	Sicherheit	Freizeitangebote	Solidarität
Wertschätzung	Kultur	Soziale Beziehungen	Sicherheit	Freiheit	Infrastruktur	Parallel arbeiten können
Zeitwohlstand	Umwelt	Politische Teilhabe	Nachhaltigkeit	Familie & Freunde	Umwelt	
Kulturangebot		Materieller Wohlstand		Einkommen	Sicherheit	
Materielle Sicherheit					Lebensstandard	

Vergleicht man die von den sieben Arbeitsgruppen erarbeiteten Kategoriensysteme, lässt sich folgendes feststellen:

1. Die Zahl der von den Gruppen vorgeschlagenen Kategorien ist unterschiedlich; sie bewegt sich zwischen fünf und acht Kategorien (aus pragmatischen Gründen war ein Limit von maximal 10 gesetzt worden).
2. Es fällt auf, dass nicht zwei Vorschläge wirklich identisch sind; allerdings besteht teilweise zwischen verschiedenen Vorschlägen eine große Ähnlichkeit – etwa zwischen den Kategorienvorschlägen von Gruppe 1 und Gruppe 3.
3. Nicht alle Kategoriensysteme sind erschöpfend, z. B. fehlen im Vorschlag Nummer 7 offensichtlich wichtige Aspekte von Lebensqualität.
4. Nur eine einzige thematische Kategorie, nämlich „Gesundheit“, wird von allen sieben Gruppen vorgeschlagen.

5. Eine Reihe von Kategorien taucht in mehreren vorgeschlagenen Kategoriensystemen auf – beispielsweise „Bildung“, „Soziale Beziehungen“, „Arbeit und Beruf“ – allerdings mit durchaus unterschiedlichen Akzentuierungen (z. B. Bildung, Bildungsangebot, Bildungschancen etc.).
6. Es gibt Vorschläge, bei denen die Kategorien offensichtliche Überlappungen aufweisen und deshalb die Frage nach prinzipiellen Abgrenzungen aufwerfen, z. B. ist bei Gruppe 6 ggf. unklar, wie die Aussage „materielle Sicherheit“ zu codieren wäre, wenn es die Kategorien „Lebensstandard“ und „Sicherheit“ gibt.
7. Die Kategorienvorschläge weisen einen unterschiedlichen Grad an Abstraktheit bzw. Allgemeinheit auf, z. B. ist „Soziale Einbindung“ wesentlich allgemeiner als „Familie & Freunde“.

In einem Workshop haben wir die sieben Vorschläge gemeinsam zu einem einzigen Kategoriensystem für eine qualitative Inhaltsanalyse zusammengeführt. Wie sind wir dabei vorgegangen? Zum einen sind wir dem Prinzip gefolgt, dass häufig vorkommende Kategorien in das gemeinsame Kategoriensystem übernommen werden. Zum anderen haben wir eingehend über Abgrenzungen zwischen den Kategorien diskutiert und zur Sicherstellung der Trennschärfe Definitionen zu den einzelnen Kategorien ergänzt. Als Ergebnis lag das folgende, aus elf Kategorien bestehende Kategoriensystem vor:

1. Arbeit und Beruf (umfasst auch Arbeitsmarkt und Berufschancen)
2. Bildung (umfasst auch Bildungsangebot und Bildungschancen)
3. Politische Freiheit (im Sinne von Partizipation und politischer Teilhabe)
4. Gesundheit
5. Individuelle Freiheit (im Sinne von Selbstbestimmung, Selbstverwirklichung und freier Wahl des Lebensstils)
6. Kultur (umfasst auch Kulturangebote und Freizeitangebote)
7. Lebensstandard und Wohlstand
8. Sicherheit (vor Krieg, Bürgerkrieg, Kriminalität, persönlichen Übergriffen, aber auch vor persönlicher Armut)
9. Soziale Einbindung
10. Umwelt, Natur, Nachhaltigkeit
11. Work-Life-Balance, Zeitwohlstand

Im Prozess der Bildung des Kategoriensystems sind häufig Entscheidungen zu fällen, die weitreichende Auswirkung auf die spätere Analyse und die Resultate des Forschungsprojekts haben. Im Zweifelsfall sollten letzten Endes immer die Forschungsfragen als Entscheidungshilfe zu Rate gezogen werden und den Ausschlag geben. Generell sollte in dieser Phase vermieden werden, sehr spezifische Kategorien zu bilden, wie etwa „Freizeitangebote“ oder „Theaterangebote", und stattdessen lieber allgemeinere Kategorien bevorzugt werden, wie hier etwa „Kultur", unter welche dann auch solche Konkretisierungen fallen. Damit tatsächlich alles erfasst wird, was an Vorstellungen über Lebensqualität genannt wird, ist normalerweise auch eine Restekategorie „Sonstiges" vorzusehen. Wird dann später festgestellt, dass sehr viele Äußerungen hierzu codiert werden, lässt sich unter Umständen bei Häufung von bestimmten Aspekten noch eine weitere Kategorie bilden.

Wichtig ist, dass die Kategorien erschöpfend sind und nicht etwa ein aus der Perspektive der Forschungsfrage wichtiger Bereich übersehen wird. Die Subsumtion unter abstraktere und allgemeinere Kategorien kann Implikationen besitzen, die bei der späteren Rezeption der Studie in der Scientific Community Kritik und Widerspruch auslösen können. So ist die Zusammenfassung von „Natur", „Umwelt" und „Nachhaltigkeit" unter einer Oberkategorie nicht unproblematisch; Protagonistinnen und Protagonisten des Nachhaltigkeitsleitbildes betonen ja gerade, dass es sich hierbei eben nicht lediglich um ein Umweltkonzept handelt, sondern dass das Leitbild auch soziale und ökonomische Dimensionen beinhaltet. Auf der anderen Seite sollte man bereits an das spätere Codieren der Daten und die angestrebte Übereinstimmung der Codierenden denken; eine weite Interpretation von Nachhaltigkeit könnte nämlich dazu führen, dass sehr, sehr viele Äußerungen als zu dieser Kategorie gehörig identifiziert würden und die Kategorien die verlangte Trennschärfe verlieren würden.

Mit Blick auf die spätere Kommunikation der Ergebnisse der qualitativen Inhaltsanalyse kann es sehr wichtig sein, auch neue thematische Aspekte zu integrieren und originelle Kategorien zu bilden, die sich vielleicht nicht – wie etwa „Gesundheit" – sofort aufdrängen. Hierfür ist im obigen Kategoriensystem die Kategorie „Work-Life-Balance, Zeitwohlstand" ein Beispiel. Solche originellen Kategorien signalisieren einen neuartigen Zugang zum Thema, sie sind innovativ und können die Forschung voranbringen. Zudem sollte man auch die Kommunikation und Präsentation der Studie in der Scientific Community im Blick haben: Um heute in der vielstimmigen wissenschaftlichen Kommunikation angemessen Aufmerksamkeit zu finden, ist ein gewisses Maß an Originalität unbedingt erforderlich.

Lässt sich ein Urteil darüber fällen, welches der sieben vorgeschlagenen Kategoriensysteme „besser" und welches „schlechter" ist? Ja – unter Heranziehung der in Kapitel 2.4 vorgestellten Kriterien. So lässt sich relativ einfach feststellen, ob ein Kategoriensystem erschöpfend ist oder nicht. Nach diesem Kriterium ist der obige Vorschlag der Gruppe 7 gewiss schlechter als der Vorschlag der Gruppe 1. Ein zweites wichtiges Kriterium zur Beurteilung eines Kategoriensystems sind die Kategoriendefinitionen (vgl. Kapitel 2.5). In diesem Kontext kommt als drittes Kriterium das Gütekriterium der Codierenden-Übereinstimmung – sowohl der Intracoder-Übereinstimmung als auch der

Intercoder-Übereinstimmung – ins Spiel. Diese ist bei jeder Form der Inhaltsanalyse ein höchst wichtiges Kriterium zur Bewertung der Qualität. Sind die gebildeten Kategorien nicht trennscharf, so ist nur eine geringe Übereinstimmung erreichbar. Ein nicht zu unterschätzendes, aber schwer zu operationalisierendes Kriterium für ein gutes Kategoriensystem ist viertens die Kohärenz und Plausibilität der Gesamtgestalt des Kategoriensystems. Es besteht der Anspruch, ein plausibles Ganzes zu bilden und nicht lediglich einzelne (vielleicht sogar trennscharfe) Kategorien, die ziemlich beziehungslos nebeneinander stehen.

Deduktive Kategorienbildung und qualitative Forschung

In Schematisierungen, in denen qualitative und quantitative Kategorienbildung gegenübergestellt werden, wird häufig die deduktive Kategorienbildung mit quantitativer Forschung assoziiert. Soweit Forschung mit standardisierten Instrumenten und theoriebezogen arbeitet, trifft es sicherlich auch zu, dass Kategorien a priori und nicht aufgrund empirischer Daten gebildet werden. Doch sehr häufig besitzt quantitative Forschung eine deskriptive Zielsetzung und hierbei bilden die Forschenden durchaus auch induktiv Kategorien. Mit der explorativen Faktorenanalyse existiert sogar ein statistisches Verfahren, das den Forschenden dabei hilft, verschiedene Dimensionen zu erkennen und Kategorien explorativ und induktiv zu entwickeln. Auch der umgekehrte Fall existiert, dass nämlich im Rahmen qualitativer Forschung mit vorab gebildeten Kategorien gearbeitet wird. Beispielsweise untersuchen Hopf et al. in ihrer qualitativen Studie „Familie und Rechtsextremismus“ unter anderem, inwieweit die Bindungstheorie eine Erklärungskraft für die Entstehung rechtsradikaler Gesinnung bei Jugendlichen besitzt. Die Analysekategorien „unsicher gebunden“, „sicher gebunden“ etc. und ihre Definitionen stammen dabei aus der Bindungsforschung, die Kategorienbildung erfolgt eindeutig unabhängig von den empirischen Daten. Der mit mehrmaligen biografischen Interviews arbeitende Forschungsprozess selbst erfüllt allerdings alle Kriterien qualitativer Forschung wie Offenheit, Kommunikativität etc. (Hopf & Schmidt, 1993; Hopf et al., 1995; Hopf, 2016), d.h., wir haben es hier mit einer Kombination von deduktiver Kategorienbildung und qualitativer Forschung zu tun.

Bei der Anwendung von deduktiv entwickelten Kategorien kann sich herausstellen, dass Kategorien nicht trennscharf sind oder dass sehr viele Textstellen mit „Sonstiges“ codiert werden. Dies führt dazu, dass Kategorien modifiziert oder sogar neue Kategorien definiert werden. Eine deduktive Kategorienbildung schließt also keineswegs aus, dass während der Analyse Veränderungen am Kategoriensystem und an den Kategoriendefinitionen vorgenommen werden und damit von der strengen Einhaltung der Vorab-Definitionen abgewichen wird.

3.2 Induktive Kategorienbildung am Material

In der qualitativen Forschung wird sehr häufig die Bildung von Kategorien direkt am Material praktiziert, eine Vorgehensweise, die meist als *induktive Kategorienbildung* bezeichnet wird. Der Begriff „induktiv“ sollte allerdings nicht zu der Annahme verleiten, dass bei dieser Art der Kategorienbildung die Kategorien quasi aus dem Material hervorsprudeln und wie die Nachrichten bei einem Nachrichten-Ticker von den Forschenden nur noch aufgefangen werden müssen. Dies ist (leider) nicht der Fall; auch die induktive Kategorienbildung verlangt aktives Zutun und ist ohne das Vorwissen und die Sprachkompetenz derjenigen, die mit der Kategorienbildung befasst sind, nicht denkbar. Insofern gelten alle oben im Kapitel 1.4 zur Hermeneutik dargelegten Überlegungen auch für die Kategorienbildung am Material.

Die Kategorienbildung stellt „einen sehr sensiblen Prozess, eine Kunst“ dar, wie Mayring unter Berufung auf Krippendorff schreibt (2015, S. 85). Das klingt plakativ, doch ist der Besuch einer Kunstakademie zur Erlangung der Kompetenz zur Bildung von Auswertungskategorien nicht notwendig und vermutlich auch nicht förderlich, es handelt sich nämlich durchaus um eine wissenschaftliche Tätigkeit, die umso besser gelingt, je mehr sozialwissenschaftliches Wissen, Forschungserfahrung und theoretische Sensibilität vorhanden sind. Kategorienbildung am Material – und das ist wohl in diesem Kontext mit dem Begriff „Kunst“ gemeint – ist und bleibt allerdings ein aktiver Konstruktionsprozess, der besser oder schlechter gelingen kann. Weil die Kategorienbildung aber nun von der individuellen Kategorienbildungskompetenz und dem aktiven Tun abhängig ist, lässt sich für den Akt der Konstruktion eines Kategoriensystems keine intersubjektive Übereinstimmung, keine Reliabilität, postulieren. Der möglicherweise bestehende Anspruch, dass sich beim induktiven Codieren durch mehrere Personen oder Mitglieder eines Teams die gleichen Kategorien ergeben würden, lässt sich nicht erfüllen. Deshalb ist es auch nicht sinnvoll, für die Kategorienbildung Koeffizienten der Übereinstimmung oder generell die Intercoder-Reliabilität zu berechnen. In vielen Workshops haben wir den Versuch gemacht, einzeln und/oder in Gruppen Kategorien am Material bilden zu lassen. Fast immer finden sich Bereiche, in denen sich die vorgeschlagenen Kategoriensysteme überlappen, d. h., es werden dieselben oder sehr ähnliche Kategorien vorgeschlagen. Aber genauso regelmäßig finden sich nicht überlappende Bereiche und es ist nicht selten, dass sogar Kategoriensysteme gebildet werden, die völlig anders strukturiert sind, teilweise auch sehr originell sind und durchaus eine Umsetzung der Forschungsfrage darstellen.

Kategorienbildung am Material ist ein aktiver Konstruktionsprozess, der theoretische Sensibilität und Kreativität erfordert. Hierfür gelten nicht die Maßstäbe der

Übereinstimmung von Codierenden und der Anspruch von Intracoder- und Intercoder-Übereinstimmung. Anders verhält es sich mit der Anwendung von Kategorien auf das Material: Hier ist die Forderung nach Übereinstimmung der Codierenden in jedem Fall gerechtfertigt.

Wo sind nun Hinweise zu erhalten, wie Kategorien am Material gebildet werden? Wo haben Wissenschaftler und Wissenschaftlerinnen schon einmal ausführlichere methodische Überlegungen zur induktiven Bildung von Kategorien angestellt?

Im folgenden Abschnitt werden zunächst zwei Ansätze dargestellt, die sich mit der Bildung von Kategorien am Material befasst haben: der Ansatz von Mayring zur induktiven Kategorienbildung (2015), der auf paraphrasierender Zusammenfassung basiert, und anschließend das mehrstufige Verfahren der Grounded Theory, das über offenes Codieren und fokussiertes Codieren zu Schlüsselkategorien gelangt (Strauss & Corbin, 1996; Charmaz, 2014). Daran anknüpfend stellen wir eine Guideline für die Kategorienbildung am Material vor, die als Handlungsanleitung für eigene Projekte herangezogen werden kann.

3.2.1 Ansätze zur induktiven Kategorienbildung

Mayrings Ansatz zur induktiven Kategorienbildung

In seinem Buch „Qualitative Inhaltsanalyse" präsentiert Mayring einen Ansatz zur induktiven Kategorienbildung, der auf der Technik der zusammenfassenden, paraphrasierenden Inhaltsanalyse aufbaut (2015, S. 69–85). Die Vorgehensweise basiert auf der sogenannten „Psychologie der Textverarbeitung", einer aus den frühen 1980er Jahren stammenden Technik der Bündelung und Zusammenfassung, die von Heinz Mandl entwickelt wurde. Das Material wird Zeile für Zeile durchlaufen und es wird in einer zu diesem Zwecke angelegten mehrspaltigen Tabelle neben jede einzelne Aussage eine Paraphrasierung in die nebenstehende Spalte geschrieben. Hierzu ein kurzer Auszug aus dem von Mayring gegebenen Beispiel (2015, S. 74 und 133):

Textstelle des Interviews:	Paraphrase	Generalisierung
„L: Also Belastung war das, wenigstens von der, naja, psychischen Seite für mich nicht – und zwar eigentlich im Gegenteil, ich war also ganz, ganz heiß darauf, da endlich mal zu unterrichten."	Keine psychische Belastung durch Praxisschock gehabt	Kein Praxisschock als großen Spaß erlebt wegen
	Im Gegenteil, ganz begierig auf Praxis gewesen	Eher auf Praxis gefreut

Dieses Beispiel verdeutlicht nicht nur das prinzipielle Verfahren, sondern lässt auch Probleme der Paraphrasierung erkennen: So ist von „großem Spaß“ nur in der Generalisierung und nicht im Originaltext die Rede, und ob die Generalisierung der Aussage „ich war also ganz, ganz heiß darauf, da endlich mal zu unterrichten“ zu „eher auf Praxis gefreut“ dem Inhalt gerecht wird, erscheint zumindest fraglich. Wer die entsprechenden Seiten bei Mayring (2015, S. 74–84) aufmerksam liest, wird dort noch auf viele problematische Paraphrasierungen und Generalisierungen stoßen. An dieser Stelle sollen aber konkrete Probleme der Paraphrasierung nicht weiter thematisiert, sondern nur die weitere Vorgehensweise bis zur Bildung der Kategorien fokussiert werden. Nach der Formulierung der Paraphrasen entsteht durch einen von Mayring als „Reduktion“ bezeichneten Schritt mit Hilfe von Streichung und Bündelung von Paraphrasen ein das einzelne Interview zusammenfassendes Aussagesystem. Die nächsten Schritte der Kategorienbildung sind dann fallübergreifend: Die Kategorien aller zuvor paraphrasierend bearbeiteten Interviews werden in einem zweiten Durchgang von Generalisierung und Reduktion erneut gebündelt und zusammengefasst, wobei Mayring im vorgestellten Beispiel folgende vier Kategorien bildet:

> „K1 Kein Praxisschock tritt auf, wenn man
> - vorher Lehrerfahrungen macht
> - gute Referendariatsbedingungen hat.
> - flexibel und anpassungsfähig ist.
> - offen mit Kollegen redet.
> - keine ‚unrealistischen‘ pädagogischen Erwartungen hat (Illusion des Nur-gut-Zuredens).
>
> K2 Praxisschock kann Selbstvertrauen stark mindern und belasten, wenn (…)
>
> K3 In jedem Fall ist eine gute Beziehung zu Schülern erreichbar.
>
> K4 Es ist eine Zwickmühle, pädagog. Verhalten auszuprobieren zu wollen u. trotzdem in der Klasse konsequent zu sein“ (Mayring, 2015, S. 83).

Bei den auf diese Weise gebildeten Kategorien handelt es sich um Aussagesätze, welche die Kernaussagen des Materials in komprimierter Form enthalten sollen. Unklar bleibt, wie widersprüchliche Aussagen reduziert und zusammengefasst werden können. Die durch stetige Verallgemeinerung gebildeten Kategorien beanspruchen quasi automatisch Widerspruchsfreiheit. Hierzu ein Beispiel: In zwei der vier von Mayring analysierten Interviews mit Referendaren wird von großen Schwierigkeiten in den Beziehungen zu Schülern berichtet. In der zusammenfassenden Kategorie „K3 In jedem Fall ist eine gute Beziehung zu Schülern erreichbar“ ist davon aber nichts mehr erkennbar. Ein weiteres Problem betrifft die Beziehungen der Subaussagen (Subkategorien) zur Hauptaussage (Hauptkategorie). Bei der Kategorie K1 werden fünf Faktoren als Bedingung dafür genannt, dass bei Referendaren kein Praxisschock auftritt. Im einfachsten Fall, wenn man von Dichotomien ausgeht (z. B. Lehrerfahrung vorhanden versus nicht vorhanden), ergeben sich 2 hoch 5 gleich 32 Kombinationen dieser fünf Faktoren. In welchen dieser Konstellationen tritt nun kein Praxisschock auf? Nur in dem einen Fall, wenn alle fünf positiven Faktoren vorhanden sind?

Der Weg zu Kategorien nach dem Muster der „Psychologie der Textverarbeitung“ kann sich als außerordentlich zeitaufwändig erweisen. Das Vorgehen über Paraphrasierung, Zusammenfassung, Reduktion und Bündelung beinhaltet die Gefahr, dass widersprüchliche Aussagen leicht übersehen werden und dem Verallgemeinerungszwang zum Opfer fallen. Wenn schon im ersten Schritt der Kategorienbildung sehr kleinteilig paraphrasiert wird, verdeutlichende Wendungen gestrichen und auf eine einheitliche Sprachebene transformiert werden, gehen zudem komplexere Zusammenhänge – wie die Relation der Subaussagen untereinander – leicht verloren.

In einem mit „induktive Kategorienbildung“ überschriebenen Abschnitt seines Lehrbuches stellt Mayring (2015, S. 85–87) ein aus mehreren Schritten bestehendes Prozessmodell vor, das sich folgendermaßen zu sechs Schritten komprimieren lässt:

1. Theoriegeleitete Bestimmung des Themas der Kategorienbildung
2. Festlegung des Selektionskriteriums für die Auswahl des Materials und des Abstraktionsniveaus der zu bildenden Kategorien
3. Erster Materialdurchlauf, Kategorienformulierung, Subsumtion bzw. neue Kategorienbildung
4. Revision der Kategorien nach etwa 10 bis 50 % des Materials
5. Endgültiger Materialdurchgang
6. Interpretation, Analyse

In die zwölfte Auflage seines Lehrbuches hat Mayring ein Beispiel hierzu eingefügt (2015, S. 88–89), das weniger den Vorgang der Kategorienbildung selbst als das Resultat und die Form der Analyse der gebildeten Kategorien verdeutlicht: Nach der theoriebezogenen Festlegung der Kategoriendefinition, in diesem Beispiel „Welche Belastungsfaktoren durch das Referendariat benennen die Interviewten?“, wird das Material Zeile für Zeile durchgegangen und jede Textstelle, die eine Aussage zu Belastungsfaktoren enthält, wird paraphrasiert und in zusammengefasster Form als Kategorie formuliert. Es werden zwölf Kategorien gebildet (z. B. „B1: Enttäuschung über die Schüler/innen“, „B2: Wenig Zeit für Erziehung“, „B3 Schwierige Schüler/innen“, „B4 Probleme in großen Klassen“). Diese Logik des Ablaufs 1) Paraphrasieren 2) Generalisierung 3) erste (fallbezogene) Reduktion 4) zweite (fallübergreifende) Reduktion ist auch als Workflow in dem von Mayring zusammen mit Thomas Fenzl konzipierten Computerprogramm QCAmap[14] fest vorgegeben. Die stark strukturierten Vorgaben dieser Software sind quasi als eine Operationalisierung des Mayring'schen Verfahrens induktiver Kategorienbildung zu verstehen. Dieses stellt eine spezifische Variante zusammenfassender paraphrasierender Inhaltsanalyse dar, bei der man allerdings „gleich auf eine mittlere Ebene der Abstraktion springt" (2015, S. 88). Die kleinteilige Vorgehensweise nach dem Vorbild der Psychologie der Textverarbeitung unterscheidet sich deutlich von einer auf das Verstehen abzielenden hermeneutisch orientierten Vorgehensweise, bei der im Sinne des hermeneutischen Zirkels ein Ganzes nur verstanden werden kann, wenn seine Einzelteile verstanden werden, und die Einzelteile nur verstanden werden können, wenn das Ganze verstanden wird. Kleinteiliges Paraphrasieren birgt die Gefahr, dass Kategorien gebildet werden, die scheinbar beziehungslos nebeneinander stehen. Vor allem für Ungeübte kann aber bei der Bildung von Kategorien eine erste Phase des Paraphrasierens von Textinhalten durchaus sinnvoll sein.

Der Ansatz der Grounded Theory zur induktiven Kategorienbildung

Kaum eine Methode hat in ihrer mittlerweile über 50-jährigen Geschichte dem Thema Kategorien bzw. Kategorienbildung eine derartige Aufmerksamkeit geschenkt wie die Grounded Theory (Glaser & Strauss, 1998; Bryant & Charmaz, 2007; Charmaz, 2014; Mey & Mruck, 2011; Strauss & Corbin, 1996). Die Vorgehensweise bei der Kategorienbildung der Grounded Theory unterscheidet sich stark von dem zuvor beschriebenen Ansatz Mayrings, allerdings besteht auch in einigen Kernpunkten Übereinstimmung, z. B. in der Forderung, dass Kategorien möglichst präzise sein sollen: „diese müssen klar genug sein, um – falls nötig – für quantitative Studien operationalisiert werden zu können" (Glaser & Strauss, 1998, S. 13).

Streng genommen lässt sich heute allerdings nicht mehr von der Kategorienbildung *der* Grounded Theory sprechen, denn diese hat sich in verschiedene Richtungen auseinanderentwickelt.[15] Auf diese Differenzierungen wird hier aus Platzgründen nicht eingegangen.

---

14 https://qcamap.org (Zugriff 29.05.2024).

15 Barney Glaser und Anselm Strauss waren es, die 1967 die Tradition der Grounded Theory begründeten (Glaser & Strauss, 1967, dt. 1998), bei der es sich nicht einfach um eine Methode oder eine Auswertungstechnik handelt. Strauss sprach später davon, dass die Grounded Theory ein Forschungsstil oder eine Methodologie sei und er und sein Mitautor seinerzeit einen wissenschaftstheoretisch und wissenschaftspolitischen Beitrag leisten wollten, der bewusst provokativ gegen das vorherrschende behavioristische Forschungsparadigma gesetzt wurde (Strauss im Interview mit Legewie & Schervier-Legewie, 2004). Kelle spricht in diesem Zusammenhang vom „induktivistischen Selbstmissverständnis" in den Anfängen der Grounded Theory (Kelle, 2007b, S. 32). Seit der Jahrtausendwende hat sich die Grounded Theory in (mindestens) drei Hauptrichtungen

Die Grounded Theory ist ein Forschungsstil, der die Generierung von Theorien mittlerer Reichweite explizit in den Mittelpunkt stellt und in einem mehrstufigen Prozess Codes, d. h. die Grundelemente der Theorie, am Material entwickeln will. Zu beachten ist, dass in den Ursprungstexten der Grounded Theory fast ausschließlich von *Code* und nicht von *Category* die Rede ist, aber in der deutschen Übersetzung, so in der des Ursprungswerkes (Glaser & Strauss, 1998, zuerst 1967), Code mit Kategorie übersetzt wird. Das trägt zu einiger Verwirrung bei, insbesondere dann, wenn in neueren Texten wie etwa bei Charmaz (2014) beide Begriffe benutzt werden.

Das *offene Codieren* stellt den ersten Schritt der Auseinandersetzung mit dem Material dar. Die Haupttätigkeit besteht darin, Konzepte zu entwickeln bzw. zu benennen. Unter Konzept werden im Grounded-Theory-Ansatz Bezeichnungen oder Etiketten für Phänomene verstanden; diese werden ebenfalls als Grundbausteine jeder zu generierenden Theorie bezeichnet. Als Beispiele für Konzepte nennen Strauss und Corbin (1996, S. 43–46) „Aufmerksamkeit", „Informationsweitergabe", „Unterstützung geben", „Überwachen", „Zufriedenheit der Gäste", „Erfahrenheit".

Mit Codieren wird in der Grounded Theory die intellektuelle Bearbeitung der empirischen Daten und die Entwicklung und Zuordnung von Codes bezeichnet, wobei ein Code ein Label ist, welches ein Segment der Daten gewissermaßen theoretisch auf den Punkt bringt:

> „Coding means categorizing segments of data with a short name that simultaneously summarizes and accounts for each piece of data. Your codes show how you select, separate, and sort data and begin an analytic accounting of them." (Charmaz, 2014, S. 111)

Darüber hinaus wird im Grounded-Theory-Ansatz – im Unterschied zur qualitativen Inhaltsanalyse – der gesamte Prozess der Datenanalyse als Codieren aufgefasst. Konzepte spielen hier eine ähnliche Rolle wie in der standardisierten quantitativen Forschung. Die Spezifikation von Konzepten bedeutet einen Schritt weg vom Datenmaterial hin zur Theorieentwicklung zu gehen. Das offene Codieren wird von Strauss und Corbin auch als das Aufbrechen der Daten bezeichnet. Man kann Zeile für Zeile vorgehen, aber auch Sätze, Absätze, ja ganze Texte betrachten und sich fragen: Was ist die Hauptidee des Satzes, Absatzes, Textes? Phänomene werden von den Forscherinnen und Forschern benannt, es werden Fragen an das Material gestellt und Vergleiche angestellt, d. h. Fragen nach Ähnlichkeiten und Unterschieden behandelt. Man fragt, so Böhm (2005, S. 477–478), „Worum geht es hier?", „Welche Aspekte des Phänomens

entwickelt: a) Strauss/Corbin b) Glaser und c) Charmaz, die eine konstruktivistische Form der Grounded Theory vertritt.

werden angesprochen?", „Welche Personen, Akteure sind beteiligt?", „Welche Begründungen werden gegeben oder lassen sich erschließen?" etc. Wie das offene Codieren im Stile der Grounded Theory funktioniert, lässt sich gut anhand eines Beispiels von Charmaz nachvollziehen. Es handelt sich um einen Interviewausschnitt mit einer sehr kranken Patientin Bonnie (48 Jahre, allein lebend), die darüber spricht, wie ihre Tochter Amy erst über die Nachbarin Linda von ihrem aktuellen Krankheitszustand erfahren hat:

> „She found out from Linda that I was, had been in bed for days and she called me up, ‚You never tell me, and I have to find out from Linda,' and ‚Why don't you tell me who you are and what's going on and …' Well, I don't know how long after that, that Saturday the pain started right here and it, throughout the day it got worse and worse and worse. And she – I kept thinking that, well, I can deal with this, so I took some kind of a pain pill and nothing helped." (Charmaz, 2014, S. 119)

Zu diesem Text entwickelt Charmaz folgende Codes (ebd.):

- Receiving second-hand news
- Being left out; Accusing mother of repeated not telling; (questioning ethical stance?) Being confronted
- Facing self and identity questions; Demanding self-disclosure and information
- Experiencing escalating pain
- Expecting to manage pain
- Inability to control pain

Die Codes zeigen sehr deutlich die bei Charmaz besonders augenfällige generelle Handlungsorientierung der Grounded Theory. Charmaz fordert explizit dazu auf, Codes bevorzugt in der grammatikalischen Form des Gerundiums zu formulieren: „Experiencing escalating pain", also „zunehmenden Schmerz erlebend". Diese im Deutschen etwas ungewöhnliche sprachliche Form der Codes bringt zum Ausdruck, dass das Handeln und nicht etwa Themen im Fokus stehen; doch auch letzteres kommt bei Charmaz vor, wie der nicht im Gerundium stehende Code „Inability to control pain" zeigt.

Die Daten werden durch das Konzeptualisieren zum Leben erweckt. Als bloße Rohdaten sind sie, so Strauss und Corbin, nutzlos, man könne nur Worte zählen oder das Gesagte wiederholen. Konzepte werden immer auf dem bisherigen Stand der Analyse benannt, sie können auch durchaus aus der Literatur stammen und müssen nicht in jedem Fall durch die Forschenden neu entwickelt werden. Dies kann sogar große Vorteile haben, weil solche Konzepte schon mit einer analytischen Bedeutung assoziiert sind, wie beispielsweise „Helfer-Burnout", „Krankheitserfahrung", „Statusverlust". Häufig handelt man sich aber damit den Nachteil ein, dass diese Konzepte schon mit einer bestimmten Theorie verbunden sind.

Beim ersten offenen Codieren eines Textes empfiehlt es sich auch auf Worte und Metaphern zu achten, die die Forschungsteilnehmenden selbst verwenden, und diese als In-vivo-Codes zu übernehmen. Im weiteren Fortgang der Analyse bewegt sich die Grounded Theory von ersten Konzepten hin zu Kategorien, d. h. abstrakteren Konzepten, die Konzepte auf einer höheren Abstraktionsebene zusammenfassen (Strauss & Corbin, 1996, S. 49; Breuer et al., 2019, S. 248–286). Ein Beispiel: Kinder werden beim Spielen beobachtet, als Konzepte werden benannt „Festhalten", „Verstecken", „aus dem Weg gehen", woraus die abstraktere Kategorie „Anti-Teilungs-Strategien" erwächst.

Konzepte innerhalb der Grounded Theory sollen möglichst präzise und spezifisch sein. Sie sind keine zusammengefassten Paraphrasen, sondern bewegen sich immer auf einem abstrakteren, allgemeineren Niveau wie etwa die Konzepte „Küchenarbeit", „Aufmerksamkeit", „Informationsweitergabe", „Unaufdringlichkeit", „Timing der Bedienung", „Zufriedenheit der Gäste" in einem Beispiel von Strauss und Corbin (1996, S. 106–107). Zunächst werden viele Konzepte gesammelt, dann gruppiert und zusammengefasst.

Man kann die Grounded Theory als Aufforderung und Anleitung verstehen, zu einer auf den empirischen Daten basierenden Theorie zu kommen. Ein solcher strikter Empiriebezug ist zwar auch für die qualitative Inhaltsanalyse charakteristisch, aber in der Grounded Theory geht es von vornherein sehr stark um die Entwicklung *konzeptueller,* d. h. *theoretischer* Kategorien (vgl. Kelle, 2007b), das ist in der stärker thematisch und häufig auch deskriptiv ausgerichteten qualitativen Inhaltsanalyse nicht der Fall, aber es ist auch nicht ausgeschlossen, in einer Inhaltsanalyse nur konzeptuelle Kategorien zu bilden. Die Grounded Theory hat allerdings nicht den Anspruch, das Datenmaterial vollständig zu codieren. Sie schreitet fort, arbeitet mit den Kategorien und will eine Theorie entwickeln. Das Datenmaterial lässt sie – bildlich gesprochen – hinter sich.

Als Resümee lassen sich für die induktive Kategorienbildung im Rahmen der Grounded Theory folgende Punkte festhalten:

- Die offene Vorgehensweise, bei der zunächst alles, was Forschenden „in den Sinn kommt", was durch den Text „induziert" wird, in Form von Codes festgehalten wird
- Der mehrstufige Prozess der Kategorienbildung, welcher unter anderem durch Integration und Aggregation ein höheres Niveau der Abstraktion und Analyse zu erreichen sucht
- Die im Laufe des Analyseprozesses zunehmende Fokussierung und Konzentration auf wenige, besonders wichtig erscheinende Kategorien
- Die Aufmerksamkeit für Begriffe der Forschungsteilnehmenden
- Das Reflektieren über die Kategorien während der gesamten Analyse

3.2.2 Guideline für die induktive Kategorienbildung

Die Darstellung verschiedener Ansätze in den vorangehenden Abschnitten macht deutlich, dass es sehr verschiedene Wege der induktiven Kategorienbildung am Material gibt. Hinzu kommt, dass es – wie in Kapitel 2.2 aufgezeigt – auch sehr verschiedene Formen von Kategorien (Faktenkategorien, Themenkategorien etc.) zu unterscheiden gilt. Anstatt nun wie am Mischpult verschiedene Ansätze zu mixen und die einzig wahre Strategie zur Bildung von Kategorien am Material zu präsentieren, scheint es uns sinnvoller, eine Guideline zu präsentieren, welche die Freiheit zu unterschiedlichen Wegen lässt. Gleichgültig welcher Weg eingeschlagen wird, ob beispielsweise eher thematische, eher bewertende oder eher analytische Kategorien gebildet werden, sollten bei einer qualitativen Inhaltsanalyse die inhaltliche Arbeit am Kategoriensystem und der reflektierte Umgang mit den Kategorien eine zentrale Rolle spielen. Kategorien sind kein Selbstzweck, sondern mit ihnen steht und fällt die Analyse, sowohl einer beschreibenden als auch einer Theorie generierenden Analyse, bei der die Kategorien die Elemente, die Bausteine, der angestrebten Theorie sind.

Die Guideline besteht aus sechs Stationen, die teilweise auch zirkulär durchlaufen werden können:

1. **Ziel der Kategorienbildung auf der Grundlage der Forschungsfrage bestimmen.** Am Anfang jeder Kategorienbildung am Material sollte man sich fragen: Was will ich genau mit der Kategorienbildung erreichen? Für welche Fragen sollen die Systematisierung und Komprimierung, die durch die Kategorienbildung und Kategorisierung von Textstellen erreicht werden, hilfreich sein? Wie offen will ich an die Kategorienbildung herangehen? Welches Vorwissen besitze ich bereits?
2. **Kategorienart und Abstraktionsniveau bestimmen.** Ausgehend von den in Kapitel 2.2 vorgestellten Kategorienarten – thematische, evaluative, analytische etc. – ist zu überlegen, welche Arten von Kategorien für die eigene Studie am besten geeignet sind. Auch ein Mixing verschiedener Kategorientypen ist möglich. Weiterhin ist zu fragen: Wie nahe will ich mit der Kategorienbildung an den Formulierungen der Forschungsteilnehmenden bleiben? Wie weit will ich mit abstrakteren Kategorien oder mit analytischen oder theoretischen Kategorien arbeiten? Zum Beispiel: Eine Befragte beschreibt ihre Aktivitäten in Sachen Mülltrennung. Es lässt sich nun eine Kategorie „Mülltrennung" definieren, aber auch abstraktere Kategorien wie „Individuelles Verhalten im Bereich Recycling" oder noch allgemeiner „Individuelles Umweltverhalten".
3. **Mit den Daten vertraut machen und Umfang der zu codierenden Segmente festlegen.** Mit Blick auf die Ausführungen zur Hermeneutik in Kapitel 1.4 gilt es immer, sich zunächst mit den Daten vertraut zu machen

und nicht etwa bei der ersten Zeile, die man liest, schon mit dem Bilden von Kategorien anzufangen. Wer die Daten selbst erhoben hat, besitzt diese Vertrautheit natürlich bereits. Bei sehr umfangreichem Material kann es ausreichen, eine bewusst getroffene Auswahl vorzunehmen, beispielsweise mit besonders unterschiedlichen Interviews zu beginnen und dann weitere hinzuzuziehen, bis sich ein guter Überblick über das Material einstellt. Bevor mit dem Codieren und der Kategorienbildung begonnen wird, sollten zudem Überlegungen zum Segmentieren, d. h. zum Umfang der jeweils zu codierenden Textstellen angestellt werden. Im einfachsten Fall wird nur der Begriff oder der Kern der Aussage codiert, die zur Codierung führt. Alternativ kann auch ein formales Kriterium – ein Satz, ein Absatz – als zu codierender Umfang festgelegt werden. In den meisten Fällen, insbesondere bei der Arbeit mit QDA-Software, ist es zu empfehlen, jeweils Sinneinheiten zu codieren, d. h. vollständige Aussagen, die bei der späteren Analyse auch außerhalb des Kontextes noch verständlich sind.

4. **Die Texte sequenziell bearbeiten und direkt am Text Kategorien bilden. Zuordnung existierender oder Neubildung von weiteren Kategorien.** Die Kategorienbildung am Material kann in einem einphasigen Durchlauf durch alle Daten geschehen oder nur an einer Teilmenge der Daten vorgenommen werden. In welcher Reihenfolge die Texte codiert werden, spielt zwar eigentlich keine Rolle, man sollte aber die Gefahr von Verzerrung einkalkulieren und unter Umständen die Reihenfolge der Texte zufällig wählen. Die Texte werden nun Zeile-für-Zeile bearbeitet. Zum Beispiel auf dem Papier durch Markieren und Unterstreichen des Textes und Vermerken einer Kategorie am Rand, oder elektronisch mittels QDA-Software, indem eine Kategorie der betreffenden Textstelle zugeordnet wird. Man sollte sich bewusst sein, dass die Bildung von Kategorien ein konstruktiver Akt der Forschenden ist und deshalb die Art der Kategorien, die durch den Text „induziert" werden, reflektieren. Bezeichnen die Kategorien eher Themen oder sind sie eher analytisch? Wie gehe ich mit besonders prägnanten Begriffen um, die die Forschungsteilnehmenden verwenden? Codiere ich diese als natürliche Kategorien (In-vivo-Codes)? Formal kann es sich bei einer Kategorie um einen Begriff oder einen zusammengesetzten Begriff handeln oder – etwa im Fall von Argumentations- und Diskursanalysen – auch um ein Argument oder einen Satz oder Satzbestandteil. Der Beginn der Kategorienbildung sollte eher offen gestaltet werden; hier sollte noch kein bestimmter Grad an Konkretheit oder Abstraktheit der Kategorien vorgeschrieben werden. Im weiteren Prozess der Kategorienbildung ist das nun stetig wachsende Kategoriensystem im Auge zu behalten. Ist die Kategorie, der man eine Textstelle zuordnen will, bereits vorher definiert worden und im Kategoriensystem vorhanden, so wird diese Kategorie codiert; andernfalls wird eine neue Kategorie gebildet. Befindet sich diese in großer

Nähe zu einer bereits definierten Kategorie, so kann man schon „on the fly" eine neue allgemeinere Kategorie bilden.

5. **Systematisieren und Organisieren des Kategoriensystems.** Spätestens wenn die Zahl der gebildeten Kategorien allmählich unübersichtlich zu werden droht und kaum mehr neue Kategorien gebildet werden, ist es Zeit sich mit der Frage zu befassen, wie die Kategorien sinnvoll geordnet werden können. Ähnliche Kategorien sollten zusammengefasst werden und ggf. zu einer allgemeineren Kategorie gebündelt werden. Im Allgemeinen haben sich hierarchische Kategoriensysteme sehr bewährt, weil sie die Möglichkeit bieten, bei der Analyse auch auf die jeweils höhere Ebene zu aggregieren. Es ist nun an der Zeit, über die Hauptkategorien nachzudenken, d.h., es werden entweder neue Hauptkategorien definiert oder bereits vorhandene Kategorien werden zur Hauptkategorie. Dabei stellt sich unweigerlich die Frage „Wie viele Kategorien benötige ich sinnvollerweise für die Auswertung?" Diese Frage lässt sich nur beantworten, wenn die für die Analyse zur Verfügung stehende Zeit und das Ziel, nämlich der zu schreibende Forschungsbericht, berücksichtigt werden. Weitere Fragen, die sich stellen, sind: Welchen Grad an Differenziertheit bzw. Allgemeinheit benötige ich für die geplanten Zusammenhangsanalysen? In einer typischen Interviewstudie werden selten mehr als 20 Hauptkategorien mit jeweils bis zu zehn Subkategorien zum Einsatz kommen. Wichtig ist es auch bereits jetzt darüber nachzudenken, wie die spätere Ergebnispräsentation (Tabellen, Übersichten, Visualisierungen etc.) aussehen soll und welcher Grad an Differenziertheit sich in diesem Rahmen kommunizieren lässt.
6. **Das Kategoriensystem festlegen und Kategoriendefinitionen erstellen.** Irgendwann wird beim zirkulären Durchlaufen der Phasen 4 und 5 der Zeitpunkt erreicht werden, wo (fast) keine neuen Kategorien mehr gebildet werden. Je nach Bedarf kann auch zwischendurch das Kategoriensystem erneut systematisiert und (um-)geordnet werden. Irgendwann kommt aber der Zeitpunkt, an dem sich nicht mehr viel tut; eine erste Sättigung ist erreicht. Jetzt gilt es, das Kategoriensystem noch einmal auf das Einhalten der wichtigen Kriterien (unter anderem: trennscharf, plausibel, erschöpfend, gut präsentierbar und kommunizierbar) zu prüfen und ggf. zu optimieren. Ab nun ist das Kategoriensystem festgelegt, was aber nicht bedeutet, dass es ein für alle Mal fixiert und unveränderlich ist. Die Bestimmung dieses Zeitpunkts der „Sättigung" ist unkritisch, denn spätestens im weiteren Fortgang der Inhaltsanalyse erfolgt ja ein Durchlauf durch das gesamte restliche Material, sodass man nicht Gefahr läuft, wichtige Aspekte zu übersehen. Es besteht ja durchaus die Möglichkeit, das Kategoriensystem auch noch zu einem späteren Zeitpunkt um Oberkategorien oder Subkategorien zu erweitern oder Kategorien zusammenzufassen. Eine kontinuierliche Anpassung des Kategoriensystems an die empirischen Daten ist also – falls

erforderlich – möglich. Jetzt ist auch der richtige Zeitpunkt, um sich den Kategoriendefinitionen zu widmen und den Codierleitfaden zu erstellen bzw. zu komplettieren (vgl. Kapitel 2.5). Man sollte die Definitionen jeweils mit konkreten Textstellen (Zitaten) illustrieren. Auf die Auswahl dieser Beispiele sollte besonders geachtet werden. Sie sollten möglichst typisch sein, die Abgrenzung zu anderen Kategorien verdeutlichen und dadurch Sicherheit im Umgang mit der Kategorie schaffen. Wie viel Material muss bearbeitet werden, bis das Kategoriensystem so weitgehend fertig ist, dass es sich lohnt, die endgültigen Kategoriendefinitionen zu erstellen? Die Frage lässt sich nicht allgemein beantworten, jedenfalls sind so viele Textstellen zu codieren, bis sich der sichere Eindruck einstellt, dass kaum noch neue Aspekte auftauchen. Das kann – je nach Umfang des zu analysierenden Materials – bereits bei 10 %, aber auch erst bei 50 % oder mehr der Fall sein. Normalerweise sind für die Bildung des Kategoriensystems mehrere Iterationsschleifen zu durchlaufen: Kategorien werden nach inhaltlicher Nähe gruppiert und ggf. zusammengefasst, auf der anderen Seite werden Kategorien, die man anfangs zu breit ausgelegt hat, ausdifferenziert.

Zur Illustration der Guideline wird in den beiden folgenden Abschnitten die konkrete Umsetzung anhand von zwei Varianten dargestellt. Die erste Variante stellt den Weg über fokussierte Zusammenfassung dar, die zweite Variante geht den in der Praxis weitaus häufiger anzutreffenden kürzeren Weg der direkten Codeentwicklung am Material ohne vorherige inhaltliche Zusammenfassungen.

Induktive Kategorienbildung via fokussierte Zusammenfassung

Vor allem Ungeübte fühlen sich bei der Kategorienbildung sicherer, wenn sie sich eng am Text bewegen. Sie empfinden häufig ein Gefühl der Unsicherheit bei der Analyse, weil sie befürchten, ihr Vorgehen erscheine zu willkürlich und nicht genügend fundiert. In solchen Fällen kann es sehr hilfreich sein, nach der Lektüre aller zusammengestellter Textstellen bei einem erneuten Durchgang zunächst mit fokussierten inhaltlichen Zusammenfassungen zu arbeiten. Hierzu wird am besten eine Tabelle erstellt, die aus mindestens drei Spalten besteht, wobei die linke Spalte den Originaltext enthält.

Schon während des Schreibens der inhaltlichen Zusammenfassungen wird man vielleicht feststellen, dass sich manche Aussagen wiederholen oder den Wunsch verspüren, Aussagen zu allgemeineren Aussagen zusammenzufassen und bereits Kategorien zu bilden; diese werden dann in die dritte Spalte der Tabelle geschrieben. In der mittleren Spalte lässt sich mittels Textmarker oder durch einfaches Durchstreichen vermerken, welche Zusammenfassungen bereits bei der Bildung von Kategorien berücksichtigt wurden.

Ein solches Verfahren ist in Abb. 7 dokumentiert. Dort wurden in der dritten Spalte direkt Kategorien gebildet und unterhalb der Oberkategorien auch bereits mögliche Subkategorien eingetragen. Bei diesem Abkürzungsverfahren stellt die dritte Spalte eine Art Arbeitsfläche dar, die sich während des Durchgangs durch das Material ständig verändert. Die im ersten Schritt geforderte Formulierung von Zusammenfassungen zwingt dazu, sich zunächst sehr nah am Text zu bewegen.

Abb. 7 Technik der induktiven Kategorienbildung via fokussierte Zusammenfassung

Originaltext	Zusammenfassung	Kategorie
B: Also ich glaube einfach der Klimawandel, so wie er überall prognostiziert wird oder schwarz gemalt wird, wird so nicht eintreten.	Überall ist Schwarzmalerei in Bezug auf den Klimawandel (KW) anzutreffen. KW wird nicht eintreten wie vorhergesagt.	*Skepsis bzgl. KW* – übertriebener Pessimismus – wiss. Gegenpositionen
Ich meine, da gibt es ja auch die Physiker oder Meteorologen, was weiß ich, Klimaforscher, die nicht der Meinung sind, dass der Klimawandel eintreten wird.	Es gibt wissenschaftliche Gegenmeinungen, die übergangen werden.	
Nur die werden halt in den Medien nicht erhört, weil die Katastrophenmeldung einfach viel, viel wichtiger erscheint oder einfach attraktiver ist für die Medien.	Medien publizieren keine Gegenpositionen. Katastrophenmeldungen sind für Medien attraktiver.	*Medienkritik* – Selektion der Medien – Bevorzugung von Katastrophen
Aber das ändert ja nichts daran, dass jeder Mensch umweltbewusst leben sollte.	Der Mensch sollte umweltbewusst leben.	*Normwahrnehmung* – umweltbewusst leben
Und ja ob man jetzt quasi im Winter dann Kirschen aus sonst wo essen muss (…) muss man ja nicht (lacht).	Kirschen im Winter zu essen ist nicht notwendig.	*Persönliches Umweltverhalten* – Konsumbereich
Keine Ahnung. Aber ob da jetzt die Welt davon 2 Grad wärmer wird, wirklich weil man Kirschen aus (lacht) „Timbuktu“ ist, das glaube ich halt nicht.	Glaubt nicht an Effekt des eigenen Einkaufsverhalten auf KW	*Einfluss von individuellem Verhalten auf KW* – kein Effekt
Ich glaube nicht, dass der Mensch so einen großen Einfluss haben kann. Und ja.	Der Mensch hat an sich keinen großen Einfluss.	*Grundhaltung*

Induktive Kategorienbildung via offenes Codieren

Das folgende Beispiel beschreibt den Prozess der Bildung von thematischen Kategorien direkt am Text. Es arbeitet mit öffentlich zugänglichen Daten aus dem Projekt „Gut Leben in Deutschland", innerhalb dessen im Rahmen einer Online-Befragung Bürgerinnen und Bürger die Frage gestellt wurde „Was ist Ihnen persönlich wichtig im Leben?".[16]

Wie bei derartigen Online-Befragungen üblich, sind die Antworten hinsichtlich ihres Umfangs und ihrer Ausführlichkeit sehr unterschiedlich: Während manche nur stichwortartig antworten (z. B. „Gesundheit, Familie, Arbeit – das sind für mich die wichtigsten Basics für mein Leben") erläutern andere Befragte sehr ausführlich und manchmal auch sehr speziell, was sie in ihrem Leben für wichtig erachten. Im Folgenden wird beschrieben, wie auf der Basis einer Teilmenge des Materials ein (vorläufiger) Vorschlag für ein Kategoriensystem entwickelt werden kann. Die Darstellung folgt dabei den sechs Stationen der oben dargestellten „Guideline für die induktive Kategorienbildung".

Ziel der Kategorienbildung auf der Grundlage der Forschungsfrage bestimmen. Das Ziel der Studie ist zunächst explorativ und deskriptiv, d. h., wir möchten etwas darüber erfahren, was von den Deutschen derzeit als persönlich wichtig für ihr Leben eingeschätzt wird. Dabei soll herausgefunden werden, welche Themen im Mittelpunkt stehen und welche Begriffe genannt werden. Durchaus von Interesse ist auch die Häufigkeit der Nennungen von Themen. Als angestrebtes Resultat der Forschung definieren wir einen Forschungsbericht, in dem die Frage, was den Deutschen persönlich wichtig ist, circa 20 Seiten einnehmen soll. Im ersten Schritt der Kategorienbildung sollen die Hauptkategorien gebildet werden. Die Entscheidung, ob auch Subkategorien gebildet werden sollen und falls ja, ob für alle oder nur für ausgewählte Hauptkategorien, soll erst nach einem ersten Codierdurchlauf getroffen werden – soweit der grundlegende Rahmen für den folgenden Prozess der Kategorienbildung.

Kategorienart und Abstraktionsniveau bestimmen. Der deskriptiven Fragestellung angemessen ist es, thematische Kategorien zu bilden. Die Frage „Was ist Ihnen persönlich wichtig im Leben?" soll ja bewusst die Nennung von wichtigen Themen evozieren. Nach differenzierten Bewertungen wird nicht gefragt, sodass die Bildung bewertender Kategorien nicht sinnvoll ist. Die folgende mo-

16 Die Studie wurde im Jahr 2015 von der Bundesregierung im Kontext ihres Bürgerdialogs über das Verständnis von Lebensqualität durchgeführt. Nähere Informationen sind im Internet unter www.gut-leben-in-deutschland.de dokumentiert und allgemein zugänglich (Stand 16. 03. 2021).

dellhafte Kategorienbildung erfolgt anhand einer Teilmenge der mehr als 2 500 Statements. Es liegt keine Gesamtdatei vor, aus der eine Zufallsstichprobe für die Kategorienbildung gezogen werden könnte, was eigentlich das methodisch sauberste Auswahlverfahren wäre. Um Verzerrungen durch den Zeitpunkt der Erhebung zu vermeiden (der Zeitraum erstreckte sich über mehrere Monate), ist es sinnvoll, eine Quotenstichprobe zu bilden, bei der die Auswahl zu verschiedenen Zeitpunkten des Erhebungszeitraums erfolgt. Es wird zunächst offen codiert, d. h. ohne Vorgaben hinsichtlich des Grads der Allgemeinheit und der Abstraktheit der Kategorien.

Mit den Daten vertraut machen und Umfang der zu codierenden Segmente festlegen. Nun gilt es, sich einen Überblick über die Daten zu verschaffen, d. h., es muss gelesen werden, und zwar sollten so viele Statements durchgelesen werden, bis sich der Eindruck eines guten Überblicks einstellt. Auch im wirklichen Leben lassen sich schwerlich exakte Angaben darüber machen, wie lange es dauert, sich einen Überblick zu verschaffen. Dies ist natürlich stark von dem „Gelände“ abhängig, über das man gerne den Überblick bekommen möchte. Im Fall dieser Studie sind die Beiträge recht kurz und so interessant, dass man unwillkürlich weiterliest. Eine angemessene Lesezeit sollten schon eingeplant werden, d. h. so etwa 100–200 Antworten auf die Frage, was einem persönlich wichtig ist, sollten mindestens gelesen werden, ehe mit der Kategorienbildung begonnen wird.

Nachdem ein erster Überblick über die Daten gewonnen ist, sind als nächstes zwei Fragen zu klären: die Frage des jeweils zu codierenden Umfangs eines Segments und die konkrete Gestaltung des Kategoriensystems. Die Lektüre der Antworten zeigt, dass nicht nur der Umfang, sondern auch die Form der Antworten sehr verschieden ist: einerseits ziemlich umfängliche Prosatexte, andererseits nur eine Aneinanderreihung von Stichworten. Sinneinheiten zu codieren, gewissermaßen der „Gold-Standard“ qualitativer Inhaltsanalysen, ist deshalb nicht immer möglich. Sinnvoll ist es, für diese Daten folgende Regel festzulegen: Bei ausformulierten Antworten werden Sinneinheiten, mindestens ein vollständiger Satz codiert. Bei stichwortartigen Antworten werden nur die zusammenhängenden Wörter der einzelnen Stichpunkte, ggf. auch nur einzelne Wörter codiert.

Bezüglich der zu bildenden thematischen Kategorien stellt sich noch die Frage, wie mit Valenzen, d. h. positiven bzw. negativen Wertungen in den Antworten durch die Befragten, umzugehen ist. Man nehme etwa eine Aussage wie diese: „Ein gutes Leben bedeutet, in einer lebenswerten Umgebung zu leben. Windriesen, die extrem nah an unsere Häuser heranrücken, machen ein gutes Leben unmöglich (…)“. Hier ist indirekt das Thema erneuerbarer Energien angesprochen, aber das Thema ist negativ konnotiert. Soll man daraus die Konsequenz ziehen, dass bei jeder codierten Textstelle zusätzlich zu entscheiden ist, ob die zum Ausdruck kommende Wertigkeit positiv oder negativ ist? Die Lektüre der Antworttexte zeigt, dass negative Bewertungen nur sehr selten vorkommen, was angesichts der positiv formulierten Frage „Was ist Ihnen persönlich wichtig im Leben?“ auch verständlich ist. Deshalb ist in diesem Falle angemessen, dass keine Kategorien für die Wertigkeit erstellt werden, sondern diese erst bei der späteren kategorienbasierten Auswertung berücksichtigt wird.

Es ist noch ein weiterer Punkt zu klären, der mit der spezifischen Art der Frage bzw. der Anleitung für die Antwort zu tun. Die Befragten waren nämlich gebeten worden, ihrem Statement eine Überschrift zu geben. Wie geht man mit den Überschriften um? Sollen sie behandelt werden wie der „normale Antworttext“ und in der gleichen Weise codiert werden? Eine gezielte Überprüfung ergab, dass die Überschriften häufig nicht nur den Text resümieren, sondern eigene Informationen enthalten. Insofern ist es folgerichtig, die Überschriften bei der Kategorienbildung wie normalen Text zu behandeln. Gleichzeitig ist davon auszugehen, dass die Überschriften, ähnlich wie in Tageszeitungen, noch einen besonderen Aussagewert besitzen. Bei der Arbeit mit QDA-Software sollte man die Überschriften deshalb markieren und als solche codieren (mit dem Code „Überschrift“) und dann einer gesonderten Auswertung unterziehen – so die Zeit dafür reicht.

Die Texte sequenziell bearbeiten und direkt am Text Kategorien bilden. Zuordnung existierender oder Neubildung von weiteren Kategorien. Beginnend mit dem ersten Text wird nun Zeile für Zeile vorgegangen. Abb. 8 (nächste Seite) zeigt den Antworttext[17] in der linken Spalte und die gebildeten Codes, die teilweise bereits potenzielle thematische Kategorien darstellen, in der rechten.

Wenn die in den Antworten vorkommenden Aspekte, wie hier geschehen, offen codiert werden, sollte man zügig vorgehen und bei der Formulierung von Codes nicht lange über die beste Wortwahl nachdenken. Im nächsten Schritt werden ja alle Codes geordnet und systematisiert, d.h., es bleibt noch Zeit genug, um die angemessenste und treffendste sprachliche Form für die Kategorien zu finden. Dies ist – nebenbei bemerkt – auch ein großer Vorteil gegenüber der Kategorienbildung via Paraphrasierung, bei der man mehr oder weniger automatisch sehr viel Zeit für die Formulierung von Paraphrasen verwendet. Auch sollten keine verfrühten Verallgemeinerungen oder Abstraktionen vorgenommen werden; weit ausholende Interpretationen sind zu vermeiden, Auffälliges sollte immer festgehalten werden, am besten in einem Memo (weitere Erläuterungen zu Memos finden sich in Kapitel 4.5.2). Im

17 Abgebildet ist der Originaltext, orthographische und grammatikalische Fehler wurden nicht verbessert.

Abb. 8 Direkte Kategorienbildung am Material – Beispiel 1

Antwort	Codes/Kategorien
Zeit für Familie und Freunde, geistige und körperliche FREIHEIT, Natur **Freunde:** dazu bedarf es Gleichgesinnter und Zeit. Viele Menschen um mich herum haben wenig Zeit um sich miteinander zu treffen. Stattdessen: Alltagsstress (viel Arbeit, viel Herumkutschiererei der Kinder), Kurzmessages per whatsapp. Für mich und meine Kinder würde ich mir mehr Menschen mit Zeit wünschen und weniger Medienkommunikation und verplante Freizeit – also Kinder, die wie früher mit viel Zeit draußen (auch im Wald!) spielen!	Zeit für soziales Leben Geistige und körperliche Freiheit Familie Freunde und Gleichgesinnte Freizeit ohne Stress Kinderspiel in der Natur
Freiheit: Die Frau in der Burka letztens im Supermarkt hat mich aus der Bahn geworfen. Viele Musliminnen tragen Kopftuch und verhüllen den Körper mit langer Kleidung. Muslimische Frauen gaben meinem Mann beim Grillen kürzlich nicht die Hand. Warum, fragte ich – „Weil es so im Koran steht". Für mich sind diese Frauen und vor allem Mädchen in Ihrer körperlichen und geistigen Freiheit (Religionskritik) eingeschränkt. Ich finde: Religion darf nicht Vorrang haben vor den Ideen der Aufklärung (Kant) und der Emanzipation der Frau.	Kulturelle Gemeinsamkeit Persönliche Freiheit Selbstbestimmung Ideen der Aufklärung Emanzipation der Frau

obigen Text wird beispielsweise durch eine längere Schilderung deutlich, dass es für die Teilnehmerin der Befragung wichtig ist, bestimmte religiös motivierte Umgangsformen *nicht* in ihrem unmittelbaren Lebensumfeld zu erleben. Da entschieden wurde, nur Kategorien für positiv Wichtiges zu bilden, sollte an dieser Textstelle in einem Memo festgehalten werden, dass im weiteren Codierprozess auf das Vorkommen solcher negativ bewerteten Themen zu achten ist und möglicherweise doch noch Kategorien für bestimmte negativ bewertete Themen gebildet werden.

Soll man Codes bzw. Kategorien, die bei einem Text schon codiert wurden, beim gleichen Text erneut codieren? Bei längeren Interviews, etwa bei narrativen Interviews, würde die Antwort normalerweise „ja" lauten, denn es kann schon eine Rolle spielen, ob manche Phänomene mehrmals oder sogar sehr oft in einem Text vorkommen oder nur singulär sind. Im vorliegenden Fall besteht das Material aber aus ziemlich kurzen Statements und deshalb wird der gleiche Code nur dann im gleichen Text erneut codiert, wenn die entsprechende Textstelle einen neuen Aspekt, eine andere Dimension des Themas, beinhaltet.

Mit fortschreitendem Prozess ist es auch möglich, bereits „on the fly“ Subkategorien und Kategorien auf einem höheren Abstraktionsniveau zu bilden. Abb. 9 zeigt hierfür ein Beispiel, bei dem bereits für die Kategorie „Familie“ die Subkategorie „Kinder“ und die relativ abstrakte Kategorie „materielle Sicherheit“ gebildet wurden.

Abb. 9 Direkte Kategorienbildung am Material – Beispiel 2

Antwort	Codes/Kategorien
Alle Fünf sind wichtig Ich brauche ...	
eine Familie, heute oft eine Patchworkfamilie, dazu gehören auch die Kinder die bei meiner „Ex“ leben (was mir aber stark beschränkt wird).	Familie – Kinder
einen Job der in ernährt und möglichst oft Spass macht, dazu gehören Arbeitnehmerrechte die mich (etwas absichern).	materielle Sicherheit spaßbringende Arbeit Sicherheit durch Arbeitnehmerrechte
Freunde die mich unterstützen und das dürfen gern auch Menschen aus anderen Kulturkreisen und sozialen Schichten sein.	Freunde Diversität
Gesundheit, gesunde Lebensmittel gute medizinische Versorgung die sich nicht allein den monetären Interessen von Großkonzernen orientiert.	Gesundheit Versorgung mit gesunden Lebensmitteln Medizinische Versorgung
Sicherheit, ich möchte mich angstfrei bewegen können auch nachts in der U-Bahn	Sicherheit in der Stadt

Systematisieren und Organisieren des Kategoriensystems. Spätestens dann, wenn sich die gebildeten Codes und Kategorien nur mehr schwer überschauen lassen, sollte der Arbeitsprozess unterbrochen und die Aufmerksamkeit auf das gesamte Kategoriensystem gerichtet werden. Die bisher entstandenen mehr oder weniger abstrakten Codes und Kategorien werden jetzt geordnet und systematisiert. Wie funktioniert dies? Erstens lassen sich gleiche oder sehr ähnliche Codes zu einem Code zusammenfassen, zweitens lassen sich Codes zu einer neuen oder bereits entstandenen Kategorie bündeln und drittens sollte bereits über die Gesamtgestalt des Kategoriensystems nachgedacht werden: Unterstützen das Kategoriensystem und die einzelnen Kategorien die Beantwortung der Forschungsfragen? Ist das Kategoriensystem in sich schlüssig? Ist die Relation der Kategorien untereinander plausibel? Ist das Kategoriensystem erschöpfend?

Auch macht es Sinn, mit dem Verfassen von Kategoriendefinitionen zu beginnen, welche auch gleich durch Zitate aus den bereits codierten Daten illustriert werden können.

Das Organisieren und Systematisieren der Codes und Kategorien geht technisch am besten, indem diese auf Moderationskarten geschrieben werden und eine große Arbeitsfläche (Pinnwand, Tischplatte etc.) benutzt wird oder – wesentlich bequemer und effektiver – mit Hilfe von QDA-Software. Hier lassen sich auf einer genügend großen Bildschirm-Arbeitsfläche die gebildeten Codes und Kategorien leicht organisieren und gruppieren. Diese Arbeitsweise hat auch den Vorteil, dass jederzeit die Verbindung zwischen Kategorien und Originaltext besteht.

Die folgende Abbildung zeigt ein aus acht Hauptkategorien bestehendes Kategoriensystem[18], ein Zwischenergebnis des Prozesses der Kategorienbildung. Die Hauptkategorien sind in dieser Graphik um den Mittelpunkt eines gedachten Individuums herum arrangiert.

Abb. 10 Systematisieren und Ordnen der Kategorien mit QDA-Software

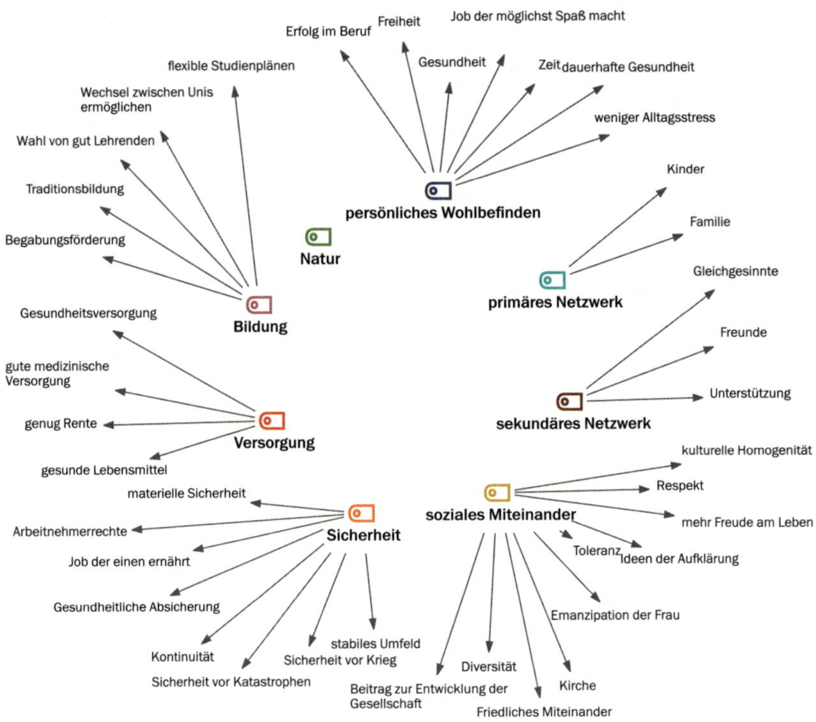

18 Die Abbildung wurde mit der Funktion „Creative Coding“ von MAXQDA erzeugt.

Die im bisherigen Prozess der Kategorienbildung entstandenen Codes sind durch Richtungspfeile mit den gebildeten Hauptkategorien verbunden. Hinter den Codes im Außenkreis der Darstellung verbergen sich jeweils konkrete Textstellen, also mindestens eine Textstelle. Die Codes sind illustrative Beispiele für das, was sich hinter den Kategorien verbirgt, es sind in diesem Fall keine Subkategorien, denn auf deren Bildung wurde zu diesem Zeitpunkt der Analyse noch bewusst verzichtet.

Sobald eine zufriedenstellende Ordnung und Systematisierung erreicht ist, wird der Codierprozess mit der Bearbeitung weiterer Daten fortgesetzt. Dabei werden natürlich bei der Zuordnung von weiteren Textstellen zu bereits existierenden Kategorien die Resultate des Systematisierungsschrittes berücksichtigt, d. h., es werden bereits die neuen Hauptkategorien benutzt und ggf. weitere Codes und Kategorien ergänzt.

Das Kategoriensystem festlegen und Kategoriendefinitionen erstellen. Wenn nichts Neues oder nur noch Singuläres, d. h. nur für die Lebenssituation einer bestimmten Person Spezifisches auftaucht, wird der Prozess der Kategorienbildung am Material beendet. Nun folgt der für die Codierung des weiteren Materials bedeutsame Schritt, nämlich die endgültige Bestimmung des Kategoriensystems. Wie in der obenstehenden Guideline ausgeführt, bedeutet dies aber nicht, dass am Kategoriensystem keinerlei Änderungen mehr erlaubt sind. Zur Festlegung des Kategoriensystems gehört es auch, Kategoriendefinitionen zu formulieren. Da die zu einer Kategorie gruppierten Codes konkreten Textstellen zugeordnet sind, können in die Definitionen leicht konkrete Beispiele aus dem Datenmaterial aufgenommen werden.

Beim Arbeiten in einem Team ist es sinnvoll, den Schritt des Festlegens des Kategoriensystems gemeinsam zu tun. Wichtig ist es jetzt, die Forschungsfrage(n) vor Augen zu haben und sich zu fragen „Wo wollen wir hin mit der Kategorienbildung und der anschließenden Codierung und Analyse der Kategorien?“, „Wie soll das Produkt unserer Analyse aussehen?“. Bei diesem Beispiel besteht das Ziel der Inhaltsanalyse darin, die Themen zu identifizieren, die von den Forschungsteilnehmenden als für ihr Leben wichtig erachtet werden und dann im zweiten Schritt der Analyse einen Überblick darüber zu erhalten, was sich im Detail hinter den großen Themen verbirgt; also zu erfahren, was genau für wichtig erklärt wird, wenn in den Statements beispielsweise davon die Rede ist, dass einem die Natur persönlich sehr wichtig sei.

Es gibt nun mehrere Strategien, die man in Bezug auf das finale Kategoriensystem einschlagen kann. Eine Variante besteht in der Bildung von relativ vielen (20 und mehr) eher spezifischen Kategorien. Diese Strategie, die häufig in der quantitativ orientierten Inhaltsanalyse eingeschlagen wird, ist aber für qualitative Forschungen nicht adäquat. Angemessener ist es, die Zahl der

Hauptkategorien kleiner zu halten und vor allem auf die Relation der Kategorien untereinander, d. h. die Gestalt des Kategoriensystems, zu achten.

Die Erstellung des Kategoriensystems ist nicht nur Vorarbeit für die folgende Analyse, es ist bereits ein Teil derselben und stellt eine analytische Leistung dar, welche in einem Forschungsbericht auch entsprechend detailliert dargestellt werden sollte. Dabei braucht sich die Darstellung nicht nur auf das Vorhandene zu beschränken, sondern kann auch durchaus auf Fehlendes hinweisen. So fällt beispielsweise bei der für die Kategorienbildung gebildeten Auswahl von Statements auf, dass ein intaktes näheres Umfeld (Partner/Partnerin, Kinder, Familie, Freunde) sehr häufig als wichtig erachtet wird und ebenso die Möglichkeit zur gesellschaftlichen Einflussnahme im Sinne von demokratischer Partizipation, dass aber der mittlere Bereich einer intakten Nachbarschaft oder Gemeinde nur relativ selten erwähnt wird.

3.3 Deduktiv-induktive Kategorienbildung

In Forschungsprojekten, die mit der Methode der qualitativen Inhaltsanalyse arbeiten, sind häufig Mischformen der Entwicklung des Kategoriensystems anzutreffen. Prototypisch hierfür sind zahlreiche Beispiele aus dem Sammelband „Die Praxis qualitativer Inhaltsanalyse" von Mayring und Gläser-Zikuda (2005), die Vorgehensweise von Gläser und Laudel (2010) sowie die methodisch gut dokumentierte Studie „Familie und Rechtsextremismus" von Hopf u. a. (Hopf, 2016; Hopf et al., 1995). In letzterer werden zunächst, abgeleitet aus der Bindungstheorie, Hypothesen und Kategorien formuliert. Diese Kategorien werden dann direkt am Material präzisiert, modifiziert und differenziert. Gleichzeitig werden auch unerwartete Gegebenheiten im Datenmaterial, die als solche nicht aus der die Forschung leitenden Bindungstheorie ableitbar sind, zum Anlass für die Bildung von neuen Kategorien genommen (Schmidt, 2010). Die Mischung von deduktiver A-priori-Kategorienbildung und induktiver Kategorienbildung am Material geschieht nahezu ausschließlich in einer Richtung: Es wird mit deduktiven Kategorien begonnen und im zweiten Schritt folgt die Bildung von Kategorien bzw. Subkategorien am Material, weshalb auch von *deduktiv-induktiver Kategorienbildung* gesprochen werden kann.

Je nach Forschungsfrage und Projektablauf findet man verschiedene Realisierungen dieser Mischform, wobei der allgemeine Ablauf aber jeweils der gleiche ist: Begonnen wird mit einem aus relativ wenigen Kategorien bestehenden Kategoriensystem, das nicht aus den Daten selbst, sondern aus der Forschungsfrage, dem Interviewleitfaden oder einer Bezugstheorie abgeleitet ist. Diese Kategorien werden aber anders als bei einer mit ausschließlich deduktiven Kategorien arbeitenden Inhaltsanalyse nur als Ausgangspunkt genommen. Die Kategorien fungieren als eine Art Suchraster, d. h., das Material wird auf das

Vorkommen des entsprechenden Inhalts durchsucht und grob kategorisiert. Im zweiten Schritt erfolgt dann induktiv die Bildung von Subkategorien, wobei nur das der jeweiligen Hauptkategorie zugeordnete Material herangezogen wird.

Eine typische Anwendung deduktiv-induktiver Kategorienbildung wird im Kapitel 1 über die inhaltlich strukturierende qualitative Inhaltsanalyse beschrieben. In Kuckartz und Rädiker (2024) stellen wir mit der fokussierten Interviewanalyse ein Verfahren vor, das mit einem solchen deduktiv-induktivem Ansatz arbeitet, bei dem die sogenannten Basiskategorien primär aus dem Interviewleitfaden entwickelt und durch am Material entwickelte Subkategorien weiter ausdifferenziert werden.

4 Drei Varianten der Methode qualitative Inhaltsanalyse

In diesem Kapitel erfahren Sie etwas über
- den generellen Ablauf qualitativer Inhaltsanalyse,
- drei Basismethoden qualitativer Inhaltsanalyse,
- Fälle und Kategorie als grundlegende Strukturierungsdimensionen,
- die Themenmatrix als Ausgangspunkt weitergehender Analysen,
- Gemeinsamkeiten und Differenzen der drei Basismethoden,
- Quantifizierung in der qualitativen Inhaltsanalyse und
- den Einstieg in die Analyse mittels initiierender Textarbeit und dem Schreiben von Memos und Fallzusammenfassungen.

In der Praxis der Sozialforschung existiert eine Vielzahl von Methoden und Techniken qualitativer Inhaltsanalyse (Gläser & Laudel, 2010; Lamnek & Krell, 2016). Allein Mayring zählt in seinem Inhaltsanalysebuch acht verschiedene qualitativ-inhaltsanalytische Techniken auf: (1) Zusammenfassung, (2) Induktive Kategorienbildung, (3) enge und (4) weite Kontextanalyse, (5) formale Strukturierung, (6) inhaltliche Strukturierung, (7) typisierende Strukturierung und (8) skalierende Strukturierung (Mayring, 2015). Einige dieser Techniken, so die inhaltliche und die typisierende Strukturierung, werden allerdings dort nur sehr kurz skizziert.

In den folgenden Kapiteln werden drei grundlegende Methoden qualitativer Inhaltsanalyse im Detail beschrieben:

1. Die *inhaltlich strukturierende* qualitative Inhaltsanalyse, die als Kernmethode der qualitativen inhaltsanalytischen Verfahren betrachtet werden kann und bei der das Material typischerweise in mehreren Codierdurchläufen mit deduktiv und/oder induktiv gebildeten Kategorien codiert wird (Kapitel 5).
2. Die *evaluative* qualitative Inhaltsanalyse, bei der Datenmaterial von den Codierenden bewertet und mit evaluativen Kategorien versehen wird (Kapitel 6).
3. Die *typenbildende* qualitative Inhaltsanalyse, die üblicherweise auf einer inhaltlich strukturierenden und/oder einer evaluativen Analyse aufsetzt und deren primäre Zielsetzung in der Entwicklung einer Typologie besteht (Kapitel 7).

Diese drei Methoden zeichnen sich durch recht unterschiedliche Herangehensweisen aus und werden in der Forschungspraxis besonders häufig angewandt – das gilt insbesondere für den ersten Typ, die inhaltlich strukturierende qualitative Inhaltsanalyse. In Form von Themenfrequenzanalysen (Früh, 2017) sind inhaltlich strukturierende Inhaltsanalysen interessanterweise auch im Bereich der quantitativen Inhaltsanalyse das weitaus am häufigsten eingesetzte Verfahren. Bei der inhaltlich strukturierenden Inhaltsanalyse lässt sich deshalb auch sehr deutlich erkennen, was eine qualitative von einer quantitativen Inhaltsanalyse unterscheidet: Während die quantitative Form darauf abzielt, das Datenmaterial in atomisierender Weise möglichst präzise in Zahlen umzuwandeln und dann die so entstandene Zahlenmatrix statistisch auszuwerten, ist die qualitative Inhaltsanalyse weitaus mehr am Text selbst – und zwar bezogen auf den Text in seiner Gesamtheit – interessiert: Auch nach der Zuordnung zu Kategorien bleibt der Text selbst, d. h., der Wortlaut inhaltlicher Aussagen, relevant und spielt auch in der Aufbereitung und Präsentation der Ergebnisse eine wichtige Rolle. Bei der quantitativen Inhaltsanalyse hingegen bestehen die Resultate und deren Präsentation nur noch aus statistischen Parametern, Koeffizienten und Modellen sowie deren Interpretation. Die verbalen Daten sind bei der quantitativen Inhaltsanalyse nach dem Codiervorgang nicht weiter von Interesse, auch als Zitate sind sie uninteressant, denn die Ergebnisse statistischer Analysen bedürfen nicht der Plausibilisierung durch ausgewählte Textstellen.

Für alle drei beschriebenen Verfahren gilt, dass sie sowohl themenorientierte als auch fallorientierte Verfahren sind, d. h. Betrachtungen auf Fallebene, beispielsweise in Form von Fallzusammenfassungen („Case Summarys"), als Vergleiche von Fällen oder Fallgruppen und Typen spielen eine wichtige Rolle im Auswertungsprozess. Dies markiert auch einen wichtigen Unterschied zu Mayrings Konzeption der qualitativen Inhaltsanalyse: Dort spielt die fallorientierte im Vergleich zur kategorienorientierten Perspektive so gut wie keine Rolle (Steigleder, 2008, S. 174).

4.1 Allgemeines Ablaufmodell qualitativer Inhaltsanalyse

Wie läuft nun die analytische Arbeit mit der Methode qualitative Inhaltsanalyse ab? Welche Phasen werden durchlaufen? Die erste Frage müsste korrekterweise im Plural formuliert werden, denn es gibt verschiedene Varianten der qualitativen Inhaltsanalyse – drei dieser Methoden sind Gegenstand dieses Buches – die jeweils auch verschiedene Arbeitsabläufe besitzen. Im Folgenden bleiben wir auf der allgemeinen Ebene und beschreiben den gemeinsamen Kern in einem allgemeinen Modell, die spezifischen Abläufe werden dann in den Kapiteln 5 bis 7 fokussiert.

Abb. 11 Allgemeines Ablaufmodell qualitativer Inhaltsanalysen

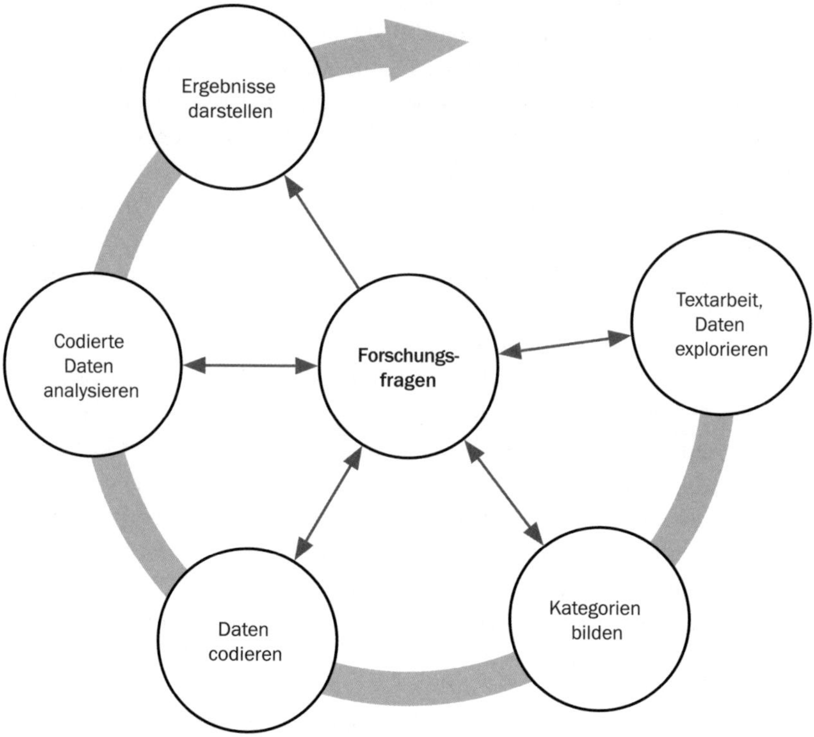

Die prinzipielle Abfolge *Forschungsfrage → Daten auswählen bzw. erheben → Datenanalyse* ist im Grunde für alle Formen empirischer Forschung charakteristisch und die qualitative Inhaltsanalyse stellt hier keine Ausnahme dar. In Abb. 11 sind die fünf Phasen qualitativer Inhaltsanalyse ausgehend von der Forschungsfrage dargestellt. Das Schaubild stellt einerseits die prinzipielle sequenzielle Abfolge, andererseits aber auch die Möglichkeiten zu zirkulären, über die Forschungsfrage vermittelten Abläufen dar. Den Kern jeder qualitativen Inhaltsanalyse stellen die Phasen „Kategorien bilden", „Daten codieren" und „Codierte Daten analysieren" dar, wobei das Bilden von Kategorien und das Codieren der Daten in mehreren Zyklen stattfinden kann. Die Abbildung soll verdeutlichen, dass der modellhafte Ablauf des Analyseprozesses weitaus weniger linear als im klassischen Modell des Forschungsablaufs ist und dass die verschiedenen Analysephasen nicht strikt voneinander getrennt sind, ja es sogar möglich sein kann, noch neue Daten zu erheben, obwohl das Kategoriensystem bereits fertig zu sein scheint und das meiste Datenmaterial schon codiert ist. Die Grafik soll auch verdeutlichen, dass die Forschungsfragen bei der qualitativen Inhaltsanalyse eine für alle Phasen wichtige Rolle spielen: Die Forschungsfragen werden zwar zu Beginn gestellt, bleiben aber dann nicht – wie im klassischen hypothetiko-deduktiven Modell – unverändert bestehen, um am Ende der Analyse beantwortet zu werden, sondern sie spielen in jeder der fünf Phasen eine zentrale Rolle und können sich sogar während des Analyseprozesses noch – innerhalb bestimmter Leitplanken – dynamisch verändern: Sie können präzisiert werden, neue Aspekte können sich in den Vordergrund schieben und unerwartete Zusammenhänge können entdeckt werden.

Von großer Bedeutung für jede qualitative Inhaltsanalyse sind die mit der Kategorienentwicklung und Modifizierung des Kategoriensystems befassten Phasen des Arbeitsablaufs, in denen ein fortschreitendes Arbeiten am Material stattfindet. Selbst dann, wenn eine qualitative Inhaltsanalyse theoriebasiert und auf der Basis von Hypothesen unternommen wird – was keineswegs ausgeschlossen ist – werden die Kategorien üblicherweise während des Analyseprozesses *verfeinert* und *ausdifferenziert* und ggf. werden auch neue Kategorien hinzugefügt, weil die intensive Beschäftigung mit dem Material dies nahelegt.

Welche Rolle spielt überhaupt Theorie bei der qualitativen Inhaltsanalyse? Ausgehend von der Bestimmung der qualitativen Inhaltsanalyse als Methode ist die Frage anders zu stellen, nämlich „Welche Rolle spielt Theorie oder soll Theorie in dem Forschungsprojekt spielen, in welchem die qualitative Inhaltsanalyse als Methode der Datenanalyse verwendet wird?" Das heißt, es ist nach der Rolle von Theorie im konkreten Forschungsprojekt zu fragen. Da mag es Projekte geben, die ein bestimmtes soziales Phänomen möglichst genau beschreiben wollen (z. B. „Wie erleben junge Väter die Vätermonate?") und gar nicht auf Theoriebildung abzielen. Andere Projekte gehen theorieorientiert vor und nehmen einen bestimmten theoretischen Ansatz wie die Theory of planned behavior (Kan & Fabrigar, 2017) zum Ausgangspunkt, um beispielsweise die Zusammenhänge von Umwelteinstellungen und -verhalten zu untersuchen. Wieder andere Projekte erforschen ein Thema sehr offen, zielen aber darauf ab, durch ihre Forschung eine Theorie zu generieren. Bei all diesen Projekten kann die qualitative Inhaltsanalyse gewissermaßen unabhängig von der Rolle der Theorie gewinnbringend eingesetzt werden. Im oben skizzierten Ablaufmodell kann die Theorie sowohl als Ausgangspunkt dienen und bereits die Formulierung der Forschungsfragen bestimmen wie auch als Endpunkt einer sehr offenen Vorgehensweise. Also die Zielsetzung kann sowohl die Generierung von Theorie wie auch die Bestätigung von Theorie sein und schließlich können Projekte sich, wie erwähnt, auch bewusst auf Deskription konzentrieren wollen. Mit Absicht sprechen wir hier nicht von „beschränken", denn dies klingt so, als würden solche Projekte einen Mangel aufweisen und gewissermaßen auf halber Strecke stehenbleiben. Die *Nützlichkeit* einer Forschung, z. B. für die Bewältigung sozialer Probleme oder bei transformativen Fragestellungen, hängt aber nicht davon ab, ob Theoriebildung ein zentrales

Projektziel ist. Rust (2019) schlägt vor, Theoriegenerierung als explizite Phase im Ablaufmodell der qualitativen Inhaltsanalyse vorzusehen. Die beschriebenen unterschiedlichen Rollen von Theorie in Forschungsprojekten sprechen aber gegen die Integration einer solchen Phase in das *allgemeine Modell* des Ablaufs der qualitativen Inhaltsanalyse. Bei näherem Hinsehen wird klar, dass sich Rusts auf Erfahrungen in Lehrforschungsprojekten basierender Vorschlag auch nur auf den zweiten Typ von Projekten (offene Vorgehensweise mit dem Ziel der Theoriebildung am Ende) bezieht. Rust weist allerdings auf ein durchaus bedeutsames Problem hin, dass nämlich bei vielen Projekten die Rolle von Theorie bzw. Theoriebildung nicht ausreichend reflektiert wird und vor der Verschriftlichung der Ergebnisse eine Vergegenwärtigung des Forschungsstands und der Literatur erfolgen sollte.

4.2 Fälle und Kategorien als grundlegende Strukturierungsdimensionen

Zentral für die qualitative Inhaltsanalyse ist die Idee der Strukturierung des Materials durch zwei Dimensionen, nämlich *Fälle* und *Kategorien.* Fälle, das sind meistens, wie etwa bei einer Interviewstudie die Forschungsteilnehmenden. Es können aber auch Familien, Institutionen, Organisationen als Analyseeinheiten, als Fälle, einer Studie definiert werden.

Die zweite strukturierende Dimension wird durch die Kategorien gebildet. Sehr häufig handelt es sich dabei um Themen, aber prinzipiell können alle Arten von Kategorien hier auftreten. Diese beiden Dimensionen bilden die Matrix der inhaltlichen Strukturierung, eine Matrix „Fälle mal Kategorien", bei der üblicherweise die Fälle in den Zeilen und die Kategorien in den Spalten angeordnet werden. Im prototypischen Fall, einer Interviewstudie mit thematischer Codierung, befinden sich die Personen in den Zeilen und die Themen in den Spalten, sodass man auch von *Themenmatrix* sprechen kann. Bestehen die Spalten nicht nur aus thematischen Kategorien ist die Bezeichnung *Profilmatrix* treffender.

Diese Strukturierung des Datenmaterials in der Form *Personen mal Kategorien* ähnelt der klassischen Organisation einer Datenmatrix in der quantitativen Forschung (Tab. 4). Dort interessieren aber bei der statistischen Analyse nur Parameter und Koeffizienten, wie etwa Korrelationskoeffizienten oder Chi-Quadrat im Falle der Kreuztabelle, d. h., der ermittelte Zusammenhang von zwei oder mehr Spalten der Tabelle wird in Zahlen, manchmal nur in einer einzigen Zahl, zusammengefasst. Die qualitative Analyse zielt natürlich nicht auf die Ermittlung solch resümierender Zahlenwerte und Signifikanzen, sondern auf die genaue und nachvollziehbare qualitative Analyse und Interpretation dessen, was in einer solchen Matrix enthalten ist. In den einzelnen Zellen der Matrix befinden sich hier anders als in der quantitativen Forschung auch nicht Zahlen, sondern Textstellen, auf die man während der Auswertungsarbeit jederzeit zugreifen kann. So wird es möglich, zu selektieren, zu separieren und zu abstrahieren ohne die Kontextkontrolle aufzugeben.

Tab. 4 Prototypisches Modell inhaltlicher Strukturierung, hier als Themenmatrix für eine Interviewstudie

	Thema A	Thema B	Thema C	
Person 1	Textstellen von Person 1 zu Thema A	Textstellen von Person 1 zu Thema B	Textstellen von Person 1 zu Thema C	→ Fallzusammenfassung Person 1
Person 2	Textstellen von Person 2 zu Thema A	Textstellen von Person 2 zu Thema B	Textstellen von Person 2 zu Thema C	→ Fallzusammenfassung Person 2
Person 3	Textstellen von Person 3 zu Thema A	Textstellen von Person 3 zu Thema B	Textstellen von Person 3 zu Thema C	→ Fallzusammenfassung Person 3
Kategorienbasierte Auswertung zu	↓ Thema A	↓ Thema B	↓ Thema C	

Die Matrix *Fälle mal Kategorien* lässt sich auf zweierlei Weise analysieren:

Nimmt man die horizontale Perspektive ein und blickt in eine einzelne Zeile der Matrix (z. B. in die Zeile mit den Daten der Person 2), so hat man die Äußerungen einer bestimmten Person im Blick. Dies ist die *fallorientierte* Perspektive gegliedert durch die Systematik der Themen. Resultat kann beispielsweise eine Fallzusammenfassung basierend auf allen oder auf ausgewählten Themen sein.

Wird die vertikale Perspektive eingenommen und die Aufmerksamkeit auf eine bestimmte Spalte gerichtet (etwa Thema B), ist der Zugriff *kategorienorientiert,* in diesem Beispiel themenorientiert. Im Blick sind jetzt die Aussagen aller Personen des Sample zu einem bestimmten Thema.

Im einfachsten Fall, wenn lediglich eine Spalte oder Zeile betrachtet wird, haben wir es mit einzelnen Fallzusammenfassungen (Person 1 wird charakterisiert) und Zusammenfassungen einzelner Kategorien (die Äußerungen zu Thema A werden in systematisierter Form beschrieben) zu tun. Es sind aber mit dieser Matrix der inhaltlichen Strukturierung auch weit komplexere Operationen möglich. Mehrere Zeilen können miteinander verglichen werden, d. h. Personen auf ihre Ähnlichkeiten und Differenzen hin untersucht werden. Mehrere Spalten können in Bezug auf ihre Relation zueinander betrachtet werden, beispielsweise inwieweit Äußerungen zu Thema A mit bestimmten Äußerungen zu Thema B einhergehen.

Ferner können die Zeilen und Spalten sowohl horizontal wie vertikal zusammengefasst werden, also die Personen zu Gruppen mit bestimmten Merkmalen und die Kategorien zu allgemeineren, abstrakteren Kategorien. Die in Kapitel 1 beschriebene typenbildende qualitative Inhaltsanalyse ist speziell für die erste Variante, d. h. die Gruppierung von Fällen nach Ähnlichkeit, konzipiert.

4.3 Gemeinsamkeiten und Differenzen der drei Varianten

Alle drei in den Kapiteln 5 bis 7 vorgestellten Varianten arbeiten mit *Kategorien.* Die Inhaltsanalyse, wie sie in den 1940er Jahren als „Content Analysis“ zu einer systematischen Forschungsmethode entwickelt wurde, basiert im Kern auf der Idee, Kategorien zu bilden und das empirische Material entlang dieser Kategorien zu analysieren. Im Laufe der Jahrzehnte hat sich die „Content Analysis“ immer mehr in Richtung einer quantitativen Inhaltsanalyse entwickelt, welche dem qualitativen Aspekt der Textanalyse, dem Text-*Verstehen,* immer geringere Aufmerksamkeit schenkte.

Die hier im Detail dargestellten Methoden basieren auf der gleichen Idee einer kategorienbasierten Auswertung. Die drei Methoden bauen in mancherlei Hinsicht aufeinander auf, allerdings sind sie nicht im Sinne einer hierarchischen Rangfolge zu verstehen. So wird also keineswegs behauptet, dass eine evaluative Analyse besser und höherwertiger als eine inhaltlich strukturierende sei und ebenso ist eine typenbildende Analyse einer evaluativen mitnichten überlegen. Welche Methode als die „bessere“ zu gelten hat, ist jeweils eine Frage der Angemessenheit der Methode für die Beantwortung der konkreten Forschungsfrage. So ist es ja keineswegs immer sinnvoll und für die Forschungsfrage von Gewinn, wenn bei der Auswertung eine Typologie gebildet wird. Zwar heißt es in der Methodenliteratur häufig, dass das Ziel qualitativer Sozialforschung die Herausarbeitung des Typischen ist und dieses Bestreben gewissermaßen das Pendant zur Verallgemeinerung in der auf Repräsentativität angelegten quantitativen Forschung darstellt (Lamnek & Krell, 2016), dennoch: Wer auf dichte Beschreibung des Forschungsgegenstands zielt, wer vielleicht eine Hypothese über den Zusammenhang von Konzepten überprüfen will, für den oder die ist die Bildung von Typen eher fernliegend und keineswegs per se sinnvoll.

Stark explorativ oder beschreibend orientierte Forschungen werden sich vielleicht auf die Analyse von Themen und Argumenten konzentrieren, die Relation von Kategorien untersuchen oder im Stil der Grounded Theory darauf hinarbeiten, Kernkategorien für die im Forschungsfeld festgestellten Phänomene zu erarbeiten (Strauss & Corbin, 1996, S. 100–101). Hier wären sowohl die evaluative Form der Inhaltsanalyse fehl am Platz, weil sie gewissermaßen verfrüht zu Bewertungen drängen würde, als auch typenbildende Verfahren, weil beide Methoden andere Ansätze verfolgen als die kontrastierende Methode der Grounded Theory, die bevorzugt unter der Perspektive des minimalen oder maximalen Kontrastes arbeitet.

In der Literatur zur qualitativen Inhaltsanalyse besteht Einigkeit darüber, dass die strukturierende Inhaltsanalyse *das* inhaltsanalytische Kernverfahren ist (Mayring, 2015; Schreier, 2012, 2014; Steigleder, 2008). Aus diesem Grunde nimmt es in diesem Buch auch den meisten Raum ein. Schreier merkt in einem die verschiedenen Varianten vergleichenden Beitrag (2014) an, dass auch die evaluative und typenbildende Inhaltsanalyse im Kern strukturierende inhaltsanalytische Verfahren sind. Das ist gewiss richtig, dennoch sind die evaluative und typenbildende Analyse in ihrem Ablauf so verschieden, dass uns eine gesonderte Beschreibung angemessen erscheint – und selbstverständlich lassen sich die Verfahren auch kombinieren.

Was ist den drei in den Kapiteln 5 bis 7 vorgestellten Varianten gemeinsam? Sechs zentrale Punkte sind hier zu nennen:

1. Es sind *Auswertungsverfahren,* d. h., sie schreiben nicht eine bestimmte Art der Datenerhebung vor, ja, es ist durchaus denkbar, dass man verschiedene Verfahren – etwa inhaltlich strukturierende und typisierende Inhaltsanalyse – auf das gleiche Datenmaterial anwendet, beispielsweise bei der Sekundäranalyse von bereits vorhandenen qualitativen Daten.[19]
2. Es sind Methoden, die *komprimierend* und *resümierend* arbeiten, die also nicht das Datenmaterial in sequenzanalytischer Vorgehensweise vermehren und dieses in exegetischer Absicht interpretieren, sondern mit der Intention der Zusammenfassung – und auch Reduktion von Komplexität – angewandt werden.
3. Es sind Methoden, die *kategorienbasiert* arbeiten, d. h., im Zentrum des Auswertungsprozesses stehen analytische Kategorien, wobei die Art und Weise der Kategorienbildung unterschiedlich sein kann. Es kann sich sowohl um Kategorien bzw. Themen handeln, die aus der Theorie oder der Forschungsfrage hergeleitet und an das Material herangetragen werden, als auch um Kategorien, die direkt am Material entwickelt werden. Auch Mischformen der Kategorienbildung sind durchaus üblich.

19 Zum Thema Sekundäranalyse qualitativer Daten vgl. Medjedovic und Witzel (2010) sowie Medjedovic (2014). Qualitative Daten für Sekundäranalysen werden von Qualiservice, einem Forschungsdatenzentrum an der Universität Bremen (www.qualiservice.org), sowie vom UK Data Service (discover.ukdataservice.ac.uk/qualibank) bereitgestellt.

4. Es sind *systematische* wissenschaftliche Methoden und keine Kunstlehren, d. h., die Anwendung dieser Verfahren lässt sich präzise beschreiben und beispielsweise von Studierenden erlernen. Es handelt sich nicht um die Kunst der Auslegung, wie sie etwa für die Literaturwissenschaft oder die Kunstgeschichte charakteristisch ist.
5. Die drei Methoden arbeiten *sprachbezogen* und sind zunächst als Methoden zur systematischen Inhaltsanalyse von verbalen Daten konzipiert. Gleichwohl lassen sie sich im Prinzip auch auf Bilder, Filme und andere Produkte menschlicher Kultur und Kommunikation übertragen.
6. Da es sich um systematische, *regelgeleitete* Verfahren handelt, ist es angemessen für alle drei Verfahren *Gütekriterien* zu formulieren. Es lässt sich also angeben, wie eine qualitativ gute von einer weniger guten Inhaltsanalyse unterschieden werden kann.

Für alle drei Methoden gilt, dass die Analyse bereits beginnen kann, bevor alle Daten erhoben sind, d. h., die drei Methoden sind mit unterschiedlichen Sampling-Verfahren kompatibel und lassen sich sowohl mit eher konventionell orientierten Verfahren wie einem Quotensample als auch mit einem Theoretical Sampling, wie es von der Grounded Theory bevorzugt wird, kombinieren. Als systematische Verfahren verlangen die drei Methoden allerdings eine vollständige Codierung des für die Forschungsfragen relevanten Materials, d. h., größere Veränderungen des Kategoriensystems ziehen notwendigerweise einen erneuten Durchgang durch das Material nach sich und sind deshalb ggf. mit erheblichem Aufwand verbunden. Das Postulat, in systematischer Weise das gesamte Datenmaterial einer Studie kategorienbasiert auszuwerten, bewahrt vor voreiligen, nur auf wenige Fälle bezogenen Schlussfolgerungen und schützt die Forschenden vor der „Suggestion des Einzelfalls". Gleichgültig welches inhaltsanalytische Verfahren benutzt wird, ist es empfehlenswert, in einem Forschungstagebuch die einzelnen Schritte des Auswertungsprozesses möglichst genau zu dokumentieren.

Unterschiede zu anderen Ansätzen qualitativer Inhaltsanalyse

Worin unterscheiden sich die von uns in diesem Buch erläuterten Methoden qualitativer Inhaltsanalyse von denen, die von anderen Autorinnen und Autoren vorgeschlagen werden? Was ist anders als bei einer qualitativen Inhaltsanalyse nach Mayring (2015), nach Schreier (2012) oder nach Gläser und Laudel (2010)? Schauen wir zunächst einmal auf die Ähnlichkeiten und das Gemeinsame: Unserer Ansicht nach lassen sich die oben genannten sechs Gemeinsamkeiten der in diesem Buch vorgestellten Methoden auf die anderen Autorinnen und Autoren ausweiten. Demnach ist qualitative Inhaltsanalyse ein Auswertungs- und kein Datenerhebungsverfahren, bei dem komprimierend unter Anwendung von Kategorien vorgegangen wird. Es handelt sich um eine systematische und beschreibbare Methode, die vorwiegend auf verbale Daten angewendet wird und sich explizit Gütekriterien stellt. Statt nun einzelne Ansätze vergleichend gegenüberzustellen und dabei das Risiko einzugehen, diese anders als von den Autorinnen und Autoren intendiert wiederzugeben, erscheint es uns zielführender, an dieser Stelle die Besonderheiten unseres Ansatzes und dessen Aufbereitung in diesem Buch herauszustellen:

- Unsere Form qualitativer Inhaltsanalyse beginnt stets mit einer *Einstiegsphase,* die primär fallbezogen ausgerichtet ist. Der bewusste Einstieg in die Analyse soll unter anderem dazu beitragen, qualitative Inhaltsanalyse nicht nur mit dem Codieren und Kategorisieren von Textsegmenten gleichzusetzen und durch vorschnelles Beginnen des Codierens den Blick auf das Ganze zu verlieren.
- Was die Interpretation von Texten betrifft, orientieren wir uns an *hermeneutischen Prinzipien* als klassischem Zugang zum Verstehen von Texten.
- Vor allem in der Einstiegsphase, aber auch später, können *wortbasierte Analyseverfahren* wie Keyword-in-Context oder Worthäufigkeiten integriert werden.
- Das Vorgehen bei allen drei Varianten ist in Phasen aufgeteilt und *möglichst detailliert und konkret beschrieben.*
- Das Vorgehen berücksichtigt von vornherein die *Unterstützung der Analyse durch QDA-Software.* Dementsprechend gibt es auch ein ausführliches Kapitel zur Computerumsetzung der Verfahren.
- Ein Schwerpunkt der Beschreibungen liegt auf der Phase *„Nach dem Codieren“,* also dem Auswerten der codierten Daten, wofür zahlreiche Verfahren und Möglichkeiten jenseits reiner Kategorienhäufigkeiten vorgestellt werden. In diesem Kontext zeigen wir auch Möglichkeiten für die *Zusammenfassung codierter Segmente* und deren Integration in die weitere Auswertung.
- Eine Häufigkeitsauswertung der Kategorien ist denkbar und in manchen Situationen auch durchaus sinnvoll (bei genügend großer Fallzahl), aber die eigentliche *Analyse erfolgt qualitativ.*
- Trotz Fokussierung auf die forschungsleitenden Fragestellungen und des Postulats methodischer Strenge besteht Raum für *Serendipity* (Merton & Barber, 2004), dem zufälligen Finden von wichtigen Erkenntnissen, die nicht primär im Fokus der Forschung standen, sich aber als bedeutsam für den Untersuchungsgegenstand erweisen.
- Das *fortwährende Schreiben von Memos* zum Festhalten von Arbeitshypothesen, Auswertungsideen und Erkenntnissen ist ein empfohlener Bestandteil des gesamten Analyseprozesses.
- Es wird *keine Vorabdefinition von zu codierenden Segmenten* als erster Schritt der Analyse verlangt. Dies empfehlen wir nur für die Berechnung zufallskorrigierter Koeffizienten der Intercoder-Übereinstimmung.

- Der *konsensuellen und diskursiven Überprüfung der Intercoder-Übereinstimmung* wird Vorrang gegenüber dem bloßen Einsatz von Maßzahlen gegeben.
- *Theorieorientierung ist nicht per se Ausgangspunkt* für die Analyse, analytische Entscheidungen oder für das Selektionskriterium bei induktiver Kategorienbildung, wenngleich der Einbezug von Theorien an vielen Stellen des Analyseprozesses wertvoll sein kann. Theorieorientierung wird auch nicht als primäres Gütekriterium betrachtet, an dem sich eine durchgeführte qualitative Inhaltsanalyse bewerten lässt.
- Es findet *keine Vorabfestlegung des Abstraktionsniveaus von Kategorien* statt, wohl aber wird die Beachtung eines ähnlichen Abstraktionsniveaus als wichtiges Kriterium für die Beurteilung der Güte von Kategoriensystemen angesehen.
- Während des gesamten Analyseprozesses kann der Fokus sowohl auf die Fallebene als auch auf die Kategorienebene gerichtet werden. Der Fall kann bei entsprechendem Erkenntnisinteresse in seiner Gesamtheit einschließlich seiner Mehrperspektivität, seiner Vielschichtigkeit und den möglichen Widersprüchen relevant bleiben und verliert durch die fallübergreifende Codierung einzelner Aspekte nicht zwangsläufig an Bedeutung. Die *Fallorientierung und Kategorienorientierung* können in einer Studie auch miteinander kombiniert werden. Diese „doppelte Perspektive“ von Fall und Kategorien markiert einen wichtigen Unterschied zu Mayrings Konzeption der qualitativen Inhaltsanalyse: Dort spielt die fallorientierte im Vergleich zur kategorienorientierten Perspektive so gut wie keine Rolle, wie das folgende Zitat illustriert:

  > „Die Textauswertung ist damit selektiv auf das Kategoriensystem beschränkt. Textgehalte, die nicht in Kategorien angesprochen werden, ebenso wie ein ganzheitlicher Eindruck des Textes, werden nicht berücksichtigt bzw. müssten mit anderen Textinterpretationsverfahren angegangen werden.“ (Mayring, 2019, Abs. 3)

Die Auflistung ließe sich in Details noch weiterführen, was aber wenig zielführend wäre. Weitere Aspekte haben wir bereits in Kapitel 1.9 angeführt, als wir zentrale Kennzeichen und Schwerpunkte unserer Definition qualitativer Inhaltsanalyse in Abgrenzung zu anderen Definitionen aufgezeigt haben. Weitere Ausführungen zu den Gemeinsamkeiten und Unterschieden verschiedener Ansätze qualitativer Inhaltsanalyse finden sich bei Schreier (2014).

Unterschiede zur Grounded-Theory-Methodologie

In Workshops werden wir häufig auch nach den Unterschieden zur Grounded-Theory-Methodologie gefragt. Dahinter steht in der Regel der Wunsch, für ein geplantes Forschungsprojekt abschätzen zu können, welche Methode sich für die Bearbeitung der Forschungsfragen eignet. Folgende zentrale Unterschiede zwischen qualitativer Inhaltsanalyse und dem Forschungsstil der Grounded Theory scheinen uns in diesem Kontext relevant zu beachten:

- Bei einer Grounded-Theory-Studie besteht das Ziel immer darin, eine neue in den Daten gegründete Theorie (mittlerer Reichweite) zu entwickeln. Dies kann auch ein Ziel bei der Anwendung qualitativer Inhaltsanalyse sein, muss es aber nicht.
- Für die Erreichung des Ziels der Theoriebildung ist es bei einem Grounded-Theory-Projekt nicht nötig, das gesamte Material zu codieren, denn Endpunkt der Analyse ist die Sättigung der generierten Theorie und nicht das Codieren und die kategorienbasierte Analyse des vollständigen Materials. Es ist auch nicht notwendig, das gesamte Material auf die gleiche systematische Art und Weise zu bearbeiten und zu codieren.
- Bei einer Grounded-Theory-Studie sind Änderungen am Kategoriensystem fortlaufend möglich, überhaupt ist die permanente Arbeit an den Codes und Kategorien ein charakteristisches Merkmal.
- Der Grounded-Theory-Ansatz beschreibt nicht nur eine Auswertungsmethode, sondern umfasst auch die Datenerhebung (Stichwort „Theoretical Sampling"). Optimalerweise werden fortlaufend Daten erhoben und ausgewertet, erhoben und ausgewertet, insgesamt ist das Vorgehen sehr prozessorientiert und flexibel. Demgegenüber arbeiten Projekte, die die qualitative Inhaltsanalyse als Analysemethode nutzen, in der Regel mit vorab bestimmten Auswahlplänen. Solche Auswahlpläne ermöglichen es unter anderem, gezielte Vergleiche mit hinreichend großen Gruppen vorzunehmen.
- Aufgrund seiner Zielsetzung sind Grounded-Theory-Ansätze für deskriptive Analysen weniger geeignet, gleiches gilt für den Einsatz in der Evaluation.

Wir wollen an dieser Stelle noch auf ein Missverständnis hinweisen, dem wir in der Praxis schon häufig begegnet sind. Immer wieder wurden uns Projekte als Grounded-Theory-Studien präsentiert, die sich bei genauerem Hinsehen als qualitative Inhaltsanalysen mit induktiver Kategorienbildung entpuppten. Nur weil Kategorien am Material im Stil des offenen Codierens entwickelt werden, begründet dies noch keine Bezeichnung als Grounded-Theory-Studie, wenn noch nicht mal die Absicht besteht, konzeptuell und analytisch auf eine Theorie hinzuarbeiten (Stichwort „Theoretische Sensibilität").

4.4 Quantifizierung in der qualitativen Inhaltsanalyse

Auch wenn bei allen Varianten qualitativer Inhaltsanalyse die eigentliche Analyse primär qualitativer Natur ist, sind auch quantifizierende Auswertungen möglich, denn Zahlen können durchaus auch in der qualitativen Forschung eine Rolle spielen.

> „Yet, as I showed in the last chapter, numbers have a place within qualitative research, assisting, for example, in sensitive attempts to learn lessons in one place that have relevance for actions and understanding in another place. There is a variety of other uses of numbers which can enhance the quality of qualitative research (…)." (Seale, 1999, S. 120)

Als Ergebnis seines sehr instruktiven Überblicks über Nutzen und Verwendung von Zahlen in der qualitativen Forschung formuliert Seale das Prinzip „Zähle das Zählbare" („Count the countable", ebd., S. 121). Zahlen können unterschiedliche Funktionen wahrnehmen, sie können nicht nur einfache Häufigkeiten oder Prozentuierungen darstellen, sondern auch für komplexere statistische Berechnungen, beispielsweise Kreuztabellen mit Chi-Quadrat-Test bis hin zur Clusteranalyse (Grunenberg & Kuckartz, 2010; Kuckartz, 2010, S. 227–246), herangezogen werden. Sie können Argumentationen verdeutlichen, als Indiz für Theorien und als Unterfütterung für Verallgemeinerungen gelten. Seales Parole „Wider den Anekdotismus!" bringt die Bedeutung der Verwendung von Zahlen prägnant zum Ausdruck (Seale, 1999, S. 138).

Welche Aussagekraft Zahlen haben können, sollte aber für jede qualitative Inhaltsanalyse sorgfältig reflektiert werden. Dabei geht es vor allem um die Frage „Bedeutet häufig auch wichtig?". Das Zählbare zu zählen bedeutet immer, dass man zusätzliche Informationen erhält, enthebt einen aber nicht von der Aufgabe über die Bedeutung von Zahlen für die konkrete Studie nachzudenken. Wird beispielsweise in einem Online-Interview mit relativ kurzen Antworten gefragt, was einem persönlich wichtig im Leben ist, so ist es gerechtfertigt, ein von mehr Personen genanntes Thema auch in der Analyse als wichtiger zu bezeichnen als ein weniger häufig genanntes Thema. Wenn also die Kategorie „primäres Netzwerk" bei mehr Personen codiert wurde als „sekundäres Netzwerk", ist es legitim im Forschungsbericht resümierend zu schreiben, dass das primäre Netzwerk den Forschungsteilnehmenden als wichtiger gilt als das sekundäre. Auf individueller Ebene sieht es hingegen anders aus: Wenn jemand bei relativ kurzen Antworttexten häufiger „primäres Netzwerk" erwähnt hat, ist der Schluss auf die Relevanz nur schwer begründbar. Auch sollte man sich davor hüten, aus der kategorienbasierten Häufigkeitsauswertung der Daten Schlüsse auf Fragen zu ziehen, die gar nicht gestellt wurden. Angenommen, bei der Auswertung der Frage nach dem, was einem im Leben wichtig ist, wurde die Kategorie „Sicherheit" mit entsprechenden Subkategorien „Innere Sicherheit im öffentlichen Raum", „Äußere Sicherheit Frieden" etc. gebildet, so kann aus einer im Vergleich zu „Äußere Sicherheit, Frieden" höheren Frequenz von „Innere Sicherheit im öffentlichen Raum" nicht der Schluss gezogen werden, den Forschungsteilnehmenden sei innere Sicherheit wichtiger als äußere Sicherheit. Diese Frage wurde schließlich gar nicht gestellt. Allgemein lässt sich feststellen: Je weiter man sich beispielsweise in einem Leitfadeninterview bei der Auswertung von den gestellten Fragen entfernt, desto weniger Bedeutungskraft besitzen Zahlen. Als zusätzliche Information bleiben sie wichtig, aber die Bedeutung muss im konkreten Fall kritisch reflektiert werden. Je freier das Interview geführt wurde, desto unwichtiger werden Häufigkeiten.

Ein bewusster Umgang mit Quantifizierungen in der qualitativen Inhaltsanalyse setzt voraus, dass reflektiert wird, was eigentlich gezählt werden soll bzw. bei den vorliegenden Daten und der vorgenommenen Codierung überhaupt gezählt werden kann. Diesbezüglich hilft ein Blick hinüber in die quantitativ orientierte Inhaltsanalyse, in der mit dem Begriff der *Analyseeinheit* (Unit of Analysis, auch Recording Unit) gearbeitet wird. Diese Analyseeinheit gibt an, welche Einheiten jeweils bearbeitet und gezählt werden. Bei der Analyse von Zeitungsberichten können unter anderem der ganze Zeitungsbericht, Sinnabschnitte, Absätze, Sätze oder auch das einzelne Wort als Einheit gewählt werden, die dann entsprechend codiert werden müssen. In ein und derselben Studie lassen sich Auswertungen mit verschiedenen Analyseeinheiten durchführen, d. h., die Festlegung von Analyseeinheit und zu codierenden Segmente sollte zwar zu Anfang der Inhaltsanalyse wohl überlegt sein, bei der Auswertung können die Analyseeinheiten jedoch variieren.

Bei einer qualitativen Inhaltsanalyse von Zeitungsberichten lässt sich bei der Auswertung ebenfalls auf den genannten Ebenen ansetzen und ähnlich verhält es sich auch bei Interviews. Wenn codierte Segmente einer Kategorie, also die Kategorienhäufigkeiten, gezählt werden, kann dies pro Interview oder auch pro Gruppe mehrerer Interviews erfolgen, wenn diese Gruppen miteinander verglichen werden sollen. Zu beachten ist allerdings, dass hohe Kategorienhäufigkeiten bei einem Interview nicht zwangsläufig mit einer hohen Bedeutung der Kategorie für diesen Fall einhergehen. Wenn bei einem Interview sehr häufig „Erlernbarkeit des Umgangs mit globalen Problemen" codiert wurde, heißt dies nicht zwangsläufig, dass die Person auch sehr viele unterschiedliche Möglichkeiten des Erlernens beigesteuert hat, sondern sie kann in kurzen Statements auch mehrfach auf den gleichen Vorschlag zurückgekommen sein. *Häufig* heißt also nicht unbedingt *vielfältig* und *relevant*. Deshalb werden als gezählte Analyseeinheit oftmals nicht die codierten Segmente, sondern die Fälle herangezogen. Statt zu fragen „Wie oft wurde eine Kategorie bei einem Fall codiert?", wird gefragt „Wurde eine Kategorie bei einem Fall codiert?" oder auch „Bei wie vielen Fällen wurde die Kategorie vergeben?". Eine Besonderheit ergibt sich bei Fokusgruppen und Gruppeninterviews, denn hier kann als Analyseeinheit entweder das gesamte Interview (oder auch mehrere) oder die einzelne Person gewählt werden, es kommt also gewissermaßen eine weitere Hierarchiestufe hinzu.

Was gilt es bei der Quantifizierung sonst noch zu beachten? Primäres Ziel der Arbeit mit Zahlen muss nicht deren Präsentation im Ergebnisbericht sein. Die Zahlen können auch als Explorationsmittel dienen und einen Einstieg in vertiefende und vor allem überprüfende Analysen bieten. Vorsicht bei der Arbeit mit Prozenten: Die Darstellung von Prozentwerten ist nicht sinnvoll, wenn nur wenige Fälle vorliegen. So ist das Berichten von Fallprozenten bei fünf interviewten Personen als methodischer Fehlschlag zu werten, schließlich ist ein Fall bereits 20 Prozentpunkte wert. In der Regel ergeben Prozentwerte erst ab einer Basis von etwa 20 Fällen Sinn. Vorsicht auch vor vermeintlich erhöhter Generalisierbarkeit: Der Einbezug von Zahlen in die Analyse und die Darstellung ist nicht per se Garant für die Verallgemeinerbarkeit, denn das ist vorrangig eine Frage der Fallauswahl und der Art der getätigten Aussagen (vgl. Kapitel 9.5).

4.5 Einstieg in die Analyse: Initiierende Textarbeit, Memos, Fallzusammenfassungen

Ganz gleich, welche der in diesem Buch vorgestellten Varianten qualitativer Inhaltsanalyse gewählt wird, ist der Einstieg in die Analyse stets derselbe. Bevor man mit der qualitativen Inhaltsanalyse konkret beginnt, ist es erforderlich, sich noch einmal der Ziele und des Kontextes der eigenen empirischen Untersuchung zu vergewissern, sich also Fragen stellt wie: Was genau will ich herausfinden? Für wen oder was haben die Ergebnisse einen Nutzen? Welche Inhalte stehen im Mittelpunkt meines Interesses? Welche Konzepte und Konstrukte spielen dabei eine Rolle? Welche Beziehungen will ich aufzeigen? Welche vorläufigen Vermutungen habe ich über diese Beziehungen? Ebenso ist es hilfreich, das eigene Vorwissen und die Vorannahmen zum untersuchten Gegenstand oder Phänomen zu reflektieren – am besten schriftlich (Kuckartz & Rädiker, 2024, S. 12–14).

Diese Selbstvergewisserung verstößt nicht gegen das Prinzip der Offenheit, das üblicherweise als ein Charakteristikum von qualitativer Forschung genannt wird. Das Postulat der Offenheit bezieht sich zuallererst auf den Prozess der Datenerhebung: Die Forschungsteilnehmenden sollen die Gelegenheit haben, ihre eigene Sichtweise zu äußern, ihre Sprache anstelle von vorgegebenen Antwortkategorien zu benutzen und ihre Motive und Gründe zu äußern. Auf Seiten der Forschenden wäre eine Offenheit im Sinne des Prinzips „ohne jegliche Forschungsfrage und ohne Konzept an das Projekt herangehen“ nicht nur bloße

Fiktion (denn wir operieren immer auf der Basis von Vorwissen und Vorurteilen und einem jeglicher Beobachtung vorgelagerten Weltwissen), sie wäre auch ignorant gegenüber der Scientific Community, in der man sich bewegt. Schließlich gibt es dort in den meisten Fällen schon eine langjährige Tradition der Beschäftigung mit dem Forschungsgegenstand. Offenheit ist aber auf Seiten der Forschenden sehr wohl erforderlich im Hinblick auf die Offenheit gegenüber anderen Sichtweisen und Deutungen sowie als Offenheit im Sinne von Reflexion des eigenen Vorwissens und der vorhandenen „Vor-Urteile".

4.5.1 Initiierende Textarbeit

Die erste Phase der Auswertung von qualitativen Daten sollte stets hermeneutisch-interpretativ ablaufen: Es gilt, den Text sorgfältig zu lesen und den subjektiven Sinn zu verstehen versuchen. Für die systematische Datenexploration unter Berücksichtigung hermeneutischer Prinzipien ist es hilfreich, sich zunächst den Entstehungskontext der Daten zu vergegenwärtigen. Bei einer Interviewstudie kann man sich etwa folgende Fragen stellen: Welche Informationen haben Interviewte vorab erhalten? In welchen Settings haben die Interviews stattgefunden? Welche Erwartungen haben die Forschungsteilnehmenden möglicherweise mit der Befragung verbunden? Beim Einstieg in die Analyse kann auch auf die Rohdaten in Form der Audio- oder Videoaufzeichnung zurückgegriffen werden. Diese erste Phase einer qualitativen Inhaltsanalyse wird hier als *initiierende Textarbeit* bezeichnet, wobei unter Textarbeit – durchaus im literaturwissenschaftlichen Sinn – die intensive Befassung mit den Inhalten und den sprachlichen Merkmalen eines Textes verstanden wird: Der Text sollte beginnend mit der ersten Zeile sequenziell und vollständig durchgelesen werden. Ziel ist es, zunächst ein erstes Gesamtverständnis für den jeweiligen Text auf der Basis der Forschungsfrage(n) zu entwickeln. Dabei ist es hilfreich, die Forschungsfragen gewissermaßen neben dem Interview liegen zu haben und zu versuchen, sie zu beantworten. Bei einer Studie über die individuelle Wahrnehmung des Klimawandels können wir uns bei der Lektüre eines Interviews beispielsweise Klarheit zu folgenden Punkten verschaffen:

- Was weiß die interviewte Person eigentlich über den Klimawandel?
- In welche Relation setzt sie sich selbst dazu?
- Wie sieht ihr persönliches Handeln aus?
- Hat sie Ansprüche an sich selbst?
- Kommuniziert sie mit Freunden und Bekannten über dieses Thema?

Auch eine formale Betrachtung des Textes kann sinnvoll sein: Wie lang ist der Text? Welche Worte (auch auffällige Worte) werden verwendet? Welche Sprache wird benutzt? Wird häufig in der dritten Person geredet? Wie lang und kompliziert sind die Sätze? Welche Metaphern werden verwendet?

Was bedeutet es konkret, einen Text systematisch zu lesen und durchzuarbeiten? Lesen ist eine Alltagstechnik, die wir alle beherrschen und für die wir im wissenschaftlichen Bereich individuell recht unterschiedliche Techniken entwickelt haben. Die einen arbeiten mit einem oder mehreren, farblich unterschiedlichen Markierstiften, die anderen schreiben etwas an den Rand, benutzen dabei selbst entwickelte Kürzel und wieder andere machen sich vielleicht Notizen auf einem gesonderten Blatt, einer Karteikarte oder in einem Forschungstagebuch. Es ließe sich eine ziemlich umfangreiche Liste solcher individuellen, langzeiterprobten Techniken erstellen, die einen wichtigen Platz im Analyseverlauf besitzen; diese sollen hier auch gar nicht als ungeeignet klassifiziert werden. Aus Gründen der Vergleichbarkeit, der Nachvollziehbarkeit und der methodischen Kontrolle sollte allerdings bei einer wissenschaftlichen Inhaltsanalyse ein festgelegtes Procedere eingehalten werden, das die unten näher erläuterten Schritte beinhaltet. Darüber hinaus mag man durchaus an seinen bewährten Techniken (etwa Benutzen von Markierstiften etc.) festhalten.

Solche Texterschließungstechniken lassen sich häufig auch mit QDA-Software problemlos umsetzen (vgl. Kapitel 8). Neben elektronischen Textmarkern stehen dort auch wortbasierte Analysemöglichkeiten zur Verfügung, welche die initiierende Textarbeit sinnvoll unterstützen und die ohne Software kaum realisierbar sind. Mit QDA-Software können häufig verwendete Wörter und Wortkombinationen identifiziert werden und mit einer Keyword-in-Context-Darstellung lässt sich die Frage beantworten, innerhalb welcher Formulierungen ausgewählte Begriffe verwendet werden. Ergebnisse solcher Analysen können erste Antworten auf die Forschungsfragen liefern oder wertvolle Anregungen für das weitere Vorgehen bei der Analyse liefern. Wer beispielsweise die ersten 50 Transkripte des mehrfach ausgezeichneten NDR-Corona-Podcasts mit Prof. Dr. Christian Drosten einer wortbasierten Exploration unterzieht, wird auf die beiden Wörter „natürlich“ und „vermutlich“ aufmerksam werden. Beide kommen ca. 650-mal vor und zählen damit zu den Top 15 der häufigsten Wörter, wenn man bestimmte und unbestimmte Artikel sowie andere typische „Stoppwörter“ ausschließt. In welchen Kontexten werden diese beiden Wörter gebraucht? Inwieweit drücken sie einen Grad von Gewissheit der getroffenen Aussagen aus? Beziehen sie sich auf bestimmte Themen? Werden sie eher von der Interviewerin oder von dem Interviewten gebraucht? Sofern leicht realisierbar, können diese Fragen direkt beantwortet und die Ergebnisse dazu festgehalten werden. Unabhängig davon lässt sich für die weitere Inhaltsanalyse notieren, dass als analytische Perspektive der Grad an Gewissheit, mit dem Aussagen im Podcast getroffen werden, berücksichtigt werden sollte. Möglicherweise können hierfür später entsprechende (evaluative) Kategorien gebildet werden.

Wortbasierte Verfahren können sich wie im Beispiel auf mehrere Fälle beziehen oder auf einzelne Texte angewandt werden. Die initiierende Textarbeit ist zwar vorrangig auf den Einzelfall gerichtet, die Perspektive auf das Gesamtmaterial bleibt jedoch stets von Bedeutung, insbesondere um den Einzelfall im Gesamtkontext einschätzen und verorten zu können und gezielt Texte für eine Exploration auszuwählen, etwa einen Text, in dem sehr häufig das Wort „vielleicht" vorkommt.

Grundsätzlich besteht der Anspruch, möglichst viel Datenmaterial beim Einstieg in die Analyse zu berücksichtigen, um sich ein umfassendes Bild zu verschaffen und die qualitative Inhaltsanalyse auf ein solides Fundament zu stellen. Bei großen Datenmengen kann eine begründete Auswahl getroffen werden. In der Regel bietet sich hierfür eine quotierte Auswahl an, indem von jeder untersuchten Gruppe Fälle gewählt werden, auch eine Zufallsauswahl oder eine Selektion anhand relevanter Merkmale wie der Komplexität und sprachlicher Besonderheiten von Fällen ist denkbar. Bei unserem Beispiel der Corona-Podcasts spielt auch der Zeitpunkt der Ausstrahlung eine Rolle und es wäre sinnvoll, sowohl Podcasts vom Beginn der Pandemie als auch zu mehreren späteren Zeitpunkten auszuwählen. In jedem Fall sollte die Selektion so erfolgen, dass durch eine maximale Variation eine möglichst große Bandbreite der Daten erreicht wird.

Die qualitative Forschung kennt generell keine so strikte Trennung zwischen der Phase der Datenerhebung und der Datenauswertung wie dies im klassischen Modell quantitativer Forschung der Fall ist. Das gilt auch für die qualitative Inhaltsanalyse. Anders als bei der statistischen Analyse standardisierter Daten muss nicht mit der Datenauswertung gewartet werden, bis die Datenerhebung vollständig abgeschlossen ist. Es spricht in den meisten Fällen nichts dagegen, mit der ersten Auswertung von erhobenen Daten parallel zu den weiterlaufenden Erhebungen zu beginnen. Auch dann, wenn man sich nicht am Forschungsstil der Grounded Theory orientiert, wo explizit Erhebung und Analyse verschränkt werden, ist es durchaus förderlich, wenn die inhaltsanalytische Arbeit nicht erst nach Abschluss aller Erhebungen beginnt. Das heißt, das erste Interview kann bereits gelesen und durchgearbeitet werden, sobald es transkribiert vorliegt.

Fassen wir noch einmal zusammen:

Initiierende Textarbeit bedeutet,

- die Reihenfolge für die Bearbeitung der Texte festlegen und ggf. eine Selektion vornehmen,
- mit den Forschungsfragen an den jeweiligen Text herangehen,
- den Text intensiv lesen,
- zentrale Begriffe markieren,

- wichtige Abschnitte kennzeichnen und notieren,
- unverständliche Passagen und schwierige Stellen kennzeichnen,
- Argumente und Argumentationslinien analysieren,
- die formale Struktur (Länge etc.) betrachten,
- die inhaltliche Struktur, d. h., Abschnitte, Brüche etc. identifizieren,
- die Aufmerksamkeit auf den Ablauf richten,
- häufig benutzte Wörter und Formulierungen untersuchen und Wörter in ihrem Kontext betrachten.

Die vorstehende Aufzählung ist nicht so zu verstehen, dass in jeder Studie alle Explorationstechniken angewendet werden müssen. Während es bei einer Analyse von Parteiprogrammen sehr relevant sein kann, wie lang die Abschnitte zum Thema Steuern sind, kann die Länge von Passagen bei Interviews deutlich weniger bedeutend sein. Auf jeden Fall empfiehlt sich, die Liste der Möglichkeiten systematisch durchzugehen und zu überlegen, was in einem eigenen Projekt mit welcher Zielsetzung und welchem Erkenntnisgewinn eingesetzt wird und aus welchen Gründen auf andere Explorationstechniken verzichtet wird.

Nach Abschluss der initiierenden Textarbeit ist man mit dem Datenmaterial und vor allem mit den einzelnen Fällen vertraut. Darüber hinaus können die Ergebnisse dieses Schritts sehr vielfältig sein. Initiierende Textarbeit kann wertvolle Erkenntnisse für die Gestaltung des Kategoriensystems, Hinweise auf die Relevanz von Themen und Aspekten sowie Ideen für die weitere Analyse liefern. Ferner wird die Aufmerksamkeit auf wichtige Begriffe, Metaphern und Formulierungen gelenkt und es werden relevante, möglicherweise besonders auffällige Textstellen identifiziert. Auch herausstechende Fälle lassen sich erkennen, etwa solche, in denen Interviewte Extremmeinungen vertreten. Insgesamt findet durch die initiierende Textarbeit eine Annäherung der Forschungsfragen an die Daten statt und es ergeben sich Hinweise, wie an das Datenmaterial heranzugehen ist, um die Forschungsfragen zu beantworten. Nicht zuletzt kann die initiierende Textarbeit auch Überraschungen und Zufallsfunde hervorbringen.

4.5.2 Schreiben von Memos

Ob man den Text direkt am Bildschirm oder anhand eines Ausdrucks durcharbeitet, ist eine Angelegenheit des persönlichen Arbeitsstils. Viele ziehen es vor, die erste Auseinandersetzung mit einer gedruckten Version des Textes vorzunehmen, dort Bemerkungen an den Rand zu schreiben und Textpassagen, die besonders wichtig erscheinen, mit einem Textmarker hervorzuheben.

Wenn man diese Variante wählt, sollte man dies allerdings anhand eines Ausdrucks mit Paragraphennummern oder Zeilennummerierung tun. Nach Durcharbeiten des Textes lassen sich die vorgenommenen Markierungen und Anmerkungen dann leichter in die elektronische Fassung übertragen. Bei der Arbeit am Bildschirm geschieht das Markieren von wichtigen oder besonders auffälligen Textstellen am besten mittels elektronischen Codierstiftes, d. h., der betreffende Textabschnitt wird mit einem elektronischen Highlighter markiert.

Empfehlenswert ist es, alle Auffälligkeiten in den Texten und Ideen, die bei der initiierenden Textarbeit auftauchen, in Form von Memos festzuhalten.

Unter einem Memo versteht man die von den Forschenden während des Analyseprozesses festgehaltenen Gedanken, Ideen, Vermutungen und Hypothesen. Es kann sich bei Memos sowohl um kurze Notizen handeln (ähnlich wie Post-Its, die man an eine Buchseite heftet) als auch um reflektierte inhaltliche Vermerke, die wichtige Bausteine auf dem Weg zum Forschungsbericht darstellen können. Das Schreiben von Memos sollte integraler Bestandteil des gesamten Forschungsprozesses sein.

Beim Verfassen von Memos ist es hilfreich sich darüber bewusst zu sein, welche Art von Inhalten jeweils notiert werden. So lässt sich zwischen Deskription, Interpretation und Notizen für den Analyseprozess unterscheiden. Deskription meint vorrangig die beschreibende Zusammenfassung von Daten, während Interpretation darüber hinausgeht und die Deutung der Daten durch die Forschenden umfasst (z. B. „Ursache könnte sein"). Notizen für den weiteren Analyseprozess sind eher organisatorischer Natur und können Entscheidungen und ausstehende Aufgaben umfassen (z. B. „In anderen Fällen auch überprüfen!"). Um die verschiedenen Arten von Inhalten in einem Memo zu unterscheiden, kann es nützlich sein, diese unterschiedlich zu formatieren, beispielsweise Notizen für den Prozess in ausgewählter Schriftfarbe hervorzuheben.

Vor allem die Grounded Theory hat sich intensiv mit der Bedeutung von Memos im Forschungsprozess beschäftigt (Charmaz, 2014; Strauss & Corbin, 1996, S. 169–192) und verschiedene Typen von Memos unterschieden. Im Rahmen der qualitativen Inhaltsanalyse spielen Memos zwar nicht eine solch wichtige Rolle wie in der Grounded Theory, doch sind Memos auch hier durchaus hilfreiche Arbeitsmittel, die sinnvollerweise ähnlich wie bei der Grounded Theory während des gesamten Analyseprozesses eingesetzt werden.

4.5.3 Fallzusammenfassungen

Nach dem ersten Durcharbeiten eines Textes ist es ferner sehr hilfreich, eine erste Fallzusammenfassung („Case Summary") zu schreiben. Dabei handelt es sich um eine systematisch ordnende, zusammenfassende Darstellung der Charakteristika dieses Einzelfalls. Es wird also eine resümierende Fallbeschreibung geschrieben, jedoch nicht als eine allgemein beschreibende Zusammenfassung, sondern gezielt aus der Perspektive der Forschungsfrage(n). Ein Case Summary soll auf dem Hintergrund der Forschungsfragen zentrale Charakterisierungen des jeweiligen Einzelfalls festhalten. Anders als bei Memos geht es nicht um die eigenen Ideen und eventuelle Hypothesen, die man anlässlich der Textarbeit mit diesem speziellen Fall entwickelt hat, sondern um eine faktenorientierte, eng am Text arbeitende Komprimierung.

In unserer unten näher beschriebenen Studie über die individuelle Wahrnehmung des Klimawandels waren es die bereits oben dargestellten Fragen, die das Schreiben der Fallzusammenfassung anleiten sollten, also: Was weiß die interviewte Person über den Klimawandel? In welche Relation setzt sie sich selbst dazu? Wie sieht ihr persönliches Handeln aus? Hat sie Ansprüche an sich selbst? Kommuniziert sie mit Freunden und Bekannten über dieses Thema? Darüber hinaus sollten die Fallzusammenfassungen Antworten auf die beiden folgenden Fragen geben, die bereits vergleichende Aspekte einbezogen: Wie kann man die Person charakterisieren? Was macht das Besondere an dieser Person und ihrer Haltung aus?

Case Summarys sind strikt am Gesagten orientiert, hier wird keine Geschichte tiefenhermeneutisch ausgedeutet, sondern man hält sich an das, was die Forschungsteilnehmenden gesagt haben und vermeidet weitergehende Interpretationen. Soweit Vermutungen geäußert werden – die zwar plausibel sein mögen – aber durch den Text nicht eindeutig belegt werden können, werden diese kenntlich gemacht.

Wie sieht konkret ein Case Summary aus und welchen Umfang sollte es haben? Bei relativ kurzen Texten empfiehlt sich eine stichwortartige Darstellung. Im Fall von Interviews ist es zudem üblich, jeder Fallzusammenfassung als Überschrift eine Art Motto bzw. eine treffende Kurzbezeichnung voranzustellen. In einem qualitativen Evaluationsprojekt, in dem Teilnehmerinnen und Teilnehmer einer universitären Statistiklehrveranstaltung mit Hilfe von Leitfadeninterviews nach ihrem individuellen Lernverhalten und ihren Erfahrungen mit den verschiedenen Teilen der Lehrveranstaltung gefragt wurden, wurden die Fallzusammenfassungen stichwortartig angefertigt. Hier zwei Beispiele aus Kuckartz et al. (2008, S. 34–35).

Abb. 12 Stichwortartige Fallzusammenfassung für Interview B1

Interview B1: Die positiv Eingestellte ohne Ambitionen
– Empfindet das Tutorium nur ab der Mitte des Semesters interessant.
– Die Übungen und das Tutorium sind am besten, aber am Schluss zu voll.
– Das Tutorium als Ersatz für die eigene Vor- und Nachbereitung.
– Empfindet die Grundstruktur der Vorlesung gut. Daraus resultiert ein guter Lerneffekt.
– Sie hat keine eigene Arbeitsgruppe (eher mit Freundin).
– Wunsch nach kleinerer Arbeitsgruppe.
– Hat nichts zusätzlich gelesen, findet aber selbst gemachte Notizen gut.
– Die Probeklausur war gut und Bestehen genügt ihr.

Abb. 13 Stichwortartige Fallzusammenfassung für Interview B2

Interview B2: Die ökonomische Selbstlernerin
– Ist selten zur Vorlesung und mehr in das Tutorium gegangen.
– Mochte schon immer Mathe und jetzt auch Statistik.
– Kann sich zuhause besser konzentrieren und ist daher nicht in die Vorlesung gegangen.
– Vorlesung hat nichts gebracht, weil sie nichts verstanden hat.
– Internet mit Übungen und Lösungen sind Lernquelle.
– Hat den Bortz gekauft und durchgearbeitet.
– Das Tutorium empfindet sie als sehr gut.
– Sie hat eine andere Vorstellung von Statistik gehabt, praktischer.
– Ihre Lernweise ändert sich in der Mitte fundamental.
– Sie schlägt mehr Zeit für Übungen und mehr Inhalte zum selbst mitschreiben vor.
– Fühlt sich gut vorbereitet auf die Klausur.

Fallzusammenfassungen können aber auch durchaus ausformuliert werden und aus einem ausführlichen Fließtext bestehen. Das Voranstellen eines Mottos kann nicht nur bei individuellen Interviews, sondern auch bei qualitativen Studien mit Gruppen und Organisationen Sinn machen. Ein Motto kann einen bestimmten Aspekt der Forschungsfrage fokussieren, auf einer Aussage aus dem jeweiligen Text basieren oder sogar ein Zitat darstellen oder Resultat der kreativen Formulierung der Forschenden sein. Man sollte sich aber darüber im Klaren sein, dass es sich immer um akzentuierte Charakterisierungen mit einem mehr oder weniger hohen interpretativen Anteil handelt. Also: Ein Motto kann nützlich sei, ist aber nicht zwingend notwendig.

Die Fallzusammenfassung in Abb. 14 ist mit einer prägnanten Charakterisierung überschrieben. Sie stammt aus einer Studie über die Absolventinnen

Abb. 14 Ausformulierte Fallzusammenfassung für Interview B3

B3 „Masterstudierende mit dem Ziel sozialpädagogischer Beratungstätigkeit"

Studienmotivation: B3 interessiert sich seit Klasse 11 für Beratung. Sie wollte bewusst nicht Psychologie studieren, sondern nach der „Ausbildung" Kinder und Jugendtherapeutin werden. Interessant ist, dass ihr Psychologie als Nebenfach attraktiv, nicht aber als Hauptfach attraktiv schien. Lernerwartung im BA: Sie wollte pädagogische und psychologische Grundlagen lernen.

Berufsbezeichnung/gefühlte Profession: B3 gibt als Berufsbezeichnung „Pädagogin, keine Lehrämtlerin" an. Eigentlich fühlt sie sich als noch nicht ganz fertige Erziehungswissenschaftlerin, aber Dritten gegenüber sei es „einfacher", ihren Beruf mit Sozialpädagogin zu „umschreiben".

Kompetenzen: Sie gibt an, beraterische, sozialpädagogische und psychologische Kompetenzen sowie Rhetorik-, Gesprächsführungs- und Forschungskompetenzen im Studium erworben zu haben.

Berufsqualifikation: Sie kann sich vorstellen, jetzt in den Beruf einzusteigen. Allerdings brauche es Zeit, um pädagogische Grundkompetenzen zu entwickeln. Das bisherige Studium sieht sie als Einstieg an.

Weiteres Studium: Sie studiert MA Erziehungs- und Bildungswissenschaft in Marburg und hatte dies bereits vor ihrem BA-Studium geplant. Gründe waren: a) es ist einfacher weiter zu studieren b) Verbesserung der Qualifikation c) bessere Chancen auf dem Arbeitsmarkt im Vergleich zu Diplom-Pädagogen. Pro Marburg sprach, dass sie sich hier wohl fühlt, einen Freund und Freundschaften hat sowie die Strukturen und Professoren kennt, sodass sie inhaltlich mehr mitnehmen kann. Im MA will sie den bisherigen Stoff vertiefen und ergänzen. Sie versteht den BA als Zwischenprüfung und nicht als wirklichen Abschluss.

Berufsziel: Sie möchte eine Beratungstätigkeit ausüben; den ursprünglichen Wunsch, Kinder- und Jugendtherapeutin zu werden, hat sie beiseitegelegt.

Praxiserfahrungen: Direkt vor dem BA neun Monate in einem Wohnheim für Menschen mit Behinderung, Pfadfindergruppenleiterin. Keine der Praxistätigkeiten hatte direkten Einfluss auf die Studienwahl. Während des BA hat sie weiterhin im Wohnheim gearbeitet und zwei Praktika in Beratungsstellen absolviert.

Verständnis von Praxisbezug: Unter Praxisbezug versteht B3 das Praktikum an sich sowie Praxisbeispiele in Seminaren. Hätte sich mehr „Grundwerkzeug" gewünscht, „eher so Sachen, die man in der Erzieherausbildung lernt", zumindest „einen Hauch davon".

Mehrwert des universitären BA: Das Uni-Studium ist eher auf einer höheren Ebene und individualitätsfördernd.

Bewertung und Abschlussfrage: Sehr gut mit 13 Punkten, als kleine Kritikpunkte benennt sie noch einmal den zu geringen Praxisbezug, die Bibliothek sowie dass die Benotung vor allem durch Hausarbeiten erfolgt. Sie plädiert dafür, den MA auch im Sommersemester beginnen zu können, um mehr Zeit für den BA zu haben.

und Absolventen der beiden ersten Jahrgänge des Marburger BA-Studiengangs „Erziehungs- und Bildungswissenschaft". Sie stellt ein Beispiel für ein ausführlicheres, ausformuliertes Case Summary dar. Dieses ist entlang der Struktur und Fragen des Leitfadens verfasst, welche farbig hervorgehoben den jeweiligen Absätzen vorangestellt sind.

Generell ist es empfehlenswert für Interviewstudien Fallzusammenfassungen zu erstellen, wobei in Studien mit größeren Fallzahlen eine begründete Selektion vorgenommen werden sollte. Durch die Erstellung von Zusammenfassungen erhält man einen Überblick über das Spektrum der in die Forschung einbezogenen Fälle, der gerade bei Studien mit größeren Fallzahlen von großem Wert ist. Nach dem Kriterium des maximalen und minimalen Kontrasts kann man Fälle, die einander besonders ähnlich bzw. besonders unähnlich sind, miteinander vergleichen.

Wie lässt sich bei anderen Datenarten als Interviews mit den Fallzusammenfassungen verfahren? Dies ist hochgradig von den Charakteristika des Materials abhängig und der Antwort auf die Frage, was jeweils als Fall aufzufassen ist. Untersuche ich die Rolle des Vaters in Bilderbüchern, ist der Fall das einzelne Bilderbuch und die Erstellung von Fallzusammenfassungen ist sicherlich sinnvoll. Bei Fokusgruppen gibt es zwei mögliche Definitionen von Fällen: entweder die jeweilige Fokusgruppe als Ganzes oder die einzelnen Teilnehmenden. Je wichtiger eine Differenzierung nach einzelnen Teilnehmenden oder Gruppen von Teilnehmenden für die Analyse ist, desto sinnvoller ist es, Fallzusammenfassungen für einzelne Personen zu schreiben. Wenn eine Differenzierung nicht angedacht ist, sind Fallzusammenfassungen für die jeweilige Fokusgruppe zielführender. Bei Surveys mit offenen Fragen, bei denen meist kurze Antworten von sehr vielen Personen vorliegen, sind Fallzusammenfassungen hingegen nicht sinnvoll, da die Zusammenfassungen der kurzen Antworten keinen analytischen Gewinn bringen würden. Ähnliches gilt für Kurzfassungen von Parteiprogrammen, da diese bereits mit dem Ziel verfasst wurden, hoch komprimierte und thematisch strukturierte Aussagen zu liefern.

Fallzusammenfassungen haben im Forschungsprozess eine fünffache Bedeutung:

- *Erstens* dienen sie in größeren Forscherteams, in denen nicht jedes Teammitglied alle Texte systematisch durcharbeiten kann, dazu, einen Überblick über die Fälle zu gewinnen (Team-Aspekt).
- *Zweitens* stellen sie als Summarys einen guten Ausgangspunkt dar, um tabellarische Fallübersichten für mehrere Fälle zu erstellen (komparativer Aspekt),
- *Drittens* helfen sie den analytischen Blick für die Unterschiedlichkeit der einzelnen Fälle zu schärfen (Aspekt der analytischen Differenzierung),

- *Viertens* können Sie hypothesen- und kategoriengenerierend sein (Aspekt der Inspiration).
- *Fünftens* stellen sie ein erstes Ergebnis eines fallorientierten Zugangs zu den Daten dar und können im Ergebnisteil, ggf. in einer durch die spätere Analyse erweiterten Form, den Lesenden einen guten Eindruck über den jeweiligen Fall vermitteln (Aspekt der Transparenz und Präsentation).

5 Die inhaltlich strukturierende qualitative Inhaltsanalyse

In diesem Kapitel erfahren Sie etwas über
- das Ablaufmodell der inhaltlich strukturierenden Inhaltsanalyse,
- die verschiedenen Phasen dieses Verfahrens,
- den ersten Codierprozess entlang der Hauptkategorien,
- den zweiten Codierprozess mit der induktiven Bestimmung von Subkategorien am Material,
- verschiedene Formen der Analyse der codierten Daten,
- fallbezogene thematische Zusammenfassungen und
- die Möglichkeiten zur Ergebnisaufbereitung und Ergebnispräsentation.

5.1 Charakterisierung

Inhaltlich strukturierende qualitative Inhaltsanalysen haben sich in zahlreichen Forschungsprojekten bewährt und sind in der Methodenliteratur in verschiedenen Varianten beschrieben worden, beispielsweise als ausführliches „Beispiel für eine inhaltlich-reduktive Auswertung“ in Lamnek (1993, S. 110–124). In Bezug auf die Entwicklung der Kategorien, mit denen in der inhaltlich strukturierenden Inhaltsanalyse gearbeitet wird, lässt sich ein weites Spektrum konstatieren, das von der vollständig induktiven Kategorienbildung am Material bis hin zur weitgehend deduktiven Bildung von Kategorien reicht.

Die beiden Pole der Bildung von Kategorien – vollständig induktiv bzw. vollständig deduktiv – sind in Forschungsprojekten allerdings in ihrer reinen Form nur selten anzutreffen. In den meisten Fällen kommt ein mehrstufiges Verfahren der Kategorienbildung und Codierung zur Anwendung: In der ersten Codierphase wird eher grob entlang von Hauptkategorien codiert, die beispielsweise aus dem bei der Datenerhebung eingesetzten Leitfaden stammen. Die Anzahl der Kategorien in dieser ersten Phase ist meist relativ klein und überschaubar – d.h. nicht größer als etwa 10 bis maximal 20 Hauptkategorien. In der nächsten Codierphase werden die Kategorien am Material weiterentwickelt und ausdifferenziert und das mit den Hauptkategorien codierte Datenmaterial wird mit den neu entwickelten Kategorien codiert. Im Anschluss werden die codierten Daten kategorienbasiert und ggf. fallorientiert ausgewertet und die Ergebnisse für den zu schreibenden Forschungsbericht aufbereitet. Die ausdifferenzierten Kategorien geben dabei bereits eine mehr oder weniger feste

Struktur für den Forschungsbericht vor. Durch Vergleichen und Kontrastieren von interessierenden Gruppen – häufig nach soziodemographischen Merkmalen differenziert – gewinnt die kategorienbasierte Auswertung und Darstellung an Differenziertheit, Komplexität und Erklärungskraft.

Prinzipiell lässt sich das Ablaufmodell für die inhaltlich strukturierende Analyse nicht nur auf leitfadenorientierte, problemzentrierte und fokussierte Interviews, sondern auf viele Datenarten anwenden, etwa auf Gruppendiskussionen oder andere Formen des Interviews, wie das episodische oder das narrative Interview (Flick, 2007, S. 268–278). Es müssen dann aber jeweils noch Modifikationen vorgenommen werden, beispielsweise sind beim narrativen Interview für die Auswertung vornehmlich solche Interviewpassagen von Interesse, die tatsächlich Erzählungen beinhalten, d. h., die Analyse konzentriert sich hier konsequenterweise auf solches narratives Material. Die inhaltliche strukturierende Analyse kommt auch häufig bei der Analyse von Medienartikeln und Dokumenten zum Einsatz, etwa bei Zeitungsartikeln, Parteiprogrammen, Imagebroschüren, Ausbildungsverordnungen, Schul- und Kinderbüchern. Das im Folgenden vorgestellte Vorgehen lässt sich problemlos auf solche Datenarten übertragen, es gilt nur auch hier zu bedenken, dass nicht immer alle Teile eines Werkes in die Analyse einbezogen werden, wenngleich im hermeneutischen Sinne das Werk in seiner Gesamtheit berücksichtigt wird.

5.2 Die Beispieldaten

In den folgenden Kapiteln greifen wir in den Beispielen immer wieder auf eigene Daten zurück, die im Rahmen des Forschungsprojekts „Individuelle Wahrnehmung des Klimawandels – Die Diskrepanz zwischen Wissen und Handeln (‚Klimabewusstsein‘)“ erhoben wurden.[20] Die zentrale Forschungsfrage dieser Studie lautete: „Inwieweit sind fundamentale Einschätzungen in Form von Weltbildern, Bildern der anderen Gesellschaftsmitglieder und der eigenen Verortung in der „Weltgesellschaft“ Ursachen für die Diskrepanz von Wissen und Handeln in Sachen Klimaschutz?“

Die Stichprobe bestand aus n = 30 Personen, wobei zwei Altersgruppen einbezogen wurden: 15–25 Jahre („Netzwerkkinder“) und 46–65 Jahre („Baby Boomer“). Die Studie umfasste zwei Teile: erstens eine qualitative, offene Befragung in Form eines Interviews und zweitens ein standardisierter Fragebogen zur Erhebung von sozial-statistischen Merkmale sowie allgemeinen Einschätzungen des Klimawandels mit Hilfe von Skalen. Begonnen wurde jeweils mit

20 Das Projekt wurde mit Studierenden im Rahmen des Seminars „Umweltbildung und Umweltkommunikation“ im WS 2008/2009 an der Philipps-Universität Marburg durchgeführt.

dem offenen problemzentrierten Interview. Dieses wurde mit Hilfe des folgenden Leitfadens geführt:

Abb. 15 Auszug aus dem Leitfaden der Beispielstudie

Für Interviewende: Thema „Weltbilder“
Was sind aus deiner Sicht die größten Probleme der Welt im 21. Jahrhundert? Wie kann mit diesen Problemen umgegangen werden? Sind sie prinzipiell überhaupt beeinflussbar? Von wem? Wenn du an den Klimawandel und die notwendigen CO_2-Reduktionen denkst/denken: Kann eine Veränderung der Konsumgewohnheiten in den entwickelten Ländern hierzu einen positiven Beitrag leisten?
Für Interviewende: Thema „Bilder der Anderen“
Oft wird von der Diskrepanz zwischen Einstellung und Verhalten geredet. Leute reden so und handeln aber anders. Was denkst du, was die Ursachen dafür sind?
Für Interviewende: Thema „Bilder von sich selbst“
Wie bringst du dich selbst in Zusammenhang mit globaler Entwicklung? Durch welche Verhaltensweise glaubst du, Einfluss nehmen zu können? Und wie verhältst du dich tatsächlich? Möchtest du gerne mehr tun? Spürst du Verantwortung, dich mit den Problemen des 21. Jahrhunderts auseinanderzusetzen?
Für Interviewende: Thema „Erlernbarkeit“
Denkst du, dass man den Umgang mit diesen Problemen erlernen kann? Wenn ja: Wie? Und wo?

Der vierseitige standardisierte Begleitfragebogen enthielt unter anderem Fragen zur persönlichen Relevanz des Umweltschutzes, zur Risikoeinschätzung verschiedener Umweltprobleme (globale Erwärmung, Atomkraft etc.), zum Klimawandel und seinen Ursachen, zu den persönlichen Umwelteinstellungen, zur Umweltkommunikation und zum eigenen Engagement. Zudem wurden wesentliche soziodemographische Daten wie Geschlecht, Alter, Bildungsstand und Einkommen erfasst.

Die qualitativen Interviews wurden wörtlich transkribiert, die Daten des standardisierten Fragebogens wurden direkt in die QDA-Software eingegeben. Beide Teilstudien wurden anschließend gemeinsam computergestützt inhaltsanalytisch ausgewertet. Das Projekt eignet sich deshalb gut als Beispielstudie für dieses Buch, weil die Fragestellung stark fokussiert ist und die Daten des mit Hilfe eines Leitfadens erhobenen qualitativen Interviews noch einen überschaubaren Umfang haben. Man kann sich nur schwer vorstellen, die möglicherweise mehrere tausend Seiten umfassenden Interviews eines größeren qualitativen

Projektes mit zeitintensiven Interviews als Beispielmaterial zu nutzen, denn um nur einigermaßen das Nachvollziehen der Auswertung zu ermöglichen, müsste man den Leserinnen und Lesern schon einen Materialienband an die Hand geben, dessen Umfang den dieses Buches weit übersteigen würde.

5.3 Ablauf der inhaltlich strukturierenden qualitativen Inhaltsanalyse

Das folgende Schaubild zeigt, ausgehend von den Forschungsfragen, den Ablauf der inhaltlich strukturierenden Analyse in sieben Phasen:

Abb. 16 Ablauf einer inhaltlich strukturierenden qualitativen Inhaltsanalyse in 7 Phasen

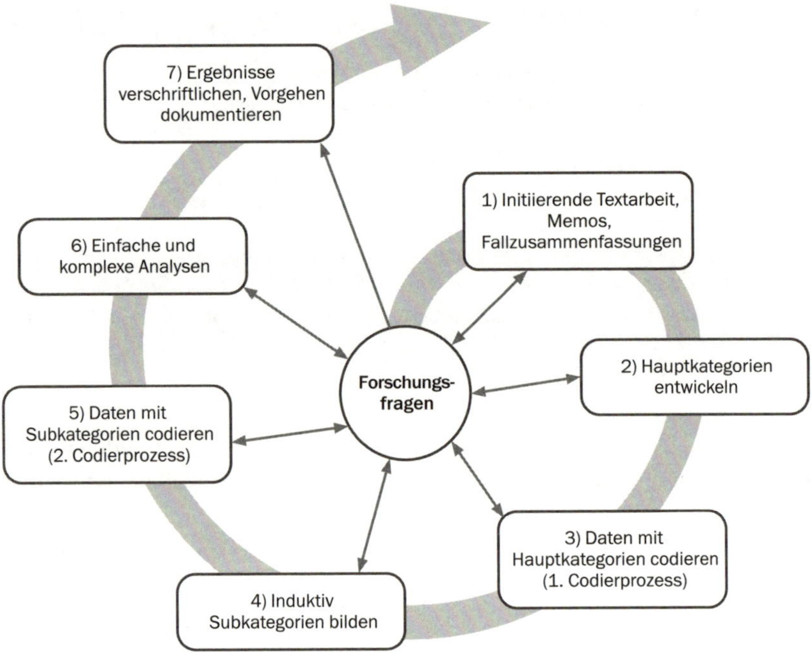

5.4 Detaillierte Beschreibung des Analyseprozesses

Phase 1: Initiierende Textarbeit, Memos, Fallzusammenfassungen

Die ersten Auswertungsschritte bestehen wie bei allen Formen qualitativer Inhaltsanalyse aus initiierender Textarbeit, dem Schreiben von Memos und ersten Fallzusammenfassungen, sogenannten Case Summarys. Wie dies geschieht ist bereits oben in Kapitel 4.5 beschrieben worden und wird deshalb hier nur kurz erwähnt: Das interessierte sorgfältige Lesen des Textes und das Markieren von besonders wichtig erscheinenden Textpassagen leiten die inhaltlich strukturierende qualitative Analyse ein. Bemerkungen und Anmerkungen werden an den Rand geschrieben und alles, was bei der Lektüre an Besonderheiten auffällt, sowie Auswertungsideen, die sich spontan ergeben, werden in Form von Memos festgehalten. Den Abschluss der ersten Phase der Auseinandersetzung mit einem Text bildet das Schreiben von ersten kurzen Fallzusammenfassungen.

Phase 2: Hauptkategorien entwickeln

Bei der inhaltlich strukturierenden qualitativen Inhaltsanalyse wird mittels Kategorien und Subkategorien eine inhaltliche Strukturierung der Daten erzeugt. Dabei werden häufig Themen und Subthemen als Auswertungskategorien verwendet. Wo kommen diese Themen nun her? Wie findet man die „richtigen" Themen und Subthemen für die Analyse? Wie viele Themen soll man analytisch unterscheiden?

Für die Hauptkategorien gilt, dass sie häufig mehr oder weniger direkt aus den Forschungsfragen abgeleitet werden können und die damit verbundenen Themen bereits bei der Erhebung von Daten leitend waren. Wenn wie bei unserer Beispielstudie im offenen Interview gefragt wurde, welches aus Sicht der Forschungsteilnehmenden die größten Weltprobleme sind, so ist es nur folgerichtig, dass die Kategorie „Größte Weltprobleme" eine Hauptkategorie der Auswertung darstellt. Gleiches trifft für den Leitfadenpunkt „Individuelles Verhalten im Klimaschutz" zu – auch hier gilt, dass dieser Themenbereich eine zentrale Stellung im Forschungsprojekt einnimmt, entsprechend in der Beschreibung der Forschungsfragen zu finden ist und selbstverständlich auch eine Hauptkategorie der Auswertung darstellt. Die intensive Lektüre der Texte, die am Anfang jeder Form qualitativer Inhaltsanalyse stehen sollte, kann ergeben, dass sich weitere – zunächst nicht erwartete – Themen in den Vordergrund schieben. Am besten geht man bei der initiierenden Textarbeit in Phase 1 ähnlich wie beim offenen Codieren der Grounded Theory vor und schreibt Kurzbezeichnungen für solche (neuen) Themen neben den Text. Dabei gilt zunächst die Regel, dass alles Relevante und Auffällige festgehalten werden sollte. Je mehr Material durchgearbeitet wurde, desto klarer wird der analytische Blick und desto deutlicher die Unterscheidung zwischen bloß singulären Themen und solchen, die für die Analyse der Forschungsfrage eine signifikante Bedeutung haben (können).

Gleichgültig ob die Kategorien und Subkategorien nun gemäß den in Kapitel 3 beschriebenen Verfahren direkt am Material entwickelt werden oder deduktiv aus einem theoretischen Bezugsrahmen, aus den Forschungsfragen bzw. dem Leitfaden der Studie hergeleitet werden, in jedem Fall empfiehlt sich ein Probedurchlauf durch einen Teil der Daten, um die Kategorien bzw.

Subkategorien und ihre Definitionen noch einmal auf ihre konkrete Anwendbarkeit auf das empirische Material hin zu überprüfen. Wie viel Material zur Erprobung der Kategorien herangezogen wird, hängt vom Umfang des gesamten Materials und der Komplexität des Kategoriensystems ab. Je größer die Anzahl der Kategorien ist und je umfangreicher und vielschichtiger die Daten sind, desto mehr Material wird für den Probedurchlauf benötigt. In der Regel sollten aber ca. 10 bis 25 % des gesamten Auswertungsmaterials ausreichend sein. Durch den Probedurchlauf ist der Übergang zur sich nun anschließenden Phase 3 häufig fließend und die bereits vorgenommenen Codierungen leiten den ersten Codierprozess des gesamten Materials ein.

Phase 3: Daten mit Hauptkategorien codieren (1. Codierprozess)

Der *erste Codierprozess* wird zweckmäßigerweise so gestaltet, dass man jeden Text sequenziell, d. h. Zeile für Zeile, vom Beginn bis zum Ende durchgeht und Textabschnitte den Kategorien zuweist. Es muss also jeweils entschieden werden, welche der Kategorien in dem betreffenden Textabschnitt angesprochen wird – diese Kategorie wird dann zugeordnet. Nicht sinntragende Textstellen oder Textpassagen, die für die Forschungsfrage nicht relevant sind, bleiben uncodiert.

Für die Zuordnung von Kategorien gilt normalerweise die Regel, dass in Zweifelsfällen die Zuordnung aufgrund der Gesamteinschätzung des Textes vorgenommen wird. Hier sollte man sich an der aus der Hermeneutik stammenden Regel orientieren, dass, um einen Text in Gänze zu verstehen, alle seine Teile verstanden werden müssen. Da ein Textabschnitt, sogar ein einziger Satz, mehrere Themen enthalten kann, ist folglich auch die Codierung mit mehreren Kategorien am gleichen Textabschnitt möglich.

> Bei der inhaltlich strukturierenden qualitativen Inhaltsanalyse können innerhalb einer Textstelle mehrere Hauptthemen und Subthemen angesprochen sein. Folglich können einer Textstelle auch mehrere Kategorien zugeordnet werden. So codierte Textstellen können sich überlappen oder verschachtelt sein.

Die in der klassischen Inhaltsanalyse erhobene Forderung nach disjunkten, präzise definierten Kategorien wird häufig so missverstanden, dass man annimmt, eine Textstelle könne nur einer einzigen Kategorie zugeordnet werden. Dies stimmt aber nur für jene Teile eines Kategoriensystems, die bewusst so konstruiert sind, dass sich Subkategorien wechselseitig ausschließen (siehe das erste Beispiel zur deduktiven Kategorienbildung bei einer Zeitungsredaktion in Kapitel 3.1). Beispielsweise ist bei thematischer Codierung davon auszugehen, dass in einem Textabschnitt durchaus mehrere Themen angesprochen sein können, sodass dann auch die entsprechenden Kategorien zuzuordnen sind.

In unserem Beispielprojekt haben wir im ersten Schritt folgende Hauptkategorien für die im Leitfaden enthaltenen Interviewfragen gebildet:

Abb. 17 Liste der thematischen Hauptkategorien

Kürzel	Thematische Hauptkategorie
WP	Größte Weltprobleme
EI	Einflussnahme auf Weltprobleme
KK	Konsum und globaler Klimawandel
DU	Ursachen für die Diskrepanz zwischen Einstellung und Handeln
POS	Eigene Relation zu globaler Entwicklung
VH	Persönliches Verhalten
VER	Verantwortungsübernahme
LER	Erlernbarkeit des Umgangs mit globalen Problemen

Für das im ersten Codierprozess einer inhaltlich strukturierenden Analyse eingesetzte Kategoriensystem lassen sich – neben den allgemeinen Gütekriterien für gute Kategoriensysteme aus Kapitel 2.4 – folgende Regeln aufstellen:
Das Kategoriensystem sollte

- in enger Verbindung zu den Fragestellungen und Zielen des Projekts gebildet sein,
- nicht zu feingliedrig und nicht zu umfangreich sein,
- möglichst genaue Beschreibungen der Kategorien enthalten,
- mit Perspektive auf den späteren Ergebnisbericht formuliert sein, indem z. B. Kategorien gewählt werden, die sich als Strukturierungspunkte für den späteren Forschungsbericht eignen und
- an einer Teilmenge des Materials getestet worden sein.

Im Verlauf des ersten Codierprozesses wird sämtliches Material codiert. Dabei stellt sich natürlich die Frage nach dem Umfang der zu codierenden Segmente, also der Größe des Textsegmentes, das jeweils codiert werden soll. Betrachten wir dazu den folgenden Auszug aus einem Interview.

I: Was sind aus deiner Sicht die größten Probleme der Welt im 21. Jahrhundert?
B1: Also, das ist ja eine total weit gegriffene Frage und (...) ich würde sagen auf jeden Fall mit am schwerwiegendsten sind Konflikte im religiösen und kulturellen Bereich und natürlich Umwelt- und Naturkonflikte, weil, also man, ich glaube man

kann da keine Wertung reinlegen, weil alle Konflikte, die die Welt betreffen, sind sehr weit reichend und sehr tief verwurzelt (…) über Wasserkonflikt bis religiöse Konflikte, es gibt ja wahnsinnig viele Konflikte. Aber ich denke, dass die Umwelt und die kulturellen und religiösen Konflikte mit die schwerwiegendsten derzeit sind.

Die Textstelle fällt eindeutig unter die Kategorie „Größte Weltprobleme". Normalerweise sollte die Größe eines codierten Segments so gewählt werden, dass dieses auch außerhalb des Kontextes noch verständlich ist. Anders kann man bei Eigennamen, Orten und Ähnlichem verfahren, hier reicht es unter Umständen aus, nur diese Begriffe zu codieren. Sofern bei einem leitfadenorientierten Interview die Antworten relativ kurz sind, lässt sich die für das Codieren benötigte Zeit knapp halten, indem immer die gesamte Antwort auf die betreffende Frage codiert wird. Dem gesamten Sinnabschnitt, der möglicherweise aus mehreren Absätzen besteht, würde dann bei diesem Beispiel die Kategorie „Größte Weltprobleme" zugewiesen. Diese Vorgehensweise vermeidet auch eine mögliche Mehrfachcodierung der gleichen Kategorie im gleichen Absatz. Es könnte ja sein, dass in der Mitte der Textstelle von etwas anderem als von den größten Weltproblemen die Rede ist. Bei satzweisem Codieren würde dies dazu führen, dass im gleichen Textabschnitt zweimal „Größte Weltprobleme" codiert würde. Folgende einfache Codierregeln, also Regeln, wie beim Zuordnen von Textstellen zu Kategorien vorzugehen ist, lassen sich formulieren:

1. Es werden in der Regel Sinneinheiten codiert, üblicherweise mindestens ein vollständiger Satz.
2. Wenn die Sinneinheit mehrere Sätze oder Absätze umfasst, werden diese als ein zusammenhängendes Segment codiert.
3. Sofern die einleitende (oder zwischengeschobene) Interviewenden-Frage zum Verständnis erforderlich ist, wird diese ebenfalls mitcodiert.
4. Beim Zuordnen der Kategorien gilt es, ein gutes Maß zu finden, wie viel Text um die relevante Information herum mitcodiert wird. Wichtigstes Kriterium ist, dass die Textstelle ohne den sie umgebenden Text für sich allein ausreichend verständlich ist.

Die Qualität des Codierprozesses sichern. In der Praxis stellt sich häufig die Frage, ob ein Text nur von einer Person oder von mehreren, d. h. mindestens von zwei Codierenden, bearbeitet werden soll. Empfehlenswert ist es, jeden Text zumindest zu Beginn der Codierphase von zwei Codierenden bearbeiten zu lassen. Eine bewährte Technik stellt hier das von Hopf und Schmidt (1993) beschriebene konsensuelle Codieren dar. Konsensuelles Codieren ist eine

Technik, bei der ein Interview von mehreren Mitgliedern des Teams, in der Regel von zwei Personen unabhängig voneinander codiert wird. Konsensuelles Codieren setzt voraus, dass ein Kategoriensystem mit hinreichend präzise definierten Kategorien existiert. Sinn und Zweck des konsensuellen Codierens ist es, die Zuverlässigkeit der Codierungen zu verbessern. Nachdem im ersten Schritt das Interview codiert wurde, setzen sich im zweiten Schritt die (beiden) Codierenden zusammen, gehen die Codierungen durch, prüfen auf Übereinstimmung und diskutieren unterschiedliche Codierungen. Bei Differenzen sind die Begründungen auszutauschen und möglichst ein Konsens über die angemessene Codierung zu erzielen. Häufig geschieht es dabei, dass Kategoriendefinitionen präziser gefasst werden und die strittige Textstelle als konkretes Beispiel hinzugefügt wird.

Falls sich unter den codierenden Personen keine Einigkeit erzielen lässt, sollten weitere Personen des Forschungsteams hinzugezogen werden bzw. der „Streit“ im gesamten Team geklärt werden. Auf diese Weise können Differenzen bei der Auswertung und Codierung des Materials sichtbar gemacht werden und dies kann zu gehaltvollen Diskussionen in der Forschungsgruppe führen. Anders als bei Fragen der Übereinstimmung von Codierenden im Rahmen quantitativer Inhaltsanalyse geht es hier also nicht primär um die Berechnung der Intercoder-Übereinstimmung, sondern um die Konsensfindung und die gewollte klärende Diskussion in der Gesamtgruppe.

Es ist also generell empfehlenswert, mit mehreren unabhängig voneinander Codierenden zu arbeiten. Codieren mehrere Personen, so werden mehr oder weniger automatisch die Kategoriendefinitionen an Präzision gewinnen und damit die Zuordnungen zuverlässiger. Insbesondere bei Qualifikationsarbeiten wird es aber nicht immer möglich sein, zu zweit zu codieren, dann wird man nicht umhin kommen, sich mit diesem Mangel zu arrangieren und selbst darauf zu achten, bei Zweifelsfällen die expliziten Kategoriendefinitionen zu verbessern und konkrete Beispiele festzuhalten. Es kann auch hilfreich sein, nach einem Zeitraum von etwa drei bis vier Wochen, wenn die vorgenommenen Codierungen nicht mehr so präsent sind, selbst einen zweiten Codierdurchlauf vorzunehmen. Hierzu wird das Datenmaterial, ohne dass die bisherigen Codierungen sichtbar sind, erneut codiert und anschließend mit der Ursprungscodierung verglichen. Es lässt sich aber kaum bezweifeln, dass das Codieren durch lediglich eine Person in der Regel keine optimale Lösung darstellen kann. Es ist allenfalls dann unproblematisch, wenn es sich um ein Interview handelt, das durch den Leitfaden stark vorstrukturiert ist. Werden in diesem Fall die Hauptkategorien direkt aus dem Leitfaden hergeleitet, so sind bei einer inhaltlich strukturierenden Analyse im ersten Codierdurchgang weniger schwierige Entscheidungen über die richtige Anwendung einer Kategorie erforderlich.

Phase 4: Induktiv Subkategorien bilden

In der Regel wird bei einer inhaltlich strukturierenden Inhaltsanalyse nach dem ersten Codierprozess eine Ausdifferenzierung der zunächst noch relativ allgemeinen Kategorien vorgenommen. Dies gilt zumindest für die Kategorien, die für die Studie eine zentrale Bedeutung besitzen. Der allgemeine Ablauf der Ausdifferenzierung und Bestimmung von Subkategorien sieht folgendermaßen aus:

- Auswahl einer Kategorie, die ausdifferenziert werden soll, d. h., für diese Kategorie werden nun (neue) Subkategorien gebildet.
- Zusammenstellen aller mit dieser Kategorie codierten Textstellen in einer Liste oder Tabelle.
- Bilden von Subkategorien am Material gemäß den in Kapitel 3.2 beschriebenen Verfahren induktiver Kategorienbildung: Die Subkategorien werden zunächst als eine ungeordnete Liste zusammengestellt. In einem Team kann dies so geschehen, dass entweder alle Mitglieder das gleiche Material bearbeiten oder jedes Mitglied des Forscherteams einen anderen Teil des Materials bearbeitet und Vorschläge für Subkategorien notiert.
- Ordnen und systematisieren der Liste(n), Identifikation der relevanten Dimensionen, ggf. Zusammenfassen von Subkategorien der Liste zu abstrakteren/allgemeineren Subkategorien.
- Formulieren von Definitionen für die Subkategorien und illustrieren der Kategoriendefinitionen durch Zitate aus dem Material.

Erstes Beispiel: Bilden von Subkategorien für die Kategorie „Größte Weltprobleme". Im Beispielprojekt wurden für die Kategorie „Größte Weltprobleme" Subkategorien am Material gebildet. Zunächst wurden im Rahmen einer Teamsitzung nach Lektüre einer Auswahl des Materials alle Vorschläge für Subkategorien gesammelt. Als nächstes galt es, alle genannten Weltprobleme sinnvoll zu systematisieren und zu gruppieren.

Wie kommt man nun von einer so umfangreichen Liste zu einer brauchbaren Lösung? Zu berücksichtigen ist in jedem Fall das Ziel der Auswertung. Es gilt also zu fragen: Was will ich später in meinem Forschungsbericht zu diesem Thema berichten? Wie ausführlich kann und will ich an dieser Stelle werden? Benötige ich die Subkategorien, um Zusammenhänge zu anderen Kategorien herzustellen oder Fälle auf dieser Ebene zu vergleichen? Mit welchem Differenzierungsgrad?

In diesem Beispiel hatten wir im Forschungsteam die Vermutung, dass die Weltprobleme, die von den Befragten als die derzeit größten genannt werden, in enger Beziehung zu persönlichen Grundhaltungen stehen und auch das eigene persönliche Handeln im Alltag von diesen Einschätzungen beeinflusst ist. In Bezug auf das zentrale Thema der Studie, nämlich die individuelle Wahrnehmung des Klimawandels, war es ebenfalls von Interesse, zu untersuchen, ob die Wahrnehmung des globalen Klimawandels als einem der größten Weltprobleme Auswirkungen auf das individuelle Alltagshandeln hat. Für die Bildung von Subkategorien gilt generell das Kriterium der Sparsamkeit und Überschaubarkeit: So einfach wie möglich, so differenziert wie nötig: Je größer die Zahl der Subkategorien ist, desto präziser müssen die Definitionen sein, desto größer ist die Anfälligkeit gegenüber falschen Codierungen und desto schwieriger ist es, Übereinstimmungen der Codierenden zu erzielen.

Tab. 5 Definition von Subkategorien zur Kategorie „Größte Weltprobleme“

Subkategorie	Kurze Definition	Beispiele für genannte Probleme aus dem Material
Umwelt	Umfasst Veränderungen und Zustände, welche die Umwelt im Sinne von natürlicher Umwelt betreffen.	Klimawandel Umweltverschmutzung
Konflikthaltige Auseinandersetzungen	Umfasst alle konflikt- oder gewalthaltigen Auseinandersetzungen zwischen Staaten sowie unterschiedlichen gesellschaftlichen, politischen, ethnischen oder religiösen Gruppen.	Krieg Terrorismus Religiöse Konflikte
Gesellschaftliche Probleme	Umfasst gesellschaftliche Veränderungen und Probleme auf unterschiedlichen Ebenen innerhalb der Gesellschaft.	Gesellschaftlicher Wandel Egoismus Moralischer Verfall der Gesellschaft Bevölkerungswandel
Krankheit	Umfasst weitläufige Probleme, die durch Krankheit bedingt sind.	Epidemien
Technik	Umfasst technische Veränderungen der heutigen Zeit, die unser Leben nachhaltig beeinflussen.	Technischer Wandel
Ressourcenknappheit	Umfasst jegliche Knappheit an Gütern, die für das Überleben oder den Fortbestand bestimmter gesellschaftlicher Standards notwendig sind.	Hunger Wasserknappheit Rohstoffknappheit Energieknappheit
Armut	Bezeichnet Armutsverhältnisse im globalen wie auch auf den eigenen Kulturkreis bezogenen Zusammenhang.	Kinderarmut
Soziale Ungleichheit	Stellt nicht Aspekte von Armut in den Mittelpunkt, sondern betont eher das Ungleichgewicht von Arm und Reich. Dabei kann es auch um Chancengleichheit, z. B. um Bildungschancen, gehen.	Schere arm versus reich Ungleichheit: 1./2./3. Welt
Sonstige Probleme		

Die finale Liste der Subkategorien in unserem Beispielprojekt ist in Tab. 5 abgebildet. In der Regel sollte, um der Forderung nach Vollständigkeit des Kategoriensystems Genüge zu tun, eine Subkategorie „Sonstiges“ (hier: „Sonstige Probleme“) vorgesehen werden.

Zweites Beispiel: Eigenes Verhalten in Sachen Klimaschutz. Das zweite Beispiel für die Vorgehensweise nach dem ersten Codierungsprozess, nämlich die Bearbeitung der Kategorie „Persönliches Verhalten in Sachen Klimaschutz“, gestaltet sich etwas schwieriger. Die intensive Lektüre der während des ersten Codiervorgangs codierten Textstellen steht auch hier am Anfang der Bearbeitung. Zunächst ist es sinnvoll, Themen und Konzepte offen zu codieren, bis sich die eigene Aufmerksamkeit in Richtung der Systematisierung und der Identifizierung von Dimensionen verlagert. Unter anderem wurden in dieser Phase von uns folgende offene Codes gebildet:

- Verbrauchsarmes Auto fahren
- Müll trennen
- Energiesparlampen kaufen
- Solaranlage auf dem Dach
- Industrie sollte Vorbild sein
- Man könnte sicher mehr machen
- Keine Zeit
- Kein Geld für Bio-Lebensmittel
- Als Einzelner kann man nichts bewirken
- Energieeffiziente Geräte kaufen
- Nur die Technik kann wirklich etwas ändern
- Political Correctness
- Energie sparen
- Nicht der umweltbewusste Typ
- Zu bequem
- Entwicklung der Moral ist wichtiger als Umwelt

Die Systematisierung und Zusammenfassung einer solchen schier endlosen Liste zu sinnvoll gruppierten Subkategorien erfordert einige Übung und einiges Geschick und vor allem einen Rückbezug auf die Forschungsfrage sowie einen bereits vorausschauenden Blick auf das Produkt der Studie – in der Regel ist das ein Forschungsbericht – und die Art und Weise der Veröffentlichung. Man steht also vor der Aufgabe, eine Systematisierung und Untergliederung zu finden, die plausibel ist, theoretische Horizonte eröffnet, gut kommunizierbar ist und möglichst auch bereits bestehende theoretische Differenzierungen in die Überlegungen einbezieht. Letzteres bedeutet keineswegs eine Aufforderung dazu, auf bereits in der Literatur vorhandene Differenzierungen und

Kategorisierungen zurückzugreifen, es bedeutet lediglich ein Plädoyer dafür, vorhandene Konzepte nicht mit Ignoranz zu strafen, sondern sie ggf. mit entsprechender Begründung durch andere bessere Differenzierungen und Systematisierungen zu ersetzen.

Innerhalb der Kategorie „Persönliches Verhalten in Sachen Klimaschutz" haben wir vier thematische Dimensionen identifiziert, die als Subkategorien übernommen und weiter untergliedert wurden:

1. **Aktuelles Verhalten:** Zu diesem Thema wurden die Bereiche, die von den Befragten tatsächlich als Feld eigener Aktivitäten angegeben wurden, als Subkategorien definiert. Dies waren „Energie sparen", „Recycling/Mülltrennung", „Kauf energieeffizienter Geräte", „Umweltfreundliches Mobilitätsverhalten", „Engagement in Umwelt- und Naturschutzgruppe", „Kauf verbrauchsarmen Autos" und eine Restekategorie „Sonstiges".
2. **Bereitschaft zu Verhaltensänderungen:** Bei diesem Thema war auffällig, dass bis auf wenige Ausnahmen, alle Forschungsteilnehmenden sich zwar prinzipiell bereit erklärten, mehr für den Klimaschutz zu tun, doch wurde die eigene Bereitschaft fast immer in der Form „ja, aber …" formuliert. Die vorgebrachten Argumente und Hinderungsgründe wurden als Subkategorien definiert, dies waren beispielsweise: „zu wenig Zeit", „zu bequem", „alleine bringt es nichts", „Industrie und Politik sollten vorangehen", „Alltagsroutinen stehen dem entgegen", „Kosten zu hoch", „öffentliche Infrastruktur zu schlecht" sowie eine Restekategorie „Sonstiges".
3. **Verhaltensphilosophie:** Die Dimension „Verhaltensphilosophie" bezeichnet die von vielen Forschungsteilnehmenden dargelegte Grundhaltung zum Thema persönliches Verhalten bzw. Verhaltensänderung. Offenbar geschieht das persönliche Handeln im Spannungsfeld zwischen zwei Attraktionspunkten: einerseits der „ökologischen Korrektheit", die einen Handlungsdruck ausübt und als solche von nahezu allen Befragten empfunden wird, andererseits dem Wunsch, die eigenen Lebensgewohnheiten, zumindest in den selbst definierten Kernbereichen beizubehalten. Diese Spannungssituation führte bei vielen Befragten dazu, recht prinzipielle Überlegungen zum eigenen Verhalten darzulegen. Als Subkategorien wurden hier die zu Wahlsprüchen verdichteten Mentalitäten definiert, z. B. „Wir müssen alle kleine Schritte tun", „Solange die anderen sich nicht ändern, tue ich das auch nicht", „Die Technik bringt substantielle Änderungen nicht der Mensch", „Manager und Politiker sollten Vorbild sein", „Ich denk über sowas nicht nach", „Wir müssen uns alle korrekt verhalten".
4. **Assoziierte Verhaltensbereiche:** Als vierte Dimension wurden die von den Forschungsteilnehmenden benannten *Verhaltensbereiche* definiert. Diese Dimension überlappt sich teilweise mit der ersten Dimension „Aktuelles Verhalten". Sinn und Zweck der Definition dieser eigenständigen

Dimension war es, festzuhalten, welche Verhaltensbereiche überhaupt im Kontext von Klimaschutzverhalten genannt wurden, und zwar unabhängig davon, ob man in diesem Bereich selbst aktuell etwas tut oder bereit wäre, in der Zukunft sein Handeln in diesem Bereich zu verändern. Die Art und Weise, wie hier Subkategorien gebildet wurden, ähnelt dem oben für das Thema „Größte Weltprobleme" dargestellten Vorgehen. Die Systematik der Subkategorien ist weitgehend mit den Subkategorien des aktuellen Verhaltens identisch. Für jede Subkategorie wurde eine möglichst präzise Definition formuliert.

Phase 5: Daten mit Subkategorien codieren (2. Codierprozess)

Wenn die Dimensionalisierung gelungen und die Subkategorien gebildet sind, steht eine arbeitsreiche Phase bevor, nämlich ein zweiter Codierprozess, bei dem nun die ausdifferenzierten Kategorien den bislang mit der Hauptkategorie codierten Textstellen zugeordnet werden. Dies ist ein systematischer Schritt der Analyse, der einen erneuten Durchlauf durch das bereits codierte Material erfordert. Es ist darauf zu achten, dass hinreichend viel Material für die Ausdifferenzierung der Hauptkategorien in Phase 4 herangezogen wurde. Wurden die Subkategorien auf der Basis eines zu geringen Anteils von Material gebildet, stellt man häufig fest, dass Präzisierungen und Erweiterungen der Subkategorien notwendig sind. Das spätere Zusammenfassen von Subkategorien ist unproblematisch, anders verhält es sich, wenn Kategorien ausdifferenziert werden sollen. In einem solchen Fall muss das bisher schon codierte Material erneut durchlaufen werden und ggf. neu codiert werden – ein erheblicher zeitlicher Mehraufwand.

Bezüglich der Anzahl der Subkategorien, die unterschieden werden sollen, empfiehlt sich eine pragmatische Vorgehensweise. Dabei ist es wichtig, den Sample-Umfang zu beachten. Es macht wenig Sinn, bei relativ wenigen Fällen, z. B. Forschungsteilnehmenden, sehr viele Subkategorien bzw. Merkmalsausprägungen zu unterscheiden. Das gilt besonders dann, wenn im Anschluss an die Themenanalyse im nächsten Schritt eine Typenbildung erfolgen soll, denn bei der Bildung von Typen geht es um Ähnlichkeiten und Differenzen von Forschungsteilnehmenden – und dies macht zwingend erforderlich, dass nicht jeder Einzelfall ein Sonderfall ist, sondern sich die definierten Merkmalsdimensionen auch bei mehreren Fällen des Samples finden lassen.

In einem Forschungsprojekt wird man in der Regel nicht für alle Hauptkategorien Subkategorien bilden, sondern eine oder mehrere Kategorien fokussieren. Die Phasen 4 und 5 werden dabei in mehreren Zyklen durchlaufen: Nach Bildung der Subkategorien für eine oder mehrere Hauptkategorien, werden diese erstmal auf das Datenmaterial angewendet, bevor es mit der nächsten Hauptkategorie weitergeht.

Wenn der Analyseprozess im Projekt schon so weit fortgeschritten ist, dass die Subkategorien bereits gebildet wurden, lässt sich für neu erhobene Daten (z. B. weitere Interviews) die Phase 3 „Daten mit Hauptkategorien codieren" überspringen. In diesem Fall können Textstellen direkt den Subkategorien zugewiesen werden und es wird keine Codierung mit den Hauptkategorien vorgenommen.

Nach Abschluss der Codierung kann es sinnvoll sein, noch einmal die in Phase 1 geschriebenen Case Summarys hervorzuholen und unter Berücksichtigung der gebildeten Kategorien und Subkategorien zu überarbeiten, insbesondere wenn diese in den späteren Bericht integriert werden sollen. Hierfür können für die Forschungsfragen besonders zentrale Kategorien ausgewählt werden, die dann als Gliederung der Case Summarys dienen, sodass alle Zusammenfassungen einem einheitlichen Aufbau folgen. Im nächsten Abschnitt beschreiben wir einen optionalen Zwischenschritt, bei dem nach dem Codieren ausgewählte Themen fallweise zusammengefasst werden. Wer einen solchen Zwischenschritt wählt, wird die Überarbeitung der Case Summarys sinnvollerweise erst nach diesem optionalen Schritt vornehmen und die Arbeit des Zwischenschritts in die Überarbeitung einfließen lassen.

Fallbezogene thematische Zusammenfassungen (optionaler Zwischenschritt)

Mit Abschluss des zweiten Codierprozesses ist die arbeitsreiche Systematisierung und Strukturierung des Materials zunächst einmal abgeschlossen und die nächste Analysephase kann beginnen. Dabei kann es sich als sehr nützlich erweisen, einen Zwischenschritt einzuschieben und für das in den vorhergehenden Phasen strukturierte Material thematische Summarys zu erstellen. Ein solches Vorgehen ist insbesondere dann hilfreich, wenn das Material relativ umfangreich ist bzw. wenn Textstellen zu einem bestimmten Thema (etwa „persönliches Verhalten") im gesamten Interview verteilt sind.

Fallbezogene thematische Summarys zu erstellen, insbesondere zum Zwecke vergleichender tabellarischer Übersichten, ist eine Vorgehensweise, die von qualitativ Forschenden häufig praktiziert wird und auch in der Methodenliteratur schon seit längerem ihren Platz hat (z. B. bei Miles & Huberman, 1994). In detaillierter Form haben Ritchie und Spencer (1994) sowie Ritchie et al. (2003) im Rahmen angewandter Politikforschung eine solche Vorgehensweise ausformuliert und als „framework analysis" bezeichnet.

Die Themenmatrix dient als Ausgangspunkt und wird durch die systematische Bearbeitung quasi zu einer transformierten Themenmatrix, deren Zellen aber nun nicht mehr Zusammenstellungen aus dem Originalmaterial, sozusagen die O-Töne der Forschungsteilnehmenden, beinhalten, sondern die mit analytischem Blick angefertigten Zusammenfassungen eben dieser Originalstellen durch die Forscherinnen und Forscher. Durch diesen Schritt der systematischen thematischen Zusammenfassung wird das Material zum einen komprimiert, zum anderen pointiert und auf das für die Forschungsfrage wirklich Relevante reduziert. Es ergibt sich folgender Ablauf:

Schritt 1 – Themenmatrix erstellen. Durch die systematische Codierung des Materials ist ein thematisches Koordinatennetz (Grid) entstanden, das sich als Themenmatrix darstellen lässt (Abb. 18). Jede Zelle in dieser Matrix stellt einen Knotenpunkt dar, dem Originalmaterial zugeordnet ist. Dieses Material kann durchaus über das gesamte Interview verteilt sein. Durch die Codierungsprozesse in den vorangehenden Phasen der Inhaltsanalyse ist quasi eine umorganisierte Form, eine Permutation, des Interviews innerhalb des kategorialen Rahmenwerks der Forschenden entstanden. Je umfangreicher und je ausdifferenzierter das kategoriale Rahmenwerk ist, desto weniger dürfte es möglich sein, dieses überhaupt noch tatsächlich durch eine (druckbare) Themenmatrix darzustellen.

Abb. 18 Themenmatrix „Fälle mal Kategorien" als Ausgangspunkt (oben) für thematische Fallzusammenfassungen (unten)

	Größte Weltprobleme	Persönliches Verhalten	…
Person 1	Textstellen von *Person 1* zu *Größte Weltprobleme*	Textstellen von *Person 1* zu *Persönliches Verhalten*	…
Person 2	Textstellen von *Person 2* zu *Größte Weltprobleme*	Textstellen von *Person 2* zu *Persönliches Verhalten*	…
…	…	…	…

↓

	Größte Weltprobleme	Persönliches Verhalten	…
Person 1	Zusammenfassung der Textstellen von *Person 1* zu *Größte Weltprobleme*	Zusammenfassung der Textstellen von *Person 1* zu *Persönliches Verhalten*	…
Person 2	Zusammenfassung der Textstellen von *Person 2* zu *Größte Weltprobleme*	Zusammenfassung der Textstellen von *Person 2* zu *Persönliches Verhalten*	…
…	…	…	…

Schritt 2 – Fallbezogene thematische Zusammenfassungen schreiben. In diesem Schritt werden nun durch die Forschenden Zusammenfassungen für die Themen und Unterthemen erstellt, und zwar nicht als Zitate, sondern in den eigenen Worten der Forschenden. Dies stellt selbstverständlich für das Forschungsteam eine Menge zusätzlicher Arbeit dar, allerdings eine Arbeit, die analytisch sehr voranbringen kann, weil sie fallbezogen die Aussagen einer Person zusammenfasst und dabei die konkreten Äußerungen quasi durch die Brille der Forschungsfrage betrachtet und entsprechend reduziert.

Betrachten wir in der obigen Themenmatrix in der Spalte „Persönliches Verhalten" beispielsweise die Person 2. Hier wurden im Beispielprojekt an sieben Textstellen des Interviews entsprechende Aussagen codiert, diese füllen gewissermaßen die entsprechende Zelle der Themenmatrix. Die codierten Textstellen sind in tabellarischer Form wiedergegeben, die erste Spalte der Tabelle enthält die Absatznummern von Beginn und Ende der jeweiligen Äußerung.

Abb. 19 Codierte Textstellen als Ausgangspunkt für thematische Summarys (Fortsetzung nächste Seite)

Absatz	Textstelle
26	Ja, wie gesagt, ich würde einfach stromsparender leben, glaube ich, das ist der einzige Weg. Oder halt, dass die großen Energiekonzerne halt wieder mehr auf Atomkraft setzen, was natürlich aber auch in der Bevölkerung nicht gerne gesehen wird. (…) Ansonsten, ja, halt wie gesagt mit dem Fahren, mehr öffentliche Verkehrsmittel zu benutzen oder mit dem Fahrrad zu fahren für kurze Strecken. (…) Ja.
27–28	I: Verhältst du dich denn tatsächlich so oder überhaupt nicht? B1: Nee, ich persönlich überhaupt nicht. Ich muss sagen, dass ich selber ein sehr bequemer Mensch bin und wie gesagt, ich auch nicht wirklich weiß, ob wir die Verantwortlichen dafür sind, dass das Klima sich so drastisch ändert.
32	Also mir müsste man erstmal richtig klar machen, dass wir wirklich die Verursacher sind. Also ich finde es kann, es gab immer Klimawechsel in der Natur, also früher war ja in Deutschland auch eine dicke Eisschicht auf dem Boden und ja, die Eisschicht ist ja auch wieder zurückgegangen, also das Klima hat sich auch wieder gewandelt und es ist nun einmal der Lauf der Dinge, dass sich das Klima ständig wechselt und ändert und ja, mir müsste man halt echt klar machen, dass wir die Hauptursache dafür sind, dass das Klima sich zur Zeit so verändert.
33–34	I: Ja, und was hältst du jetzt zum Beispiel von bewusstem Konsum? Also, zum Beispiel Bioprodukte kaufen oder Fairtrade-Kleidung und, findest du das prinzipiell gut, würdest du das eventuell auch machen, wenn du darüber mehr wüsstest, oder ist das für dich, also denkst du Bio ist gleich normales Obst und Gemüse auch, also siehst du das gar nicht so? B1: Also, Bio würde ich, Bioprodukte würde ich halt wirklich nur für meine Gesundheit kaufen, weil ich nicht weiß, inwiefern das einen Einfluss jetzt auf, für die Umwelt hat und ja, Fairtrade-Kleidung, ich weiß nicht, ja also ich kaufe die Kleidung, die mir gefällt. Also nur, weil sie jetzt Fairtrade ist, würde ich sie nicht unbedingt holen. Wenn sie gut aussieht, würde ich sie vielleicht präferieren, um ja, vielleicht ärmeren Menschen auch eine Chance zu geben.
36	Ja, in Prinzip weiß ich das. Also es ist, ich weiß nicht, es wird dann halt aus den Billiglohnländern für wirklich einen mickrigen Lohn werden die da hergestellt und halt in Europa oder ja, allgemein im Westen halt teuer verkauft, aber (…) ja ich weiß nicht, wenn (…) dass ich jetzt, wenn ich jetzt davon Abschied nehme, ob sich dann so viel ändert.

38	Ja, ich denke einfach (…), dass ich so derjenige bin (…), was würden die Menschen denn da unten machen, wenn die gar keine Arbeit hätten. So denke ich erst einmal. Und wenn ich die Kleidung nicht kaufe, vielleicht hätten die dann überhaupt keine Arbeit und denen würde es noch schlechter gehen, auch wenn die wirklich für einen kleinen Hungerlohn da unten arbeiten.
49–52	I: Ja, und wenn du jetzt zum Beispiel sehen würdest, dass sehr viele Menschen in deiner Umgebung sich daran beteiligen, zum Beispiel auch deine Freunde, oder hauptsächlich die Menschen, mit denen du am meisten zutun hast, würdest du dann auch deine Meinung ändern und dich da auch daran beteiligen, einen positiven Beitrag zu leisten, gegenüber dem Klimawandel oder wärst du da praktisch immer noch in Anführungsstrichen „der Außenseiter"? B1: Ich glaube, da wäre ich immer noch so der Außenseiter. (lacht) I: Ach, du hast da schon eine sture Meinung? Also, du lässt dich da auch nicht beeinflussen? B1: Ja, ich weiß nicht, das fände ich ein bisschen wie so, ja (…) ich meine, klar, es gibt diese berühmte Gruppendynamik, aber (…) naja, ich finde, wenn ich nicht vollkommen davon überzeugt bin, dann werde ich, dann mache ich das auch nicht, nur, weil andere das machen. Das beweist ja nicht, dass das wirklich besser ist.

Die Aussagen wurden nun folgendermaßen zusammengefasst.

B2 macht keinerlei Anstrengung, im persönlichen Verhalten Belange des Klimaschutzes zu berücksichtigen. Begründet wird dies damit, dass es fraglich sei, ob der Klimawandel menschlich verursacht sei und es auch fraglich sei, ob man etwa durch Kauf von Fairtrade-Produkten wirklich etwas ändern könne. Zudem sei es die eigene Bequemlichkeit, die den Ausschlag gebe. Auch dann, wenn viele Menschen in der Umgebung von B2 sich klimafreundlich verhalten würden, wäre das kein Grund für Änderungen des Verhaltens. Potenzielle Felder für Verhaltensänderungen werden im Konjunktiv benannt: Strom sparen, öffentliche Verkehrsmittel nutzen, Fahrrad fahren und Bioprodukte kaufen (aber nur aus Gründen der Gesundheit).

Fallbezogene thematische Zusammenfassungen müssen nicht zwingend für alle Themen und Subthemen erstellt werden, sondern es ist durchaus legitim sich auf solche Themen zu beschränken, die man für besonders relevant hält und die im Fortgang der Analyse in vergleichenden Fallübersichten dargestellt werden sollen.

Die beschriebene Vorgehensweise zur Erstellung fallbezogener thematischer Zusammenfassungen besitzt viele Pluspunkte:

- Sie ist systematisch und nicht episodisch, denn alle Fälle werden in gleicher Weise behandelt.

- Die Zusammenfassungen basieren auf den Originalaussagen, sind also tatsächlich *in den empirischen Daten begründet.*
- Die Analyse ist flächendeckend, denn das gesamte zu einem Thema vorhandene Material wird einbezogen.
- Die Analyse ist flexibel und dynamisch, denn es lassen sich jederzeit Ergänzungen, Veränderungen und Akzentuierungen der Zusammenfassungen vornehmen.
- Die Analyse ist gut dokumentiert und es ist von anderen Forscherinnen und Forschern leicht nachvollziehbar, welche Originalaussagen zu welchen Zusammenfassungen geführt haben.
- Die thematischen Summarys stellen eine sehr gute Vorarbeit für anschließende Analyseformen wie die vertiefende Einzelfallinterpretation („within-case analysis"), die fallübergreifende Analyse („between-case analysis") sowie für die Typenbildung bzw. typenbildende Analyse dar.
- Wenn die Analyse mit Hilfe von QDA-Software durchgeführt wird, entsteht innerhalb der thematischen Struktur eine Verbindung zwischen Summarys und Originalmaterial, die einen schnellen Zugriff in die eine oder andere Richtung erlaubt.

Phase 6: Einfache und komplexe Analysen

An den zweiten Codierprozess und den eventuellen Zwischenschritt der fallbezogenen thematischen Zusammenfassungen schließt sich die Phase 6 an, in der einfache und komplexe Analysen stattfinden, und die Ergebnispräsentation vorbereitet wird. Bei der inhaltlich strukturierenden qualitativen Inhaltsanalyse sind es selbstverständlich die Themen und Subthemen, die im Mittelpunkt des Auswertungsprozesses stehen. Es lassen sich verschiedene Formen der Auswertung unterscheiden. Sie sind in der folgenden Grafik im Uhrzeigersinn angeordnet.

Abb. 20 Verschiedene Formen einfacher und komplexer Analyse nach Abschluss des Codierens

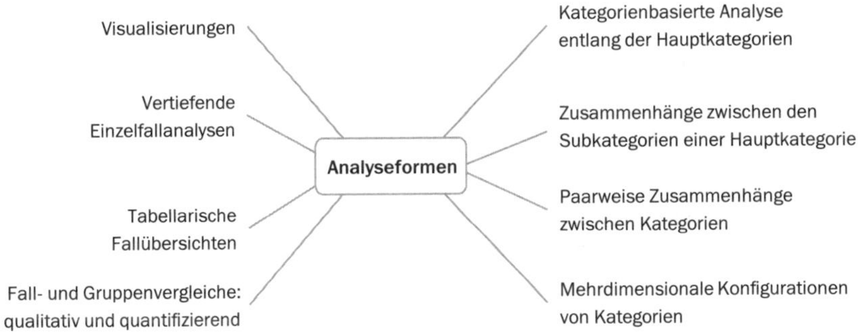

Es ist wichtig zu betonen, dass es sich bei den hier aufgeführten und im Folgenden erläuterten Analyseformen um *Möglichkeiten* der Analyse handelt, d. h. es ist weder notwendig noch vorgeschrieben, in einer Studie alle Auswertungsformen einzusetzen. Zwar bildet die auf 1 Uhr platzierte „Kategorienbasierte Analyse entlang der Hauptkategorien" in fast allen Studien den Auftakt der Analyse, daran schließen sich jedoch je nach Studie unterschiedliche Analyseformen an. Während in der einen Studie der Fokus stärker auf der fallübergreifenden, kategorienorientierten Analyse liegt, mag bei einer anderen der fallorientierte Zugang zur Analyse dominieren und in einer dritten beide gleichwertig behandelt werden. Visualisierungen nehmen dabei eine gewisse Sonderrolle ein, weil sie einerseits eine eigenständige Analyseform darstellen, andererseits aber auch bei vielen anderen Analyseformen zum Einsatz kommen, etwa in Form der tabellarischen Fallübersichten.

Hilfreich kann es sein, zunächst einen Analyseplan aufzustellen, der wiedergibt, welche Forschungsfragen mit welchen Formen der Auswertung beantwortet werden sollen. Berücksichtigt werden sollte in jedem Fall, dass zwischen der jetzigen Phase 6 ein fließender Übergang zur anschließenden Verschriftlichung in Phase 7 besteht, denn die gefundenen Ergebnisse stellen dessen inhaltliche Grundlage dar. Deshalb ist es ratsam, die wichtigen Ergebnisse bereits während der Analyse in Memos oder auch schon – quasi als Textbausteine – im Ergebnisbericht festzuhalten. Dementsprechend beziehen wir in der folgenden Darstellung der Analyseformen auch gleich Überlegungen zur Verschriftlichung mit ein.

Kategorienbasierte Analyse entlang der Hauptkategorien. Im Forschungsbericht sollten zunächst die Ergebnisse für jede Hauptkategorie – also quasi für die Spalten der Themenmatrix aus Tab. 4 und Abb. 18 – berichtet werden. Leitend ist hier die Frage „Was wird zu diesem Thema alles gesagt?" und ggf. auch die Frage „Was kommt nicht oder nur am Rande zur Sprache?". Für diesen beschreibenden Auswertungsteil sollte eine sinnvolle Reihenfolge der Kategorien gefunden werden, die für die Leser und Leserinnen einen nachvollziehbaren Aufbau besitzt. Nicht empfehlenswert ist es, unreflektiert einfach in der Reihenfolge des Kategoriensystems oder gar in alphabetischer Reihenfolge der Kategorien vorzugehen.

Sofern thematische Subkategorien gebildet wurden, wie oben beim Beispiel der Kategorien „Größte Weltprobleme" und „Aktuelles persönliches Verhalten im Klimaschutz", werden diese Subkategorien dargestellt, wobei durchaus auch Zahlen berichtet werden können, denn (nicht nur) für die Leserinnen und Leser kann es durchaus relevant sein, ob etwa nur 3 von 39 oder 29 von 39 Forschungsteilnehmenden „Umwelt- und Klimaprobleme" als die derzeit größten Weltprobleme bezeichnen. Es kommt aber bei der Darstellung im Ergebnisbericht darauf an, keinesfalls nur die Häufigkeiten der Themen und Subthemen darzustellen, sondern die inhaltlichen Ergebnisse in qualitativer Weise zu präsentieren, wobei durchaus auch Vermutungen geäußert und Interpretationen vorgenommen werden können. Das heißt, es ist nicht nur von Interesse, dass nur neun Befragte „Wirtschafts- und Finanzprobleme" als größte Weltprobleme nennen, sondern mindestens genauso interessant ist, *welche* Wirtschaftsprobleme in welcher Form und mit welchen Worten genannt werden. Es zeigt sich in unserer Studie beispielsweise, dass Wirtschafts- und Finanzprobleme nur sehr allgemein benannt werden, also nur von „Finanzkrise" oder „Wirtschaftssystem" die Rede ist. Welche Gründe könnten hierfür maßgebend sein? Dies gilt es im Bericht aufzugreifen.

Um den Entwurf dieses Berichtsteils schreiben zu können, sollten die Segmente der jeweiligen Subkategorie gelesen, auf Gemeinsamkeiten, Unterschiede und Auffälligkeiten hin durchgesehen werden. Bei der Darstellung im Ergebnisbericht sollten prototypische Beispiele zitiert werden.

Analyse der Zusammenhänge zwischen den Subkategorien einer Hauptkategorie. Zusammenhänge zwischen thematischen Kategorien bzw. zwischen den Subkategorien lassen sich auf zweierlei Art analysieren und beschreiben, nämlich innerhalb der Hauptkategorien und zwischen den Hauptkategorien.

Innerhalb einer Hauptkategorie können die Zusammenhänge fokussiert werden, die zwischen den Subkategorien bestehen. Hier geht es also vor allem um die gleichzeitige Erwähnung von Subkategorien, also beispielsweise welche Weltprobleme werden besonders häufig zusammen genannt und welche kommen nur selten oder gar nicht gemeinsam vor – und wie sieht dies in den Formulierungen der Befragten genau aus: Werden in Zusammenhang mit der Subkategorie „Soziale Ungleichheit" nur bestimmte andere Themen – etwa Armut – genannt? Lassen sich Muster, d. h. Themencluster, identifizieren?

Analyse der paarweisen Zusammenhänge zwischen Kategorien. Zwischen den Hauptkategorien kann dann etwas großflächiger nach Zusammenhängen gesucht werden. Dabei lässt sich zunächst der Zusammenhang zwischen zwei Hauptkategorien bzw. deren Subkategorien untersuchen, etwa zwischen den genannten Weltproblemen und dem eigenen Verantwortungsgefühl. Was ist in diesem Kontext überhaupt mit „Zusammenhang" gemeint? Wie bei der vorherigen Analyseform bereits angedeutet, geht es zum einen um *kategoriale* Zusammenhänge, also z. B. um die Frage, in welchen Interviews sowohl eine bestimmte Subkategorie der Weltprobleme als auch die Kategorie „Verantwortungsbewusstsein" codiert wurde oder ob viele Codierungen von Weltproblemen einhergehen mit vielen Codierungen bezüglich des Verantwortungsgefühls. Zum anderen geht es um *inhaltliche* Zusammenhänge, nehmen etwa die Interviewten in ihren Antworten zum Verantwortungsgefühl Bezug auf die

Weltprobleme. Es geht dann also nicht nur um die Frage, ob zwei Kategorien in Zusammenhang stehen, sondern vor allem, in welchem Verhältnis.

Analyse der mehrdimensionalen Konfigurationen von Kategorien. Neben dem paarweisen Zusammenhang von zwei Kategorien kann auch der komplexe Zusammenhang mehrerer Kategorien fokussiert werden. Wie häufig kommen bestimmte Kombinationen von Kategorien in den Daten vor, und zwar nicht nur von zwei, sondern auch von mehr als zwei Kategorien? Anders als bei der vorherigen Auswertungsform, bei der nach Zusammenhängen zwischen jeweils zwei Kategorien gesucht wird, lässt sich hier nach mehrdimensionalen Zusammenhängen zwischen Kategorien und Subkategorien forschen, beispielsweise zwischen den genannten größten Weltproblemen, der Einschätzung der Beeinflussungsmöglichkeiten und dem eigenen Verhalten.

Fall- und Gruppenvergleiche – qualitativ und quantifizierend. Mit Hilfe von qualitativen und quantitativen Kreuztabellen lassen sich Verbindungen zwischen gruppierenden Merkmalen – beispielsweise soziodemographischer Art – und den codierten thematischen Äußerungen herstellen. Es lässt sich etwa in einer tabellarischen Darstellung vergleichen, wie sich Männer und Frauen in Bezug auf die eigene Verantwortungsübernahme darstellen. Gleiches kann auch aufgegliedert nach Bildungsniveau oder nach Einkommensgruppen geschehen. Solche Tabellen stellen die verbalen, qualitativen Daten in systematisierter Form dar. In den Spalten können entweder die codierten Segmente der jeweiligen Gruppe gelistet werden oder die fallbezogenen thematischen Zusammenfassungen. Letzteres ist für die Analyse deutlich übersichtlicher und gewinnbringender, da der Vergleich auf den bereits kondensierten und „vor-analysierten" Informationen aufsetzt. Die Informationen lassen sich aber auch auszählen und bündeln, sodass eine Kreuztabelle darüber informiert, wie häufig bestimmte Subkategorien der „größten Weltprobleme" von bestimmten Gruppen von Befragten genannt werden.

Tabellarische Fallübersichten erstellen. Um einzelne Fälle synoptisch in Bezug auf ausgewählte Kategorien miteinander zu vergleichen, können diese in einer sogenannten tabellarischen Fallübersicht zusammengestellt werden. Dabei bilden typischerweise die Fälle die Zeilen und die Kategorien die Spalten der Tabelle, ganz nach dem Muster einer Profilmatrix bzw. Themenmatrix wie wir sie in Tab. 4 und Abb. 18 weiter oben dargestellt haben. In den Zellen der Tabelle stehen die vor Phase 6 in einem Zwischenschritt geschriebenen Summarys. In weiteren Spalten können auch standardisierte Fallmerkmale ergänzt werden. Tab. 6 zeigt exemplarisch einen Auszug aus einer tabellarischen Fallübersicht mit zwei Fällen in den Zeilen und zwei Kategorien in den Spalten sowie drei ausgewählten standardisierten Fallmerkmalen (Mitgliedschaft in einer Umweltschutz-NGO, Geschlecht, Berufstätigkeit) in der ersten Spalte.

Tab. 6 Tabellarische Fallübersicht (Auszug)

Fall	Einfluss	Erlernbarkeit
B01 – Mitgliedschaft Umweltschutz-NGO: nein – Geschlecht: männlich – Berufstätigkeit: nein	Probleme bestehen schon sehr lange und sind deshalb nicht so einfach zu lösen. Kein Glaube an den Klimawandel, weil der Mensch nicht so viel Einfluss hat. Trotzdem müssen wir wegen des Umweltschutzes Ressourcen schonen.	Eltern sind wichtigste Instanz. Sie müssen einem das vorleben. Auch Medien können eine Rolle spielen, aber man sollte kritisch sein.
B05 – Mitgliedschaft Umweltschutz-NGO: ja – Geschlecht: männlich – Berufstätigkeit: ja	Glaubenskonflikte gibt es seit den Kreuzzügen, da kann man nicht viel tun. Gleiches gilt für den Kapitalismus, die Gier nach Macht gehört zum Menschen. Anders ist es beim Klimawandel, den kann man vielleicht beeinflussen.	In der frühen Kindheit sollten Kinder schon ein Naturbewusstsein entwickeln, z. B. durch Umweltprojekte im Kindergarten. Es ist aber nicht leicht, wenn die Eltern nicht mitziehen. Man muss diese ins Boot holen.

Instruktive Beispiele für Fallübersichten finden sich bei Miles und Huberman (1994, S. 172–206), Schmidt (2010, S. 481–482), Kuckartz et al. (2008, S. 52–53). Tabellarische Fallübersichten vergleichen eine Auswahl von Fällen, oder bei relativ kleinen Stichproben (n < 15), auch alle untersuchten Fälle miteinander hinsichtlich von Merkmalen, die für die Forschungsfrage oder Teilfragen als besonders relevant eingeschätzt werden. Mit solchen Übersichten lässt sich analytisch gut arbeiten. Hopf und Schmidt empfehlen deshalb:

> „(…) Fallübersichten zu erarbeiten, die als Einstieg in Einzelfallanalysen wichtig sind, da sie eine an theoretischen Interessen orientierte Auswahl von Fällen für die vergleichende Analyse von Fällen erleichtern. Sie dienen insofern auch der Unterstützung einer an Prinzipien des theoretischen Sampling orientierten Auswahl der genauer zu analysierenden Einzelfälle. Sie dienen zum anderen der kontrollierten und disziplinierten zusammenfassenden Interpretation unserer Ergebnisse, indem sie vor verzerrenden und theoretische Stimmigkeit vorschnell behauptenden Zusammenfassungen schützen und insofern zu einer auf mehrere Einzelfälle bezogenen Hypothesenprüfung beitragen." (Hopf & Schmidt, 1993, S. 15)

Man kann die Zeilen einer solchen Fallübersicht so sortieren, dass hinsichtlich bestimmter Merkmale ähnliche Fälle auch in der Tabelle hintereinander dargestellt werden, z. B. Personen mit gleichem Bildungsabschluss. Eventuell bietet es sich auch an, zu zählen. Das Zählen hat die Funktion, die in den Daten vorhandenen Informationen voll auszuschöpfen und hierzu gehört auch die Information, ob ein Phänomen oder ein Zusammenhang von Phänomenen häufig vorkommt oder nur als Einzelfall aufgetreten ist. Es handelt sich beim Zählen allerdings um etwas prinzipiell anderes als um das Zählen und statistische Testen im Rahmen von Studien mit repräsentativen Stichproben. Dort geht es um die Ermittlung möglichst allgemeingültiger, gesetzesartiger Aussagen. Auch in diesem Kontext ist allerdings daran zu erinnern, dass wissenschaftliche Erkenntnisse über Zusammenhänge keineswegs einer aus der Grundgesamtheit gezogenen repräsentativen Stichprobe bedürfen. Wäre dies zwingend so, könnten große Teile der medizinischen Forschung und der Pharmaforschung ad acta gelegt werden.

Insgesamt ist festzustellen, dass die vor Phase 6 beschriebene Erstellung von thematisch orientierten Summarys einen analytisch sehr effektiven Arbeitsschritt darstellen kann, der zudem die Präsentation der Ergebnisse („data display“) in anderer Form ermöglicht, denn es können nun nicht mehr nur Originalzitate, sondern deren komprimierte analytische Bearbeitungen miteinander verglichen werden. Fallübersichten und Gegenüberstellungen werden hierdurch einerseits erst möglich gemacht – weil es schon platzmäßig meist nicht realisierbar ist, solche Übersichten mit Originalzitaten zu erstellen – andererseits gewinnen die Übersichten durch die Komprimierung und Abstrahierung an analytischer Kraft und Evidenz. Die Zusammenstellung der Summarys in tabellarischen Fallübersichten kann auch als Ausgangspunkt für weitere Verdichtungen und Zusammenfassungen genutzt werden. Maksutova (2021) gibt ein instruktives Beispiel dafür, wie sich die fallweisen Summarys einer Kategorie gruppenweise aggregieren lassen.

Vertiefende Einzelfallanalyse Tabellarische Fallübersichten bilden einen guten Ausgangspunkt, eine Art Hintergrundfolie, für die Einzelfallbetrachtung. So kann beispielsweise bei einer Interviewstudie jede interviewte Person gut im Spektrum der anderen Fälle verortet werden. Mittels einer vertiefenden Einzelfallanalyse (Schmidt, 2010) lassen sich optional, quasi zur Illustration der verallgemeinernden Analyse, noch einmal einzelne, besonders interessant erscheinende Personen im Forschungsbericht darstellen. Woran sind überhaupt besondere Fälle zu erkennen? Es handelt sich in der Regel entweder um Fälle, die auf besonders typische Art und Weise ein erkanntes Muster oder Phänomen verkörpern oder die – genau umgekehrt – von diesen Mustern abweichen. Für die Identifikation besonderer Fälle bieten sich verschiedene Kriterien an (Kuckartz & Rädiker, 2024, S. 98–99), die teils aus den Fallübersichten, teils nur aus den Originaldaten ersichtlich sind:

- formale Merkmale (z. B. besonders lange oder kurze Texte),
- sprachliche Merkmale (z. B. ungewöhnliche Wörter verwendet),
- inhaltliche Merkmale (z. B. extreme Standpunkte und Meinungen),
- Häufigkeit und Umfang von Inhalten (z. B. wiederholte Betonung eines Aspekts) oder
- standardisierte Merkmale (z. B. extrem hohe oder niedrige Testwerte).

Bei der vertiefenden Analyse in einer Interviewstudie wird so vorgegangen, dass das Transkript einer einzelnen Person zentriert auf eine bestimmte Fragestellung erneut sorgfältig und genau gelesen wird:

> „Am Ende werden Antworten formuliert, die sich auf diesen einen Fall beziehen. Je nach Fragestellung können diese Antworten z. B. aus zusammenfassenden oder ausführlichen Beschreibungen bestehen, aus inhaltlichen Bestimmungen von Zusammenhängen oder aus theoretischen Schlussfolgerungen. Ein Ziel der Fallinterpretation kann sein, Hypothesen aufzustellen oder vorhandene Hypothesen zu überprüfen, zu neuen theoretischen Überlegungen zu kommen oder den theoretischen Rahmen in Frage zu stellen, zu erweitern oder zu verändern. Auch die angewandte Technik der Interpretation ist abhängig von der Fragestellung und der jeweiligen Interpretationstradition, mit der die Forscherinnen und Forscher sich verbunden fühlen, z. B. der hermeneutischen oder der psychoanalytischen." (Schmidt, 2010, S. 482–483)

In jedem Fall handelt es sich nur um die Detailanalyse eines oder weniger ausgesuchter Fälle und nicht um einen für alle Forschungsteilnehmenden zu durchlaufenden Analyseschritt. Für eine solche Einzelfallinterpretation bestehen nicht solch strikte Regeln wie für die tabellarischen Fallübersichten und die vorangehenden Analysephasen. Hier ist man freier, auch in der Wahl der Interpretationstechnik, für die sich in der Regel hermeneutische Techniken anbieten.

Visualisierungen. Bei allen Analysen des codierten Datenmaterials nehmen Visualisierungen eine zentrale Rolle ein. Sie helfen dabei Muster im Datenmaterial zu identifizieren, Zusammenhänge zu erkennen und Vermutungen zu überprüfen. Gleichermaßen sind sie geeignet, gefundene Erkenntnisse zu präsentieren und können deshalb auch später in den Ergebnisbericht sowie Poster und Vortragsfolien übernommen werden. Bei vielen der zuvor erläuterten Analyseformen können Visualisierungen zur Exploration und Präsentation eingesetzt werden, teilweise sind die Analysen ohne unterstützende Visualisierungen kaum vorstellbar oder sinnvoll durchführbar.

Prinzipiell lassen sich zwei Arten von Visualisierungen unterscheiden. Zum einen gibt es *tabellarische Übersichten,* bei denen in den Zellen codierte Textstellen, deren Zusammenfassungen, Kategorien- oder Fallhäufigkeiten dargestellt sind. Einzelne Zellen, Zeilen oder Spalten können farbig hinterlegt werden, um besondere Statements, Fälle oder andere Auffälligkeiten hervorzuheben oder Gruppenzugehörigkeiten zu kennzeichnen. Zum anderen gibt es *Grafiken und Diagramme,* die entweder einem standardisierten, systematischen Aufbau folgen, wie es etwa bei einer Mindmap der Fall ist, oder die in der Gestaltung freier sind und in denen z. B. Zusammenhänge zwischen Kategorien, Theorieaspekten, einzelnen oder mehreren Fällen durch Pfeile und andere Symbole zum Ausdruck gebracht werden.

Mit Hilfe von Diagrammen, etwa einem Baumdiagramm, lässt sich ein Überblick über Subkategorien geben. Beispielsweise lassen sich alle Verhaltensweisen, die nach den Angaben der Befragten aktuell von ihnen als pro Klimaschutz benannt werden, in einer Zusammenhangsgraphik oder einer Mindmap darstellen. Falls an der zahlenmäßigen Verteilung Interesse besteht und solche Darstellungen aufgrund der Anzahl der Fälle sinnvoll sind, lassen sich die jeweiligen Nennungshäufigkeiten auch in Form eines Balken- und Kreisdiagramms darstellen. Ebenso könnten die Gründe, die einen daran hindern, das eigene Verhalten zu verändern, gruppiert und in Form einer Concept-Map dargestellt werden. Eine Concept-Map visualisiert die Zusammenhänge zwischen Konzepten (Begriffen) – hier also zwischen Kategorien und Subkategorien – in Form von Rechtecken, Pfeilen und Beschriftungen (ähnlich wie in Abb. 10 im Kapitel 3.2). Visualisierungen können auch dazu dienen, ausgewählte Personen oder Personengruppen miteinander zu vergleichen.

Phase 7: Ergebnisse verschriftlichen und Vorgehen dokumentieren

Zum Abschluss der Analyse gilt es nun, die gefundenen Ergebnisse, die gewonnenen Erkenntnisse, die Antworten auf die untersuchten Forschungsfragen in einem Bericht zu verschriftlichen. Dabei wird natürlich auf die Vorarbeiten in den vorherigen Phasen zurückgegriffen und die zuvor verfassten Memos und bereits geschriebenen Textfragmente und Auswertungstexte werden in einem finalen Ergebnistext zusammengeführt. Die erstellten Grafiken, Tabellen und Concept-Maps werden zur Illustration ergänzt oder dienen als Ausgangspunkt für erläuternde Beschreibungen von gefundenen Zusammenhängen, Mustern, Ähnlichkeiten und Unterschieden.

Es ist sehr zu empfehlen, mit dem Verschriftlichen von wichtigen Erkenntnissen frühzeitig zu beginnen, also nicht erst in Phase 7. Bereits bei der initiierenden Textarbeit in Phase 1, aber vor allem in der Auswertungsphase 6 können Entwürfe und fertige Textabschnitte für den Ergebnisbericht entstehen, insbesondere dann, wenn eine intensive Beschäftigung mit einzelnen Themen und Aspekten erfolgt und hierfür in Phase 4 und 5 Subkategorien gebildet und angewendet werden. Generell sollten die Phasen 6 und 7 zusammengedacht werden, da sie unter Umständen auch mehrfach hintereinander durchlaufen werden.

So stellt bei den kategorienbasierten Auswertungen eine Zusammenstellung der mit der jeweiligen Kategorie oder Subkategorie codierten Textstellen jeweils den Startpunkt des Schreibprozesses dar. Bei der Auswertung der Kategorie „Größte Weltprobleme" im Beispielprojekt schauten wir uns zunächst an, welche Probleme (Subkategorien) die Befragten als die derzeit größten benennen. Welche werden besonders häufig genannt, welche eher selten? Welche Probleme werden häufig zusammen mit welchen anderen Problemen genannt? Von welchen Gruppen von Befragten?

Möglicherweise führt die intensive Beschäftigung mit einer thematischen Kategorie dazu, noch weitere Subkategorien zu bilden oder bestimmte Dimensionen zu unterscheiden. Eine solche Unterscheidung von Dimensionen muss nicht notwendigerweise dazu führen, dass ein neuer Materialdurchlauf erforderlich wird und die entsprechenden Textstellen nun neu codiert werden. Wir können die Antworten auch einfach ordnen, systematisieren und dann für den Bericht aufbereiten.

Hinsichtlich des Ergebnisberichtes ist es wichtig, sich vorab darüber klar zu werden, wie umfangreich der Text werden soll, der über die Resultate der qualitativen Inhaltsanalyse berichtet. Selbstverständlich macht es einen Unterschied, ob für den Ergebnisteil 60 Seiten angesetzt werden, wie es vielleicht im Rahmen einer Dissertation angemessen ist, oder nur fünf bis zehn Seiten, wie es vielleicht für einen Buchbeitrag vorgegeben ist.

Für die Konzeption des Aufbaus des Forschungsberichts ist der Entwurf einer Storyline sinnvoll und hilfreich. Diese sollte sich am besten an den Forschungsfragen entlang hangeln, welche Ausgangspunkt des Projekts waren. Sofern die Analyse eher theorie- oder hypothesenorientiert war, sind diese natürlich beim Entwurf an vorderster Stelle zu berücksichtigen. Wichtig ist es, die analysierten Kategorien in eine sinnvolle Reihenfolge zu bringen; am besten so, dass ein Spannungsbogen erzeugt und somit Langeweile beim Lesen vermieden wird. Wenn die prinzipielle Struktur des Ergebnisberichts konzipiert ist, lässt sich noch einmal eine feinere Justierung der zugewiesenen Seitenzahlen vornehmen. Nun weiß man in etwa, was zu tun ist und geht beginnend mit der bzw. den ersten Kategorien an das Schreiben des Auswertungsteils.

Jeder Ergebnisbericht sollte am Ende noch einmal resümierend den Bogen zu den ursprünglichen Forschungsfragen schlagen. Konnten diese durch die Studie vollständig beantwortet werden? Wurden etwaige Vermutungen und Hypothesen bestätigt oder eher widerlegt? Welche Fragen konnten mit den erhobenen Daten nicht beantwortet werden? Wo lassen sich (Wissens-)Lücken identifizieren? Welche Fragen stellen sich im Anschluss an die eigene Forschung? Welche neuen Fragen haben sich innerhalb des Forschungsprozesses erst ergeben?

Der gesamte Auswertungsprozess sollte im Ergebnisbericht dokumentiert werden. Dazu gehört es, die Phasen des Auswertungsprozesses darzustellen, die Art der Kategorienbildung darzulegen und zu beschreiben, auf welche Art und Weise die Kategorien und Subkategorien gebildet wurden. Das Kategoriensystem sollte den Leserinnen und Lesern nicht vorenthalten werden. Ist es zu umfangreich, sollte die komplette Fassung zumindest im Anhang des Ergebnisberichts enthalten sein. Codierregeln und ausgewählte Datenbeispiele sowie ggf. Interviewtranskriptionen mit Anzeige der Codierungen sollten ebenfalls dokumentiert werden, in der Regel ebenfalls im Anhang, eventuell auch nur per QR-Code mit einem entsprechenden Link. Im Methodenteil des Berichts können zur Verdeutlichung des methodischen Vorgehens für einige Kategorien exemplarisch die Codierregeln und Beispiele angegeben werden. Weitere Hinweise zur Dokumentation des Vorgehens und zum Verfassen des Ergebnisberichts finden sich in Kapitel 9.6.

6 Die evaluative qualitative Inhaltsanalyse

In diesem Kapitel erfahren Sie etwas über
- die Merkmale der evaluativen qualitativen Inhaltsanalyse,
- das Ablaufmodell der evaluativen Inhaltsanalyse,
- die verschiedenen Phasen dieser Methode,
- die Formen der Ergebnisaufbereitung und Ergebnispräsentation und
- die Unterschiede zur inhaltlich strukturierenden Analyse.

6.1 Charakterisierung

Die evaluative qualitative Inhaltsanalyse ist eine zweite Variante qualitativer Inhaltsanalyse. Sie wird in der empirischen Forschung in vielen Projekten praktiziert (z. B. Gläser-Zikuda, 2005); beispielhaft für die Auseinandersetzung mit der Methodik sind hier die Arbeiten von Hopf und Schmidt (1993) und Schmidt (2010). Mayring bezeichnet in seinem Buch „Qualitative Inhaltsanalyse“ eine ähnliche Methode als Technik der *skalierenden Strukturierung* (Mayring, 2015, S. 106–114; Steigleder, 2008). Anders als bei der inhaltlich strukturierenden Variante steht bei der evaluativen qualitativen Inhaltsanalyse die *Einschätzung, Klassifizierung und Bewertung von Inhalten* durch die Forschenden im Mittelpunkt. Das qualitative Material wird – in der Regel fallbezogen – bewertet und es werden Kategorien gebildet, deren Ausprägungen meist ordinaler Art sind. In einer Interviewstudie zum Klimawandel ließe sich beispielsweise analysieren, inwieweit in den Aussagen der Befragten ein niedriges, mittleres oder ein hohes Verantwortungsbewusstsein in Bezug auf den globalen Klimawandel zum Ausdruck kommt.

In manchen Fällen werden bei der evaluativen Inhaltsanalyse anstelle von Ordinalskalen, wie hier bei der Kategorie „Verantwortungsbewusstsein“, auch Nominalskalen[21] oder Intervallskalen, z. B. Ratingskalen für Bewertungen, verwendet, d. h., die evaluative Analyse ist nicht zwangsläufig auf ordinale Merkmalsausprägungen festgelegt. Auf die Kategorienbildung aufbauende Zusammenhangsanalysen erlauben es, im Anschluss an die evaluative Codierung Vermutungen über Zusammenhänge explorativ zu untersuchen oder für den Fall, dass bereits vorab Hypothesen formuliert wurden, diese am Material zu

21 Dies sind Skalen, deren Ausprägungen keine Rangfolge besitzen, z. B. Religionszugehörigkeit, Geschlecht oder Staatsbürgerschaft.

überprüfen. Die evaluative qualitative Inhaltsanalyse ähnelt der klassischen quantitativen Inhaltsanalyse, die nicht wie ihre heute verbreitete computergestützte Variante „CUI" wortbasiert vorgeht (Früh, 2017, S. 272–279; Rössler, 2017, S. 195–200), sondern auf der Basis menschlichen Verstehens Analyseeinheiten (Fälle) bewertet. Wie bei der inhaltlich strukturierenden Variante ist auch bei der evaluativen qualitativen Inhaltsanalyse die Sprach- und Interpretationskompetenz der Codierer und Codiererinnen gefragt. In gewisser Weise ist auch das in den 1940er Jahren formulierte inhaltsanalytische Modell Osgoods (Krippendorff, 2018, S. 183–185; Merten, 1995, S. 193–199) der Intention nach ein Vorläufer der evaluativen qualitativen Inhaltsanalyse, allerdings weist Osgoods sehr formalisierte und äußerst kleinteilige Vorgehensweise bei der von ihm beschriebenen *Evaluative Assertion Analysis* kaum praktische Gemeinsamkeiten mit den heute von qualitativen Forscherinnen und Forschern praktizierten Formen der evaluativen qualitativen Inhaltsanalyse auf.

Das von Mayring vorgeschlagene Verfahren der skalierenden strukturierenden Inhaltsanalyse ist ebenfalls in seiner Zielsetzung eher quantitativ orientiert, denn es läuft relativ stringent auf die Transformation von Text in Zahlen und letzten Endes auf statistische Analyseverfahren hinaus (Mayring, 2015, S. 114). Demgegenüber sind bei Hopf und Schmidt nicht statistische Auswertungen der Endpunkt der Analyse, sondern Fallübersichten, Zusammenhangsanalysen und eine vertiefende Textinterpretation (Schmidt, 2010). Die in diesem Kapitel vorgestellte evaluative qualitative Inhaltsanalyse ist offen gegenüber beiden Zielsetzungen und erlaubt es, sowohl qualitative Auswertungen vorzunehmen und beispielsweise Fallübersichten und vertiefende Einzelfallanalysen durchzuführen als auch quantitative Auswertungen einzubeziehen.

6.2 Ablauf der evaluativen qualitativen Inhaltsanalyse

Die evaluative qualitative Inhaltsanalyse beinhaltet formal betrachtet die gleichen Hauptphasen wie die inhaltlich strukturierende Inhaltsanalyse, nämlich:

- Einstieg in die Analyse,
- Kategorienbildung,
- Codierung,
- einfache und komplexe Analysen und
- Darstellung der Ergebnisse.

Die Art der Kategorienbildung unterscheidet sich allerdings von der inhaltlich strukturierenden Inhaltsanalyse. Dies bedingt, dass auch die auf die Kategorienbildung folgenden Phasen von der Codierung bis zur Ergebnisdarstellung anders verlaufen. Die folgende Abbildung verdeutlicht den Ablauf der evaluativen Inhaltsanalyse, und zwar exemplarisch dargestellt für eine einzelne bewertende Kategorie. Für mehrere Bewertungskategorien sind die Phasen 2 bis 5 jeweils für jede Kategorie zu durchlaufen:

Abb. 21 Ablauf einer evaluativen qualitativen Inhaltsanalyse in 7 Phasen

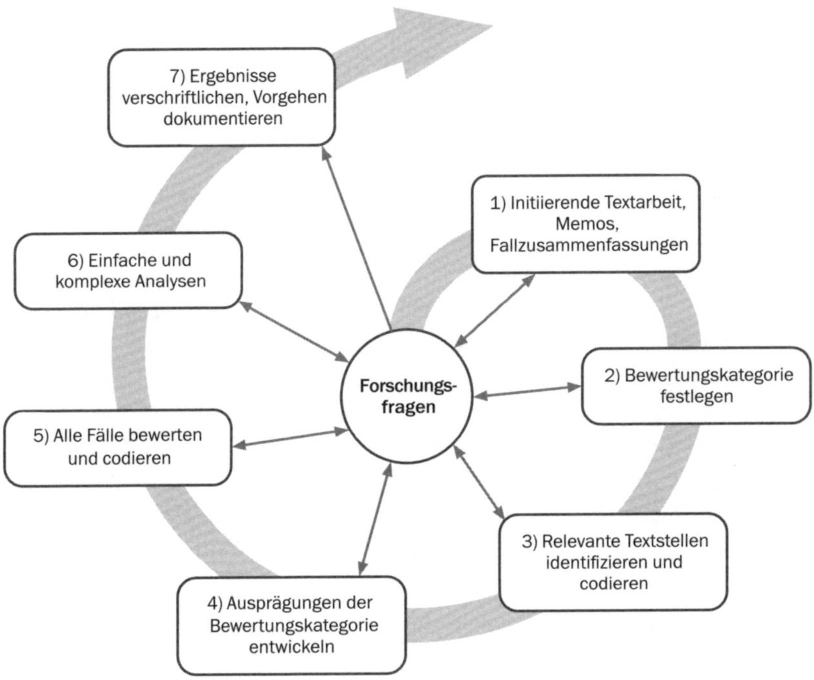

6.3 Detaillierte Beschreibung des Analyseprozesses

Die einzelnen Phasen der evaluativen qualitativen Inhaltsanalyse sind im Folgenden detailliert beschrieben.

Phase 1: Initiierende Textarbeit, Memos, Fallzusammenfassungen

Wie bei allen drei Varianten qualitativer Inhaltsanalyse steht auch am Anfang der evaluativen Analyse die Aufgabe, sich mit dem Datenmaterial vertraut zu machen, d.h. initiierende Textarbeit zu betreiben sowie Memos und Fallzusammenfassungen zu schreiben, wie wir es in Kapitel 4.5 im Detail beschrieben haben. Das Material wird aufmerksam gelesen und kommentiert, wichtige Erkenntnisse in Memos festgehalten. Wenn beim Einstieg in die Analyse bereits feststeht, dass bewertende Kategorien gebildet werden sollen, dann kann schon jetzt das Augenmerk auf entsprechende Aspekte gelegt werden. Welche Merkmale wären für eine evaluative Analyse geeignet? Welche Fälle weisen bei einem relevanten Merkmal besondere, möglicherweise extreme Ausprägungen auf? Auch können in die Fallzusammenfassungen bereits die evaluativen Merkmale aufgenommen werden.

Wenn die evaluative Analyse auf einer zuvor durchgeführten inhaltlich strukturierenden Analyse aufsetzt, dann hat dort der Einstieg in die Analyse bereits stattgefunden. Phase 1 kann in diesem Fall übersprungen oder zumindest abgekürzt werden, indem gezielt ein Blick auf die Ergebnisse der inhaltlichen Strukturierung geworfen wird, etwa um geeignete Kategorien für eine evaluative Analyse zu identifizieren oder um die initiierende Textarbeit auf bereits identifizierte relevante Textstellen zu konzentrieren.

Phase 2: Bewertungskategorie festlegen

In der ersten Analysephase stellt sich die Frage der Bestimmung der Kategorie(n) für die evaluative qualitative Inhaltsanalyse. Woher kommen die Kategorien? Warum will man gerade diese in bewertender Form und nicht in anderer Form, z. B. als thematische Kategorien, erfassen? Hier sei zunächst auf die in Kapitel 2 und 3 dargestellten generellen Überlegungen zu Kategorienarten und zur Bildung von Kategorien verwiesen. In jedem Fall sollte ein stringenter Zusammenhang der Kategorien und des gewählten Typs von Kategorien zur Forschungsfrage gegeben sein. Dabei kann eine Kategorie bereits bei der Formulierung der Forschungsfragen wie auch bei der Datenerhebung eine Rolle gespielt haben. Nehmen wir etwa die Kategorie „Verantwortungsbewusstsein“ aus unserem Beispielprojekt zum Klimabewusstsein: Forschende, die sich mit der menschlichen und gesellschaftlichen Wahrnehmung des globalen Klimawandels befassen, kommen recht schnell auf die Kategorie „Verantwortung“ bzw. „Verantwortungsbewusstsein“, schließlich wird es einem in diesem Feld Forschenden kaum gelingen, eine einschlägige Tagung zu besuchen, bei der die Thematik „Verantwortung“ keine Rolle spielt. Insofern wäre es recht verwegen zu behaupten, die Kategorie sei „am Material“ entwickelt worden. Die Kategorie ist vielleicht in den Daten fundiert, aber sie wurde nicht neu entdeckt und zum ersten Mal innerhalb dieses Forschungsprojekts induktiv entwickelt. Selbstverständlich können sich bewertende Kategorien aber auch erst während des Auswertungsprozesses ergeben und insofern tatsächlich eine Neuentdeckung darstellen.

Für die Entscheidung, die Kategorie „Verantwortungsbewusstsein“ als *bewertende* Kategorie zu bilden, könnte etwa sprechen, dass man vermutet, dass die Ausprägung des Verantwortungsbewusstseins einen wichtigen Einflussfaktor darstellt und vielleicht andere im Projektverlauf gebildete thematische Kategorien wie „Individuelles Verhalten im Klimaschutz“ in Zusammenhang mit der Ausprägung des Verantwortungsbewusstseins betrachtet werden sollen.

Da der Aufwand für die Bildung und Codierung einer bewertenden Kategorie nicht unbeträchtlich ist, sollte sehr genau überlegt werden, warum eine bewertende Codierung für eine Kategorie erfolgen soll. Ferner muss sichergestellt sein, dass die Daten – bis auf unter Umständen zu akzeptierende wenige Ausnahmen – es auch ermöglichen, diese Einschätzung für alle Forschungsteilnehmenden vorzunehmen. Mit Blick auf den Aufwand sollte darauf geachtet werden, nur solche Kategorien auszuwählen, die für die Forschungsfragen eine größere Bedeutung besitzen.

Phase 3: Relevante Textstellen identifizieren und codieren

In dieser Phase muss ein Durchlauf durch die Daten stattfinden. Jede Textstelle, die Informationen zur fokussierten Kategorie enthält – beispielsweise zum Verantwortungsbewusstsein der interviewten Person – muss codiert werden. Für die Wahl der Größe des zu codierenden Textsegments gelten die gleichen Überlegungen wie bei der inhaltlich strukturierenden qualitativen Inhaltsanalyse (vgl. S. 136). Als praktisch und zeitsparend erweist es sich, wenn die betreffende Kategorie bereits vorher thematisch codiert worden ist, dann lässt sich direkt auf die schon vorhandenen Codierungen aufbauen und die komplette Phase 3 kann übersprungen werden. Es ist auch denkbar, dass eine bewertende Kategorie auf mehrere bereits vorhandenen Kategorien und deren Codierungen aufbaut.

Phase 4: Ausprägungen der Bewertungskategorie entwickeln

In dieser Phase werden zunächst alle codierten Segmente der fokussierten Kategorie fallbezogen zusammengestellt. In unserer Beispielstudie zum Klimabewusstsein können beispielsweise alle mit der Bewertungskategorie „Verantwortungsbewusstsein" codierten Segmente Fall für Fall hintereinander gelistet werden, sodass jeweils alle thematisch einschlägigen Stellen eines Interviews betrachtet werden können. Diese Zusammenstellung nach Kategorie dient als Ausgangspunkt für die nun folgende analytische Hauptarbeit.

Auf dem Weg zur Bestimmung der Ausprägungen der Kategorie muss man eine hinreichende Anzahl von codierten Textstellen lesen und entscheiden, wie differenziert die evaluativen Unterscheidungen getroffen werden sollen. Das Minimum hierbei ist die Unterscheidung von zwei Ausprägungen („Merkmal ist vorhanden" vs. „Merkmal ist nicht vorhanden/nicht erschließbar"). In der Regel werden aber mindestens drei Ausprägungen unterschieden:

- hohe Ausprägung der Kategorie
- geringe Ausprägung der Kategorie
- nicht zu klassifizieren, d.h., die vorhandene Information reicht nicht aus, um eine zuverlässige Zuordnung eines Falls zu einer der definierten Ausprägungen vornehmen zu können.

Die dritte Ausprägung („nicht zu klassifizieren") wird bei der evaluativen Form der qualitativen Inhaltsanalyse fast immer benötigt, denn es ist ein Charakteristikum qualitativer Erhebungstechniken, dass das Material nicht immer zu jedem thematischen Aspekt für alle Personen des Samples ausreichende Informationen enthält. Es kann auch vorkommen, dass keine zweifelsfreie Zuordnung möglich ist, weil die Informationen sowohl für die eine als auch für die andere Ausprägung sprechen.

In dieser Phase der Analyse muss auch entschieden werden, ob der gesamte Fall oder jedes Segment gesondert einzuschätzen sind. Ziel der evaluativen qualitativen Inhaltsanalyse ist es, am Ende zu einer Bewertung des gesamten Falls zu kommen. Wenn die Zahl der codierten Segmente pro Fall überschaubar ist, empfiehlt es sich, sofort eine Gesamteinschätzung für den jeweiligen Text vorzunehmen.

Die Phasen 4 und 5 umfassen einen Prozess, der unter Umständen mehrere Verfeinerungsschleifen durchläuft, denn es gilt, die Ausprägungen zu formulieren, auf einen Teil des Materials anzuwenden, d. h. direkt auf Praktikabilität zu erproben und ggf. die Definition und die Abgrenzung der Ausprägungen zu verändern. Es lassen sich nur schwer genaue Angaben darüber machen, wie viel Material dazu benötigt wird. Wenn sehr viele Fälle vorliegen, kann eine Auswahl von ca. 10 bis 25 % der Fälle ausreichen. Es sollte allerdings darauf geachtet werden, eine unreflektierte, möglicherweise verzerrte Auswahl zu vermeiden, also beispielsweise nicht nur Frauen oder Interviewte mit bestimmten soziodemographischen Merkmalen auszuwählen. Je heterogener und je schwieriger die Fälle zu bewerten sind, desto mehr Fälle müssen einbezogen werden.

Wenn das Sample in Bezug auf wichtige Merkmale aus klar definierten Gruppen besteht (etwa Altersgruppe 15–25 und 45–55 Jahre), empfiehlt sich eine Quotierung bei der Auswahl des Materials, beispielsweise zehn Personen aus der jüngeren und zehn aus der älteren Altersgruppe. In allen anderen Fällen ist man mit einer Zufallsauswahl auf der sicheren Seite.

Konstruktion einer bewertenden Kategorie im Beispielprojekt. Im Projekt „Klimabewusstsein" lautete eine der Forschungsfragen, inwieweit der Grad des Verantwortungsbewusstseins das eigene Verhalten in Sachen Klimaschutz wie auch die Beurteilung des Verhaltens der „Anderen" beeinflusst. Die Kategorie „Verantwortungsbewusstsein" wurde demgemäß für eine evaluative Analyse ausgewählt, wobei unter Verantwortungsbewusstsein nicht Rechenschaftspflicht im juristischen Sinn verstanden wurde, sondern die Kategorie als Bereitschaft zur Verantwortungsübernahme für eine absehbare Zukunft definiert wurde.

Im Projekt wurden mehrere Varianten der Definition von Ausprägungen entwickelt und ausprobiert, von denen hier zwei Varianten – mit drei und fünf Ausprägungen – stichwortartig wiedergegeben werden. Hier zunächst die Variante mit drei Ausprägungen:

Tab. 7 Kategorie „Verantwortungsbewusstsein" mit drei Ausprägungen

A1: Verantwortungsbewusstsein vorhanden	
Definition	Subjektive Überzeugung, für die Probleme des globalen Klimawandels auch selbst (Mit-)Verantwortung zu tragen
Hinweise für Codierende	Die Äußerungen der einschlägigen Textstellen lassen mehrheitlich Verantwortungsbewusstsein erkennen. Dieses wird in der Ich-Form artikuliert.
A2: kein Verantwortungsbewusstsein vorhanden	
Definition	Keine subjektive Überzeugung, für die Probleme des globalen Klimawandels auch selbst (Mit-)Verantwortung zu tragen
Hinweise für Codierende	Die Äußerungen lassen mehrheitlich kein oder nur geringes Verantwortungsbewusstsein erkennen. Es wird eher eine unpersönliche Form (beispielsweise „man") oder der Konjunktiv benutzt.
A3: Verantwortungsbewusstsein nicht zu klassifizieren	
Definition	Die Thematik „Verantwortung" wird zwar erwähnt, aber die persönliche Einstellung bleibt unklar bzw. wird nicht erläutert
Hinweise für Codierende	Aus den codierten Textstellen lässt sich das Verantwortungsbewusstsein nicht eindeutig erschließen.

Diese erste Variante besteht im Kern nur aus den dichotomen Ausprägungen „Verantwortungsbewusstsein vorhanden" versus „kein Verantwortungsbewusstsein vorhanden". Die dritte Ausprägung stellt nur eine Art Auffangstation für solche Interviews dar, die kein Material für eine valide Zuordnung enthalten oder deren Aussagen nicht eindeutig sind. Vorteil dieser minimalistischen Variante mit drei Ausprägungen ist, dass es nur eine einzige Trennungslinie gibt, die durch eine präzise Definition und entsprechende Beispiele bezeichnet werden muss. Der Nachteil besteht in der wenig differenzierten Bewertung des Materials und den hiermit notwendigerweise einhergehenden Einschränkungen für anschließende Zusammenhangsanalysen. Demgegenüber erlaubt das Vorsehen von fünf Ausprägungen natürlich eine differenziertere Einschätzung (Tab. 8, nächste Seite).

Die probeweise Zuordnung zum ausgewählten Textmaterial ergab, dass die Ausprägung „hohes Verantwortungsbewusstsein" aufgrund der strikten Codierregel nicht ein einziges Mal zugeordnet wurde. Das galt tendenziell auch für die vierte Ausprägung „kein Verantwortungsbewusstsein", die ebenfalls so gut wie nie auftrat, da sie nur dann codiert werden sollte, wenn die Äußerungen einer Person ausschließlich Hinweise auf „kein Verantwortungsgefühl" enthielten.

Tab. 8 Kategorie „Verantwortungsbewusstsein“ mit fünf Ausprägungen

A1: hohes Verantwortungsbewusstsein	
Definition	Subjektive Überzeugung, für die Probleme des globalen Klimawandels auch selbst (Mit-)Verantwortung zu tragen
Konkrete Beispiele	Kein Beispiel
Hinweise für Codierende	Alle codierten Textsegmente lassen Verantwortungsbewusstsein erkennen. Dieses wird in der Regel in der Ich-Form artikuliert.
A2: mittleres Verantwortungsbewusstsein	
Definition	Nur teilweise oder schwankende subjektive Überzeugung, für die Probleme des globalen Klimawandels auch selbst (Mit-)Verantwortung zu tragen
Konkrete Beispiele	Kein Beispiel
Hinweise für Codierende	Viele, aber nicht alle codierten Textsegmente lassen auf hohes bzw. niedriges Verantwortungsbewusstsein schließen.
A3: niedriges Verantwortungsbewusstsein	
Definition	Geringe subjektive Überzeugung, für die Probleme (Mit-)Verantwortung zu tragen
Konkrete Beispiele	„Ich spüre da bedingte Verantwortung, weil ich noch keine Kinder habe und auch keine haben möchte [...]. Sicher würde ich anderes denken, wenn ich Kinder hätte, ansonsten bin ich der Meinung, dass es der Natur ziemlich egal ist, ob es die Menschen gibt oder nicht.“*
Hinweise für Codierende	Mehrheitlich lassen die Textsegmente kein Verantwortungsbewusstsein erkennen. Dabei wird eher eine unpersönliche Form (beispielsweise „man“) oder der Konjunktiv benutzt.
A4: kein Verantwortungsbewusstsein	
Definition	Subjektive Überzeugung, für die Probleme keine (Mit-)Verantwortung zu tragen
Konkrete Beispiele	„Nee, ich persönlich überhaupt nicht.“
Hinweise für Codierende	Alle Textsegmente lassen kein oder nur ein sehr geringes Verantwortungsbewusstsein erkennen.
A5: Verantwortungsbewusstsein nicht zu klassifizieren	
Definition	Über die Thematik wird berichtet, aber die persönliche Einstellung bleibt unklar bzw. wird nicht erläutert
Konkrete Beispiele	„[...] wenn ich mich damit beschäftige schon, wenn ich aber einfach so vor mich hin lebe, dann weiß ich zwar, dass diese Verantwortung da ist, aber ich spüre sie dann nicht so direkt [...].“
Hinweise für Codierende	Widersprüchliche bzw. nicht eindeutige Äußerungen

* Aus Platzgründen und der Übersicht halber enthält diese und die folgende Tabelle nur einige ausgewählte Beispiele und es wurde auf Quellenangaben zu den Zitaten verzichtet.

Angesichts der Anzahl von 30 zu analysierenden Interviews wurde die pragmatische Entscheidung getroffen, drei inhaltliche Ausprägungen zu unterscheiden plus der Ausprägung für den Fall fehlender Information „Verantwortungsbewusstsein nicht erschließbar". Die Ausprägungen wurden nun wie folgt definiert und um Zitate ergänzt.

Tab. 9 Endgültige Kategorie „Verantwortungsbewusstsein" mit vier Ausprägungen (Fortsetzung nächste Seite)

A1: hohes Verantwortungsbewusstsein	
Definition	Subjektive Überzeugung, für die Probleme des globalen Klimawandels (Mit-)Verantwortung zu tragen. – Person sagt klar: ICH spüre Verantwortung und reflektiert die eigene Involviertheit. – Handlungsbezug: Überzeugung, selbst etwas zur Verbesserung der Probleme des globalen Klimawandels beitragen zu können (und zwar nicht im Konjunktiv geäußert). – Konkrete aktive Handlungen werden benannt, diese sollten sich aber nicht nur auf kleinteilige Bereiche beziehen, die mit den Problemen des globalen Klimawandels wenig zu tun haben wie etwa Papier und Zigarettenkippen auf der Straße aufzusammeln.
Konkrete Beispiele	„Das ist auf jeden Fall da, [...] die Probleme des 21. Jahrhunderts ist ein Riesen-Begriff, ist ein Riesen-Ding und klar spüre ich eine Verantwortung, aber die Verantwortung spüre ich für mein direktes Umfeld erstmal, weil da kann ich handeln, wenn ich mich jetzt verantwortlich fühle für irgendwelche großen Flutkatastrophen, die jetzt im 21. Jahrhundert immer mehr werden auf der Welt, da wüsste ich jetzt nicht wo ich wirklich anfangen sollte, was zu tun, wenn ich das so vor Augen habe, aber wenn ich mir überlege, dass auch unsere Böden hier erodieren, dann spüre ich mich auf jeden Fall in der Verantwortung da irgendwie gegenzusteuern, zu sagen, wenn ich was kaufe, dann kaufe ich nur von Leuten, die so wirtschaften, dass unsere Erde, aus der wir unser Essen ziehen, irgendwie erhalten bleibt."
Hinweise für Codierende	Alle drei Aspekte der Definition müssen mehrheitlich in Richtung „hoch" weisen. Es muss erkennbar sein, dass es um die Person selbst geht (Indikator: Gebrauch von „ich" anstelle von „man" oder passiven Formulierungen).
A2: mittleres Verantwortungsbewusstsein	
Definition	Nur teilweise oder schwankende subjektive Überzeugung für die Probleme des globalen Klimawandels (Mit-)Verantwortung zu tragen. Notwendigkeit für verantwortungsbewusstes Handeln wird prinzipiell gesehen, aber: Manchmal fühlt man sich verantwortlich und handelt auch entsprechend, manchmal aber nicht. Häufig wird die Verantwortung zu handeln eher auf andere übertragen (z. B. Politiker).
Konkrete Beispiele	„Ja, wie gesagt, wenn ich mich damit mehr beschäftige schon, wenn ich aber einfach so vor mich hin lebe, dann weiß ich zwar, dass diese Verantwortung da ist, aber ich spüre sie dann nicht so direkt, dass darauf dann eine Handlung folgt."

Konkrete Beispiele	„[…] ich denke wir als Bürger können da vielleicht nicht so viel machen, vielleicht eher Verantwortliche, wie die Politiker oder die Regierung oder vielleicht doch die Europäische Union, die sich sowieso schon besser […] auskennen und auch mit beschäftigen.“
Hinweise für Codierende	Bei fehlendem Handlungsbezug ist der Kontext einzubeziehen.
A3: niedriges Verantwortungsbewusstsein	
Definition	Geringe oder keine subjektive Überzeugung für die Probleme des globalen Klimawandels (Mit-)Verantwortung zu tragen. Das Problembewusstsein ist nur gering ausgeprägt. Die Sprache ist eher abwehrend. Es besteht nur ein geringes Handlungsbewusstsein. Häufig besteht die Überzeugung, selbst nichts in Richtung Lösung dieser Probleme bewirken zu können.
Konkrete Beispiele	„Ich spüre da bedingte Verantwortung, weil ich noch keine Kinder habe und auch keine haben möchte […]. Sicher würde ich anderes denken, wenn ich Kinder hätte, ansonsten bin ich der Meinung, dass es der Natur ziemlich egal ist, ob es die Menschen gibt oder nicht.“ „Nee, spür ich nicht, nee. Wenn es darum geht, meine Sinne sind nicht empfänglich dafür. Es geht nur darum (…), also ich habe da keinen Drang oder inneres Verlangen mich irgendwie einzubringen, mehr einzubringen, gerade jetzt, was die Umweltsachen angeht. Ja.“ „Nee, ich persönlich überhaupt nicht. Ich muss sagen, dass ich selber ein sehr bequemer Mensch bin und […] auch nicht wirklich weiß, ob wir die Verantwortlichen dafür sind, dass das Klima sich so drastisch ändert.“
Hinweise für Codierende	Achten auf: Gebrauch des Konjunktivs und Vermeiden des Wortes „Ich“.
A4: Verantwortungsbewusstsein nicht erschließbar	
Definition	Es bleibt unklar, ob ein Verantwortungsbewusstsein besteht bzw. die Äußerungen sind so widersprüchlich, dass sie sich nicht den Ausprägungen hoch bis niedrig zuordnen lassen.
Konkrete Beispiele	–
Hinweise für Codierende	Bei Widersprüchlichkeit ggf. den Kontext einbeziehen

Phase 5: Alle Fälle bewerten und codieren

In dieser Phase erfolgen nun die endgültige kategorienbezogene Einschätzung und die entsprechende bewertende Codierung des gesamten Materials. Bei der Codierung der Daten lassen sich zwei verschiedene Strategien verfolgen. Entweder können alle Textstellen eines Falls in ihrer Gesamtheit bewertet werden und dem ganzen Fall wird eine Codierung mit der entsprechenden Ausprägung zugewiesen. Pro Fall gibt es dann genau eine Zuordnung zu einer Ausprägung. Alternativ kann jede Textstelle einzeln codiert werden, wodurch Ambivalenzen im Fall erfasst und deutlich werden können. Pro Fall gibt es dann eine oder mehrere Zuordnungen zu einer oder mehreren Ausprägungen. In unserem Beispielprojekt wurde die erste Strategie angewendet und jeweils alle Textstellen zum Verantwortungsbewusstsein für jede Interviewperson als Ganzes eingeschätzt und festgehalten.

In Zweifelsfällen wird notiert, warum ein Fall so und nicht anders eingestuft wird. Dies geschieht am besten in Form eines Memos, das dem Text zugeordnet wird. Auch in dieser Phase der Analyse geht es nicht bloß um einen mechanisch auszuführenden Codiervorgang, sondern es gilt die Augen aufzuhalten, gute Beispiele zu markieren und somit für den späteren Forschungsbericht festzuhalten. Nicht selten besteht auch die Notwendigkeit, die Definition von Ausprägungen zu präzisieren und mit weiteren Zitaten zu illustrieren. Zweifelsfälle sollten mit anderen Forschenden diskutiert werden, z. B. in der Arbeitsgruppe oder in einem Kolloquium für Nachwuchswissenschaftler und Nachwuchswissenschaftlerinnen.

Noch einmal zur Erinnerung: Bei mehreren Bewertungskategorien sind die Phasen 2 bis 5 jeweils für jede Kategorie zu durchlaufen.

Phase 6: Einfache und komplexe Analysen

Es lassen sich verschiedene Formen der Analyse unterscheiden, die in der folgenden Abbildung dargestellt sind. Ähnlich wie bei der inhaltlich strukturierenden qualitativen Inhaltsanalyse empfiehlt es sich auch bei der evaluativen Analyse von einfachen zu komplexen Analyseformen voranzuschreiten.

Abb. 22 Verschiedene Formen einfacher und komplexer Analysen des codierten Materials bei einer evaluativen qualitativen Inhaltsanalyse

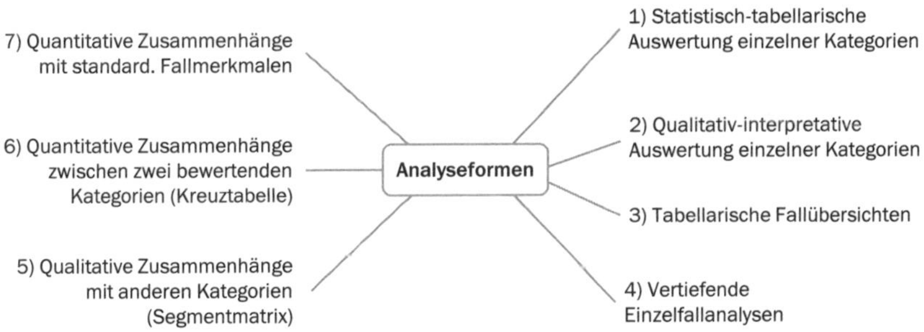

Besonders in dieser Auswertungsphase sollte man die Devise des permanenten Schreibens, das fortlaufende schriftliche Festhalten von wichtigen Erkenntnissen und Ergebnissen, beherzigen. Die meisten in Phase 6 erstellten Auswertungsergebnisse können nämlich eins-zu-eins in den Ergebnisbericht übernommen werden und stellen eine wichtige Grundlage für die Verschriftlichung der Ergebnisse in Phase 7 dar.

Einfache qualitative und quantitative Analysen der bewertenden Kategorien

Üblicherweise beginnt der Analyseprozess nach Abschluss der Codierung mit einfachen Auswertungen der bewertenden Kategorien. Der Einstieg in die Analyse ist vornehmlich deskriptiv, wobei sich die Beschreibung sowohl auf qualitative wie auf quantitative Aspekte bezieht:

Verbale Beschreibung der bewertenden Kategorien und ihrer Ausprägungen. Startpunkt ist die Dokumentation der bisherigen Vorgehensweise, d. h. eine Darstellung der gebildeten Kategorien, ihres Theoriebezugs und die Dokumentation des Prozesses der Kategorienbildung.

Im folgenden Schritt werden die bewertenden Kategorien, die gewählten Ausprägungen und ihre inhaltlichen Bedeutungen detailliert beschrieben. Im obigen Beispiel bedeutet dies, dass zunächst die drei Stufen von Verantwortungsbewusstsein mit Beispielen dargestellt werden (siehe obige Tab. 9).

Die Ergebnisse in Bezug auf eine bestimmte Bewertungskategorie lassen sich in zwei Richtungen darstellen: statistisch-tabellarisch und qualitativ-interpretativ.

Analyseform 1) Statistisch-tabellarische Auswertung einzelner Bewertungskategorien. Folgende Analysen können vorgenommen werden:

- Häufigkeiten der Ausprägungen der Bewertungskategorie in absoluten und relativen Häufigkeiten, d. h., wie viele Personen besitzen ein hohes, ein mittleres und ein niedriges Verantwortungsbewusstsein
- Darstellung der Häufigkeiten der Ausprägungen als Graphik, z. B. in Form von Kreis- oder Balkendiagrammen
- Übersichtsdarstellung mit den Fällen in den Spalten – für jeden Fall wird die Ausprägung angegeben und ggf. nach diesen sortiert

Analyseform 2) Qualitativ-interpretative Auswertung einzelner Bewertungskategorien. Die qualitative Auswertung fokussiert das *Wie* bezogen auf die einzelnen bewertenden Kategorien. Hierzu gehören:

- die Darstellung, was auf welche Art und Weise und ggf. mit welchen Argumenten (z. B. zum Thema Verantwortung) gesagt wird, aufgegliedert nach Ausprägungen,
- die Darstellung allgemeiner und außergewöhnlicher Aussagen, letztere finden sich eher in den Randausprägungen, also beispielsweise die hochgradigen Ignoranten des Klimawandels nur in der Gruppe „Personen mit wenig oder gar keinem Verantwortungsbewusstsein".

Komplexe qualitative und quantitative Analysen der evaluativen Kategorien

Auf die deskriptive Auswertung der einzelnen bewertenden Kategorien können verschiedene Formen von komplexen, über die einzelnen Kategorien hinausgehenden, Auswertungen folgen. Auch in dieser Phase können sowohl qualitative wie quantitative Analysen durchgeführt werden. Als qualitative Verfahren bieten sich Übersichtstabellen (Analyseform 3) und darauf basierende vertiefende Einzelfallanalysen (Analyseform 4) an. Eine Untersuchung des Zusammenhangs zwischen den bewertenden Kategorien und anderen Kategorien, z. B. thematischen oder theoretischen, verknüpft evaluative und inhaltlich strukturierende Inhaltsanalyse (Analyseform 5). Das Spektrum quantitativer Analyse reicht von der Untersuchung bivariater Zusammenhänge der Bewertungskategorien untereinander (Analyseform 6) bis zur Analyse der Zusammenhänge zwischen Bewertungskategorien und soziodemographischen Merkmalen (Analyseform 7).

Über die hier näher beschriebenen sieben Auswertungsformen hinaus sind der Kreativität für die Auswahl (und Entwicklung) weiterer qualitativer und quantitativer Verfahren keine Grenzen gesetzt. Hier ist noch vieles möglich, vor allem dann, wenn die qualitative Inhaltsanalyse im Rahmen eines Mixed-Methods-Ansatzes durchgeführt wird. Dann bieten sich mit den sogenannten „Joint Displays" zahlreiche Möglichkeiten zur Verknüpfung von qualitativen und quantitativen Daten (Guetterman & Creswell et al., 2015; Kuckartz, 2014b; Kuckartz & Rädiker, 2021).

Bei den meisten Auswertungsformen spielen Visualisierungen eine wichtige Rolle. Einerseits dienen sie der Exploration von Zusammenhängen mit oder zwischen den bewertenden Kategorien sowie dem Entwickeln und Überprüfen von Hypothesen. Andererseits sind sie später geeignet, die gefundenen Erkenntnisse zu präsentieren, sei es im Ergebnisbericht, auf Postern oder in einem Vortrag. Beispielsweise haben Gugushvili und Salukvadze (2021) in einer Studie zur Stadtentwicklung drei evaluative Kategorien gebildet und deren jeweilige Ausprägungen auf einer Concept-Map um vier thematische Kategorien herum angeordnet, um die Zusammenhänge mit den vier Themen zu illustrieren.

Analyseform 3) Tabellarische Fallübersichten mit bewertenden Kategorien und standardisierten Merkmalen. Mit Hilfe von tabellarischen Übersichten, die als Matrix „Fälle mal Kategorien" beispielsweise „Personen mal soziodemographische Variablen" angeordnet sind, lassen sich Merkmalskonstellationen auf einen Blick erkennen. Solche Tabellen dienen als Grundlage für die Identifikation von Mustern und erlauben einen guten Überblick zur Beantwortung ausgewählter Teilfragestellungen. Die unten stehende Fallübersicht, deren Zeilen durch die Personen gebildet werden, zeigt für jede Person, ob sie Natur-

und Umweltprobleme zu den aktuell größten Weltproblemen zählt (thematische Subkategorie), welcher Altersgruppe sie angehört (soziodemographische Variable), wie sie hinsichtlich ihres Verantwortungsbewusstseins eingestuft wurde (bewertende Kategorie) und listet ein charakteristisches Statement zum eigenen Verhalten (thematische Kategorie) als Zitat aus dem jeweiligen Interview.

Tab. 10 Tabellarische Fallübersicht

Fall	Größte WP Natur und Umwelt	Altersgruppe	Verantwortungsbewusstsein	Statements zum eigenen Verhalten
Person 1	nein	15–25	niedrig	„Ja im Prinzip weiß ich das. (…) wenn ich jetzt davon Abschied nehme, ob sich dann soviel ändert“
Person 2	ja	46–65	niedrig	„(…) die Zeit, die ich auf dem Planet verbringe, wird noch ungefähr reichen. (…) ansonsten bin ich der Meinung, dass es der Natur ziemlich egal ist, ob es die Menschen gibt oder nicht.“
Person 3	ja	15–25	hoch	Achtet sehr darauf, umweltbewusst zu leben, aber „dass mir auch manchmal aus finanziellen Gründen die Hände gebunden sind.“
Person 4	nein	15–25	niedrig	Schmeißt keinen Müll weg; fährt kein „absolut Benzin verschwendendes Auto“

Analyseform 4) Vertiefende Einzelfallanalysen. Ähnlich wie bei der inhaltlich strukturierenden Inhaltsanalyse können auch bei der evaluativen Inhaltsanalyse vertiefende Fallanalysen vorgenommen werden, beispielsweise auf der Basis tabellarischer Fallübersichten. Dies setzt natürlich voraus, dass in der Analysephase überhaupt genügend Zeit für solch vertiefende Analysen bleibt. Auf alle Fälle ist es interessant, nicht nur kategorienorientierte, sondern auch fallorientierte Auswertungen vorzunehmen und sich nach den überwiegend zusammenfassenden und verdichtenden Auswertungen wieder Einzelfällen zuzuwenden. Ein Fall kann dabei einerseits „für sich“, d. h. in seiner Besonderheit wahrgenommen, analysiert und interpretiert werden, und andererseits auch als exemplarischer Fall von analysierten Regelmäßigkeiten, gewissermaßen als „Fall von …“, erneut in Augenschein genommen werden (Schmidt, 2010).

Analyseform 5) Qualitative Zusammenhänge mit anderen Kategorien (Segmentmatrix). Der Zusammenhang von bewertenden Kategorien und anderen z. B. thematischen Kategorien lässt sich in Matrixform darstellen. Wenn man nur an zahlenmäßigen Relationen interessiert ist, lassen sich Kreuztabellen wie die weiter unten in Tab. 12 und Tab. 13 dargestellten benutzen. Hierbei wird dann nur berücksichtigt, ob die entsprechende thematische Kategorie bzw. Subkategorie codiert wurde oder nicht, z. B. also ob Befragte „Natur und Umwelt" zu den derzeit größten Weltproblemen gezählt haben. Mit einer solchen dichotom umgeformten Kategorie entstehen dann Kreuztabellen wie in Tab. 12 abgebildeten Muster „Eigenes klimaschützendes Verhalten mal Verantwortungsbewusstsein".

Eine weitergehende, detailliertere Möglichkeit ist die Erstellung einer sogenannten Segmentmatrix wie in Tab. 11. Hier geht es nicht um aggregierte Zusammenhänge in Zahlenform, sondern um eine Inspektion der qualitativen Daten, d. h. der entsprechenden Textabschnitte, die mit der thematischen Kategorie codiert wurden.

Tab. 11 Segmentmatrix für Zusammenhänge zwischen evaluativer und thematischer Kategorie

	Verantwortungsbewusstsein		
	hoch	*mittel*	*niedrig*
Ernährung	Textstellen von Personen mit hohem Verantwortungsbewusstsein zum Ernährungsverhalten	Textstellen von Personen mit mittlerem Verantwortungsbewusstsein zum Ernährungsverhalten	Textstellen von Personen mit niedrigem Verantwortungsbewusstsein zum Ernährungsverhalten
Mobilitätsverhalten	Textstellen von Personen mit hohem Verantwortungsbewusstsein zum Mobilitätsverhalten	Textstellen von Personen mit mittlerem Verantwortungsbewusstsein zum Mobilitätsverhalten	Textstellen von Personen mit niedrigem Verantwortungsbewusstsein zum Mobilitätsverhalten

Analyseform 6) Quantitative Zusammenhänge zwischen bewertenden Kategorien (Kreuztabelle). Um Zusammenhänge mit anderen bewertenden Kategorien zu untersuchen, kann auf herkömmliche, aus statistischen Analyseprogrammen bekannte Kreuztabellen zurückgegriffen werden. Es ergibt sich dann eine Anordnung von zwei bewertenden Kategorien nach dem folgenden Prinzip:

In den Zellen der Tabellen können sowohl die absoluten Häufigkeiten, also die Anzahl der jeweiligen Fälle stehen, als auch der Prozentanteil. Eine solche

Tabelle enthält – auch dann, wenn die Fallzahl gering ist – wichtige beschreibende Informationen. Sofern die Fallzahl groß genug ist, können Zusammenhangsmaße berechnet werden, und wenn zusätzlich die erwarteten Häufigkeiten pro Zelle größer als 5 sind, können auch Chi-Quadrat-Tests durchgeführt werden (Kuckartz et al., 2013).

Tab. 12 Kreuztabelle für Zusammenhänge zwischen zwei bewertenden Kategorien

	Verantwortungsbewusstsein			
Eigenes klimaschützendes Verhalten	*hoch*	*mittel*	*niedrig*	*Total*
ja	Anzahl der Personen mit *positivem* eigenem Verhalten und *hohem* Verantwortungsbewusstsein	Anzahl der Personen mit *positivem* eigenem Verhalten und *mittlerem* Verantwortungsbewusstsein	Anzahl der Personen mit *positivem* eigenem Verhalten und *niedrigem* Verantwortungsbewusstsein	Gesamtzahl der Personen mit *positivem* eigenem Verhalten
nein	Anzahl der Personen mit *negativem* eigenem Verhalten und *hohem* Verantwortungsbewusstsein	Anzahl der Personen mit *negativem* eigenem Verhalten und *mittlerem* Verantwortungsbewusstsein	Anzahl der Personen mit *negativem* eigenem Verhalten und *niedrigem* Verantwortungsbewusstsein	Gesamtzahl der Personen mit *negativem* eigenem Verhalten
Total	Gesamtzahl der Personen mit *hohem* Verantwortungsbewusstsein	Gesamtzahl der Personen mit *mittlerem* Verantwortungsbewusstsein	Gesamtzahl der Personen mit *niedrigem* Verantwortungsbewusstsein	

Analyseform 7) Quantitative Zusammenhänge mit standardisierten Fallmerkmalen (Kreuztabelle). Zusammenhänge von bewertenden Kategorien und standardisierten Fallmerkmalen, wie etwa soziodemographischen Daten bei Interviews, lassen sich in ähnlicher Weise in einer Kreuztabelle darstellen wie die Zusammenhänge zwischen zwei bewertenden Kategorien. An die Stelle der zweiten bewertenden Kategorie tritt nun die standardisierte Variable. Hier werden beispielsweise Fragen gestellt wie „Gibt es hinsichtlich des Verantwortungsbewusstseins Differenzen zwischen den Geschlechtern?“ und „Beeinflussen das Bildungsniveau, die Zugehörigkeit zu sozialen Milieus oder andere soziale Merkmale das Verantwortungsbewusstsein?“.

Diese Fragen lassen sich beantworten, indem eine tabellarische Darstellung der Zusammenhänge in Form von Kreuztabellen erfolgt, ähnlich wie in

Tab. 13, in welcher der Zusammenhang von Verantwortungsbewusstsein und Geschlecht schematisch dargestellt ist. Auch für diese Tabellen gilt, dass bei hinreichend großer Fallzahl durchaus auch statistische Berechnungen mit dafür geeigneten Verfahren durchgeführt werden können.

Tab. 13 Kreuztabelle für den Zusammenhang zwischen einer bewertenden Kategorie und einer soziodemographischen Variablen

	Geschlecht		
Verantwortungsbewusstsein	*männlich*	*weiblich*	*Total*
hoch	Anzahl der männlichen Personen mit hohem Verantwortungsbewusstsein	Anzahl der weiblichen Personen mit hohem Verantwortungsbewusstsein	Gesamtzahl der Personen mit hohem Verantwortungsbewusstsein
mittel	Anzahl der männlichen Personen mit mittlerem Verantwortungsbewusstsein	Anzahl der weiblichen Personen mit mittlerem Verantwortungsbewusstsein	Gesamtzahl der Personen mit mittlerem Verantwortungsbewusstsein
niedrig	Anzahl der männlichen Personen mit niedrigem Verantwortungsbewusstsein	Anzahl der weiblichen Personen mit niedrigem Verantwortungsbewusstsein	Gesamtzahl der Personen mit niedrigem Verantwortungsbewusstsein
Total	Gesamtzahl der männlichen Personen	Gesamtzahl der weiblichen Personen	

Phase 7: Ergebnisse verschriftlichen und Vorgehen dokumentieren

Typischerweise beginnt der Ergebnisbericht bei der evaluativen qualitativen Inhaltsanalyse mit einer Beschreibung der bewertenden Kategorien und ihrer Ausprägungen. Welche Bedeutung haben die einzelnen Ausprägungen und nach welchen Kriterien erfolgte die Zuordnung? Was sind ihre besonderen Charakteristika? Wie viele und welche Fälle wurden welcher Ausprägung zugeordnet? Diese Fragen gilt es zunächst für die Leserinnen und Leser zu beantworten, bevor Ergebnisse von Zusammenhangsanalysen mit anderen Kategorien, soziodemographischen und weiteren standardisierten Merkmalen berichtet werden können. In der Regel sind in Phase 6 bereits die notwendigen Beschreibungen der Kategorien und Ausprägungen erstellt worden, die eins-zu-eins in den Ergebnisbericht übernommen werden können. Ansonsten erfolgt die Verschriftlichung der Ergebnisse auf die gleiche Weise wie bei der inhaltlich strukturierenden Analyse. Alle im Analyseprozess bereits geschriebenen Auswertungstexte, die in Memos festgehaltenen Erkenntnisse sowie die erstellten Abbildungen, Übersichten und Tabellen werden in einem finalen

Ergebnisbericht zusammengeführt, wobei auch Zitate aus dem Datenmaterial ergänzt werden können.

Bei der Dokumentation des Vorgehens ist es sinnvoll, die Entstehung der bewertenden Kategorien und vor allem ihrer Ausprägungen zu erläutern. Wenn es schwierige Zweifelsfälle gab, sollte ausgeführt werden, wie mit diesen umgegangen wurde und welche Entscheidungen aus welchen Gründen bei der finalen Zuordnung getroffen wurden. Wenn die Kategoriendefinitionen nicht bereits im Ergebnisteil Platz gefunden haben, können Sie in den Anhang integriert werden.

Allgemeine Informationen zur Verschriftlichung der Ergebnisse und zur Dokumentation des Vorgehens haben wir in Kapitel 9.6 zusammengestellt.

6.4 Unterschiede zwischen evaluativer und inhaltlich strukturierender Analyse

Die evaluative qualitative Inhaltsanalyse geht im Vergleich zur inhaltlich strukturierenden Variante stärker hermeneutisch-interpretativ vor. Die Codierenden nehmen *Bewertungen* auf der Ebene des gesamten Falls vor, d. h., die evaluative Inhaltsanalyse ist eher ganzheitlich orientiert, weil hier nicht nur kleinteilig einzelne Textstellen bewertet werden, sondern in der Regel die Gesamtheit des Falls. Man kann allerdings auch kleinteiliger codieren, wie dies etwa bei der von Mayring beschriebenen Technik der skalierenden Strukturierung praktiziert wird. In diesem Fall werden jeweils die einzelnen Segmente, die unter die bewertende Kategorie fallen, gesondert bewertet und die Bewertungen werden erst später zu einer Gesamtbewertung zusammengeführt. Ob dies aber wirklich zielführender ist, hängt stark von der Art des Materials ab. Häufig wird man nämlich bei der Bewertung einer bestimmten Stelle im Text zur korrekten Bewertung einen möglichst weiten Kontext hinzuziehen wollen (müssen). Vom Standpunkt hermeneutischer Interpretation aus lässt sich dann kaum rechtfertigen, als Kontext nicht den gesamten Text, sondern nur Äußerungen in der Nähe der zu bewertenden Textstelle zu berücksichtigen. Zieht man aber den weiteren Kontext in Betracht, so wäre es sinnvoller auch gleich den gesamten Text in Bezug auf die jeweilige Kategorie zu bewerten.

Generell sind die Kategorien bei der evaluativen Analyse eher holistisch angelegt als die Kategorien bzw. Subkategorien bei der inhaltlich strukturierenden qualitativen Inhaltsanalyse. Die vorzunehmenden Klassifizierungen und Bewertungen stellen höhere Anforderungen an die Codierenden als dies bei der inhaltlich strukturierenden Variante der Fall ist. Es ist nur schwer vorstellbar, zu guten Übereinstimmungen zwischen Codierenden zu kommen, wenn diese nicht auch über ein fachkundiges Wissen verfügen. Die Codierenden müssen verstehen und inhaltlich nachvollziehen können, was sie bewerten sollen.

Bei der evaluativen Analyse ist es unbedingt empfehlenswert, mit zwei voneinander unabhängigen Codierenden zu arbeiten. Selbstverständlich gibt es Situationen – etwa bei Erstellung von Qualifikationsarbeiten – wo Forschende alleine arbeiten (müssen). Auch hier sollte dann aber überlegt werden, ob nicht zumindest temporär eine zweite Person zur Kontrolle hinzugezogen werden kann.

Besonders gut eignet sich das evaluative Verfahren dann, wenn theorieorientiert gearbeitet wird. Das muss nicht unbedingt bedeuten, dass Forschende wie Hopf et al. (1995) bereits zu Beginn des Projekts über ein profundes, theoretisches Wissen über das untersuchte Problem verfügen und explizit formulierten Hypothesen nachgehen. Es ist durchaus denkbar, dass sich ein solches Interesse an der Formulierung von Hypothesen und Theorien erst während des Projektverlaufs entwickelt. In jedem Fall ist die Methode der evaluativen Inhaltsanalyse besonders gut für ein solch theorieorientiertes Arbeiten geeignet – will man primär auf Beschreibung hinaus, ist das Verfahren der inhaltlich strukturierenden Inhaltsanalyse meistens besser geeignet.

Es ist auch durchaus möglich, die evaluative Analyse mit der inhaltlich strukturierenden Analyse zu kombinieren und nur für einzelne besonders interessierende Themenbereiche zusätzlich evaluative Kategorien zu definieren. Diese können auf die inhaltlich strukturierende Codierung aufbauen und die bereits geleistete Vorarbeit nutzen. Die evaluative Inhaltsanalyse ist eine Methode, die deutlich zeigt, dass die häufig geäußerte Charakterisierung qualitativer Forschung als explorierend und Theorie entdeckend bzw. generierend, aber nicht Theorie überprüfend, zwar vielleicht den Mainstream qualitativer Forschung beschreibt, aber keineswegs prinzipiell und ausschließlich zutreffend ist. Standardisierte Fragebögen mit vorgegebenen Antworten sind, so argumentieren Hopf et al. (1995) überzeugend, häufig ungeeignet, um die Komplexität der Forschungsfragen einzufangen. Man will die Befragten in ihren eigenen Worten und Nuancierungen sprechen lassen und ihre Äußerungen dann aus der Perspektive der Wissenschaftlerinnen bzw. Wissenschaftler bewerten. Dieses Vorgehen verspricht häufig validere Informationen und Daten als ein standardisiertes Instrumentarium. Eine Variante der evaluativen Inhaltsanalyse stellt Mayrings Technik der skalierend strukturierenden Inhaltsanalyse dar, die allerdings auf statistische Analysen hinausläuft und nach erfolgter Codierung keine qualitativen Analysephasen mehr vorsieht. Demgegenüber argumentieren wir dafür, auch die fallorientierte Perspektive zu berücksichtigen, indem nach der Codierung Einzelfälle erneut fokussiert werden und vertiefende Fallinterpretationen vorgenommen werden.

7 Die typenbildende qualitative Inhaltsanalyse

In diesem Kapitel erfahren Sie etwas über

- die Tradition der Typenbildung in der Sozialforschung
- das Konzept des Merkmalsraums,
- die typenbildende qualitative Inhaltsanalyse,
- die verschiedenen Phasen dieses Verfahrens und
- die Formen der Ergebnisaufbereitung und Ergebnispräsentation.

Die in diesem Kapitel dargestellte typenbildende qualitative Inhaltsanalyse zeigt einen Weg, wie von der inhaltlich strukturierenden und/oder evaluativen Inhaltsanalyse zur Konstruktion von Typologien, einem zentralen Ziel qualitativer Forschung, fortgeschritten werden kann.

In vielen Texten, die sich mit qualitativen Methoden befassen, gilt die Bildung von Typen und die Entwicklung einer Typologie als ein zentrales Ziel qualitativer Datenanalyse (Creswell & Plano Clark, 2011, S. 212–238; Kluge, 1999; Lamnek & Krell, 2016, S. 218–227; Schmidt, 2000).[22] Die Methode der Typenbildung ist hervorragend für die Analyse von Zielgruppen geeignet und erlaubt es, mehrdimensionale Muster in den Daten zu erkennen und zu analysieren. Bildlich gesprochen geht es darum, in der Matrix Fälle mal Kategorien, wie wir sie z. B. oben in Abb. 18 dargestellt haben, eine Systematisierung und sinnvolle Ordnung der Fälle in ihrer Gesamtheit vorzunehmen. Mit Hilfe der qualitativen Inhaltsanalyse ist die Bildung von Typen in methodisch kontrollierter Form möglich. Im Vergleich zur inhaltlich strukturierenden und zur evaluativen Inhaltsanalyse ist die typenbildende Analyse komplexer und methodisch anspruchsvoller. Aus diesem Grund beginnt die Charakterisierung des Verfahrens im folgenden Kapitel auch mit einer Erörterung der methodischen Grundlagen.

Der eigentliche Kern der Typenbildung ist die Suche nach mehrdimensionalen Mustern, die das Verständnis eines komplexen Gegenstandsbereichs oder eines Handlungsfeldes ermöglichen. Bei der typenbildenden qualitativen

22 Kaum einen Begriff findet man beispielsweise im Sachregister von Lamneks Lehrbuch „Qualitative Sozialforschung“ so häufig wie den Begriff „Typ“ und dessen Derivate („Typenbildung“, „Typisierung“, „Typologie“ etc.). Zur Typenbildung vgl. auch Kelle und Kluge (2010), Kluge (1999) und Kuckartz (2020).

Inhaltsanalyse wird auf die Vorarbeit einer vorausgehenden inhaltlich strukturierenden oder bewertenden Codierung aufgebaut.

7.1 Tradition der Typenbildung in der Sozialforschung

In vielen qualitativen Studien werden Verfahren der Typenbildung eingesetzt[23] und in der sozialwissenschaftlichen Methodenliteratur finden sich zahlreiche Vorschläge zur systematischen, empirisch begründeten Typenbildung bei der Analyse qualitativer Daten[24].

Klassisch ist die sozialpsychologische Forschung der 1930er Jahre, in der die Konstruktion von Typologien und das Denken in Typenbegriffen eine große Rolle spielten. Weithin bekannt ist das Feldforschungsprojekt über die „Arbeitslosen von Marienthal"[25], in dem auf der Basis vielfältiger Datenerhebungen – Beobachtung, Einzelgespräche, Zeitverwendungsbögen und anderem mehr (Jahoda et al., 1975, S. 26–31) – ausführliche Familienbeschreibungen für jede der untersuchten 100 Familien erstellt wurden. Dabei wurden sehr vielfältige Gesichtspunkte berücksichtigt, die als eine Art Leitfaden folgende Struktur der Familienbeschreibungen ergaben:

- Familie (Zusammensetzung der Familie, Alter, Einkommen, Besitzverhältnisse),
- Hausbesuchsprotokoll (Beschreibung der Wohnung, ihres Zustands, der Einrichtung und Ausstattung sowie Eindruck vom Zustand der Kinder),
- Lebensgeschichte des Mannes (Biografie, Beruf, beruflicher Werdegang, Stellung im Betrieb, politische Orientierung, Freizeitverhalten),
- Lebensgeschichte der Frau (Biografie, Ausbildung, Berufstätigkeit),
- Gespräche (Einstellungen, Basisorientierungen, politische Einstellungen, Vorstellungen von der Zukunft) und
- Beobachtungen (Verhalten der einzelnen Familienmitglieder, Gestaltung des Tages, Wirtshausbesuch, Aktivitäten).

---

23 Ansätze der Typenbildung finden sich sehr häufig in der Biographieforschung (Ecarius & Schäffer, 2010), in der Jugendforschung, in der Lebensstilforschung und in interdisziplinären Forschungsfeldern wie Public Health und der Forschung über Umweltrisiken und Umweltwahrnehmung (de Haan et al., 2001).

24 Zum Beispiel Gerhardt, 1995; Kelle, 2007b, S. 199; Kelle & Kluge, 2010; Kluge, 1999; Kuckartz, 1988, 1995, 1996; Schründer-Lenzen, 1996.

25 Das Projekt wurde zu Beginn der 1930er Jahre von der Wirtschaftspsychologischen Forschungsstelle der Universität Wien unter der Leitung von Paul Lazarsfeld und Marie Jahoda durchgeführt.

Durch stetigen Vergleich und Kontrastierung der nach den obigen Kriterien charakterisierten Einzelfälle identifizierten die Forscherinnen und Forscher vier verschiedene Muster der Verarbeitung von Arbeitslosigkeit, die sie als „Haltungstypen" bezeichneten (Jahoda et al., 1975, S. 64–82):

- Die *Ungebrochenen,* die ihren Haushalt normal weiterführen, versuchen Arbeit zu finden und sich weiter aktiv und lebenslustig zeigen.
- Die *Resignierten,* die zwar ihre Haushaltsführung aufrechterhalten, aber alle Bedürfnisse auf ein Minimum beschränken und keine Zukunftspläne mehr schmieden.
- Die *Verzweifelten,* die keine Hoffnung mehr haben, nur mehr rückwärtsgewandt agieren und keinerlei Versuche zur Verbesserung ihrer Lage mehr machen, also auch keine Arbeitssuche mehr betreiben.
- Die *Apathischen,* denen jegliche Energie abhandengekommen ist, die den Haushalt und ihre Kinder verkommen lassen und dem Geschehen nur mehr tatenlos und rührungslos zusehen.

Diese Haltungstypen wurden einerseits datenbasiert sehr genau beschrieben, andererseits wurden ihre charakteristischen Merkmale explizit angegeben, wie der folgende Auszug der Beschreibung der „Resignierten" erkennen lässt:

> „Greifen wir aus dieser Schilderung schlagwortartig die Kriterien heraus, die uns veranlassen, eine Familie als resigniert zu bezeichnen, so ergibt sich: keine Pläne, keine Beziehung zur Zukunft, keine Hoffnungen, maximale Einschränkung aller Bedürfnisse, die über die Haushaltsführung hinausgehen, dabei Aufrechterhaltung des Haushaltes, Pflege der Kinder und bei alledem ein Gefühl relativen Wohlbefindens." (Jahoda et al., 1975, S. 70)

In der Geschichte der empirischen Sozialforschung findet man nicht nur solche praktischen Anwendungen von Typenbildung, sondern auch Arbeiten, welche die methodischen Grundlagen der Typenbildung reflektieren wie etwa die Beiträge von Weber (1964), Hempel und Oppenheim (1936), Lazarsfeld (1972), Schütz (1972), Kluge (1999), Kelle und Kluge (2010) sowie Kuckartz (2006). Schütz kam auf der Grundlage einer Untersuchung des Alltagslebens zu dem Ergebnis, dass „das Alltagswissen des Einzelnen von der Welt ein System ihrer typischen Aspekte ist" (Schütz, 1972, S. 8). Das gesamte Erfahrungswissen ist, so Schütz, in Form von typischer Erfahrung organisiert, die Umwelt wird nicht „als eine Anordnung diskreter, einmaliger Gegenstände, die in Raum und Zeit verteilt sind, erfahren, sondern als ‚Berge', ‚Bäume', ‚Tiere', ‚Mitmenschen'" (ebd., S. 8–9). Typenbildung ist also zum einen anthropologische Basistechnik, zum anderen Ziel sozialwissenschaftlicher Analyse, die auf das Verstehen des Typischen und nicht im psychologischen Sinn auf das Verstehen des Seelenlebens des Einzelnen abzielt. Damit befindet sich Schütz in der Tradition Max Webers, der die Konstruktion von verständlichen Handlungstypen zum zentralen Ziel empirischer Sozialwissenschaft erklärte. Typen sind eine Art Bindeglied zwischen einer hermeneutischen Methodik, die auf das Verstehen des Einzelfalls abzielt, und einer auf gesetzesartige Zusammenhänge fixierten sozialwissenschaftlichen Statistik (Kuckartz, 2006; Lazarsfeld, 1972).

7.2 Charakterisierung typenbildender Verfahren

Eine allgemeine Definition von Typenbildung lautet: Aufgrund von Ähnlichkeiten in ausgewählten Merkmalsausprägungen werden Elemente zu Typen (Gruppen, Clustern) zusammengefasst. Die Elemente desselben Typs sollen einander möglichst ähnlich sein, die verschiedenen Typen hingegen sollen möglichst unähnlich und heterogen sein.

Im Rahmen empirischer Forschung bedeutet Typenbildung also die Gruppierung von Fällen zu ähnlichen Mustern oder Gruppen, die sich von ihrer Umgebung und anderen Mustern und Gruppen deutlich unterscheiden lassen. Ein Typ oder Typus besteht immer aus mehreren (Einzel-)Fällen, die sich untereinander ähnlich sind. Die Gesamtheit der für einen bestimmten Phänomenbereich gebildeten Typen bezeichnet man als „Typologie". Per definitionem besteht also eine Typologie immer aus mehreren Typen und ihrer Relation untereinander, sie strukturiert einen Phänomenbereich im Hinblick auf Ähnlichkeiten und Distanzen.

Typenbildung ist ein Resultat von Fallkontrastierung und Fallvergleichen und insofern etwas anderes als der induktive Schluss vom Einzelfall auf das Allgemeine. Charakteristisch für die Typenbildung ist, dass eine Differenzperspektive eingenommen wird und es weniger um die Herausarbeitung einer allgemeinen Theorie als um die Ordnung des Verschiedenartigen geht. Die Perspektive der Typenbildung ist fallorientiert, im Gegensatz zur variablenorientierten oder merkmalsorientierten Perspektive, d. h., Fälle werden auf ihre Ähnlichkeit hin untersucht und gruppiert. Es muss sich aber bei den gruppierten Objekten nicht unbedingt um Personen handeln, es können beispielsweise auch Institutionen oder Organisationen gruppiert werden; ferner können auch Argumentationen zu typischen Denkfiguren zusammengefasst werden.

7.3 Das Konzept des Merkmalsraums

Grundlegend für die Typenbildung ist die Definition eines „Merkmalsraums". Typologien beruhen nicht auf einem einzigen, sondern auf mehreren, d. h.

mindestens auf zwei Merkmalen. Diese Merkmale konstituieren einen n-dimensionalen Merkmalsraum.

Zur Veranschaulichung kann man sich den einfachsten Fall, nämlich einen zweidimensionalen Merkmalsraum vorstellen, etwa in Form eines Diagramms „Umweltbewusstsein" mal „Umweltverhalten", in dem eine bestimmte Anzahl von Forschungsteilnehmenden als Datenpunkte der Messwerte auf den beiden Skalen dargestellt sind. In einer solchen Darstellung lassen sich ggf. leicht Typen bilden.

Ein gutes Beispiel für einen komplexen, vieldimensionalen Merkmalsraum stellen soziale Milieus in der Lebensstilforschung dar, prototypisch sind hier die weithin bekannten Milieus des SINUS-Instituts (Barth et al., 2018). Dort kann für jeden Haushalt angegeben werden, welchem von zehn sozialen Milieus sie zuzuordnen sind. Jeder Typenbildung – gleichgültig, mit welchem Verfahren sie zustande kommt – liegt in der Regel die implizite oder explizite Vorstellung eines Merkmalsraums zugrunde.

7.4 Phasen und Verfahren der Typenbildung

Prozesse empirischer Typenbildung – gleichgültig ob im Rahmen qualitativer oder quantitativer Forschung – bestehen aus fünf Hauptphasen:

Phase 1: Bestimmung des Merkmalsraums. In dieser Phase wird der Merkmalsraum definiert, welcher der Typenbildung zugrunde liegen soll.

Phase 2: Gruppierung der einzelnen Fälle, Bildung der Typologie. In dieser Phase findet die eigentliche Konstruktion der Typologie, d. h. die Gruppierung der Fälle zu Typen, statt.

Phase 3: Beschreibung der Typologie. Die gebildete Typologie und die einzelnen Typen, die gebildet wurden, werden in dieser Phase im Detail beschrieben.

Phase 4: Explizite Zuordnung der Einzelfälle zu den gebildeten Typen. In der vierten Phase verlagert sich die Perspektive wieder von den gebildeten Gruppen hin zu den einzelnen Elementen. Hier findet die explizite Zuordnung der einzelnen Fälle (d. h. meistens Personen) zu den gebildeten Typen statt.

Phase 5: Zusammenhangsanalysen. In der abschließenden Phase geht es um die Zusammenhänge von Typologie und Merkmalen, die nicht für die Typenbildung herangezogen wurden, sogenannten sekundären Variablen.

Abb. 23 Genereller Ablauf empirischer Typenbildung in fünf Phasen

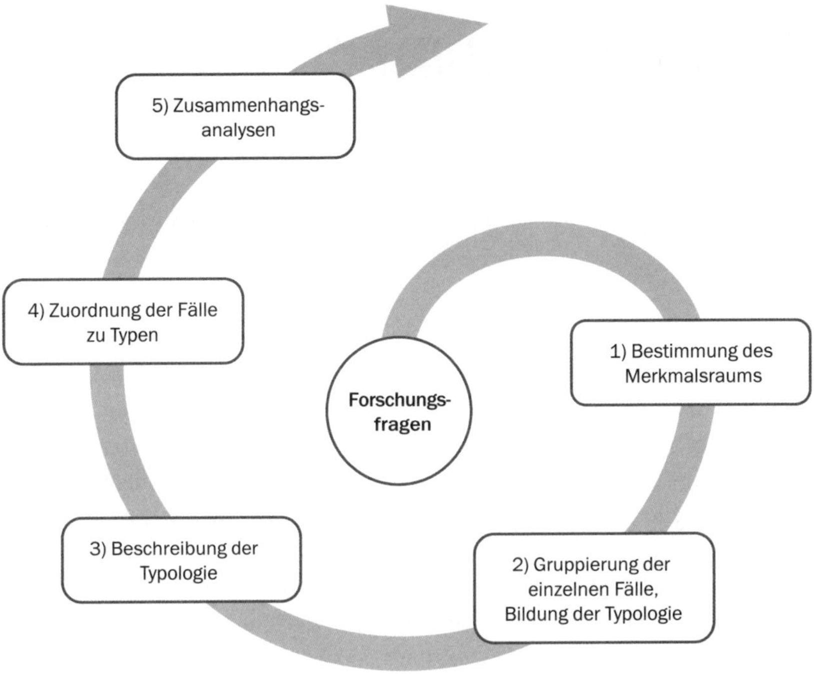

In der ersten Phase der Typenbildung ist zu entscheiden, welche Merkmale als relevant für die angestrebte Typologie betrachtet werden und zu sichten, welche Informationen in den erhobenen Daten überhaupt zur Verfügung stehen. Im Fall der oben dargestellten Haltungstypen der Marienthalstudie waren dies all jene Merkmale, die für die Erstellung der Familienbeschreibung herangezogen wurden. Wie viele Merkmale sich überhaupt in die Typenbildung einbeziehen lassen, hängt von der Art der Konstruktion der Typologie ab. Dabei können drei Verfahren unterschieden werden:

a) Bildung merkmalshomogener Typen („monothetische Typen“). Dabei handelt es sich um eine Typologie, in der alle Elemente eines Typs identische Merkmalsausprägungen besitzen. Ein einfaches Beispiel für solch eine Typologie stellt eine Vier-Felder-Tafel auf der Basis von zwei dichotomen Merkmalen dar, wie die folgende Tabelle, deren Idee aus einer Forschungsarbeit von Peter Preisendörfer (1999, S. 94–103) stammt.

Tab. 14 Einfache Typologie von Umweltbewusstsein und -verhalten nach Preisendörfer (1999, S. 98)

		Umweltverhalten	
		positiv	*negativ*
Umwelt-bewusstsein	*hoch*	Typ 1: Konsequente Umweltschützer	Typ 2: Umweltrhetoriker
	niedrig	Typ 3: Einstellungsungebundene Umweltschützer	Typ 4: Umweltignoranten

Die Zugehörigkeit zu einem bestimmten Typ, etwa zu Typ 2 „Umweltrhetoriker", ist dann und nur dann gegeben, wenn die beiden Merkmale „Umweltbewusstsein" und „Umweltverhalten" die verlangten Werte aufweisen, also bei Typ 2 „hohes Umweltbewusstsein" und „negatives Umweltverhalten". Das bedeutet, dass alle Personen des Typs „Umweltrhetoriker" ein hohes Umweltbewusstsein bei gleichzeitig negativem Umweltverhalten haben. Alle vier Typen der Typologie weisen keine Varianz auf, sie sind intern perfekt homogen. Der Nachteil von solch merkmalshomogenen Typologien besteht darin, dass sie es lediglich erlauben, mit relativ wenigen Merkmalen und wenigen Merkmalsausprägungen zu arbeiten. Schon bei drei Merkmalen mit jeweils vier Ausprägungen entstehen theoretisch 4 mal 4 mal 4, d. h. 64 merkmalshomogene Typen.

b) Typenbildung durch Reduktion. Merkmalshomogene Typen lassen sich durch ein von Lazarsfeld beschriebenes Verfahren der funktionalen und pragmatischen Reduktion auf eine handhabbare Anzahl verringern. Wie das genau geschieht, lässt sich am Beispiel der untenstehenden Tabelle nachvollziehen. Dort sind die möglichen Kombinationen der Bildungsabschlüsse der Eltern in einer 4 mal 4 Tabelle mit 16 Tabellenzellen dargestellt.

Die 16 unterschiedlichen Kombinationen sind nicht nur schwer überschaubar, mit ihnen lässt sich auch in einer empirischen Studie nur schwer arbeiten, wenn man beispielsweise den Einfluss des Bildungshintergrunds auf das Umweltbewusstsein von Jugendlichen darstellen will.

Sinnvoll ist es, den Merkmalsraum auf eine handhabbare Anzahl von Typen zu reduzieren. Man definiert dazu eine Ordnungsrelation und führt eine Reduktion des Merkmalsraums herbei, sodass die Typologie elterlicher Bildungsabschlüsse beispielsweise wie in Tab. 15 nur noch aus fünf Typen besteht:

Tab. 15 Typenbildung durch Reduktion

	Bildungsabschluss des Vaters			
Bildungsabschluss der Mutter	*Kein Abschluss*	*Haupt-/ Realschulabschluss*	*Abitur*	*FH/ Universität*
Kein Abschluss	Typ 5	Typ 4	Typ 3	Typ 2
Haupt/Realschulabschluss	Typ 4	Typ 4	Typ 3	Typ 2
Abitur	Typ 3	Typ 3	Typ 3	Typ 2
FH/Universität	Typ 2	Typ 2	Typ 2	Typ 1

Inhaltlich besitzen die fünf Typen folgende Bedeutung:

- Typ 1: Beide Elternteile besitzen einen Hoch- oder Fachhochschulabschluss
- Typ 2: Ein Elternteil besitzt einen Hoch- oder Fachhochschulabschluss
- Typ 3: Ein Elternteil besitzt das Abitur
- Typ 4: Ein Elternteil besitzt einen Haupt- oder Realschulabschluss
- Typ 5: Beide Eltern verfügen über keinen Schulabschluss

Zwei der gebildeten Typen, nämlich Typ 1 und Typ 5, sind merkmalshomogen, d.h., alle diesen Typen angehörenden Personen besitzen jeweils den genau gleichen elterlichen Bildungshintergrund, Vater und Mutter haben einen Uni/FH-Abschluss (Typ1) bzw. haben beide keinen Bildungsabschluss (Typ 5). Die anderen durch Reduktion gebildeten Typen 2, 3 und 4 weisen hingegen Varianz auf, denn nicht alle einem Typ zugerechneten Personen besitzen die gleichen Bildungsmerkmale der Eltern. Beispielsweise können fünf verschiedene Merkmalskombinationen zur Einordnung in Typ 3 führen. Für die Zugehörigkeit zu diesem Typ ist nur entscheidend, dass ein Elternteil das Abitur besitzt, der andere Elternteil kann sowohl Abitur oder Haupt-/Realschulabschluss als auch keinen Abschluss besitzen.

c) Bildung merkmalsheterogener Typen (polythetische Typen). Die beiden vorgenannten Formen der Typenbildung werden in der Literatur auch als „künstliche Typologien" bezeichnet, weil sie ohne direkte Bezugnahme auf die empirische Existenz nur aus der Kombination von Merkmalen bzw. Merkmalsausprägungen *konstruiert* werden können. Es mag dann geschehen, dass bestimmte Kombinationen („Mutter besitzt Uni/FH-Abschluss" und „Vater besitzt keinen Schulabschluss") in der Realität überhaupt nicht vorkommen. Als „natürliche Typologien" bezeichnet man hingegen solche, die induktiv aus den empirischen Daten gebildet werden, d.h., die Forschungsteilnehmenden werden so zu Typen gruppiert, dass die einzelnen Typen intern möglichst homogen und extern möglichst heterogen sind. So gebildete Typen sind faktisch fast immer polythetisch, d.h., die zu einem Typ gehörenden Individuen sind bezüglich der Merkmale des Merkmalsraums nicht alle völlig gleich, sondern einander nur besonders ähnlich.

Natürliche Typologien lassen sich sowohl intellektuell, d.h. durch systematisches, geistiges Ordnen, als auch mit dem Hilfsmittel statistischer Algorithmen bilden. Für Letzteres sind clusteranalytische Verfahren besonders gut geeignet (Kuckartz, 2010, S. 227–246). Ein guter Weg zur Bildung komplexer polythetischer Typen ohne solche formalisierten Algorithmen führt über die Bearbeitung und systematische Gruppierung von Fallzusammenfassungen, bei dem sich folgender Ablauf ergibt.

Abb. 24 Ablauf der Typenbildung von Fallzusammenfassungen zur Typologie

Phase	Inhalt
1	Festlegen des Merkmalsraums und Schreiben einer diese Merkmale fokussierenden Fallzusammenfassung für jeden Fall
2	Die Fallzusammenfassungen werden nach Kriterien der Ähnlichkeit sortiert, geordnet und gruppiert
3	Entscheidung über die Anzahl der Typen, die sinnvollerweise zu bilden sind
4	Kreative Formulierung von Typenbezeichnungen, die möglichst prägnant die jeweiligen Charakteristika der Typen zum Ausdruck bringen
5	Zuordnen jedes Falls zu einem Typ; Ordnen der Fälle hinsichtlich der Nähe bzw. Distanz zum Zentrum des jeweiligen Typs

Forschungspraktisch lässt sich dieses Verfahren am besten so realisieren, indem jede Fallzusammenfassung in gekürzter Form auf Moderationskarten oder DIN-A5 Post-it-Blätter geschrieben wird. In einer Teamsitzung werden dann diese Karten gemeinsam auf einer großen Pinnwand oder Tafel geordnet. Sinnvoll ist es dabei folgenden Ablauf zu wählen:

Vorbereitung der Teamsitzung:

1. Die Fallzusammenfassungen werden möglichst gleichmäßig auf die Mitglieder des Forschungsteams verteilt.
2. Jedes Mitglied hat nun die Aufgabe, die zugeordneten Fälle genauer zu inspizieren, die Fallzusammenfassung zu prüfen, ggf. zu modifizieren und jeweils stichwortartig auf eine Moderationskarte zu schreiben.

Gruppenphase:

1. Zunächst verständigen sich alle über das gemeinsame Ziel, nämlich die Art und den Umfang der Typologie.
2. Jedes Teammitglied stellt nun reihum einen Fall vor und pinnt die Fallzusammenfassung an die Pinnwand, und zwar nach Nähe und Distanz zu den dort bereits befindlichen Fallzusammenfassungen. Sollten sich Fälle nirgendwo zuordnen lassen, werden sie zunächst außerhalb der Gruppen an den Rand gepinnt.
3. Auf diese Weise entstehen, unter Umständen auch durch Umhängen von bereits angepinnten Karten, deutlich unterscheidbare Cluster.
4. Wenn alle Karten an der Pinnwand untergebracht sind, werden eventuelle Probleme der Gruppenbildung diskutiert.
5. Jede gebildete Gruppe erhält anschließend auf einer andersfarbigen Karte eine Überschrift, welche das Profil der jeweiligen Gruppe möglichst treffend zum Ausdruck bringt.
6. Für die Fälle, die zunächst nicht zugeordnet werden konnten, wird erneut geprüft, ob eine Zuordnung möglich ist.

Das Aufstellen von Ordnungsprinzipien und die nach diesem Schema vollzogene Konstruktion von Typen sind kreative Akte, die sich einer präzisen codifizierten Beschreibung verweigern. Hier lassen sich lediglich prozedurale Empfehlungen und Tipps geben: z. B. ist es sehr hilfreich, solch gruppierende und typisierende Akte gemeinsam mit mehreren Forschenden zu bewältigen. Die oben beschriebene Technik, Fallzusammenfassungen stichpunktartig auf Moderationskarten zu schreiben und gemeinsam zu gruppieren, hat sich in der Praxis bewährt, das bedeutet aber nicht, dass Typenbildung nur im Team möglich wäre. Auch wenn man allein arbeitet, kann es sinnvoll sein, in ähnlich methodisch kontrollierter Weise vorzugehen.

7.5 Ablauf der typenbildenden qualitativen Inhaltsanalyse

Der Ablauf der typenbildenden Analyse unterscheidet sich in vielerlei Hinsicht von der inhaltlich strukturierenden und der evaluativen qualitativen Inhaltsanalyse. Ausgangspunkt sind hier Überlegungen über Ziel und Zweck der Typenbildung. Innerhalb eines Projekts können durchaus für mehrere inhaltliche Bereiche Typologien gebildet werden, beispielsweise in einer qualitativen Studie zum Klimawandel eine Typologie des Informationsverhaltens und eine Typologie in punkto Verhalten und Einstellungen. In der Regel wird der Merkmalsraum aus bereits vorhandenen und bereits zugeordneten Kategorien gebildet, ggf. können auch neue Kategorien gebildet und das Material vor der eigentlichen Typenbildung codiert werden. In diesem Fall werden die oben beschriebenen Methoden der inhaltlich strukturierenden und/oder der evaluativen Inhaltsanalyse eingesetzt.

Wenn bei der Erhebung der Daten bereits die Absicht besteht, eine Typenbildung durchzuführen, ist es in Interviewstudien auch eine Überlegung wert, ob man nicht die Forschungsteilnehmenden selbst danach fragt, welche Typen sie selbst in dem vorliegenden Feld sehen würden. Dies ermöglicht einen späteren Vergleich zwischen den durch die Inhaltsanalyse gebildeten Typen und der Typisierung der Betroffenen. Natürlich ist auch eine kommunikative Validierung (Bazeley, 2021, S. 499–501) durch Rückspiegelung der Typologie an die interviewten Personen nach Abschluss der Analysephase sinnvoll, um so zu erfahren, ob die gebildeten Typen auch im Feld selbst als plausibel angesehen werden.

Abb. 25 zeigt detailliert den Ablauf der typenbildenden qualitativen Inhaltsanalyse, die im Prinzip dem oben dargestellten allgemeinen Ablauf sozialwissenschaftlicher Typenbildung folgt. Der Einstieg in die Analyse, in Form von initiierender Textarbeit, dem Verfassen von Memos und dem Schreiben von Fallzusammenfassungen, findet bereits in den vorgeschalteten inhaltlich strukturierenden und evaluativen Analysen statt. Wenn bereits zu Beginn der

Abb. 25 Ablauf einer typenbildenden qualitativen Inhaltsanalyse in 9 Phasen

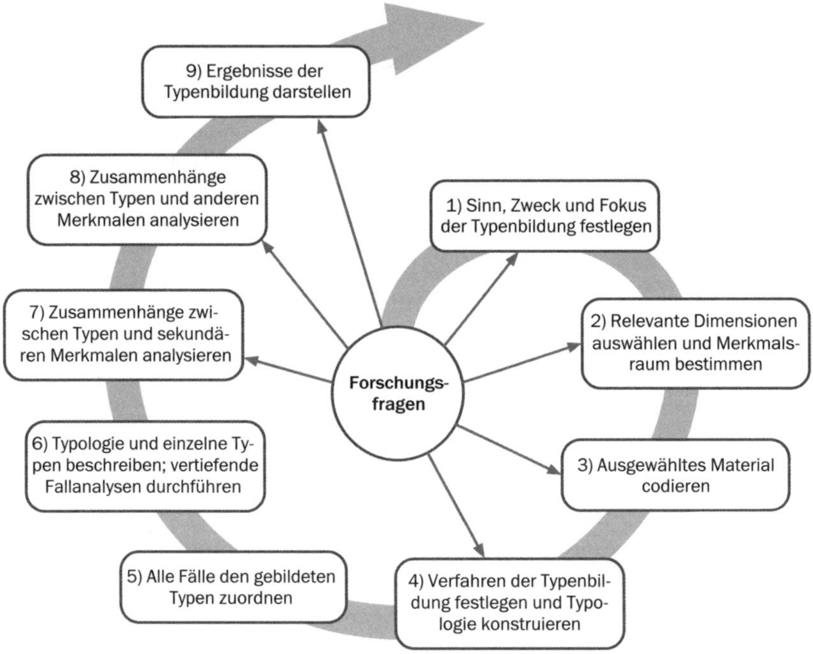

Analyse die Typenbildung als Ziel feststeht, kann der Einstieg in die Analyse sich schon auf die relevanten Merkmale konzentrieren und die Fallzusammenfassungen können gleich mit Blick auf die zentralen Merkmale der geplanten Typenbildung formuliert werden.

7.6 Detaillierte Beschreibung des Analyseprozesses

Phase 1: Sinn, Zweck und Fokus der Typenbildung festlegen

Zu Beginn jeder Typenbildung ist zu bestimmen, was genau mit der Typenbildung bezweckt werden soll und welche Komplexität und welchen Differenzierungsgrad die angestrebte Typologie aufweisen soll. Ferner muss geklärt werden, welches im Sinne des eigenen Erkenntnisinteresses und der Forschungsfrage primäre und sekundäre Merkmale sind. Primär nennt man solche Merkmale, die konstitutiv für die Typenbildung sind und den Merkmalsraum bilden, als sekundär werden Merkmale bezeichnet, die nicht in die Typenbildung einbezogen sind. Später lässt sich untersuchen, welche Zusammenhänge zwischen den gebildeten Typen und diesen Merkmalen besteht. Wenn beispielsweise eine Typologie des Umweltbewusstseins gebildet wird und der Einfluss der Umweltbewusstseinstypen auf das individuelle Umweltverhalten untersucht werden soll, dürfen keine Verhaltensdimensionen in die Typenbildung einbezogen werden, da ja ansonsten tautologisch der Einfluss des Verhaltens auf das Verhalten untersucht würde.

Typologien können vielschichtiger oder auch enger konstruiert werden, d. h., der Merkmalsraum kann weiter oder enger gewählt werden. Eine Typologie des „Klimabewusstseins“ würde einen recht großen Merkmalsraum erfordern, während etwa eine Typologie des „Persönlichen Handelns in Sachen Klimaschutz“ hiervon nur einen Teilbereich umfassen würde.

Phase 2: Relevante Dimensionen auswählen und Merkmalsraum bestimmen

In der zweiten Phase der Typenbildung ist zu entscheiden, welche aus dem empirischen Material erschließbaren Merkmale als relevant für die Typologie betrachtet werden. Eine solche Auswahl sollte möglichst eng auf die Forschungsfrage fokussiert erfolgen bzw. falls das Projekt sich an einer bestimmten Theorie orientiert, sollte diese den Rahmen für die Auswahl von Merkmalen bestimmen. Nach dem Kriterium der Relevanz wurden beispielsweise im Fall der Marienthalstudie solche Merkmale ausgewählt, die bei der Bildung von Haltungstypen als ausschlaggebend betrachtet wurden. Bei dieser Studie waren das unter anderem die Merkmale: Haushaltsführung, Pflege der Kinder, Arbeitssuche, Aktivitäten der Lebensführung, Zukunftssicht u. a. m.

Bei der Bestimmung des Merkmalsraums kann auf vorhandene Codierungen zurückgegriffen werden, die zuvor im Rahmen einer inhaltlich strukturierenden und/oder evaluativen Analyse entstanden sind. Es können ggf. auch weitere vorhandene Daten (beispielsweise soziodemographische oder biografische Daten bei Interviewstudien) verwendet werden. Dabei ist es sinnvoll, sich auf die Auswahl solcher Merkmale zu beschränken, die auch bei einer hinreichenden Anzahl von Fällen vorkommen bzw. nicht vorkommen. Die Merkmale sollen ja als differenzierende Merkmale für die Bildung von Typen genutzt werden, sodass es wenig zielführend ist, Merkmale auszuwählen, die vielleicht nur bei zwei von 40 Personen vorkommen – oder bei 38 von 40 Personen identisch sind. Das Merkmalsraumkonzept bedingt – jedenfalls dann, wenn eine monothetische Typologie oder eine Typologie durch Reduktion gebildet werden soll – dass die Zahl der Merkmale überschaubar gehalten werden sollte. Nur dann, wenn geplant ist, eine polythetische Typologie entweder über den Weg der Gruppierung von Fallzusammenfassungen oder mit Unterstützung eines automatischen Klassifikationsverfahrens zu bilden (z. B. mittels Clusteranalyse), lässt sich auch eine große Menge von Merkmalen handhaben.

Qualitative Interviews zeichnen sich – vor allem dann, wenn das Interview sehr offen ohne einen strukturierenden Leitfaden geführt wurde – dadurch aus, dass nicht in allen Interviews Angaben zu den als potenziell relevant eingestuften Merkmalen enthalten sind; in einem solchen Fall empfiehlt es sich, eher einen weniger komplexen Merkmalsraum aufzuspannen, d. h. wenige Merkmale auszuwählen, weil sich ansonsten die Forschungsteilnehmenden aufgrund der vielen fehlenden Informationen nicht zuverlässig zu Typen gruppieren lassen. Wenn beispielsweise das Datenmaterial nur für wenige Personen Informationen über die Haushaltsführung enthält, macht es keinen Sinn, dieses Merkmal für die Konstruktion der Typologie als primäres Merkmal heranzuziehen, auch dann, wenn es theoretisch als durchaus bedeutsam eingeschätzt wird. Möglicherweise gibt es – insbesondere bei Feldstudien – die Möglichkeit, noch einmal nachzuhaken und die fehlenden Informationen zu beschaffen.

Die zweite Phase der Typenbildung ist im Grunde mit der ersten zusammen zu denken: Hier wird auf einer konkret-operationalen Ebene das vorhandene Material daraufhin abgeklopft, ob die gewünschten Informationen vorhanden sind und in welcher Form sie vorliegen. Es wird also geprüft, ob auf zuvor erstellte Kategorien, z. B. thematische und/oder bewertende Kategorien, zurückgegriffen werden kann und welche Kategorien anhand von Teilen des Materials neu gebildet und codiert werden müssen.

Wenn soziodemographische Merkmale der Forschungsteilnehmenden (etwa Informationen zur Biografie, zu Alter, Bildung, Beruf etc.) erfasst wurden – z. B. mittels eines Begleitfragebogens – können auch diese als Merkmale für die Typenbildung herangezogen werden.

Phase 3: Ausgewähltes Material codieren

In den meisten Fällen baut eine typenbildende Inhaltsanalyse auf zuvor durchgeführten inhaltlich strukturierenden oder evaluativen Codierprozessen auf. In diesem Fall hat man es recht einfach und kann problemlos auf die bereits geleistete Vorarbeit, d. h. auf die thematischen und die bewertenden Kategorien aufbauen. Ist dies nicht der Fall, müssen die gewünschten Merkmale zunächst – entsprechend den Regeln für inhaltlich strukturierende oder evaluative Analyse – fallbezogen codiert werden. Besonders hilfreich für die noch kommenden Phasen der typenbildenden Analyse ist es, wenn die codierten Textabschnitte fallbezogen für einzelne oder alle ausgewählten Kategorien zusammengefasst werden. Dann liegen nämlich für jeden Fall die wichtigsten Informationen in kondensierter Form vor und es ist leichter möglich, multidimensionale Muster im Datenmaterial zu erkennen.

Unter Umständen muss noch ein Zwischenschritt eingelegt werden: Angenommen die Texte seien thematisch codiert und alle Textstellen, die sich auf die Haushaltsführung beziehen, einer entsprechenden Kategorie zugeordnet worden. Nun wolle man aber mit einer dreistufigen Bewertung des Merkmals „Haushaltsführung“ weiterarbeiten: (1) Fortführung der normalen Haushaltsführung, (2) teilweise Vernachlässigung der Haushaltsführung, (3) starke Vernachlässigung der Haushaltsführung. Um dies tun zu können, müssen folglich noch die entsprechenden fallbezogenen Bewertungen vorgenommen werden, bevor mit der Konstruktion der Typologie begonnen werden kann. Auch wenn bereits bewertende Kategorien vorliegen, kann ein Zwischenschritt notwendig sein, denn für die Typenbildung ist es manchmal hilfreich, die Skalierung für verschiedene Kategorien zu vereinheitlichen oder die Anzahl der Ausprägungen bei einer Kategorie zu reduzieren. Wenn beispielsweise neben der Haushaltsführung auch die Arbeitssuche in die Typenbildung einbezogen werden soll, diese aber mit fünf Ausprägungen sehr feingliedrig bewertet wurde, dann können die Fälle für die typenbildende Analyse mit einer reduzierten Anzahl von Ausprägungen recodiert werden. Dabei ließe sich sogar mit dichotomen Ausprägungen arbeiten, „Arbeitssuche vorhanden“ versus „nicht vorhanden“.

Phase 4: Verfahren der Typenbildung festlegen und Typologie konstruieren

Bevor der eigentliche Prozess der Gruppierung und Typenbildung startet, sollte man sich bereits fragen, welche Anzahl von Typen der Fragestellung und dem Datenmaterial in etwa angemessen sind. Zunächst ist zu überlegen, ob im untersuchten Feld bereits natürliche Gruppen existieren. Als nächster Gesichtspunkt spielt die Anzahl der in die Studie einbezogenen Personen eine Rolle. Wenn die Zahl der Forschungsteilnehmenden relativ groß ist (wie im Fall der Marienthalstudie, in der 100 Familien untersucht wurden), lässt sich ein größerer Grad von Differenzierung, d.h. eine aus mehr Typen bestehende Typologie, anstreben, als bei einem Sample von lediglich 20 Personen. Ein weiterer wichtiger Gesichtspunkt ist die Kommunizierbarkeit der Typologie innerhalb der Scientific Community und die praktische Relevanz der Studie. Die Forschenden sollten bei der Typenbildung und bei der Bestimmung einer angemessenen Anzahl der Typen bereits die Leserinnen und Leser der Studie, die Gutachtenden und potenziell erfolgende Reviews etc. vor Augen haben. Selbstverständlich ist es nicht notwendig, sich bereits vor der Konstruktion der Typologie auf eine bestimmte Zahl von Typen festzulegen. Man kann und sollte durchaus zwei oder drei alternative Gruppierungen ausprobieren, also etwa Typologien mit der Differenzierung in vier, fünf und sechs Typen. Es leuchtet allerdings ein, dass etwa die Haltungstypen der Marienthalstudie auch daher ihre Stärke beziehen, dass die Unterscheidung von vier Typen sehr übersichtlich, plausibel und nachvollziehbar ist. Hätten die Forschenden beispielsweise acht oder noch mehr Typen unterschieden, hätte dies dem Verständnis ihrer Forschungsergebnisse in der anvisierten Öffentlichkeit von Gewerkschaften und Politik vermutlich eher geschadet. Umgekehrt lässt sich etwa für die Lebensstilforschung feststellen, dass die Unterscheidung von lediglich vier sozialen Milieus in Deutschland von der kritischen Öffentlichkeit vermutlich als unterkomplex empfunden würde. Bei der Differenzierung der aktuellen Gesellschaft in soziale Milieus wird ohne weiteres eine Unterscheidung von zehn Typen akzeptiert, wie sie beispielsweise bei den Sinus-Milieus erfolgt.

Welche der drei Möglichkeiten der Typenbildung – merkmalshomogene Typen, Reduktion des Merkmalsraums, polythetische Typen – gewählt wird, hängt von der Samplegröße und der Dimensionalität des angestrebten Merkmalsraums ab:

- Die *merkmalshomogene monothetische Typenbildung* lässt sich im Grunde nur bei zwei, maximal drei Merkmalen, mit relativ wenigen Ausprägungen realisieren.
- Die *Typenbildung durch Reduktion* ist in dieser Hinsicht schon erheblich flexibler: Es lassen sich mehr Merkmale mit mehr Ausprägungen heranziehen.
- Nur die *polythetische Typenbildung* eröffnet aber die Möglichkeit zu einem vieldimensionalen Merkmalsraum.

Mit Ausnahme der merkmalshomogenen Typologie, die quasi selbsterklärend ist, verlangen die anderen Konstruktionsprinzipien, dass die Typen hinsichtlich ihrer Lage im Merkmalsraum beschrieben werden. Bei der durch Reduktion entstandenen Typologie reicht hierzu in der Regel eine Aufzählung der in einem Typ zusammengefassten Merkmalskombinationen, so wie dies oben bei der Typologie der Bildungsabschlüsse der Eltern dargestellt wurde. Die Charakterisierung komplexer polythetischer Typologien gestaltet sich demgegenüber schwieriger.

Phase 5: Alle Fälle den gebildeten Typen zuordnen

Integraler Bestandteil der Phase der Konstruktion der Typologie ist die Zuordnung der Fälle zu den gebildeten Typen. Diese Zuordnung muss eindeutig sein, d. h., ein Fall kann nicht gleichzeitig zwei oder mehr Typen angehören. Es wäre schließlich auch unsinnig, wenn eine Familie gleichzeitig dem Haltungstyp „apathisch" und dem Haltungstyp „ungebrochen" zugeordnet würde.

Phase 6: Typologie und einzelne Typen beschreiben; vertiefende Fallanalysen durchführen

In dieser Phase erfolgt die Beschreibung der einzelnen Typen – in der Regel hintereinander angeordnet – auf dem Hintergrund der in die Typenbildung einbezogenen Merkmale. Es werden also beispielsweise in der Marienthalstudie die vier Haltungstypen mit einer möglichst dichten Beschreibung dargestellt. Dabei können und sollten besonders aussagekräftige Zitate zur Illustration herangezogen werden. Übersichtstabellen können die Verständlichkeit der Darstellung erhöhen.

Es besteht nun auch die Möglichkeit zu einer vertiefenden Einzelfallallanalyse auf dem Hintergrund der gebildeten Typologie. Ähnlich wie in den oben in Kapitel 5 (Phase 6) beschriebenen Fallübersichten bei Hopf und Schmidt (1993) stellt die Typologie den Hintergrund dar, auf der Einzelfälle eingeordnet und interpretiert werden können. Umgekehrt ist es so, dass die Verteilungen in einer Fallübersicht ebenso wie die zahlenmäßige Übersicht über Typen und ihre Merkmalsverteilungen für sich noch wenig Aussagekraft besitzen. Erst durch den Rückgriff auf den einzelnen Fall und den nur dort ermittelbaren subjektiven Sinn lassen sich Typen und Konstellationen verstehen und nachvollziehen, ansonsten blieben sie recht blutleere gruppierende Konstruktionen.

Nach welchen Kriterien werden nun Fälle für eine solche vertiefende Fallanalyse ausgewählt? Schließlich ist eine Auswahl notwendig, weil nicht alle Fälle einer qualitativen Studie in aller Ausführlichkeit in einem Forschungsbericht dargestellt werden können. Man kann zwei unterschiedliche Strategien verfolgen:

Die *repräsentative Fallinterpretation* wählt einen möglichst geeigneten Einzelfall, einen „Prototypen", für die Interpretation aus und stellt diesen stellvertretend („repräsentativ") für alle Forschungsteilnehmenden dieses Typs in der gebotenen Ausführlichkeit dar. Sofern man ein formalisiertes Verfahren wie das statistische Verfahren der Clusteranalyse eingesetzt hat, erhält man Informationen über die Nähe jeder Person zum Clusterzentrum und besitzt so ein formales Kriterium für die Auswahl der am besten geeigneten Fälle. Ansonsten gilt, dass durch sorgfältige Lektüre der Textsegmente, die der Typenbildung zugrunde liegen, der bestgeeignete Fall identifiziert werden muss. Die Techniken der computergestützten Analyse stellen hier effektive Hilfen bereit.

Die zweite Möglichkeit besteht in der *Konstruktion eines Modellfalls* aus der Zusammenschau und der Montage der am besten geeigneten Textsegmente. Dieses Verfahren löst sich vom Einzelfall und weist gewisse Ähnlichkeiten mit der Idealtypenbildung bei Max Weber auf (Kuckartz, 1991). Es werden allerdings keine wirklichen Idealtypen gebildet, denn die polythetischen Typen und ihre Position im Merkmalsraum liegen ja bereits vor der typologischen hinterleuchteten Textinterpretation fest, d. h., sie existieren real, denn es lassen sich Individuen des Samples bezeichnen, die zu dem Typ gehören. Es werden lediglich einschlägige Textsegmente nach dem Kriterium der Plausibilität für den zu beschreibenden Typ ausgewählt und fallübergreifend montiert.

Phase 7: Zusammenhänge zwischen Typen und sekundären Merkmalen analysieren

Nach der Auswertung und Darstellung der Merkmale der gebildeten Typen ist es auch von Interesse, die Beziehungen zwischen den Typen und sekundären Informationen zu untersuchen. Mit „sekundären Informationen" sind hier beispielsweise soziodemographische Merkmale gemeint, aber auch alle anderen als Variable vorliegenden Informationen, die nicht Teil des Merkmalsraums bei der Typenbildung waren. Sekundär bedeutet also keineswegs zweitrangig, d. h., dass diese Merkmale in Bezug auf die Forschungsfrage unwichtiger wären, sondern lediglich, dass es sich um Merkmale und Themen handelt, die nicht primär der Typenbildung zugrunde lagen.

Bei Interviewstudien interessiert zunächst der Zusammenhang von Typologie und soziodemographischen Variablen, d. h. welche Zusammensetzung die gebildeten Typen hinsichtlich von Geschlecht, Alter, Bildungsgrad, Einkommen etc. aufweisen. Da es sich bei den soziodemographischen Daten üblicherweise um standardisierte Daten handelt, sind hier statistische Zusammenhangsanalysen durchaus möglich und sinnvoll, d. h., man sollte sich nicht mit der Berechnung von Prozentanteilen von Merkmalsausprägungen pro Typ begnügen, sondern auch auf statistische Unterschiede testen. Beispiel: Für jeden Typ der Typologie lässt sich das Durchschnittsalter und durchschnittliche Haushaltseinkommen der jeweiligen Mitglieder berechnen. Mittels einer geeigneten statistischen Analyse (z. B. Varianzanalyse bei Vorliegen einer Zufallsstichprobe) kann nun geprüft werden, ob sich die Gruppen signifikant unterscheiden. Gleiches gilt für kategoriale Variablen: Es lässt sich beispielsweise der prozentuale Anteil der Frauen pro Cluster berechnen, ein Zusammenhangskoeffizient (z. B. Cramers V) ermitteln und auf Signifikanz testen.

Phase 8: Zusammenhänge zwischen Typen und anderen Kategorien analysieren

In welchem Zusammenhang stehen die Zugehörigkeit zu einem bestimmten Typ und die Haltung zu anderen Themen der Studie? In dieser letzten Phase der Analyse geht es darum, das empirische Material nach den gebildeten Typen aufzufächern und komplexe Zusammenhänge zu erforschen. Welche Analysen durchgeführt werden können, hängt natürlich davon ab, ob neben der Typologie auch noch andere qualitative Daten erhoben und codiert wurden, z. B. mit thematischen oder bewertenden Kategorien. Falls das nicht der Fall ist, entfällt diese Phase 8.

Hat man Teile des Materials inhaltlich strukturierend analysiert, so lassen sich nun Zusammenhänge zu thematischen und anderen Kategorien herstellen: Für die Personen eines Typs können verbale Äußerungen zu einzelnen thematischen Kategorien zusammengestellt und mit den anderen Typen verglichen werden. Ähnlich wie bei den bewertenden Kategorien in Kapitel 6.3 beschrieben, kann zum Vergleich eine Segmentmatrix erstellt werden. Auch statistische Analysen der Zusammenhänge sind möglich: In Form von Kreuztabellen lässt sich darstellen, ob und wie häufig bestimmte Themen bei den Typen bzw. bei wie vielen Mitgliedern eines Typs codiert wurden.

Formal gesehen ähnelt eine gebildete Typologie einer in Kapitel 6 beschriebenen Bewertungskategorie. Für jeden Fall liegt eine Information der Typ-Zugehörigkeit bzw. Bewertung vor. Insofern sind alle Formen komplexer Analyse, die oben für die evaluative Inhaltsanalyse beschrieben sind, auch für eine Typologie möglich, etwa auch die Untersuchung von *Zusammenhängen zu bewertenden Kategorien:* Da bewertende Kategorien zum einen eine Klassifikation darstellen, zum anderen auf konkreten Textstellen basieren, können hier sowohl auf qualitative wie auf quantitative Weise Zusammenhänge untersucht werden. Das heißt, es lassen sich einerseits einfache und komplexe statistische Analysen berechnen und andererseits auch die entsprechenden Textsegmente oder thematischen Zusammenfassungen für die gebildeten Gruppen zusammenstellen.

Phase 9: Ergebnisse der Typenbildung darstellen

Für das Verständnis einer Typologie ist es förderlich, wenn die gebildeten Typen in einem zweidimensionalen Koordinatensystem angeordnet werden. Bei mehr als zwei Dimensionen wird dies allerdings zunehmend schwieriger und komplexer. Ein gutes Beispiel für eine solche zweidimensionale Darstellung ist eine Typenbildung, die Wenzler-Cremer in einer Studie über Identitätskonstruktionen und Lebensentwürfe am Beispiel junger deutsch-indonesischer Frauen vorgenommen hat (Wenzler-Cremer, 2005, S. 336). Die Typologie ihrer Probandinnen hat Wenzler-Cremer in einem Koordinatensystem mit der y-Achse „Zugehörigkeitsgefühl zu einer Kultur“ und der x-Achse „Nutzung der Ressource Bikulturalität“ dargestellt (Abb. 26).

Abb. 26 Zweidimensionale Darstellung von vier gebildeten Typen (Wenzler-Cremer, 2005, S. 336)

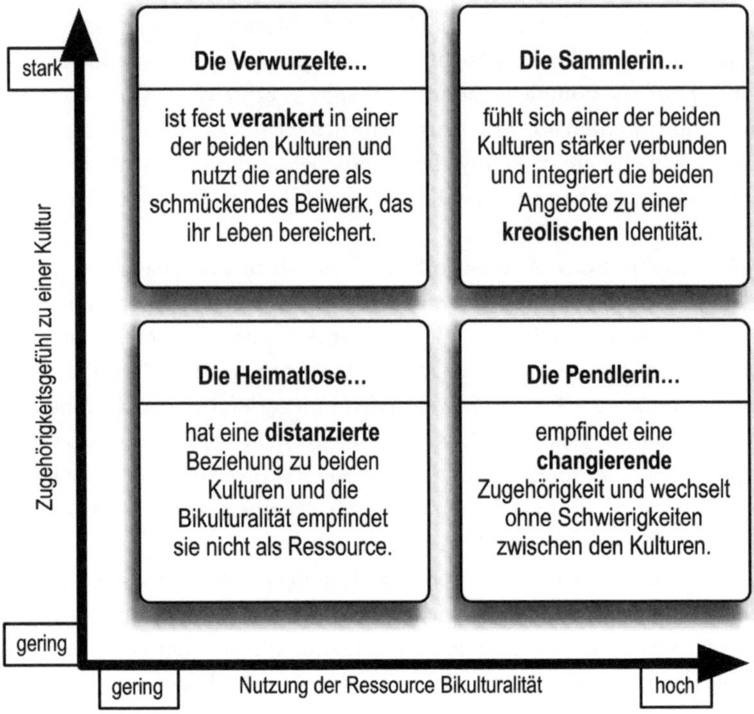

Wie lassen sich neben einer geeigneten Form von Visualisierung die Ergebnisse einer typenbildenden qualitativen Inhaltsanalyse darstellen? Was soll alles berichtet werden? Möglichst umfassend sollte über den Prozess der Typenbildung informiert werden, die konstruierte Typologie und die einzelnen Typen beschrieben und über die Resultate der Zusammenhangsanalysen berichtet werden. Zur Darstellung der Ergebnisse einer Typenbildung gehören im Einzelnen:

- die Beschreibung der Zielsetzung der Typenbildung,
- die Darstellung des Merkmalsraums und der empirischen Grundlage in den Daten (auf welche Kategorien bezieht man sich, wie wurden diese gebildet etc.),
- die Darstellung des Verfahrens der Typologiekonstruktion,
- die detaillierte Beschreibung der Typologie, der einzelnen Typen und ihrer wechselseitigen Angrenzung und
- die Angaben über die Häufigkeit der einzelnen Typen im untersuchten Sample,

- die Resultate der oben beschriebenen Analysen, etwa die Verteilung soziodemographischer Merkmale pro Typ,
- Überlegungen in Bezug auf die Möglichkeit der Verallgemeinerung der Ergebnisse.

8 Qualitative Inhaltsanalyse mit QDA-Software

In diesem Kapitel erfahren Sie etwas darüber, wie Computersoftware, genauer gesagt QDA-Software im Rahmen der qualitativen Inhaltsanalyse eingesetzt werden kann. Im Einzelnen geht es um

- die computergestützte Transkription von Audio- und Videomaterial,
- die Anonymisierung und Vorbereitung der Daten für die computergestützte Analyse,
- die Durchführung von inhaltlich strukturierender, evaluativer und typenbildender Inhaltsanalyse mit Hilfe von QDA-Software,
- erweiterte Möglichkeiten durch QDA-Software, wie beispielsweise Verlinkungen und Memos,
- die synchrone Verbindung von Transkriptionen mit Audio- und Videodateien,
- die Visualisierung von Zusammenhängen in Form von Diagrammen, Zeitleisten, Concept-Maps etc. und
- die Nutzung wortbasierter Funktionen wie Worthäufigkeiten, Keyword-in-Context-Listen und diktionärsbasierte automatische Codierung.

Unter der Bezeichnung QDA-Software ist ein spezieller Typ von Computerprogrammen verfügbar, der heute nahezu standardmäßig für die Analyse qualitativer Daten eingesetzt wird. Seit mehr als drei Jahrzehnten gehört das Feld der computergestützten Analyse qualitativer Daten zu den innovativsten Feldern sozialwissenschaftlicher Methodenentwicklung. QDA-Software schreibt keine bestimmte Auswertungsmethode vor, sondern lässt sich für viele Datenarten und methodische Ansätze einsetzen (Rädiker & Kuckartz, 2019; Silver & Lewins, 2014). So beschreiben Creswell und Poth (2018, S. 207–218) beispielsweise, in welcher Weise QDA-Software in fünf von ihnen näher betrachteten Forschungstraditionen sinnvoll eingesetzt werden kann, und zwar in Narrative Research, Phenomenology, Grounded Theory, Ethnography und Case Study.

Im Folgenden werden die Potenziale von QDA-Software für die qualitative Inhaltsanalyse skizziert. Ziel der Darstellung ist es, einen Überblick über die Analysemöglichkeiten zu geben. Da Software schnell veraltet und neue Versionen gewöhnlich mit neuen Oberflächen und veränderten Menüführungen einhergehen, konzentriert sich die Darstellung auf die prinzipielle Vorgehensweise und verzichtet auf eine konkrete Anleitung im Sinne von „Wählen Sie den Menüpunkt xy“, „Klicken Sie hier“ und „Doppelklicken Sie dort“. Eine detaillierte Darstellung der Optionen und Features von QDA-Software finden sich in Silver und Lewins (2014, QDA-Software allgemein), Friese (2019, ATLAS.ti), Jackson und Bazeley (2019, NVivo) sowie in Rädiker und Kuckartz (2019, MAXQDA).

Zu Beginn der praktischen Durchführung einer qualitativen Inhaltsanalyse stellen sich Fragen des Datenmanagements und der Organisation des Datenmaterials. Wie sollen die Daten sinnvollerweise formatiert werden? Wie lassen sie sich besonders gut mittels QDA-Software auswerten? Wie organisiert man die Speicherung von Dateien und Ordnern? Wie kann die Zusammenarbeit im Team gestaltet werden?

8.1 Datenvorbereitung: Transkription

Hat man selbst Daten erhoben, beispielsweise qualitative Interviews oder Fokusgruppen durchgeführt und als Audiodatei aufgenommen, stellt sich zunächst die Frage der Verschriftlichung (Transkription) der Daten. Die Transkription innerhalb des sozialwissenschaftlichen Forschungsprozesses war lange Zeit eine ziemlich zeitaufwändige Angelegenheit, mittlerweile existieren eine Reihe von Möglichkeiten zur automatischen Transkription, durch die der Aufwand wesentlich vermindert wird. Die Transkription geschieht nach bestimmten vorab festgelegten Regeln – üblicherweise als „Transkriptionsregeln" bezeichnet. Für die Vorbereitung des Materials ergibt sich folgender, aus sieben Schritten bestehender Arbeitsfluss:

1. Festlegen der Transkriptionsregeln bzw. Entscheidung für ein bestimmtes etabliertes Transkriptionssystem, das der geplanten Analyse angemessen ist
2. Transkribieren der Texte (oder ggf. nur von Teilen der Texte) am Computer bzw. nutzen eines Tools zur automatischen Transkription
3. Korrekturlesen und ggf. verbessern der Transkription
4. Anonymisieren und ggf. Pseudonymisieren der Transkription
5. Formatieren der Transkription entsprechend festgelegter Regeln, sodass die Möglichkeiten des QDA-Programms optimal genutzt werden
6. Speichern und archivieren der Transkription als RTF- oder DOC/X-Datei
7. Importieren dieser Datei in die QDA-Software

Die ersten drei Schritte werden selbstverständlich nur dann durchlaufen, wenn neues Material erhoben wurde und transkribiert werden muss. Liegen die Daten bereits als digitalisierte Texte vor, startet man mit dem vierten Schritt, d. h., die vorhandenen Daten werden falls notwendig anonymisiert, formatiert und anschließend in die QDA-Software importiert.

Sofern es möglich ist, sollte man im Falle von qualitativen Interviews, Gruppendiskussionen, Fokusgruppen und ähnlichen Formen der Datenerhebung immer mit Audioaufzeichnungen und nicht lediglich mit Gedächtnisprotokollen arbeiten. Tab. 16 stellt die Vor- und Nachteile von Audioaufzeichnungen dar.

Tab. 16 Vor- und Nachteile von Audioaufzeichnungen

Vorteile von Audioaufzeichnungen	Nachteile von Audioaufzeichnungen
– Genauigkeit – Möglichkeit wörtlicher Zitate – Unmittelbarkeit, keine Verzerrung durch retrospektive Erinnerung – Entspannte Interviewführung, da keine Mitschrift von Stichworten erforderlich – Einfachere Auswertung – Kritische Reflexion der Interviewtechnik möglich – Bessere Dokumentation und Kontrollierbarkeit, dadurch mehr Anerkennung in der Scientific Community	– Eventuell unangenehmes Gefühl bei den befragten Personen, dass alles aufgezeichnet wird und deshalb Gefahr der Verunsicherung und der Verzerrung des Interviews – Möglicherweise weniger spontanes Antwortverhalten, da mehr auf die Wortwahl geachtet wird – Störung der Interaktion durch die Aufzeichnung *Anmerkung:* Die potenziellen nachteiligen Wirkungen der Audioaufzeichnung können sich abschwächen, wenn sich Befragte an die Aufnahmesituation gewöhnen und das Aufnahmegerät vergessen

Die Vorteile einer Audioaufzeichnung sind offenkundig, es sei denn, man hat es mit besonders heiklen Fragestellungen zu tun, die eine sehr vertrauliche Gesprächssituation erfordern, welche durch eine gleichzeitige Aufzeichnung gestört würde. Nur auf der Grundlage einer Audio- bzw. Videoaufzeichnung lässt sich eine wortgetreue Verschriftlichung des Interviews anfertigen, d. h., nur so lässt sich bei der späteren Auswertung und im Ergebnisbericht mit wörtlichen Zitaten arbeiten.

Bei Einzelinterviews beschränkt man sich üblicherweise auf eine Audioaufzeichnung, wobei normalerweise die Qualität eines Smartphones völlig ausreicht. Bei Gruppeninterviews oder Fokusgruppen kommen gelegentlich anstelle von Audioaufnahmen auch Videoaufzeichnungen zum Einsatz, was die Zuordnung von Sprechbeiträgen zu den Personen vereinfacht.

Für Videoaufzeichnungen gilt im Prinzip das gleiche wie für Audioaufnahmen: Mit Smartphone, Videokamera und Transkriptionssoftware gestalten sich sowohl die Aufnahme als auch die Transkription sehr einfach und problemlos. Die folgenden Abschnitte über Transkription und Transkriptionsregeln gelten sowohl für Audio- wie für Videoaufzeichnungen.

Festlegen der Transkriptionsregeln. Transkriptionsregeln legen fest, wie die gesprochene Sprache in die schriftliche Form übertragen wird. Informationsverluste sind mit dieser Umformung unvermeidlich verbunden. Vom Ziel und Zweck der geplanten Analyse hängt es ab, welche Verluste man für akzeptabel hält und welche nicht. Es existieren zahlreiche Transkriptionssysteme (Dittmar, 2009; Dresing & Pehl, 2018; Fuß & Karbach, 2019; Höld, 2009; Kowal & O'Connell, 2014), die sich hauptsächlich dadurch unterscheiden, ob und wie verschiedene verbale und nicht-verbale Merkmale in der Transkription berücksichtigt werden, beispielsweise Betonungen, Lautstärke, gedehntes Sprechen, Sprechpausen, Überlappungen zwischen den Äußerungen verschiedener Sprecher bzw. Sprecherinnen, Dialektfärbungen, Gestik, Mimik und paraverbale Äußerungen wie Lachen, Hüsteln, Stöhnen etc. Ferner können auch Merkmale der Interviewsituation für die Auswertung relevant sein, z. B. dass jemand den Raum betritt oder verlässt, dass ein Telefon klingelt und dergleichen mehr. Ob man all dies wirklich transkribiert, hängt nicht zuletzt von finanziellen Gesichtspunkten ab, denn wenn die Gleichzeitigkeit der Sprechenden sowie Dialektfärbung und Intonation dokumentiert werden sollen, fallen hohe Kosten für die manuelle Transkription an. Allerdings spielen nicht nur die Kosten eine Rolle, sondern entscheidend ist, welchen Grad an Genauigkeit man bei der späteren Analyse berücksichtigen kann und will. Die Maxime möglichst genau zu transkribieren kann auch die fatale Konsequenz haben, dass der Text nur mehr schwer lesbar ist – etwa im Fall von transkribierter Dialektfärbung – und die sozialwissenschaftliche Analyse hierdurch keineswegs gefördert, sondern eher behindert wird. Für die meisten Forschungsprojekte reichen relativ einfache Transkriptionssysteme völlig aus. Im Rahmen eines Evaluationsprojektes haben wir einfache und schnell erlernbare Transkriptionsregeln[26] definiert. Die Regeln sind in überarbeiteter Form (basierend auf Kuckartz & Rädiker, 2024) in der folgenden Abbildung wiedergegeben.

26 Weitere Hinweise zu komplexeren Transkriptionsregeln finden sich in Kuckartz (2010, S. 38–47).

Abb. 27 Transkriptionsregeln für die computerunterstützte Auswertung

Transkriptionsregeln
SPRECHBEITRÄGE 1. Jeder Sprechbeitrag wird als eigener Absatz transkribiert. Zwischen zwei Sprechbeiträgen wird eine Leerzeile eingefügt, um die Lesbarkeit zu erhöhen. 2. Sprechbeiträge der interviewenden oder moderierenden Person(en) werden durch „I:" oder „M:", die der befragten Person(en) durch eindeutige Kürzel (z. B. „B:") eingeleitet. Zur Unterscheidung mehrerer Personen in einer Aufnahme werden die Kürzel um Nummern ergänzt („M1:", „M2:", „B1:", „B2:" etc.). Alternativ zu Kürzeln können Pseudonyme verwendet werden. Die Kennzeichnungen der Sprechenden werden zur besseren Erkennbarkeit fett gesetzt.
INHALT UND GRAMMATIK 3. Es wird wörtlich transkribiert, also nicht lautsprachlich oder zusammenfassend. Sprache und Interpunktion werden leicht geglättet, d. h. an das Schriftdeutsch angenähert. 4. Die Wortstellung, bestimmte und unbestimmte Artikel etc. werden auch dann beibehalten, wenn sie grammatikalisch falsch sind. Auch Wortwiederholungen werden transkribiert. 5. Dialekte werden möglichst genau in Hochdeutsch übersetzt, damit die Texte gut durchsucht werden können. 6. Nicht eindeutig identifizierbare Wörter werden in Klammern mit Fragezeichen gesetzt, z. B. „(Kobold?)". Unverständliche Wörter und Passagen werden durch „(unv.)" kenntlich gemacht.
BESTÄTIGUNGEN UND EINWÜRFE 7. Zustimmende Lautäußerungen der interviewenden oder moderierenden Person („mhm", „aha" etc.) werden nur transkribiert, wenn sie den Redefluss der sprechenden Person deutlich unterbrechen. 8. Kurze Einwürfe anderer Personen, wie „Ja", „Nein", „Genau", werden in Klammern in den Sprechbeitrag integriert. Das Kürzel der anderen Person wird mit Gedankenstrich vorangestellt „(I – Ja)", damit Sprechbeiträge bei der Textsuche der korrekten Person zugeordnet werden können.
PAUSEN, BETONUNGEN, LAUTÄUSSERUNGEN 9. Deutliche, längere Pausen werden durch in Klammern gesetzte Auslassungspunkte „(...)" markiert. Entsprechend der Länge der Pause in Sekunden werden ein, zwei oder drei Punkte gesetzt. Bei längeren Pausen wird eine Zahl entsprechend der Dauer in Sekunden angegeben „(5)". 10. Besonders betonte Begriffe werden <u>unterstrichen</u>. Besonders lautes Sprechen wird durch GROSSBUCHSTABEN kenntlich gemacht. 11. Lautäußerungen werden in einfachen Klammern notiert: (lacht), (stöhnt); ebenso nonverbale Aktivitäten und Störungen: (öffnet das Fenster), (Handy klingelt).
ZEITMARKEN 12. Zeitmarken werden am Ende jedes Sprechbeitrags eingefügt; bei Bedarf auch bei unverständlichen Passagen in einem längeren Absatz.

Dresing und Pehl führen ergänzend zu Transkriptionsregeln auch noch Regeln zur einheitlichen Schreibweise an (2018, S. 24–25), die vor allem dann eingehalten werden sollten, wenn im Rahmen eines Forschungsprojekts viele Personen die Transkriptionen vornehmen.

Die vorgestellten Transkriptionsregeln ermöglichen eine ausreichend genaue Verschriftlichung für die Anwendung der qualitativen Inhaltsanalyse. Im Rahmen linguistischer Analyse und in der Gesprächsforschung existieren weitaus kompliziertere Transkriptionssysteme wie GAT, HIAT und CHAT (Dittmar, 2009; Rehbein et al., 2004) und mit EXMARaLDA (www.exmaralda.org) auch eine entsprechende Software.

Nicht-automatische Transkription. Zur händischen Transkription von Audio- und Videodateien am Computer stehen eine Reihe von speziellen Programmen zur Verfügung, wie z. B. EasyTranscript (www.e-werkzeug.eu) und f4/f5transkript (www.audiotranskription.de).

Auch kann man direkt mit QDA-Software wie MAXQDA, ATLAS.ti oder NVivo transkribieren. Die meisten Transkriptionsprogramme sind einfach zu handhaben und verfügen über alle Funktionen, die normalerweise für das Verschriftlichen von Interviews im Rahmen qualitativer Sozialforschung benötigt werden: Ähnlich wie bei den üblichen Mediaplayern kann man die Wiedergabe stoppen, auf Pause schalten, neu starten sowie vor- und zurückspulen. Zudem lässt sich das Rücksprungintervall einstellen, d. h. die Zeit in Sekunden, um welche die Aufnahme nach dem Anhalten zurückgesetzt wird. Es bietet sich an, beim Transkribieren einen Fußschalter zu benutzen, um die Aufzeichnung leicht stoppen und starten zu können und dadurch Zeit zu sparen.

In den meisten Fällen lässt sich die Software so einstellen, dass am Absatzbeginn oder am Absatzende automatisch eine sogenannte Zeitmarke eingefügt wird. Hierdurch wird eine Synchronisierung zwischen Text und Audioaufzeichnung ermöglicht, sodass beim Lesen einer Textstelle durch Anklicken der Zeitmarke die entsprechende Stelle der Audioaufzeichnung abgespielt wird. Die oben dargestellten Transkriptionsregeln lassen sich so ohne Probleme umsetzen.

Abb. 28 zeigt den Auszug aus einem Transkript, das unter Beachtung der Transkriptionsregeln manuell angefertigt wurde.

Abb. 28 Beispiel für ein Transkript (Auszug aus dem Interview mit B7)

B7: Ich habe, also ich habe so eine Lerngruppe mit meinem Freund. Das heißt, ich erkläre ihm alles zweimal und dann sitzt es bei mir auch. (…) Und dann noch, ja, habe ich mich noch mal mit, mit einem aus meiner Arbeitsgruppe da von Statistikgruppe getroffen. [0:09:46-6]

I: Und wie, wie fühlst du dich dabei? Also, hast du positive oder negative Einstellungen gegenüber der Statistik, oder? [0:10:02-4]

B7: Ich mag das ganz gerne. Hätte ich am Anfang auch nicht gedacht, aber ich mochte auch Mathe, und deshalb finde ich das ganz okay. [0:10:08-6]

I: Und hat sich das im Laufe des Semesters verändert? (**B7** – Ja.) Und wenn ja, wie? [0:10:15-3]

Automatische Transkription. In jüngster Zeit hat es im Bereich der automatischen Transkription von Interviews sehr große Fortschritte gegeben. Was noch vor einigen Jahren in weiter Ferne schien, ist heute Stand der Technik: Sofern Audioaufnahmen in guter Qualität vorliegen, lassen sich diese mit Hilfe künstlicher Intelligenz automatisch verschriftlichen. Dabei werden die verschiedenen Sprechenden in Einzel- oder Gruppeninterviews erkannt, ihre Beiträge im Transkript entsprechend gekennzeichnet und mit Zeitmarken versehen.

Automatische Transkription lässt sich auf unterschiedliche Weise bewerkstelligen:

- *Webservices* erlauben es, Audio- und Videodateien hochzuladen und das fertige Transkript kann dann als Textdatei, zumeist im RTF- oder Word-Format, heruntergeladen werden. Zur Einhaltung des Datenschutzes müssen in der Regel Anbietende mit Sitz und Servern in der EU ausgewählt werden, hierzu gehören etwa AmberScript (Niederlande), f4x (Deutschland), HappyScribe (Irland) und MAXQDA Transcription (Sitz in Deutschland, Server in Niederlanden).
- *QDA-Software* wie MAXQDA, NVivo und Transana haben inzwischen eine automatische Transkription integriert. In diesem Fall kümmert sich die Software darum, die Audioaufnahme an einen Server zur Transkription zu senden, teilweise erlauben diese Programme auch die lokale Transkription auf dem eigenen Rechner.
- *Lokale Tools* ermöglichen es, die Transkription direkt auf dem eigenen Computer durchzuführen, sofern dieser leistungsstark genug ist. Beispielsweise nutzt noScribe hierfür das frei verfügbare KI-Modell Whisper von OpenAI.
- *Konferenztools* wie Microsoft Teams, Zoom und Cisco WebEx bieten Optionen für Live-Transkriptionen und im Anschluss eines Interviews kann

neben der Aufzeichnung des Gesprächs gleich ein Transkript heruntergeladen werden.

Bei der Auswahl eines Tools sollte neben Aspekten des Datenschutzes berücksichtigt werden, inwieweit die oben dargestellten Transkriptionsregeln umgesetzt werden und wie detailliert das Transkript ist. Die meisten Tools erzeugen für die Sprechenden jeweils einen eigenen Absatz, aber nur einige erlauben es, Sprechpausen systematisch zu erfassen (z.B. f4x, MAXQDA, noScribe). Betonungen und Lautstärke werden unseres Wissens von keinem Tool kenntlich gemacht, ebenso werden Lautäußerungen und nonverbale Aktivitäten nicht transkribiert. In der Regel stellt der eingeschränkte Detaillierungsgrad automatischer Transkription kein Hindernis für die Durchführung einer qualitativen Inhaltsanalyse dar. Sollten die Fragestellungen jedoch einen höheren Grad an Details erfordern, kann dieser nachträglich manuell erhöht werden.

Zwar nimmt die Qualität der automatisch erzeugten Transkriptionen stetig zu, jedoch darf man nicht erwarten, dass die Technik fehlerfrei arbeitet. Automatisch erzeugte Transkripte müssen stets manuell kontrolliert und verbessert werden. Statt fünf bis zehn Stunden bei manueller Transkription ist jetzt aber deutlich weniger Zeit notwendig, um das Transkript eines einstündigen Interviews auf Richtigkeit zu prüfen und zu korrigieren. Neben dem Zeitgewinn besteht vor allem auch ein analytischer Gewinn: Erfolgt die Kontrolle eines Transkripts direkt in der QDA-Software, kann die initiierende Textarbeit bereits beim Kontrolldurchgang beginnen.

Gleichgültig wie transkribiert wurde, sollten die Transkripte so formatiert werden, dass sie bei der späteren Arbeit am Bildschirm gut lesbar sind und die Funktionen der QDA-Software, insbesondere die lexikalischen Suchfunktionen, optimal genutzt werden können. So ist es von entscheidender Bedeutung, dass die Bezeichnungen – sei es zur Kennzeichnung der Sprechenden, einer bestimmten Frage des Leitfadens oder eines bestimmten Abschnittes der Befragung – immer durch den gesamten Text hindurch konstant beibehalten werden: also zur Kennzeichnung des Interviewers beispielsweise „I:“ oder „INT:“ und nicht das eine Mal „Interviewer:“ und dann wieder „Interv.:“, „INTERV:“ oder „I:“. Für die spätere Textsuche mit Hilfe von QDA-Software ist eine solche Einheitlichkeit der Schreibweise eine unbedingte Voraussetzung.

In der qualitativen Forschung beginnt die Analyse eines Interviews im Grunde bereits mit, ja sogar vor der Transkription: Forschende entwickeln bereits während des Interviews oder beim Abhören des Bandes Auswertungsideen und Hypothesen, sie haben die Interviewsituation und eventuelle Besonderheiten im Kopf oder häufig schon bestimmte Auffälligkeiten im Team besprochen. *All dies ist es wert, festgehalten zu werden.* Am besten aber nicht in der Transkription selbst, sondern in Form von Notizen und Memos, die in gesonderter Form gespeichert und mit dem Text bzw. den entsprechenden Textstellen durch Links verbunden werden. Vielfach bewährt hat es sich zudem, möglichst direkt nach dem Interview eine interviewbegleitende Dokumentation, manchmal auch als Postskriptum bezeichnet (Witzel, 2000), zu erstellen. In diesem sollte alles Relevante dokumentiert werden: Ort, Zeit, Kontaktinformationen und alles, was den Forschenden während des Interviews aufgefallen ist, z. B. Kommunikationsverhalten, Interviewverlauf, Informationen zur Interviewsituation, äußere Einflüsse etc. (Helfferich, 2011, S. 193, 201).

8.2 Datenvorbereitung: Anonymisierung

Qualitative Daten enthalten in der Regel sehr sensible Informationen, die leicht einen Rückschluss auf konkrete Personen erlauben. Daraus ergibt sich zwingend die Notwendigkeit der Anonymisierung. Es hängt von der Art der Daten ab, ob man bereits während des manuellen Transkribierens eine Anonymisierung vornimmt oder erst nach Fertigstellung des Transkripts anonymisiert. Wenn die Daten sehr viele zu anonymisierende Informationen enthalten, empfiehlt sich eher eine spätere Anonymisierung. Wenn die Transkription von einem Schreibbüro oder von Hilfskräften vorgenommen wird, die mit der Erhebung selbst nicht befasst waren, ist eine sofortige Anonymisierung während des Transkribierens nicht empfehlenswert, weil dies die Transkribierenden überfordern würde. Auch bei automatisch erstellten Transkripten ist eine Anonymisierung erst im Anschluss an die Transkription möglich.

Bei der Anonymisierung werden alle im Interview vorkommenden sensiblen Namen durch Decknamen (Pseudonyme) oder Kürzel ersetzt. Hierbei sollte darauf geachtet werden, dass das Pseudonym so gewählt wird, dass wesentliche Merkmale, z. B. Geschlecht, Alterskohorte etc. erkennbar bleiben. „Bei allen Namen wird versucht, den kulturellen Kontext, aus dem ein Name stammt, beizubehalten, beispielsweise kann Mehmet zu Kamil oder Nadine zu Juliette werden" (Przyborski & Wohlrab-Sahr, 2014, S. 170).

Eine japanische Austauschstudentin sollte also nicht etwa in „Horst" umbenannt werden; auch Spaßnamen wie „Donald Duck" sind tunlichst zu vermeiden. Anonymisiert werden ggf. auch Ortsnamen, kalendarische Daten und Ähnliches. Auch diese sollten so verändert werden, dass direkte Rückschlüsse auf Forschungsteilnehmende nicht mehr möglich sind. Orte lassen sich durch Platzhalter ersetzen, welche noch einige für das Verständnis wesentliche Bedeutungen transportieren, wie etwa „Dorf", „Kleinstadt" oder beim Datum „Sommer", „Winter des vorangegangenen Jahres" etc. Eine entsprechende Überblickstabelle für die eigene Entschlüsselung sollte erstellt werden. Diese ist gemäß den Vorschriften des Datenschutzes sicher und getrennt von den Daten aufzubewahren. Die Open-Source-Software QualiAnon vom Qualiservice der

Universität Bremen (www.qualiservice.org/tools) ist speziell für die Anonymisierung von Interviewdaten entwickelt worden und erlaubt es, den mitunter aufwändigen Prozess zu systematisieren und zu vereinfachen.

Nach dem Korrekturlesen, Formatieren und Anonymisieren ist die Vorbereitung der Daten für die Analyse beendet, die resultierende Datei wird als RTF- oder DOCX-Datei gespeichert und zusätzlich an einem zweiten Ort, z. B. in der Cloud, gesichert archiviert. Nur so ist man tatsächlich gegen Datenverlust gesichert, denn eine Kopie auf der gleichen Festplatte hilft bei einem Platten-Crash nur wenig.

8.3 Datenmanagement und Planung der Zusammenarbeit im Team

Qualitative Daten sind meist sehr umfangreich und umfassen manchmal hunderte oder gar tausende Textseiten – transkribierte Interviews, Feldnotizen, Beobachtungsprotokolle, Dokumente und anderes mehr. Ehe die eigentliche Analyse beginnt, sollte man sich eine sinnvolle Organisation der Daten überlegen. Als Erstes stellen sich die Fragen: Welche Daten stehen zur Auswertung zur Verfügung? Welchen Umfang haben diese Daten? Lassen sich sinnvolle Gruppierungen vornehmen? Im nächsten Schritt ist zu prüfen, welche Möglichkeiten einer sinnvollen Organisation und Strukturierung die für die Analyse gewählte QDA-Software bietet.

Im Falle unseres Beispielprojekts zum Klimabewusstsein, in dem Personen aus zwei Altersgruppen befragt wurden, ist es sinnvoll, die Daten in zwei Dokumentgruppen zu verwalten. Dies erleichtert es, später mit jeder der beiden Gruppen getrennt Auswertungen vorzunehmen. In jedem Fall sollten die Interviews als je gesonderte einzelne Texte behandelt werden – eine Zusammenfassung zu einem einzigen Textkorpus ist bei der qualitativen Inhaltsanalyse normalerweise nicht sinnvoll.

Ob es Sinn macht, die Audiodateien nach Fertigstellung der Transkription nicht nur zu archivieren und für gelegentlichen Zugriff bereit zu halten, sondern ständig zur Verfügung zu haben, muss ebenfalls überlegt werden. Im Übrigen ist darauf hinzuweisen, dass die Bestimmungen des Datenschutzes, insbesondere Bundesdatenschutzgesetz § 27 und DSGVO, eingehalten werden.

Sofern gleichzeitig mit den qualitativen Daten auch standardisierte Daten (z. B. soziodemographische Daten zur Person) erhoben wurden, sollten diese Daten bei der qualitativen Inhaltsanalyse immer zur Verfügung stehen, um so beispielsweise Auswertungen auch für spezielle Selektionen von Befragten vornehmen zu können. Vorteilhaft ist es, die Daten sofort in die QDA-Software einzugeben, sodass diese von vornherein in Kombination mit den qualitativen Daten zur Verfügung stehen. Alternativ besteht auch die Möglichkeit, die standardisierten Daten in tabellarischer Form z. B. als Excel-Datei oder SPSS-Datei zu importieren.

In Bezug auf die während der ersten Lektüre und im Verlauf des Transkribierens entstandenen Memos ist zu überlegen, ob diese als gesonderte Texte verwaltet werden sollen, die dann vielleicht mit den transkribierten Interviews verlinkt werden oder ob sie als zum Text gehörende Memos organisiert werden. Für Letzteres spricht, dass sie dann immer gleich mit dem Interview assoziiert und leicht zugänglich sind. Die gleichen Überlegungen gelten für die interviewbegleitenden Dokumentationen, die von den Interviewenden über den Interviewverlauf angefertigt wurden. Auch diese sollten in der Regel als Dokument-Memos verlinkt und nicht als eigene Dokumente verwaltet werden; so bleiben sie immer mit dem Interview verbunden und sind leicht zugänglich. Manche ziehen es vor, auch die interviewbegleitende Dokumentation (Postskript, Interviewprotokoll) innerhalb der Transkription zur Verfügung zu haben. Auch dies ist möglich, dagegen spricht aber, dass in diesem Fall eine Auswertung der Worthäufigkeiten eines Interviews verfälscht wird bzw. dass dann zusätzliche Selektionen erforderlich sind.

Eine Frage, die im Grunde in die Phase der Transkription zurückreicht, aber nur unter Betrachtung der Auswertungsperspektive beantwortet werden kann, ist die Frage nach der Definition von Text- oder Sinneinheiten. Wenn geplant ist, bei der späteren Codierung des Datenmaterials nach syntaktischen oder nach semantischen Gesichtspunkten Einheiten zu bilden, die dann jeweils als Ganzes codiert werden, so ist jetzt der geeignete Zeitpunkt, eine solche Untergliederung in Einheiten vorzunehmen. Sinnvoll ist es, jeweils am Ende einer Einheit einen Absatz einzufügen. Bei primär interpretativ orientierter Auswertung wird man es eher als überflüssig erachten, Texteinheiten vorab zu definieren. Je mehr allerdings auch Elemente quantitativer Inhaltsanalyse integriert werden sollen, desto sinnvoller kann eine entsprechende Unterteilung sein.

Wenn ein Forschungsteam und nicht nur eine einzelne Person die Daten auswertet, liegt es nahe, sich auch Gedanken über die Organisation der Zusammenarbeit im Team zu machen, d. h. folgende Fragen sollten vorab beantwortet werden:

- In welcher Form wollen wir zusammenarbeiten?
- Sollen alle Personen des Teams jederzeit an allen Texten arbeiten können?
- Wollen wir die Arbeit auf die Weise aufteilen, dass zunächst Texte zu Team-Mitgliedern zugeordnet werden und nur von diesen bearbeitet werden?
- Sollen alle die gleichen Rechte zur Veränderung bzw. zum Löschen von Daten erhalten?
- Sieht die benutzte QDA-Software Unterstützung für die von uns geplante Form des Teamworks vor? Gibt es mehrere alternative Möglichkeiten zur

Gestaltung des Teamworks? Welche davon ist ggf. für unser Projekt die beste?

8.4 Import der Daten in die QDA-Software

Das Importieren qualitativer Daten in die QDA-Software ist ein denkbar einfacher Vorgang, der je nach benutzter Software manchmal nicht mehr verlangt als die betreffenden Dateien mit der Maus in das Programm hineinzuziehen. Das Standardformat von Microsoft Word (DOCX) und auch das von einigen Transkriptionsprogrammen verwendete RTF-Format werden von den meisten QDA-Programmen problemlos akzeptiert. Für das PDF-Format gilt, dass es nicht von allen QDA-Programmen im Original-Layout verarbeitet werden kann. Für die Auswertung von Interviewstudien ist das DOCX- bzw. RTF-Format dem PDF-Format in jedem Fall vorzuziehen, denn es erlaubt, auch später noch Verbesserungen im Text und Einfügungen vorzunehmen oder auch vergessene, aber notwendige Anonymisierungen nachzuholen. Auch ein synchroner, über Zeitmarken gesteuerter Zugriff auf Audio-/Videodatei und Transkription lässt sich nur mit dem DOCX- und RTF-Format realisieren.

Für manche Textformen (etwa Transkriptionen von Gruppendiskussionen, Antworten auf offene Fragen in Online-Surveys und Texte aus Internetforen) besteht die Möglichkeit, sie in einem vorgegebenen strukturierten Format in QDA-Software zu importieren. Die Software nimmt dann bereits beim Import eine automatische Zuordnung von Textabschnitten zu Oberkategorien und Subkategorien bzw. im Fall von Gruppendiskussionen oder Fokusgruppen zu den Sprecherinnen und Sprechern vor (Kuckartz, 2010, S. 49–55; Rädiker & Kuckartz, 2019).

8.5 Einstieg in die Analyse: initiierende Textarbeit, Memos, Fallzusammenfassungen

QDA-Software kann bereits bei der initiierenden Textarbeit, die zu Beginn jeder Analyse qualitativer Daten stattfindet, wertvolle Unterstützung leisten. Dies fängt schon mit der Erstellung eines absatznummerierten oder zeilennummerierten Ausdrucks an, der als Grundlage für die gemeinsame Diskussion im Forschungsteam dienen kann. Ferner erlaubt QDA-Software, nach interessanten Wörtern und Wortkombinationen in den Texten zu suchen und sich quasi auf einen Klick hin alle entsprechenden Textstellen im gesamten Datenmaterial anzuschauen. Als hilfreich erweist sich auch die Möglichkeit, Textstellen, die als besonders interessant und wichtig erscheinen, farblich zu markieren und zu kommentieren. All dies geschieht zeitlich vor der eigentlichen Inhaltsanalyse im engeren Sinne, also vor der Kategorienbildung, Codierung und kategorienbasierten Auswertung.

Die Vorstellung, dass die Analyse qualitativer Daten erst mit der Phase des Codierens beginnt, greift eindeutig zu kurz. Begreift man die Forscherinnen und Forscher als aktiv handelnde Subjekte und nicht lediglich als Datenerhebungsagenten, so lässt sich der gesamte qualitative Forschungsprozess als ein Prozess der Datenanalyse begreifen, in dem es keine derart strikte Trennung zwischen Erhebung und Auswertung gibt, wie dies etwa bei der Surveyforschung der Fall ist. Führen die Forschenden selbst die Interviews durch, so werden sie mehr oder weniger automatisch schon während des Interviews bestimmte Aussagen auf dem Hintergrund des eigenen Vorwissens und der Forschungsfrage bewerten. Glaser und Strauss benutzen in diesem Zusammenhang den Begriff des Codierens, die Forschenden „codieren" das, was sie hören, ordnen es ein, machen sich Gedanken, ihnen kommen Ideen und sie hegen Vermutungen über Zusammenhänge (Glaser & Strauss, 1998, S. 107–121). All dies geschieht in jeder Phase der Forschung, also auch bereits bei der Erhebung der Daten und es ist angeraten, auch solche ersten Ideen und Hypothesen sofort schriftlich – am besten in der Form von Memos (vgl. Kapitel 4.5.2) – festzuhalten. Der weite Begriff des Codierens, wie ihn die Grounded Theory besitzt, wird zwar von inhaltsanalytischen Ansätzen nicht geteilt, dennoch ist das frühzeitige Festhalten von Ideen, theoretischen Vermutungen und Hypothesen auch bei der qualitativen Inhaltsanalyse durchaus empfehlenswert.

Der Begriff „Memo" für solche Notizen, Kommentare und Aufzeichnungen wird insbesondere im Kontext der Grounded Theory verwendet, in der Memos eine zentrale Rolle spielen. Den Anregungen der Grounded Theory folgend, lassen sich verschiedene Typen von Memos unterscheiden, beispielsweise Memos, die theoretisch ausgerichtet sind („Theorie-Memos"), Memos, die Definitionen der Kategorien und ggf. deren Ausprägung festhalten („Code-Memos"), Memos, die sich auf Besonderheiten der Sprache beziehen („Linguistische Memos") oder Memos, die dazu dienen, Fallzusammenfassungen festzuhalten („Dokument-Memos"). Letztere können auch für organisatorische Zwecke benutzt werden, beispielsweise um den Auswertungsstand eines Interviewtextes zu dokumentieren.

In QDA-Software lassen sich Memos direkt an Texte, Textstellen, Kategorien und Subkategorien anheften, wobei es sich empfiehlt, verschiedene Symbole für verschiedene Typen von Memos zu verwenden. Im Verlauf des Auswertungsprozesses können Memos auch zu größeren integrativen Memos zusammengestellt werden; diese sind quasi Textbausteine auf dem Weg zum Forschungsbericht.

8.6 Deduktive (a priori) Kategorienbildung

Wenn Kategorien und Subkategorien bereits vor Beginn des Codierens feststehen, können diese in der QDA-Software auch bereits vor dem Import der ersten Daten definiert werden. Zu beachten ist hierbei, dass die meisten QDA-Programme nicht den Begriff „Kategorie" verwenden, sondern dort der Begriff „Code" benutzt wird. Um eine Kategorie anzulegen, muss man also eine Funktion mit dem Namen „Neuen Code erstellen" oder ähnlich anklicken.

Die Definitionen der Kategorien sollten jeweils als Code-Memos festgehalten werden, sodass sie den Codierenden während der Arbeit immer zur Verfügung stehen (übrigens greift auch bei dem Begriff „Code-Memos" die Logik, dass Codes und Kategorien jeglicher Art in QDA-Software durchweg „Codes" genannt werden). Die Definitionen werden am besten nach einem einheitlichen Schema gestaltet, wie es oben in Kapitel 2.5 beschrieben ist.

Kategoriensysteme, die auf solche Weise deduktiv gebildet werden, sind üblicherweise hierarchisch aufgebaut, wie hier die Kategorie „Umweltverhalten":

Kategorie	*Subkategorien*
Umweltverhalten →	• Mobilität • Recycling • Energie • Konsum • Sonstiges

Prinzipiell kann ein Kategoriensystem beliebig tief gestaffelt sein, also nicht nur Subkategorien, sondern auch Sub-sub-Kategorien und weitere Ebenen besitzen. Die meisten QDA-Programme unterstützen eine solche hierarchische Organisation der Kategorien. In der Regel ist es jedoch nicht ratsam mit mehr als drei bis vier Ebenen zu arbeiten. Bei der obigen Kategorie „Umweltverhalten" würde allerdings eine dritte Ebene erforderlich sein, wenn Valenzen beim Codieren berücksichtigt werden sollten. Dann ergäben sich beispielsweise die Kategorien „Umweltverhalten > Mobilität > positiv" und „Umweltverhalten > Mobilität > negativ".

In der quantitativen Inhaltsanalyse werden die Kategorien normalerweise durchnummeriert, beispielsweise folgendermaßen:

10 Umweltverhalten
11 Mobilität
12 Recycling

13 Energie
14 Konsum
15 Sonstiges

Eine solche Nummerierung ist eigentlich im Rahmen der qualitativen Inhaltsanalyse nicht erforderlich, dennoch wird sie nicht selten praktiziert; sie ist allerdings unpraktisch, wenn im Laufe des Codierens neue Kategorien gebildet und in das Kategoriensystem eingefügt werden.

8.7 Induktive Kategorienbildung am Material

Sollen Kategorien induktiv am Material entwickelt werden, so kann dies sehr wirksam mit Unterstützung von QDA-Software geschehen. Entsprechend den oben in Kapitel 3.2 beschriebenen Techniken, werden Codes und Konzepte direkt am Text festgehalten: Der Text wird Zeile für Zeile durchgegangen, Textstellen werden, ganz ähnlich wie bei der Arbeit mit Papier und Stift, markiert und es wird Textstellen ein neuer oder ein bereits definierter Code zugeordnet.

Der große Vorteil von QDA-Software ist, dass im Unterschied zum Arbeiten mit Papier und Stifte(n) die so generierten Codes nicht nur neben dem Text stehen, sondern zudem automatisch in einem gesonderten Codesystem festgehalten werden. Später können die Codes sortiert, systematisiert und zusammengefasst werden. Die Codes bleiben wie durch ein unsichtbares Band mit den jeweiligen Textstellen verbunden, sodass man gewissermaßen mit einem Klick zwischen der analytischen Ebene der Codes und den Daten, auf denen sie basieren, hin und her springen kann.

Auch Anmerkungen, theoretische Aspekte und Ideen für verschiedene Dimensionen der Codes können direkt in Form von Code-Memos festgehalten werden, sodass nach und nach ein Kategorienhandbuch (Codebuch) entsteht, in dem die Kategorien detailliert beschrieben und durch Beispiele illustriert werden.

Abb. 29 zeigt einen offen codierten Interviewausschnitt: Die vorgenommenen Codierungen sind links neben dem Text visualisiert, ein Memo wurde an Absatz 22 angeheftet. Warum ein Memo an dieser Stelle? Dort ist der sprachliche Wechsel von der ersten Person in die dritte Person auffällig; nach dem eigenen Verhalten gefragt, antwortet die befragte Person zunächst „Würde ich gerne schon“ und wechselt anschließend sogleich in die unverbindliche dritte Person und das wenig konkrete Statement „Man sucht natürlich auch einen Anlass“.

Abb. 29 Interviewausschnitt mit Anzeige der erstellten offenen Codes am linken Rand

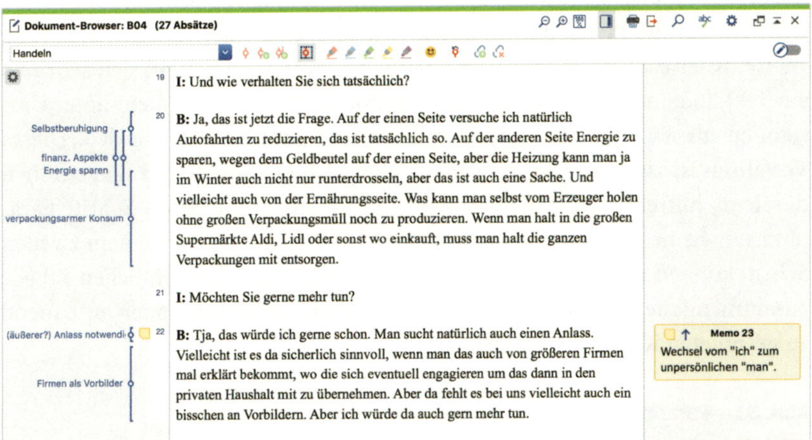

Ein Charakteristikum qualitativer Methoden ist der Anspruch, die Forschungsteilnehmenden selbst zu Wort kommen zu lassen, ihnen die Gelegenheit zu geben, Antworten in eigenen Worten zu formulieren und nicht lediglich aus einer Anzahl vorformulierter Antworten auszuwählen. Deshalb kommt auch den Worten, benutzten Begriffen und Metaphern der Befragten eine hohe Bedeutung zu. QDA-Software unterstützt dies durch das sogenannte In-vivo-Codieren, bei dem Äußerungen der Forschungsteilnehmenden markiert und codiert werden und gleichzeitig in das Kategoriensystem als Codes übernommen werden.

Ein Beispiel hierfür ist der Begriff „Wir-retten-die-Welt-Verein" in der Äußerung eines Befragten in unserer Studie zum Klimabewusstsein. Dieser Begriff wurde markiert und direkt als Kategorienbezeichnung übernommen (Abb. 30).

Abb. 30 Auszug aus dem Interview B29, Absatz 33–37

I: Und würdest du gerne mehr tun als das was du jetzt schon tust?

B29: Rein theoretisch schon, nur die Frage ist wie. Und ich weiß auch nicht, ob ich mich in irgendeinem (…) Wir-retten-die-Welt-Verein wohl fühle.

I: Spürst du denn eine Verantwortung, dass du dich überhaupt mit den Problemen des 21. Jahrhunderts auseinandersetzt?

B29: Personell verantwortlich ja, global verantwortlich nein.

I: Kannst du das näher erläutern?

Die Bildung von Kategorien am Material geschieht in einem längeren Prozess, innerhalb dessen das Material bzw. Teile desselben mehrmals durchlaufen werden. Eine alternative Möglichkeit zur Entwicklung von Kategorien am Text stellt hierbei die in Kapitel 3.2 beschriebene Technik der Kategorienbildung via fokussierte Zusammenfassung dar. Dieses Verfahren bewegt sich sehr nah am Text, indem zunächst die inhaltstragenden Textstellen in einem unter Umständen mehrstufigen Prozess abstrahiert und paraphrasiert werden. Dieses Verfahren ist zwar sehr zeitaufwändig, aber insbesondere für Anfänger:innen durchaus hilfreich. QDA-Software erlaubt es, in einem ersten Schritt Paraphrasen wie in Abb. 31 direkt neben dem Text festzuhalten. In einem zweiten Schritt können alle geschriebenen Paraphrasen in einer übersichtlichen Tabelle zusammengestellt werden, um sie zu systematisieren und auf ihnen aufbauend zu geeigneten Kategorien zu gelangen.

Abb. 31 Paraphrasen neben dem Text

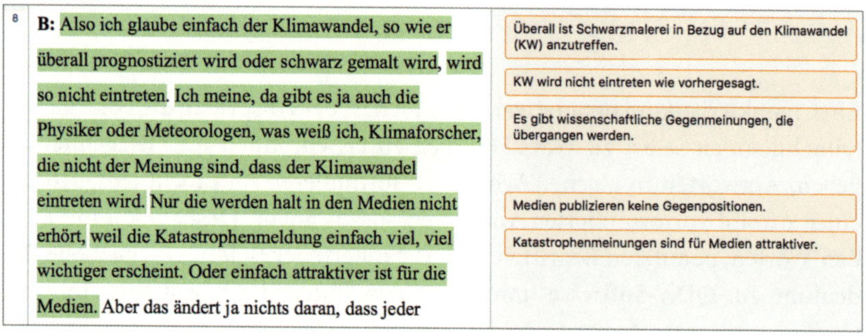

Bei einer an der Grounded Theory orientierten Vorgehensweise des offenen Codierens geschieht die Bildung von Codes von vornherein in der Absicht, sich von den Daten zu entfernen und sie unter Umständen auch theoretisch einzuordnen. Es ist diese Tätigkeit des theoretischen Einordnens und nicht die des bloßen Zuordnens zu einem Code, die von Strauss, Glaser und Corbin als *Codieren* (Strauss & Corbin, 1996, S. 43–55) bezeichnet wird. Alles Interessante, was in den Texten vorkommt, wird zunächst codiert, d. h. mit einer abstrakteren Bezeichnung, einem Label, versehen. Im zweiten Schritt der Analyse bewegt man sich dann auf der Ebene der Codes, welche sinnvoll gruppiert und in Bezug auf ihre Verbindungen hin untersucht werden.

Der Einsatz von QDA-Software im Prozess der inhaltsanalytischen Kategorienbildung hat sowohl bei der via Zusammenfassung arbeitenden Technik als auch bei dem stärker abstrahierenden und theorieorientierten Analysestil der Grounded Theory große Vorteile gegenüber der manuellen Methode der Kategorienbildung mit „Schere, Papier und Bleistift". Wenn QDA-Software eingesetzt wird, besteht jederzeit eine Verbindung mit den Originaldaten und es ist nicht mehr nötig in vielleicht Hunderten von Seiten nach einschlägigen Textstellen zu suchen. Gleichzeitig erhält man einen schnellen Überblick, wie häufig bestimmte Codes, Konzepte und Kategorien überhaupt in den Daten vorkommen, kann Ähnliches leicht finden und zusammenfassen und mit Blick auf eine inhaltlich strukturierende Inhaltsanalyse trennscharfe Kategorien bilden. Kategoriendefinitionen inklusive Zitaten als illustrative Beispiele lassen sich gleich bei den betreffenden Kategorien festhalten.

Zu Zwecken der Dokumentation lässt sich genau nachvollziehen, auf welchen Textstellen eine bestimmte Kategorie basiert. Auch lässt sich der gesamte Prozess der Kategorienbildung in seinen verschiedenen Stadien dokumentieren. Das semantische Umfeld einer gebildeten Kategorie kann sehr leicht erkundet werden, indem alle mit der Kategorie codierten Textstellen in einer Liste zusammengestellt werden.

Wenn man Textstellen nicht sofort einen Code zuordnen will, bietet sich bei der Arbeit mit QDA-Software ein zweistufiges Verfahren an: MAXQDA offeriert beispielsweise mit dem sogenannten Farbcodieren eine elektronische Möglichkeit zur farblichen Markierung von Textstellen. Hier werden wichtig erscheinende Textstellen erst einmal – ähnlich wie mit einem Textmarker auf Papier – nur angestrichen. Erst bei einem neuen Durchlauf durch das Material wird diesen markierten Stellen dann ein im Zuge der Kategorienbildung definierter Code zugewiesen.

8.8 Inhaltlich strukturierende qualitative Inhaltsanalyse

Eine bei der inhaltlich strukturierenden Inhaltsanalyse sehr wichtige Leistung von QDA-Software besteht darin, alle mit der gleichen Kategorie codierten Textstellen zusammenzustellen, ein Vorgang, der auch als Text-Retrieval bezeichnet wird.

> Als Text-Retrieval bezeichnet man bei der computerunterstützten qualitativen Inhaltsanalyse die kategorienbezogene Zusammenstellung von zuvor codierten Textpassagen. Die von der QDA-Software zusammengestellten Textstellen enthalten üblicherweise eine Herkunftsangabe, d.h. Information darüber, aus welchem Text sie jeweils stammen und an welcher Stelle sie dort zu finden sind. Üblicherweise kann die zusammengestellte Liste am Bildschirm angesehen, ausgedruckt oder als Datei exportiert werden.

Die Unterstützung, die durch QDA-Software bei der inhaltlich strukturierenden qualitativen Inhaltsanalyse geleistet werden kann, ist mannigfaltig und in jeder Phase des Analyseprozesses beträchtlich. In Tab. 17, die der Sequenz der Phasen der inhaltlich strukturierenden Analyse folgt, ist für jede Phase der Inhaltsanalyse die Unterstützungsleistung der QDA-Software dargestellt.

Tab. 17 QDA-Software bei der inhaltlich strukturierenden Inhaltsanalyse (Fortsetzung nächste Seite)

Phasen und jeweilige Computerunterstützung	
1	*Initiierende Textarbeit, Memos, Fallzusammenfassungen*
	Wichtige Textstellen können farbig markiert und codiert werden. Es kann durch alle Texte hindurch automatisch nach bestimmten Wörtern oder Wortkombinationen gesucht werden. Memos und Kommentare können geschrieben und an Textstellen, den gesamten Text oder Kategorien angeheftet werden. Textstellen können durch Links miteinander verbunden werden, beispielsweise wenn sie sich widersprechen oder sich inhaltlich aufeinander beziehen. Textstellen können auch mit externen Texten oder Textstellen verknüpft werden, z. B. für eine weite Kontextanalyse. Ergänzende (standardisierte) Hintergrundinformationen wie die soziodemographischen Daten bei Interviews können als Fallvariablen festgehalten werden. Erste Fallzusammenfassungen lassen sich als Memo beim Text festhalten. Bei Interviews kann das Postskriptum mit wichtigen Informationen zum Interview als Dokument-Memo gespeichert werden.
2	*Hauptkategorien entwickeln*
	Kategorien (Codes) können deduktiv oder induktiv direkt am Material gebildet werden. Es kann ein hierarchisches Kategoriensystem mit mehreren Ebenen konstruiert werden. Alternativ lassen sich auch Kategorien-Netzwerke definieren.
	Das Codieren geschieht, indem Textstellen mit der Maus markiert und einem existierenden oder neuen Code zugeordnet werden. Die Kategorien und Subkategorien können gruppiert und zu abstrakteren Kategorien zusammengefasst werden. Beschreibungen und Definitionen von Kategorien werden als Code-Memos festgehalten.
3	*Daten mit Hauptkategorien codieren (1. Codiderprozess)*
	Alle Texte werden Zeile für Zeile bearbeitet, die Hauptkategorien werden einschlägigen Textstellen durch Codieren zugeordnet.
4	*Induktiv Subkategorien bilden*
	Mit Hilfe eines sog. Text-Retrievals lassen sich alle zu einer Hauptkategorie gehörenden Textstellen zusammenstellen. Soziodemographische Merkmale und andere beispielsweise in einem Begleitfragebogen erhobenen Variablen werden zur Selektion, Gruppierung und Kontrastierung genutzt. Bei deduktiv-induktiver Vorgehensweise werden jetzt am Material Subkategorien für die Hauptkategorien entwickelt. Hierfür stehen Funktionen zur visuell-gestützten Gruppierung von Codes zu Kategorien, zum Fusionieren per Drag-and-drop sowie zum Ausdifferenzieren von Kategorien zur Verfügung. Die Definitionen der Subkategorien werden ebenfalls als Code-Memos festgehalten, konkrete Beispiele werden aus dem Material per Copy-and-paste als Zitate in diese Kategoriendefinitionen eingefügt. Alle Code-Memos können in einem Codierleitfaden für das gesamte, nun komplette Kategoriensystem zusammengestellt werden.

5	*Daten mit Subkategorien codieren (2. Codierprozess)*
	Alle mit den Hauptkategorien codierten Textstellen werden mit Tools für das Ausdifferenzieren von Kategorien den neu gebildeten Subkategorien zugeordnet. Die in der ersten Phase der Analyse geschriebenen Fallzusammenfassungen können unter Berücksichtigung der gebildeten Kategorien und Subkategorien überarbeitet werden. Hierfür stehen unter anderem Funktionen für das Schreiben von fallbezogenen thematischen Zusammenfassungen, Text-Retrieval und Kommentarfunktionen zur Verfügung.
	Zwischenschritt: Fallbezogene thematische Zusammenfassungen schreiben
	Für wichtige Kategorien lassen sich fallweise die codierten Textstellen ausgeben und inhaltlich zusammenfassen.
6	*Einfache und komplexe Analysen*
	Mit Hilfe von Text-Retrievals werden die Textstellen pro Kategorie bzw. Subkategorie zusammengestellt und qualitativ analysiert. Die Häufigkeiten der Subkategorien werden pro Hauptkategorie ermittelt. Zusammenhänge zwischen den Subkategorien innerhalb einer Hauptkategorie und zwischen den Hauptkategorien lassen sich qualitativ und quantitativ untersuchen. Eine Auflistung der vorkommenden Konfigurationen von Kategorien und Subkategorien, also ihrer Kombinationen im Datenmaterial, hilft dabei, Muster zu identifizieren. Selektive Text-Retrievals ermöglichen den qualitativen Vergleich von Subgruppen auf der Basis soziodemographischer und anderer Merkmale. Kreuztabellen stellen nach Gruppen differenzierte Kategorienhäufigkeiten dar, z. B. die zu einem Thema codierten Textstellen aufgegliedert nach ausgewählten soziodemographischen Merkmalen. Nach Kategorien strukturierte Fallübersichten erlauben gezielte Vergleiche von Einzelfällen und Gruppen. Dabei kann auf die in einem Zwischenschritt gebildeten Zusammenfassungen zurückgegriffen werden.
	Visuelle Darstellungen zeigen das Vorhandensein und ggf. auch die Häufigkeiten der thematischen Kategorien aufgegliedert nach Texten. Diagramme stellen die Überschneidungen bzw. die Nähe von Kategorien und Subkategorien dar. Verlaufsdiagramme zeichnen den thematischen Verlauf von Interviews nach. Im Falle von Gruppendiskussionen werden die Abfolge der Sprecherinnen und Sprecher sowie die Themen der jeweiligen Wortbeiträge visualisiert. Concept-Maps und Diagramme visualisieren den Zusammenhang von Kategorien und stellen die erarbeiteten Hypothesen und Theorien modellhaft dar (z. B. als Wirkungsmodelle).
7	*Ergebnisse verschriftlichen und Vorgehen dokumentieren*
	Im Verlauf des Auswertungsprozesses geschriebene Memos werden zu den entsprechenden Teilen bzw. Kapiteln des Ergebnisberichtes integriert. Die in Phase 6 erzeugten Auswertungen und Visualisierungen können in den Bericht aufgenommen werden. Zur Dokumentation des Kategoriensystems lässt sich automatisch ein Kategorienhandbuch mit den Code-Memos erstellen. Mit Hilfe von Reportfunktionen kann ein nach ausgewählten Themen strukturierter Bericht der codierten Textstellen erzeugt werden.

Die keineswegs vollständige Auflistung der Unterstützungsleistungen zeigt, dass QDA-Software in jede Auswertungsphase fest integriert werden kann und die Analyse so sehr wirksam unterstützt wird. In Kuckartz und Rädiker (2024) finden sich weitere detaillierte Hinweise zur Computerunterstützung bei der Analyse leitfadengestützter Interviews, deren Darstellung im Kern einer inhaltlich strukturierenden qualitativen Inhaltsanalyse folgt.

8.9 Evaluative qualitative Inhaltsanalyse

Eine evaluative Inhaltsanalyse lässt sich sowohl selbstständig durchführen als auch sehr gut an eine zuvor im Rahmen einer inhaltlich strukturierenden Analyse durchgeführte Codierung anschließen. In diesem Fall hat man bereits alle Textstellen zu dem interessierenden Thema identifiziert und kann sich bei der klassifizierenden Bewertung auf die Lektüre dieser einschlägigen Stellen beschränken. Ist dies nicht der Fall, kommt man nicht umhin, die Daten komplett zu durchlaufen, jene Stellen zu bezeichnen, die für die Bewertungskategorie relevant sind und für jeden Fall die Bewertung(en) vorzunehmen, andernfalls wäre eine Bewertung nicht mehr in den Daten fundiert und könnte nicht ohne weiteres nachvollzogen werden. Die Unterstützungsmöglichkeiten, die QDA-Software in den sieben Phasen einer evaluativen Inhaltsanalyse bietet, sind in Tab. 18 (nächste Seite) dargestellt.

Wie in Kapitel 6 beschrieben, gibt es hinsichtlich der fallbezogenen Bewertung zwei prinzipielle Möglichkeiten: Entweder wird von vornherein nur eine Gesamtbewertung des Falls hinsichtlich einer Kategorie angestrebt, dann liest man die Sammlung der einschlägigen codierten Textstellen durch (Phase 4 bzw. Phase 5), entscheidet sich aufgrund der Definition der bewertenden Kategorie für die adäquate Ausprägung und codiert diesen Wert bei dem betreffenden Fall als Fallvariable (Beispiel: Variable „Verantwortungsbewusstsein" → „Wert hoch"). Oder es sollen detaillierte Bewertungen jeder Textstelle vorgenommen werden, also jeweils bewertet werden, welche Ausprägung von Verantwortungsbewusstsein bei einer bestimmten Textstelle zum Ausdruck kommt. In diesem Fall werden die Ausprägungen „hoch", „mittel", „niedrig" und „nicht zu klassifizieren" als Subkategorien des Codes „Verantwortungsbewusstsein" definiert und jeweils die adäquate Ausprägung zugeordnet.

Wenn die zweite Möglichkeit gewählt und kleinteiliger codiert wird, also nicht der Fall, sondern jede einschlägige Textstelle einzeln evaluiert wird, sollten wie im genannten Beispiel die Ausprägungen der bewertenden Kategorie als Subkategorien definiert werden. Es muss dann nach dem Codieren auf Fallebene, d. h. pro Person, aggregiert werden. Es mag dann passieren, dass für eine Person möglicherweise viele einschlägige Textstellen bewertet wurden, aber die Bewertungen nicht alle einheitlich sind. In manchen QDA-Programmen las-

Tab. 18 QDA-Software bei der evaluativen qualitativen Inhaltsanalyse (Fortsetzung nächste Seite)

Phasen und jeweilige Computerunterstützung	
1	*Initiierende Textarbeit, Memos, Fallzusammenfassungen*
	Wichtige Textstellen können farbig markiert und codiert werden. Es kann durch alle Texte hindurch automatisch nach bestimmten Wörtern oder Wortkombinationen gesucht werden. Memos und Kommentare können geschrieben und an Textstellen, den gesamten Text oder Kategorien angeheftet werden. Textstellen können durch Links miteinander verbunden werden, beispielsweise wenn sie sich widersprechen oder sich inhaltlich aufeinander beziehen. Textstellen können auch mit externen Texten oder Textstellen verknüpft werden, z. B. für eine weite Kontextanalyse. Ergänzende (standardisierte) Hintergrundinformationen wie die soziodemographischen Daten bei Interviews können als Fallvariablen festgehalten werden. Erste Fallzusammenfassungen lassen sich als Memo beim Text festhalten. Bei Interviews kann das Postskriptum mit wichtigen Informationen zum Interview als Dokument-Memo gespeichert werden.
2	*Bewertungskategorie festlegen* *In dieser Phase wird auf Grundlage der Forschungsfrage die Kategorie bestimmt, hinsichtlich der alle Fälle bewertet werden sollen.*
	Such- und Text-Retrievalfunktionen erleichtern es, sich einen schnellen Überblick über das Datenmaterial und seine Eignung für eine evaluative Analyse zu verschaffen.
3	*Relevante Textstellen identifizieren und codieren* *In dieser Phase werden alle Textstellen identifiziert und codiert, die unter die betreffende Kategorie fallen.*
	Die Codierfunktionalität von QDA-Software erlaubt schnelles und effizientes Codieren. Vergleiche der Codierungen voneinander unabhängig Codierender sind möglich. Code-Memos erlauben das Festhalten und Verändern von Kategoriendefinitionen und Beispielen.
4	*Ausprägungen der Bewertungskategorie entwickeln* *In dieser Phase werden die codierten Segmente der ausgewählten Kategorie fallbezogen zusammengestellt und gelesen. Ausprägungen werden formuliert und Segmente zugeordnet; die Anzahl der Ausprägungen wird probeweise verändert und Definitionen werden geschrieben.*
	Mit Hilfe eines Text-Retrievals werden alle zu einer Kategorie gehörigen Textstellen zusammengestellt. Die Resultate des Retrievals können als Tabelle dargestellt und ausgedruckt werden. Fallbezogene Zusammenfassungen der relevanten Textstellen können als Basis für die Entwicklung der Ausprägungen verfasst und in Übersichtstabellen zusammengestellt werden. Wenn der gesamte Fall codiert werden soll, lassen sich die Zuordnungen zu den Ausprägungen in einer Fallvariablen festhalten. Wenn jede einzelne Textstelle codiert wird, können die Ausprägungen als Subkategorien definiert werden. Die Zuordnung der angemessenen Subkategorie erfolgt durch einfaches Drag-and-drop der Textstelle aus einer Tabelle der einschlägigen Textstellen heraus. Dynamische Veränderungen der Definitionen der Ausprägungen und Beispiele mit Hilfe der Memo-Funktionalität.

	Bei Veränderung der Zahl der Ausprägungen einer Kategorie, gezielte Zusammenstellung der bereits vorgenommenen Codierungen und neue Zuweisung der codierten Segmente oder des Falls zum geänderten Kategorienschema.
5	*Alle Fälle bewerten und codieren* *In dieser Phase werden alle bislang noch nicht codierten Fälle codiert, in Zweifelsfällen wird für jeden Fall festgehalten, warum dieser so und nicht anders eigestuft wird.*
	Zuordnung der angemessenen Subkategorie durch einfaches Drag-and-drop aus einer Tabelle, in der alle Fälle der Studie sequenziell hintereinander angeordnet sind. Zuordnung des angemessenen Variablenwert in der entsprechenden Fallvariable. Memo-Funktion zur Dokumentation von Zweifelsfällen. Vergleiche der Codierungen voneinander unabhängig Codierender sollten durchgeführt werden.
6	*Einfache und komplexe Analysen*
	Quantitativ: Die absoluten und relativen Häufigkeiten der Ausprägungen evaluativer Kategorien können als Tabelle oder Diagramm dargestellt werden. Qualitativ: Mit Hilfe von Text-Retrievals werden die Textstellen pro Ausprägung der bewertenden Kategorie zusammengestellt. Übersichtstabellen „Fälle mal Kategorien" geben einen Überblick, erlauben Vergleiche und Kontrastierungen. Für bestimmte Konstellationen von Merkmalen kann auf die verbalen Daten der betreffenden Personen für vertiefende Einzelfallanalysen zurückgegriffen werden. Kreuztabellen erlauben quantitative und die Segmentmatrix erlaubt qualitative Vergleiche der thematischen Aussagen von Gruppen; diese können z. B. durch bewertende Kategorien oder durch soziodemographische Merkmale gebildet werden. Überschneidungen und das gemeinsame Auftreten von Kategorien und Subkategorien lassen sich analysieren und visualisieren. Die Umwandlung bewertender Kategorien in Variablen ermöglicht statistische Zusammenhangsanalysen, z. B. Kreuztabellen, Korrelationen und komplexe statistische Verfahren. Eine Analyse der Konfigurationen von Kategorien und Subkategorien hilft dabei, Muster zu identifizieren. Ähnlich wie bei der inhaltlich strukturierenden Analyse stehen viele Visualisierungen zur Verfügung: visuelle Darstellungen des Vorhandenseins und ggf. auch der Häufigkeiten der evaluativen Kategorien aufgegliedert nach Texten; Verlaufsdiagramme, Concept-Maps und Wirkungsmodelle.
7	*Ergebnisse verschriftlichen und Vorgehen dokumentieren*
	Im Verlauf des Auswertungsprozesses geschriebene Memos werden zu den entsprechenden Teilen bzw. Kapiteln des Ergebnisberichtes integriert. Die in Phase 6 erzeugten Auswertungen und Visualisierungen können in den Bericht aufgenommen werden. Zur Dokumentation der Ausprägungen lässt sich automatisch ein Kategorienhandbuch mit den Code-Memos erstellen.

sen sich die Bewertungen automatisch in eine zusammenfassende kategoriale Variable umwandeln. Die Variable mit dem Namen „Verantwortungsbewusstsein“ erhält dann für jede Person automatisch die bei ihr am häufigsten codierte Subkategorie als Variablenwert zugeordnet. Gibt es keine eindeutig häufigste Ausprägung, wird der Variablenwert auf „nicht entschieden“ gesetzt und die Codierenden müssen später aufgrund einer Inspektion der entsprechenden Textstellen eine Entscheidung über den für das betreffende Interview adäquaten Wert fällen.

Einige QDA-Programme erlauben auch das Codieren durch mehrere Personen. Das funktioniert beispielsweise bei MAXQDA folgendermaßen: Zwei Codierenden nehmen unabhängig voneinander die Codierungen vor. Nachdem alle Codierungen erfolgt sind, vergleicht die Software diese, ermittelt kategorienspezifische Übereinstimmungswerte sowie die Intercoder-Übereinstimmung in Form von prozentualer Übereinstimmung und dem Koeffizienten Kappa (Rädiker & Kuckartz, 2019). Eine detaillierte Ergebnistabelle zeigt dann an, wo Differenzen zwischen den Codierenden bestehen. Die Codierenden schauen sich die problematischen Textstellen genauer an und versuchen, eine konsensuelle Lösung zu finden; ggf. müssen die Kategoriendefinitionen präzisiert und modifiziert werden. Wenn sich die Codierenden nicht über die richtige Codierung einigen können, halten sie die Pro- und Kontra-Argumente in Form eines Memos fest, das später in der Forschungsgruppe oder mit der Projektleitung besprochen wird.

Sobald in Phase 5 das gesamte Material bewertend codiert worden ist, eröffnet QDA-Software vielfältige qualitative und quantitative Analysemöglichkeiten:

Als *quantitative Analysen* lassen sich zunächst Häufigkeitsanalysen jeder bewertenden Kategorie durchführen, d. h., man erhält einen Überblick, wie viele der interviewten Personen als „Verantwortungsbewusstsein → hoch“ oder als „Verantwortungsbewusstsein → niedrig“ klassifiziert wurden. Es können auch entsprechende graphische Darstellungen wie Kreis- oder Balkendiagramme erstellt werden.

Ferner sind statistische Zusammenhangsanalysen zwischen den verschiedenen Bewertungskategorien möglich. Zu diesem Zwecke kann ein Transfer der Matrix der vorgenommenen Codierungen zu statistischen Analyseprogrammen erfolgen. Einige der QDA-Softwarepakete, wie QDAMiner und MAXQDA, bieten auch Statistikfunktionen an, sodass kein Transfer notwendig ist und die Berechnungen direkt in der QDA-Software erfolgen können. Es lassen sich dann Fragen beantworten wie „Worauf hat das Verantwortungsbewusstsein Einfluss?“ oder „Mit welchen anderen Kategorien korreliert das Verantwortungsbewusstsein?“. Da die Bewertungskategorien in der Regel ordinales Skalenniveau aufweisen, sind Verfahren der Rangkorrelation wie Spearmans Rho (Kuckartz et al., 2013, S. 216–219) hier angemessen. Auch Zusammenhänge zu soziodemographischen Merkmalen können mittels Kreuztabellenanalyse untersucht werden: Es lassen sich Kreuztabellen erstellen, etwa zwischen Verantwortungsbewusstsein und Bildungsniveau.

Das Spektrum der denkbaren *qualitativen Analysen* ist kaum geringer als das der quantitativen Analyse: Die Aussagen (codierte Segmente) pro Ausprägung einer bewertenden Kategorie lassen sich zusammenstellen und in einer Matrixdarstellung miteinander vergleichen. So lassen sich beispielsweise für alle Personen mit niedrigem Verantwortungsbewusstsein deren Definitionen der größten Weltprobleme zusammenstellen und mit einer Zusammenstellung der verantwortungsbewussten Personen vergleichen. Ferner können die verschiedenen Ausprägungen als Selektionskriterien für den Zugriff auf Äußerungen zu anderen thematischen Kategorien dienen. Beispiel: Was sagen Personen mit hohem, mittlerem und niedrigem Verantwortungsbewusstsein über ihre Informationsquellen zum Themenkomplex „Erlernbarkeit"? Schließlich können die Bewertungskategorien auch in Visualisierungen und Concept-Maps einbezogen werden.

8.10 Typenbildende qualitative Inhaltsanalyse

Auch die typenbildende Inhaltsanalyse lässt sich durch QDA-Software sehr wirksam unterstützen, im Grunde ist sogar zu konstatieren, dass erst mit der Entwicklung von QDA-Software die Möglichkeit eröffnet wurde, eine wirklich transparente, methodisch kontrollierte und intersubjektiv nachvollziehbare Typenbildung vorzunehmen und in empirischen Projekten anzuwenden (de Haan et al., 2000; Kuckartz, 1988, 1995). Die Tab. 19 (nächste Seite) gibt einen Überblick über die Computerunterstützung in den verschiedenen Phasen der typenbildenden qualitativen Inhaltsanalyse.

Die verschiedenen Varianten der Typologiekonstruktion profitieren alle wesentlich von der Möglichkeit, mittels QDA-Software sehr schnell entsprechende Selektionen und Kombinationen vorzunehmen. Kategorien können in Fallvariablen umgewandelt werden, d. h., in der Datenmatrix wird festgehalten, ob und wie häufig die betreffende Kategorie bei dem betreffenden Fall (Person) zugeordnet wurde. Sofern zuvor eine evaluative Inhaltsanalyse vorgenommen wurde, sind die entsprechenden Zuordnungen ohnehin schon als Fallvariablen gespeichert. Nun lassen sich die einzelnen qua Kombinatorik gebildeten Gruppen sowohl gesondert betrachten als auch vergleichend gegenüberstellen. Die als Fallvariablen gespeicherten Merkmale können direkt in der QDA-Software statistisch analysiert werden (sofern die Software entsprechende Funktionen bereithält) oder die Merkmale lassen sich zu Statistiksoftware exportieren, sodass dort Kreuztabellen als Basis für eine Typenbildung durch Reduktion erstellt werden können.

Tab. 19 QDA-Software bei der typenbildenden qualitativen Inhaltsanalyse (Fortsetzung nächste Seite)

Phase und jeweilige Computerunterstützung		
1	*Sinn, Zweck und Fokus der Typenbildung festlegen*	
2	*Relevante Dimensionen auswählen und Merkmalsraum bestimmen*	
	Such- und Text-Retrievalfunktion erleichtern es, sich einen schnellen Überblick über das Datenmaterial zu verschaffen und seine Eignung für eine typenbildende Inhaltsanalyse zu prüfen.	
3	*Ausgewähltes Material codieren*	
	Überblick über Kategorien, Subkategorien und Codierungen: Liegen die Informationen für hinreichend viele Fälle vor? Müssen thematische oder bewertende Codes zusammengefasst werden? Nutzen der entsprechenden Funktionalität der QDA-Software für das Codieren bzw. die Zusammenfassung verschiedener Kategorien.	
4	*Verfahren der Typenbildung festlegen und Typologie konstruieren*	
	Unter Umständen experimentelle Erprobung verschiedener Gruppierungsmöglichkeiten.	
	a) Bildung merkmalshomogener Typen durch Kombination oder	Kombination von Kategorien und Bildung der Gruppen, z. B. in einer automatisch erstellten, tabellarischen Fallübersicht oder einer Platzierung der Fälle in einer zweidimensionalen Darstellung, in der sich ähnliche Fälle identifizieren lassen.
	b) Typenbildung durch Reduktion oder	Kombination verschiedener Kategorien und Bildung geeigneter Typen durch sinnvolle Reduktion des Merkmalsraums und Zusammenfassung von bestimmten Merkmalskombinationen zu Gruppen, z. B. in einer automatisch erstellten, tabellarischen Fallübersicht.
	c) Bildung polythetischer Typen	Verschiedene Varianten stehen zur Auswahl: 1) Gruppierung der entsprechenden Fallzusammenfassungen zu homogenen Gruppen. 2) Nutzung geeigneter statistischer Verfahren wie beispielsweise Clusteranalyse oder Faktorenanalyse und Generierung von fallbezogenen Daten über Clusterzugehörigkeiten.
5	*Alle Fälle den gebildeten Typen zuordnen*	
	Die Typologie wird in der QDA-Software als neue Variable oder Kategorie erzeugt, z. B. mit dem Label „Umweltmentalität". Die verschiedenen gebildeten Typen werden als Ausprägungen definiert, z. B. als Typen von „Umweltmentalität" die vier Typen „Umweltrhetoriker", „Umweltignoranten", „konsequente Umweltschützer:innen" und „einstellungsungebundene Umweltschützer:innen". Für jede Person wird festgehalten, zu welchem der gebildeten Typen sie gehört.	

6	*Typologie und einzelne Typen beschreiben; vertiefende Fallanalysen durchführen*
	Für jeden Typ werden die Textstellen der Kategorien, die den Merkmalsraum der Typenbildung darstellen, in einem Text-Retrieval zusammengestellt. Der auf dieser Basis geschriebene verdichtete Text wird als Memo für jeden Typ gespeichert. Die Typenzugehörigkeit dient nun als Selektionskriterium für die verbalen Daten ausgewählter Einzelfälle. Einzelfälle werden dargestellt, miteinander kontrastiert und interpretiert. Ggf. kann auch innerhalb eines Typs ein Idealtyp synthetisiert werden, indem Äußerungen verschiedener Personen desgleichen Typs zusammen montiert werden.
7	*Zusammenhänge zwischen Typen und sekundären Merkmalen analysieren*
8	*Zusammenhänge zwischen Typen und anderen Kategorien analysieren*
	In diesen Phasen kann sowohl statistisch wie qualitativ ausgewertet werden. Mittels von Korrelationen, Kreuztabellen und Varianzanalysen kann der Zusammenhang von Typenzugehörigkeit und (soziodemographischen) Variablen oder anderen Kategorien untersucht werden. In der Darstellung einer Themenmatrix lassen sich Äußerungen zu ausgewählten Themen nach Typen zusammenstellen und miteinander vergleichen.
9	*Ergebnisse der Typenbildung darstellen*
	Mit Hilfe von Tabellen, Concept-Maps, Verortungen von Fällen auf einer Fläche und anderen Tools können die Ergebnisse visualisiert werden.

In besonderem Maße profitiert die Typenbildung von QDA-Software, wenn die eigentliche Typenbildung mit Hilfe statistischer Verfahren – etwa der Clusteranalyse, der Faktorenanalyse oder der Korrespondenzanalyse – vorgenommen werden soll. Dies empfiehlt sich besonders dann, wenn mit sehr vielen Fällen und/oder einem aus vielen Merkmalen bestehenden Merkmalsraum gearbeitet werden soll. Sofern das QDA-Programm die benötigten Statistikfunktionen nicht zur Verfügung stellt, erfolgt zunächst der Export der Datentabelle der zur Typenbildung herangezogenen Merkmale zu Statistiksoftware. Anschließend wird mit Hilfe clusteranalytischer Verfahren eine Typologie gebildet. Die Zuordnung von Fällen zu Typen wird durch das Statistikprogramm vorgenommen und lässt sich für die nächste Phase der typenbildenden Inhaltsanalyse wieder in die QDA-Software importieren.

Auch wenn man den Weg der Typenbildung über die Fallzusammenfassungen beschreitet, indem man die diese in einer Teamsitzung zu möglichst homogenen Clustern gruppiert, kann QDA-Software hilfreich sein: In einem Diagramm können die gebildeten Typen und die zugehörigen Personen visualisiert und als Ergebnis präsentiert werden.

8.11 Erweiterte Analysemöglichkeiten durch QDA-Software

Qualitative Inhaltsanalyse beschränkt sich – wie oben dargestellt – nicht nur auf Kategorienentwicklung, Codierung und kategorienbasierte Auswertung, sie besteht auch aus einer intensiven Auseinandersetzung mit den Texten, aus mehrfacher sorgfältiger Lektüre und Textarbeit. QDA-Software kann gerade solche, durch Exploration und Serendipity, d.h. das zufällige Auffinden von ursprünglich nicht Gesuchtem (Merton & Barber, 2004), gekennzeichneten Prozesse sehr wirksam unterstützen. QDA-Programme offerieren eine Fülle nützlicher Tools, die jeweils kreativ eingesetzt und sinnvoll miteinander verbunden werden können (Rädiker & Kuckartz, 2019). Die verfügbaren Möglichkeiten der Analyse nur annähernd zu beschreiben, kann in diesem Kapitel nicht geleistet werden, stattdessen sollen hier nur einige für die qualitative Inhaltsanalyse besonders nützliche Funktionen jenseits von Kategorienbildung und Codieren kurz skizziert werden.

8.11.1 Integration von Multimedia-Funktionalität

Moderne QDA-Software bietet die Möglichkeit, mit Multimedia-Daten zu arbeiten, d.h., es können Audio- und Videodateien sowie Bilder analysiert werden. Dies eröffnet auch für die qualitativen Inhaltsanalyse neue Anwendungsfelder jenseits der Analyse von Texten. Es würde den Rahmen dieses Buches sprengen, hier auch auf die Analyse dieser Datenarten einzugehen. Eine auf die erweiterten Multimedia-Funktionen zurückzuführende Innovation betrifft aber auch die qualitative Inhaltsanalyse von Texten, nämlich, dass Audio- und Video-Originaldateien mit der Transkription synchronisiert werden können und es dadurch die Möglichkeit gibt, während des Analyseprozesses auf die Originaltöne zurückzugreifen.

Bereits seit langem ermöglicht es die Aufzeichnungstechnik, ein qualitatives Interview nicht nur schriftlich in Stichworten festzuhalten oder vielleicht mitzustenographieren, sondern dauerhaft aufzuzeichnen. Lange Zeit geschah dies in Form einer Tonband- bzw. Kassettenaufnahme, die anschließend transkribiert und analysiert wurde. Ein späteres Zurückgreifen auf den Originalton war äußerst aufwändig, denn die analoge Aufnahmetechnik ermöglichte es nur, das Band bis zu einer bestimmten Stelle vorzuspulen und dann abzuhören. Mit dem Aufkommen digitaler Aufzeichnungsgeräte hat sich die Situation grundlegend geändert, denn mit diesen ist der Zugriff auf eine bestimmte Stelle der Aufzeichnung nahezu ohne Zeitverzögerung sofort möglich. Damit ist die Voraussetzung gegeben, um in der Auswertungspraxis Transkript und Originalton synchron zu verwenden.

In der Regel werden Forschende es trotz vorhandener digitaler Aufzeichnung bevorzugen, bei der Analyse mit Transkripten zu arbeiten, denn Transkripte lassen sich erheblich besser handhaben als Audiodateien: Beispielsweise lässt sich mit Hilfe von Suchfunktionen in Windeseile eine bestimmte Stelle im Interviewtext finden, während es erheblich länger dauert, die gleiche Originalstelle in einer Audiodatei zu finden. Dennoch ist die heutzutage mögliche Multimedia-Integration sinnvoll, denn sie bedeutet für die qualitative Inhaltsanalyse einen großen Gewinn: Man kann tatsächlich jederzeit auf den Originalton der Audioaufnahme zurückgreifen, was insbesondere dann von Vorteil ist, wenn paraverbale Charakteristika berücksichtigt werden sollen und auf Tonhöhe, Zögern, Lautstärke und Ähnliches geachtet wird. Gleiches gilt auch für die Videoaufzeichnung, die über den Originalton hinaus einen tieferen Einblick in die Forschungssituation und in den Produktionsprozess der Daten gibt.

Theoretisch lässt sich auch so verfahren, dass unwichtig erscheinende Teile eines Interviews gar nicht erst verschriftlicht werden, sondern bei Bedarf im Originalton angehört werden können. Voraussetzung für den direkten Zugriff auf den O-Ton ist, dass beim Transkribieren entsprechende Zeitmarken gesetzt wurden. Anklicken dieser Marken spielt dann die Originalaufnahme ab. Manche Programme ermöglichen auch den umgekehrten Weg: Das Tondokument wird abgespielt und das Transkript läuft dann, ähnlich wie Untertitel in einem Film, mit. Dies kann besonders für die Überprüfung der Transkription auf Richtigkeit genutzt werden.

Multimedia-Integration bedeutet auch, dass die Möglichkeit besteht, Bilder, Grafiken und anderes mit den Texten zu verbinden. So lassen sich nicht nur Personen oder Gruppen abbilden, sondern auch Orte und Lokalitäten, was die Anschaulichkeit von Feldforschung erhöhen kann.

Neue Möglichkeiten bringen allerdings auch neue Probleme mit sich: Mit den multimedialen Errungenschaften wird das Problem der Anonymisierung – ohnehin schon ein nicht zu unterschätzendes Problem in der qualitativen Forschung – virulent. Faktisch ist eine Anonymisierung kaum mehr möglich, denn eine Stimme oder erst eine Videoaufnahme lässt sich schwerlich so bearbeiten, dass der bzw. die Befragte noch geschützt ist. Auch die Möglichkeiten zur Sekundäranalyse können nicht mehr als unproblematisch angesehen werden. Selbst dann, wenn die Forschungsteilnehmenden schriftlich die informierte Einwilligung geben, stellt sich den Forschenden die Frage, ob sie verantworten können, dass das Material noch Jahrzehnte kursiert.

8.11.2 Textlinks, Hyperlinks und externe Links

Eine weitergehende Option von QDA-Software jenseits von Kategorienbildung und Codierung stellen die Hyperlinks (oder einfach Links) dar: Bei Links handelt es sich allgemein gesagt um elektronische Querverweise zwischen zwei Punkten. Wird der Startpunkt angeklickt, so wird umgehend der Zielpunkt des Links angesprungen. Diese Technik ist durch das Internet wohlbekannt.

Hyperlinks lassen sich auch im Rahmen der qualitativen Inhaltsanalyse als zusätzliches Hilfsmittel nutzen. Textstellen, sei es im gleichen Text, sei es in verschiedenen Texten oder sei es in Memos, können miteinander verknüpft werden. So lässt sich das Datenmaterial auch unabhängig von der Entwicklung von Kategorien und dem Codieren von Textstellen gut erschließen. In QDA-Software funktioniert das Herstellen von Links recht einfach: Man markiert eine Textstelle, setzt den Ankerpunkt des Links und bewegt sich anschließend zu der Textstelle, die man verknüpfen möchte. Nun wird der Zielpunkt gesetzt und damit eine dauerhafte Verbindung zwischen den beiden Textstellen geschaffen. Das Vorhandensein von Links im Text wird in QDA-Software meist ähnlich wie in Internet-Browsern kenntlich gemacht. Wird ein Link angeklickt, so wird sofort zum Zielpunkt gesprungen. Erneutes Anklicken springt zum Ausgangspunkt zurück.

Mit Hilfe von Hyperlinks lässt sich ein inhaltliches Netzwerk weben, das eine völlig andere, nicht kategorienbasierte Navigation durch das Datenmaterial möglich macht. Es lassen sich nicht nur Textstellen in den Daten miteinander verbinden, sondern mittels sogenannter externer Links können auch externe Quellen mit bestimmten Stellen im Text verknüpft werden, z.B. Fotos, Audiodateien, Videos und anderes mehr. Auf diese Weise ist auch die Verknüpfung mit räumlichen Bezügen herstellbar. Die Nutzung von Geo-Referenz-Tools in Kombination mit QDA-Software stellt eine neue Möglichkeit dar, um Objekte der sozialen Welt mit räumlichen Koordinaten zu versehen und damit auch den räumlichen Bezug in die inhaltsanalytische Auswertung einzubeziehen. Diese Technik macht es möglich, Textstellen bzw. Textsegmente mit jeder gewünschten Geo-Referenz zu verlinken. Wann immer im Verlauf der weiteren Analyse der Geo-Link angeklickt wird, steuert Google Earth sofort diesen Ort auf dem Globus an.

Geo-Referenzen können wertvolle Hintergrundinformationen zu einer qualitativen Inhaltsanalyse liefern, so analysiert beispielsweise Fielding im Rahmen ihrer Risikoforschung, ob die Einschätzung von Hochwasserrisiken und Klimarisiken in Zusammenhang mit dem Wohnort der Befragten steht (Fielding, 2008). Auf diese Weise lassen sich objektive Gefährdungen (Nähe zum Fluss, Höhenlage der Wohnung etc.) in Relation zu den subjektiv empfundenen Gefährdungen setzen. Räumliche Aspekte können nicht nur als Hintergrundinformationen einbezogen werden, sondern auch im Zentrum der Forschung stehen, so etwa im Sonderforschungsbereich „Re-Figuration von Räumen“, eingerichtet an der TU Berlin (www.sfb1265.de), bei dem in zahlreichen Projekten unter anderem das subjektive Erleben von Raum untersucht wird.

8.11.3 Visualisierungen

In vielen Wissenschaftsdisziplinen gehören Visualisierungen schon längst zum analytischen Standard, dabei dienen Visualisierungen sowohl zur Diagnose und Analyse als auch zur Präsentation von Ergebnissen. Was wären die moderne Medizin oder die Klimaforschung ohne bildgebende Verfahren und was wären die mit statistischen Verfahren arbeitenden Disziplinen ohne entsprechende graphische Darstellungen oder Diagramme kausaler Modelle. Die Idee, auch bei der Analyse qualitativer Daten Diagramme, tabellarische Darstellungen und Visualisierungen einzusetzen, ist nicht neu. Schon vor geraumer Zeit wurde in Texten der Grounded Theory die Benutzung von Diagrammen auch zur Darstellung von Konzepten propagiert (Strauss, 1991, S. 238–273; Strauss & Corbin, 1996, S. 169–192) und Miles und Huberman haben schon 1994 ein auch heute noch sehr lesenswertes Kompendium „Qualitative Data Analysis: An Expanded Sourcebook" verfasst, in dem Techniken der Visualisierung ausführlich vorgestellt werden und in dem die Autoren für eine verstärkte Aufmerksamkeit für die Darstellung und Präsentationsformen der Daten plädieren (s. Kuckartz, 2010, S. 178; sowie die Neuauflage Miles et al., 2020).

Von den vielfältigen Möglichkeiten zur Visualisierung inhaltsanalytischer Ergebnisse mittels QDA-Software seien hier drei exemplarisch dargestellt:

a) die Visualisierung des thematischen Verlaufs eines Interviews,
b) die visuelle Darstellung der Kategorien pro Interview und
c) die fallbezogene Concept-Map.

a) Visualisierung des thematischen Verlaufs eines Interviews. Bei der themenorientierten qualitativen Inhaltsanalyse ist es interessant, die Struktur eines Interviews und die Abfolge der Themen zu visualisieren. Eine solche Darstellung ist natürlich umso interessanter, je offener das Interview geführt wurde. Weniger interessant ist die Darstellung, wenn ein Leitfaden mit strikt festgelegter Themenabfolge eingesetzt wurde.

Besonders hilfreich ist ein solches Diagramm des Interviewablaufs wie in Abb. 32 abgebildet, bei der Auswertung von Gruppendiskussionen, vorausgesetzt die Sprecherinnen und Sprecher wurden ebenfalls codiert bzw. durch eine entsprechende Funktionalität der QDA-Software automatisch erfasst. In diesem Fall lässt sich nämlich genau erkennen, wer wann zu welchen Themen in die Diskussion eingegriffen hat. In Abb. 32[27] sind die ersten acht Absätze des Transkripts einer Gruppendiskussion visualisiert. Zunächst leitet der Moderator das Gespräch ein, das dann von Person C, Person B und erneut Person C

27 Die Abbildung wurde mit Hilfe der Funktion „Codeline" von MAXQDA erzeugt.

fortgesetzt wird. Der Moderator hat mit dem Thema „Größte Weltprobleme“ in allgemeiner Form begonnen, Person C spricht dann den Aspekt „Natur und Umwelt“ an, Person B fokussiert auf „Wirtschaft“ in Kombination mit „Natur und Umwelt“, dies wird in Absatz 4 auch von Person C fortgeführt, auch vom Moderator wird dann in Absatz 5 das Thema „Natur und Umwelt“ angesprochen, schließlich ergreift Person A in Absatz 6 das Wort und lenkt die Diskussion auf das Thema „Politik“.

Abb. 32 Visualisierung des Ablaufs einer Gruppendiskussion

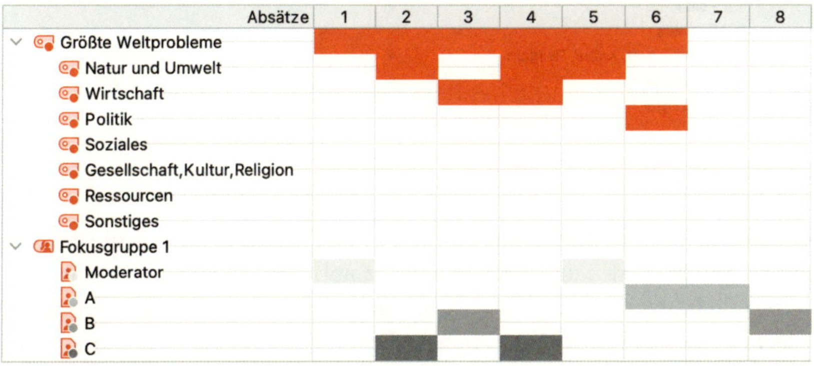

b) Visualisierung der Kategorien pro Fall. Die Idee einer Matrix der inhaltlichen Strukturierung (Fälle mal Kategorien), insbesondere in der Form der Themenmatrix, ist, wie in Kapitel 4 ausgeführt, von zentraler Bedeutung für die qualitative Inhaltsanalyse. Eine Themenmatrix lässt sich als zweidimensionale Visualisierung von Fällen und Kategorien realisieren. Die visuelle Darstellung der vorgenommenen Codierungen bietet erhebliches analytisches Potenzial. Auf einen Blick lässt sich ersehen, bei welchen Interviews welche Kategorien zugeordnet sind. Falls gewünscht und inhaltlich bedeutsam, lassen sich ebenfalls die jeweiligen Häufigkeiten der Kategorienzuordnung ebenfalls visualisieren.

Abb. 33 zeigt eine entsprechende Darstellung.[28] Texte können leicht miteinander verglichen werden, indem sie nebeneinander angeordnet werden. Ein Doppelklick auf einen Knoten innerhalb der Themenmatrix bewirkt, dass die Software eine Zusammenstellung der mit dieser Kategorie codierten Textstellen des betreffenden Textes anzeigt. Die Abbildung zeigt in den Spalten die Fälle (hier die Interviews B01 bis B07), während in den Zeilen eine Kategorie mit ihren Subkategorien dargestellt ist. Wenn die entsprechende Funktion an-

28 Die Abbildung wurde mit Hilfe der Funktion „Code-Matrix-Browser“ von MAXQDA erzeugt.

geschaltet ist, lässt sich an der Größe der Symbole die Häufigkeit der Zuordnung der Kategorien zum jeweiligen Interview erkennen.

Abb. 33 Visuelle Darstellung von Interviews und zugeordneten Kategorien

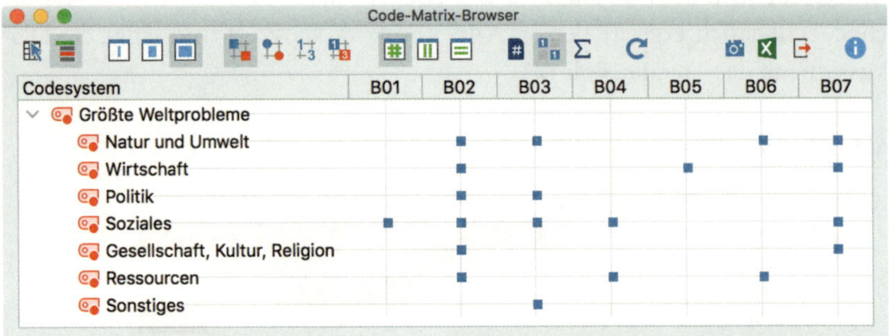

c) Fallbezogene Concept-Map. Concept-Maps bieten die Möglichkeit, Kategorien, Subkategorien und die Fälle eines Samples miteinander in Beziehung zu setzen. So lassen sich beispielsweise in einer solchen Map alle einem Interview zugeordneten Kategorien anordnen, wobei diese wiederum Verbindungen zu den entsprechenden Textstellen aufweisen können. Die visuelle Darstellung macht es einerseits möglich, auf einen Blick zu sehen, welche Kategorien einem Interview zugeordnet sind, andererseits lässt sich durch Anklicken der symbolisierten Textstellen auch direkt in die der Darstellung zugrunde liegenden Daten springen. Solche Maps haben also eine zweifache Bedeutung in Bezug auf die qualitative Inhaltsanalyse: Erstens eignen sich zur Ergebnispräsentation – etwa als Hintergrund zu einer vertiefenden Einzelfallinterpretation – und zweitens dienen sie als quasi diagnostisches Hilfsmittel bei der eigentlichen Inhaltsanalyse und Textarbeit.

Interessant ist auch die Möglichkeit Geo-Links in eine Concept-Map einzufügen. Werden dann die entsprechenden Symbole für einen Geo-Link an einem Interview-Text anklickt, so wird beispielsweise der Wohnort der Person angezeigt und Google Earth beginnt den „Anflug“ auf eben diesen Ort.

8.11.4 Wortbasierte inhaltsanalytische Funktionen

Wörter, Sätze und generell Sprache spielen bei der qualitativen Datenauswertung eine große Rolle. Da liegt es nahe, sich bei der qualitativen Inhaltsanalyse auch solcher Analysemöglichkeiten von QDA-Software zu bedienen, die wortbasiert arbeiten. Wie in Kapitel 1 dargestellt, hat sich aus der klassischen Inhaltsanalyse der späten 1940er Jahre bereits vor mehr als drei Jahrzehnten die

CUI, die computerunterstützte Inhaltsanalyse quantitativen Typs, entwickelt. Diese geht wortbasiert vor und nimmt auf der Basis eines Diktionärs automatische Codierungen vor. Innerhalb der qualitativen Inhaltsanalyse von Texten können diese wortbasierten Techniken durchaus eine heuristische Funktion wahrnehmen. Dabei sind es zwei Techniken der CUI, die für die qualitative Inhaltsanalyse eine ergänzende Rolle spielen können, erstens die Worthäufigkeitsfunktion und darauf basierende Keyword-in-Context Zusammenstellungen und zweitens die diktionärsbasierte Wortsuche und daran anschließende automatische Codierung.

a) Worthäufigkeiten und Keyword-in-Context-Listen. Einen Text sequenziell durchzugehen, alle vorkommenden Wörter in eine alphabetisch geordnete Liste aufzunehmen und die Häufigkeit der Wörter zu zählen, kann auch für eine qualitative Inhaltsanalyse produktiv sein. Vor allem dann, wenn die Wortbestände ausgewählter Texte oder Textgruppen verglichen werden, entfalten diese zunächst recht simpel erscheinenden Techniken ihr Potenzial. QDA-Software mit entsprechenden Funktionen zur wortbasierten Analyse erlauben es zudem, bestimmte Wörter – also z. B. nicht-sinntragende Begriffe, die bestimmten und unbestimmten Artikel, Konjunktionen etc. – von der Auswertung auszuschließen, indem diese in sogenannte Stopp-Listen transferiert werden.

Worthäufigkeitslisten können die Aufmerksamkeit nicht nur auf Wörter richten, die besonders häufig in den Texten vorkommen, sie öffnen auch den Blick für seltene Begriffe, deren Auftauchen vielleicht in diesem Kontext gar nicht erwartet wurde. Qualitative Forschung will schließlich Personen in ihrer eigenen Sprache zum Reden bringen und kann deshalb auch durchaus ein Interesse an eher linguistischen Aspekten entwickeln. Dass eine Liste der Worthäufigkeiten wertvolle Information beinhaltet, zeigt die in Tab. 20 dargestellte Liste der häufigsten Wörter aus dem Projekt „Gut Leben in Deutschland“, die auf 84 Statements von vier unterschiedlichen Zeitpunkten basiert. Aus der Liste wurden die in einer Stopp-Liste gesammelten nicht bedeutungstragenden Worte ausgeschlossen. Eine solche Auflistung der Worthäufigkeiten ersetzt zwar nicht die sorgfältige qualitative Inhaltsanalyse, gibt aber einen schnellen ersten Überblick und inspiriert die Analyse. Falls eine solche Analyse erst nach der qualitativen Analyse durchgeführt wird, bietet sich auch eine interessante Vergleichsmöglichkeit.

Tab. 20 Worthäufigkeiten, 12 häufigste Worte in 84 Statements

Wort	Häufigkeit	% aller Wörter	Statements	% Statements
Familie	56	0,97	36	42,9
Sicherheit	51	0,88	30	35,7
Freiheit	44	0,76	28	33,3
Gesundheit	41	0,71	28	33,3
Arbeit	38	0,66	24	28,6
Kinder	32	0,55	18	21,4
Respekt	21	0,36	12	14,3
Bildung	20	0,35	15	17,9
Bürger	18	0,31	14	16,7
Miteinander	18	0,31	13	15,5
soziale	18	0,31	16	19,0
Frieden	17	0,29	14	16,7

Besonders interessant in diesem Zusammenhang ist auch die Möglichkeit, Keyword-in-Context-Listen zu erstellen und die Verwendung bestimmter Begriffe in allen oder ausgewählten Texten zu untersuchen. In solchen Listen werden alle vorkommenden Stellen eines ausgewählten Begriffs im Kontext des umgebenden Textes dargestellt (Abb. 34). In zusätzlichen Spalten wird die Quelle angegeben, so stammt in der Abbildung die erste Fundstelle aus Statement 3, Absatz 4 und es ist ersichtlich, dass das Keyword „Familie" im Statement der Person Nr. 10 zweimal vorkommt.

Abb. 34 Keyword-in-Context für das Wort „Familie" (Ausschnitt)

Pos.	Kontext	Keyword	Kontext
S3: 4	persönliche Beziehung zu Gott. Ehe,	Familie	und Freunde. Gesundheit und Zufriedenheit
S4: 4	Einfluss möchte ich haben. Meine	Familie	und meine Freunde sollen auch
S5: 3	jedem Leben steht dafür die	Familie	, die unterstützt wo es nötig
S8: 6	Beruf-bisher tätig in Förderschule/	Familie	nhilfe/Kulturarbeit und in der Flüchtlingshilfe
S10: 3	den ich im Geflecht aus	Familie	, Arbeit und Gesundheit am Liebsten
S10: 6	möglich, sich selbst und seine	Familie	voranzubringen. Vielleicht nicht unbedingt vom
S11: 2	Wir brauchen alle 3: Gesundheit,	Familie	, Arbeit. Für mich persönlich sind

QDA-Software ermöglicht neben der Ausgabe von Häufigkeiten für einzelne Wörter auch die Auflistung von wiederholt vorkommenden Formulierungen, von Mehrwortkombinationen wie „Freiheit und Sicherheit“ oder „mit meiner Familie“. In sogenannten Word Trees (Wattenberg & Viégas, 2008) können solche Wortkombinationen in ihrem Kontext dargestellt werden. Es handelt sich gewissermaßen um eine Kombination der Tools Keyword-in-Context, Wortkombinationen und Worthäufigkeiten in einer Visualisierung. Im Beispiel in Abb. 35 ist ein Word Tree zu sehen: In den untersuchten Texten ist das häufigste Wort vor dem Wort „Familie“ das Wort „meiner“ – und steht deshalb ganz oben – und das zweithäufigste Wort vor „Familie“ ist „der“.

Abb. 35 Word Tree mit Fokus auf das Wort „Familie“ (Ausschnitt)

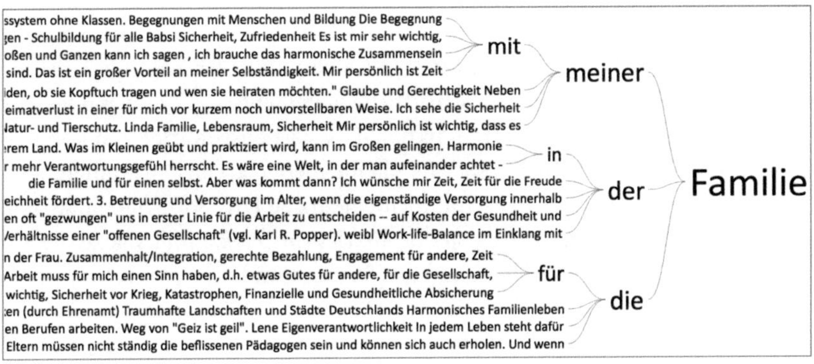

b) Diktionärsbasierte Wortsuche und automatische Codierung. Aus der sogenannten CUI stammt auch die Technik, Diktionäre (Wörterbücher) zu erstellen und auf dieser Grundlage Texte automatisch zu codieren (Korte et al., 2007; Züll et al., 1991). Das Diktionär enthält die Auswertungskategorien und für jede Kategorie Suchworte, deren Vorkommen im Text als Indikator für die jeweilige Kategorie gewertet wird. Man habe beispielsweise eine Kategorie „Handwerkliche Berufe“ definiert und ein dazu gehöriges Wörterbuch zusammengestellt, in dem die Berufsbezeichnungen „Schuster“, „Dreher“, „Schreiner“, „Tischler“ usw. verzeichnet sind. Bei der diktionärsbasierten automatischen Codierung wird die Kategorie „Handwerkliche Berufe“ immer dann codiert, wenn eines dieser Suchwörter in dem auszuwertenden Text auftaucht. Dieses einfache Beispiel zeigt bereits ein großes Problem einer so arbeitenden Analyse, nämlich das Problem der Ambiguität, der Doppeldeutigkeit von Worten. „Schuster“ bezeichnet nicht nur einen handwerklichen Beruf, sondern ist auch der Nachname des Fußballtrainers Bernd Schuster und „Schreiner“ heißt auch ein SPD-Politiker mit dem Vornamen Ottmar. Ambiguität spricht aber keineswegs prinzipiell gegen eine diktionärsbasierte Analyse, denn wenn mit einer offenen

Frage nach der Angabe des Berufs gefragt wurde und die jeweiligen Textpassagen entsprechend vorcodiert sind, dann kann relativ sicher davon ausgegangen werden, dass mit Schuster auch der gleichnamige Beruf gemeint ist.

Die diktionärsbasierte Codierung stellt eine Methode dar, mit der sich auch sehr große Textmengen hoch reliabel auswerten lassen. Es können sehr effiziente Suchverfahren durchgeführt werden und bei Bedarf kann unmittelbar auf die betreffenden Textpassagen zugegriffen werden. Diese Art von Analyse und Codierung bietet eine gute Basis für anschließende statistische Auswertungen, sie kann aber ebenso gut eine lediglich explorative und heuristische Funktion erfüllen und qualitativ Forschende für Worte, bestimmte Wortkombinationen und Fundstellen sensibilisieren. Anders als die in diesem Buch dargestellten Verfahren qualitativer Inhaltsanalyse ist die diktionärsbasierte Inhaltsanalyse ein automatisches Verfahren, d. h., hier wird das Codieren nicht von Menschen, sondern vom Computer auf der Basis eines Wörterbuches automatisch durchgeführt. Für manche Fragestellungen lassen sich so sehr schnell Ergebnisse erzielen. Beispielsweise haben wir schriftliche Statements von Studierenden zur Einführung von Studiengebühren diktionärsbasiert ausgewertet und konnten so sehr schnell herauszufinden, welche Themenbereiche von den Studierenden in ihren Statements, die durchschnittlich eine halbe DIN A4-Seite umfassten, erwähnt werden. Thematisieren sie *soziale Gesichtspunkte* und solche der *sozialen Ungleichheit,* geht es ihnen um das *Studium* und die *Verbesserung durch Studiengebühren?* Und welchen Raum nehmen *rechtliche Gesichtspunkte* ein, etwa das Argument, dass die Verfassung ein Recht auf Bildung garantiere und deshalb Studiengebühren nicht gesetzeskonform seien? Aufgrund der Liste der Worthäufigkeiten wurden Begriffe den Kategorien des Diktionärs zugeordnet und die Statements automatisch codiert, sodass es leicht möglich war, solche Hypothesen zu überprüfen wie „Studierende verbinden die Frage der Studiengebühren weitaus häufiger mit sozialer Ungleichheit als mit Verbesserung der Studienbedingungen“ oder „Wenn ‚soziale Aspekte‘ in den Statements genannt werden, dann werden auch ‚rechtliche Aspekte‘ erwähnt“.

Zwar sind die Grenzen wortbasierter Analysefunktionen für komplexere Fragestellung relativ eng gesteckt – schließlich sind sie auf die Auswertung von Einzelwörtern und deren Kombination beschränkt und mit dem Problem der Ambiguität von Wörtern konfrontiert – dennoch können solche Techniken auch für eine qualitative Inhaltsanalyse eine wertvolle Ergänzung darstellen. Sie bieten eine andere Perspektive auf das Material, richten die Aufmerksamkeit auf einzelne Wörter und eröffnen damit eine zusätzliche Form der Analyse, die potenziell sonst nicht entdeckte Zusammenhänge sichtbar machen kann. Außerdem ist der technische und zeitliche Aufwand vergleichsweise gering, da das vorliegende Material ohne weitere Vorbereitungen einer wortbasierten Analyse unterzogen werden kann.

9 Gütekriterien, Forschungsbericht und Dokumentation

In diesem Kapitel erfahren Sie etwas über:

- Gütekriterien in der qualitativen Forschung,
- Zuverlässigkeit, Glaubwürdigkeit und Verlässlichkeit als Kriterien interner Studiengüte,
- Übertragbarkeit und Verallgemeinerbarkeit als Kriterien externer Studiengüte,
- Intercoder-Reliabilität in der quantitativen Inhaltsanalyse,
- Berechnung von Koeffizienten der Intercoder-Übereinstimmung,
- Intercoder-Übereinstimmung in der qualitativen Inhaltsanalyse,
- konsensuelles Codieren,
- die Erstellung des Forschungsberichts,
- die Handhabung von Zitationen und
- die Dokumentation einer qualitativen Inhaltsanalyse.

9.1 Gütekriterien bei der qualitativen Inhaltsanalyse

Wie lässt sich eine gute qualitative Inhaltsanalyse von einer schlechten unterscheiden? Welche Qualitätsstandards lassen sich formulieren? Wie sollte ein Forschungsbericht gestaltet sein? Was muss im Forschungsbericht dokumentiert werden und was gehört in den Anhang? Wie sollte aus dem erhobenen Material zitiert werden? Im Folgenden werden praktische Fragen wie die vorgenannten behandelt, wobei insbesondere für Qualifikationsarbeiten – d.h. Bachelorarbeiten, Masterarbeiten und Dissertationen – Hinweise gegeben werden.

Die Frage nach Gütekriterien für die qualitative Inhaltsanalyse lässt sich schwerlich getrennt von der allgemeinen Diskussion um die Bedeutung von Standards in der qualitativen Forschung beantworten. Deshalb ist zunächst zu thematisieren, welche Standards und Gütekriterien generell für die qualitative Forschung existieren. Ferner ist zu klären, ob sich diese von den klassischen Gütekriterien Objektivität, Reliabilität und Validität unterscheiden, welche seit langem in der quantitativ orientierten Forschung Anerkennung finden (Döring & Bortz, 2016, S. 82–106; Lamnek & Krell, 2016, S. 141–179).

Die Diskussion um Gütekriterien innerhalb der qualitativen Forschung ist bereits in Kapitel 1.6 angeschnitten worden. Sie hat schon in den 1980er Jahren eingesetzt und ist teilweise sehr kontrovers geführt worden (Flick, 2007,

S. 487–510, 2009; Grunenberg, 2001; Guba & Lincoln, 1985; Kirk & Miller, 1986; Lamnek & Krell, 2016; Mayring, 2002; Spencer et al., 2003; Steinke, 1999, 2007). Bezugspunkt dieser Debatte waren die klassischen Gütekriterien mit ihren Zielgrößen Standardisierung, Messbarkeit, Genauigkeit und Reproduzierbarkeit. Diese klassischen Kriterien sind allesamt im Rahmen der psychologischen Testtheorie entwickelt worden, und zwar in Settings, die mit qualitativer Forschung kaum Gemeinsamkeiten aufweisen. In der Diskussion um Gütekriterien qualitativer Forschung haben sich drei prinzipielle Positionen herauskristallisiert: Universalität von Gütekriterien (also gleiche Kriterien für qualitative und quantitative Forschung), Spezifität von Gütekriterien für die qualitative Forschung und Ablehnung von Gütekriterien für die qualitative Forschung (vgl. Kapitel 1.6). Bei der zweiten Variante („Spezifität“) findet man gelegentlich noch die Unterscheidung zwischen Neuformulierung von Kriterien und Reformulierung der klassischen Kriterien.

Miles und Huberman (1994, S. 277–280) haben bereits Mitte der 1990er Jahre ausgehend von den klassischen Gütekriterien der quantitativen Forschung neue Kriterien für die qualitative Forschung formuliert, die wir in Tab. 21 zusammengestellt haben.

Tab. 21 Gütekriterien in quantitativer und qualitativer Forschung

Gütekriterien quantitativer Forschung	Neue Gütekriterien für die qualitative Forschung nach Miles und Huberman
Objektivität	Bestätigbarkeit (confirmability)
Reliabilität	Zuverlässigkeit, Verlässlichkeit, Auditierbarkeit (reliability, dependability, auditability)
Interne Validität	Glaubwürdigkeit, Verlässlichkeit (credibility, authenticity)
Externe Validität	Übertragbarkeit, Passung (transferability, fittingness)

Die Formulierung von Gütekriterien nimmt letzten Endes immer Bezug auf epistemologische Überzeugungen und wissenschaftstheoretische Grundannahmen, auf „world views“, wie es beispielsweise bei Creswell und Plano Clark (2018) heißt. Die vielschichtige und vielstimmige Diskussion über Gütekriterien in der qualitativen Forschung – Döring und Bortz berichten von mehr als 100 Kriterienkatalogen – soll an dieser Stelle nicht erneut ausgebreitet werden. Die Texte von Döring und Bortz (2016, S. 106–114), Flick (2020), Mayring (2002), Hussy et al. (2013), Reichertz (2005) und die oben angegebene Literatur bieten hierzu einen guten Überblick.

Dieses Buch orientiert sich an den für „Spezifität" argumentierenden Sichtweisen von Creswell, Seale, Flick und anderen, die einen dritten Weg zwischen strikter Ablehnung und bloßer Übertragbarkeit der Gütekriterien quantitativer Forschung einschlagen. Die Perspektive dieses Wegs ist es, Gütekriterien zu reformulieren, teilweise auch neu zu formulieren, und so zu spezifischen Standards zu gelangen, die auch für forschungsfördernde Institutionen und die Bewertung von Forschungsanträgen potenzielle Relevanz besitzen.

Der *subtile Realismus* von Seale und Hammersley (Grunenberg, 2001, S. 22–27) geht von drei fundamentalen Prämissen aus, nämlich erstens, dass sich die Gültigkeit von Wissen nicht mit Gewissheit bestimmen lässt, sondern Annahmen nur nach Plausibilität und Glaubwürdigkeit beurteilt werden können. Zweitens, dass Phänomene auch unabhängig von unseren Annahmen über sie existieren. Unsere Annahmen können den Phänomenen allerdings mehr oder weniger angemessen sein. Drittens, dass Wirklichkeit über die verschiedenen Perspektiven auf Phänomene zugänglich wird, Forschung zielt auf die Darstellung von Wirklichkeit ab, nicht auf ihre Abbildung. Bei empirisch-qualitativer Forschung lautet die zentrale Frage, inwieweit die Konstruktionen der Forschenden in den Konstruktionen der Beforschten begründet sind.

Was bedeutet diese allgemeine Orientierung in Bezug auf Gütekriterien speziell für die qualitative Inhaltsanalyse? Zunächst erscheint es sinnvoll, zwischen *interner Studiengüte,* d. h. Zuverlässigkeit, Verlässlichkeit, Auditierbarkeit, Regelgeleitetheit, intersubjektiver Nachvollziehbarkeit, Glaubwürdigkeit etc., und *externer Studiengüte,* d. h. Fragen der Übertragbarkeit und Verallgemeinerbarkeit, zu unterscheiden. Die Begriffe interne Studiengüte und externe Studiengüte referenzieren bewusst auf die Begriffe interne und externe Validität, die aus dem klassischen hypothetiko-deduktiven Forschungsparadigma stammen (Döring & Bortz, 2016, S. 99–106); sie signalisieren, dass die klassischen Kriterien nicht einfach übertragen werden können, sondern dass sie modifiziert und erweitert werden sollten und der prozedurale Charakter qualitativer Forschung stärker zu berücksichtigen ist (Flick, 2020). Für die qualitative Inhaltsanalyse als einem Verfahren zur *Auswertung* qualitativer Daten sind naturgemäß eher Kriterien interner Studiengüte zu formulieren, während die Übertragbarkeit und Verallgemeinerungsfähigkeit stärker von der gesamten Anlage der qualitativen Studie, d. h. ihrem Design und dem gewählten Auswahlverfahren beeinflusst werden. Ähnlich wie bei den klassischen Gütekriterien interne und externe Validität ist aber davon auszugehen, dass die interne Studiengüte eine notwendige Vorbedingung für die externe Studiengüte ist.

9.2 Interne Studiengüte: eine Checkliste

Zuverlässigkeit, Glaubwürdigkeit, Verlässlichkeit, Regelgeleitetheit, intersubjektive Nachvollziehbarkeit, Auditierbarkeit etc. sind Gütekriterien, die nicht nur die inhaltsanalytische Auswertungstechnik betreffen, sondern als Gütekriterien für das gesamte Forschungsprojekt gelten. Tatsächlich wird aber oft erst bei der inhaltsanalytischen Auswertung deutlich, welche Güte die erhobenen Daten eigentlich besitzen. Ist es beispielsweise im Interview gelungen, Authentizität und Tiefe zu erreichen? Entspricht die Interviewführung den methodischen Regeln der gewählten Interviewform? Sind die Antworten der Interviewten in sich konsistent und glaubwürdig? Ist die Interviewführung angemessen?

Die folgende Checkliste listet wesentliche Punkte zur Beurteilung der internen Studiengüte in Form von Fragen auf:

a) In Bezug auf die Datenerfassung und Transkription sind diese Punkte wichtig:

- Wurden die Daten fixiert, z. B. bei Interviews in Form von Audio- oder Videoaufnahme?
- Wurde eine interviewbegleitende Dokumentation (Postskriptum) erstellt, in dem die Interviewsituation und Besonderheiten festgehalten wurden? Wann wurde das Postskriptum erstellt?
- Wurde eine vollständige Transkription des Interviews vorgenommen?
- Wurden Transkriptionsregeln benutzt und werden diese offengelegt?
- Wie sah der Transkriptionsprozess konkret aus?
- Wer hat transkribiert? Die Forschenden selbst?
- Wurde eine Transkriptionssoftware benutzt?
- Wurden die Daten anonymisiert? In welcher Weise?
- Ist das synchrone Arbeiten mit Audioaufnahme und Transkription möglich?
- Wurden die Transkriptionsregeln eingehalten und entspricht die verschriftlichte Fassung dem Gesagten?

b) In Bezug auf die Durchführung der qualitativen Inhaltsanalyse im engeren Sinn sind folgende Punkte relevant:

- Ist die gewählte inhaltsanalytische Methode der Fragestellung angemessen?
- Wird die Wahl der Methode begründet? Wenn ja, wie?
- Wurde die jeweilige Methode in sich richtig angewendet?
- Wurde die Inhaltsanalyse computergestützt durchgeführt?

- Wurden das Material oder Teile desselben durch mehrere Codierende unabhängig voneinander bearbeitet?
- Wie wurde die Übereinstimmung der Codierenden ermittelt? Welches Vorgehen wurde bei Nicht-Übereinstimmung gewählt?
- Ist das Kategoriensystem in sich konsistent?
- Sind die Kategorien und Subkategorien gut ausgearbeitet?
- Wie präzise und ausführlich sind die Kategoriendefinitionen?
- Gibt es konkrete Beispiele (Zitate) als Illustration für die Bedeutung der Kategorien?
- Wurden alle erhobenen Daten bei der qualitativen Inhaltsanalyse berücksichtigt?
- Wie oft wurde das Material bis zur endgültigen Codierung durchlaufen?
- Ist Auditierbarkeit, d. h. unter anderem Nachvollziehbarkeit der Codierungen, gegeben?
- Wurden auch abweichende Fälle berücksichtigt? Wird auf Ausnahmefälle und Extremfälle hingewiesen und wurden diese analysiert?
- Wurden im Verlauf der Inhaltsanalyse Memos geschrieben? Wann? Wie sehen beispielhafte Memos aus?
- Wurde mit Originalzitaten gearbeitet und nach welchen Kriterien wurden diese ausgewählt? Wurden nur Techniken selektiver Plausibilisierung angewendet oder wurde auch auf Gegenbeispiele und Widersprüche hingewiesen?
- Sind die gezogenen Schlussfolgerungen jeweils in den Daten begründet?
- Was wurde wie und in welcher Form dokumentiert und archiviert?

Für den letzten Punkt werden im Kapitel 9.6 noch zusätzliche Hinweise gegeben. Auch für potenzielle Reviews und Gutachten ist es ein entscheidendes Kriterium, ob das methodische Vorgehen bei der qualitativen Inhaltsanalyse transparent ist und reflektiert wird. Für Gutachtende stellt es einen erheblichen Vorteil dar, wenn mit QDA-Software gearbeitet wurde, denn in diesem Fall lässt sich sehr leicht nachvollziehen, wie ausgearbeitet die Kategorien sind, wie zuverlässig die Zuordnungen von Textstellen zu Kategorien sind und welchen Grad an Reflexion die geschriebenen Memos aufweisen.

Die meisten der genannten Kriterien fokussieren den prozeduralen Aspekt des Forschungsprozesses und weniger statische Kriterien wie sie in der quantitativen Forschung beispielsweise in Form von Koeffizienten der Intercoder-Reliabilität berechnet werden. Da der Prozess des Codierens in der qualitativen Inhaltsanalyse von zentraler Bedeutung ist, soll die Frage der Güte der Codierungen und der Übereinstimmung der Codierenden im folgenden Abschnitt näher betrachtet werden.

9.3 Intercoder-Übereinstimmung

Bei der Nennung des Stichworts „Gütekriterien qualitativer Inhaltsanalyse" assoziieren die meisten vermutlich als erstes „Intercoder-Reliabilität". Um diese soll es im Folgenden auch gehen, allerdings unter dem Stichwort „Intercoder-Übereinstimmung", das den untrennbar mit der Messtheorie und dem Anspruch der Replizierbarkeit verknüpften Begriff „Reliabilität" vermeidet. Sofern von der quantitativen Inhaltsanalyse die Rede ist, wird aber im Folgenden auch von „Intercoder-Reliabilität" gesprochen.

Im Kapitel 3 „Kategorienbildung" wurde bereits argumentiert, dass zwischen der Bildung eines Kategoriensystems und der Anwendung unterschieden werden sollte. An die Bildung eines Kategoriensystems lässt sich kein Anspruch auf Übereinstimmung stellen. Wenn mehrere Personen auf der Basis des gleichen Materials Kategorien bilden, ist keine perfekte Übereinstimmung zu postulieren und diese lässt sich auch durch detaillierte Anleitungen und Regelwerke nicht erreichen. Kategorienbildung – erfolge sie nun induktiv am Material oder als deduktive Kategorienbildung – ist ein Akt der Konstruktion, der auf dem Vorwissen, der Erfahrungsbasis und nicht zuletzt den „World Views" der Analysierenden beruht. Je mehr diese in Wissen und Erfahrungen übereinstimmen und je ähnlicher sie sich in Bezug auf allgemeine Prinzipien der Kategorienbildung sind, desto wahrscheinlicher ist es, dass die gebildeten Kategoriensysteme ähnlich ausfallen. Doch ein Koeffizient der Übereinstimmung würde hier wenig über die Güte des Kategoriensystems besagen, stattdessen würde vermutlich etwas gemessen, was gar nicht zu messen beabsichtigt war. Es könnte beispielsweise sein, dass die Analysierenden sich an der Praxis der Kategorienbildung von Charmaz orientieren, nämlich nur handlungsorientierte Kategorien in der Form des Gerundiums zu bilden und deshalb untereinander eine große Übereinstimmung aufweisen würden. Dies wäre aber kein Beleg für die Angemessenheit und Güte der gebildeten Kategorien, sondern lediglich eine Messung der Orientierung an der Vorgehensweise von Charmaz.

Die Forderung nach Übereinstimmung der Codierenden bezieht sich also primär auf die Anwendung der Kategorien, d. h. das Codieren von Daten. In Bezug auf den Codierprozess gibt es aber nun einige schwerwiegende Unterschiede zum Codieren im Rahmen der quantitativen Inhaltsanalyse, die eine ausführlichere Behandlung erfordern. Die folgenden Überlegungen belegen deutlich, dass eine einfache Übertragung der klassischen Gütekriterien, hier solche der Reliabilitätsbestimmung aus der quantitativen Inhaltsanalyse, nicht möglich ist. Stattdessen gilt es, angelehnt an die bisherigen Kriterien, über neue Kriterien und Praktiken nachzudenken. Im ersten Schritt wird deshalb der Modus der Reliabilitätsbestimmung quantitativer Inhaltsanalyse dargelegt; es folgen Überlegungen zur Bestimmung der Intercoder-Übereinstimmung in der qualitativen Inhaltsanalyse.

Intercoder-Reliabilität in der quantitativen Inhaltsanalyse

Die Berechnung von Codierenden-Übereinstimmungen geschieht bei der quantitativen Inhaltsanalyse nach dem Muster der Messung von Beobachter:innen- oder Rater:innen-Übereinstimmungen. Dem Vokabular psychologischer Testtheorie folgend spricht man dann hier üblicherweise immer von „Intercoder-Reliabilität". Der verwandte Begriff „Intracoder-Reliabilität" bezieht sich hingegen auf eine Übereinstimmungsmessung, bei welcher die gleiche Person in hinreichendem zeitlichen Abstand das gleiche Material erneut codiert.

Der Ablauf quantitativer Inhaltsanalyse sieht so aus, dass vorab, also bereits vor dem Codieren, Codiereinheiten definiert werden und die Codierenden diesen Einheiten Kategorien bzw. Subkategorien des Kategoriensystems zuordnen. Der Einfachheit halber betrachten wir die Situation nur für eine einzige Kategorie, zwei Codierende und zehn Codiereinheiten. In Tab. 22 bezeichnet „1", dass die Kategorie codiert und „0", dass sie nicht codiert wurde.

Tab. 22 Codiertabelle für 10 Codiereinheiten, 2 Codierende und eine Kategorie

Codiereinheit	Codierer:in 1	Codierer:in 2
1	0	0
2	1	1
3	0	1
4	0	0
5	1	1
6	1	0
7	1	1
8	0	0
9	0	1
10	1	1

Auf den ersten Blick lässt sich erkennen, dass viele Codierungen übereinstimmen, es aber auch einige Differenzen gibt. Die Tabelle aller Codiereinheiten lässt sich zu einer Vierfeldertafel nach dem Muster von Tab. 23 verdichten. In der Hauptdiagonale befinden sich die Übereinstimmungen, und zwar in Zelle a (1/1 = übereinstimmend codiert) und d (0/0 = übereinstimmend nicht codiert). Die Summe der nicht übereinstimmenden Codierungen findet man in den Zellen b (0/1) und c (1/0).

Tab. 23 Übereinstimmungstabelle für eine Kategorie und zwei Codierende (allgemeine Form)

Codierer:in 1	Codierer:in 2		
	codiert	*nicht codiert*	*gesamt*
codiert	a	b	a + b
nicht codiert	c	d	c + d
gesamt	a + c	b + d	N = a + b + c + d

Für das obige Beispiel mit zehn Codiereinheiten ergibt sich folgende Übereinstimmungstabelle: Bei drei Codiereinheiten (1, 4 und 8) besteht Übereinstimmung im Nicht-Codieren der Kategorien (Zelle d), in vier Einheiten wurde die Kategorie übereinstimmend codiert (Zelle a) und bei insgesamt drei Einheiten stellen wir Nicht-Übereinstimmung fest (einmal 0/1 in Zelle b; zweimal 1/0 in Zelle c).

Tab. 24 Übereinstimmungstabelle für eine Kategorie und zwei Codierende

Codierer:in 1	Codierer:in 2		
	codiert	*nicht codiert*	*gesamt*
codiert	4	1	5
nicht codiert	2	3	5
gesamt	6	4	10

Das einfachste Maß der Übereinstimmung ist die Berechnung des relativen Anteils der übereinstimmenden Codierungen an der Gesamtzahl der Codierungen (N).

$$p_0 = (a + d) / N$$

Für die Daten im obigen Beispiel ergibt sich 0,7, d. h., 70 % aller vorgenommenen Codierungen stimmen überein. Häufiger als dieses einfache Maß der relativen Übereinstimmung wird der Reliabilitäts-Koeffizient Cohens Kappa benutzt. Dieser basiert auf der Überlegung, dass ein bestimmtes Maß an Übereinstimmungen auch dann zu erwarten wäre, wenn die Codierenden rein zufällig den Codiereinheiten Kategorien zuweisen würden. In unserem Beispiel bedeutet dies:

Über die Randhäufigkeiten werden die entsprechenden Wahrscheinlichkeiten berechnet. Die Wahrscheinlichkeit, dass Codierer:in 1 eine Codiereinheit nicht codiert, beträgt:

$$p_{1,nichtcodiert} = (c + d) / N = 5 / 10 = 0{,}5$$

und dass er oder sie eine Codiereinheit codiert:

$$p_{1,codiert} = (a + b) / N = 5 / 10 = 0{,}5$$

Die gleiche Rechnung für Codierer:in 2:

$$p_{2,nichtcodiert} = (b + d) / N = 4 / 10 = 0{,}4$$

$$p_{2,codiert} = (a + c) / N = 6 / 10 = 0{,}6$$

Die geschätzten Wahrscheinlichkeiten für zufällige Übereinstimmung sind nun:

Für die Übereinstimmung im Nicht-Codieren:

$$p_{e,nichtcodiert} = p_{1,nichtcodiert} \times p_{2,nichtcodiert} = 0{,}5 \times 0{,}4 = 0{,}2$$

Für die Übereinstimmung im Codieren:

$$p_{e,codiert} = p_{1,codiert} \times p_{2,codiert} = 0{,}5 \times 0{,}6 = 0{,}3$$

Der geschätzte Gesamtanteil zufälliger Übereinstimmung ergibt sich als Summe der beiden Übereinstimmungen:

$$p_e = p_{e,nichtcodiert} + p_{e,codiert} = 0{,}2 + 0{,}3 = 0{,}5$$

Der Kappa-Koeffizient nach Cohen (1960) bezieht diese erwartete Häufigkeit zufälliger Übereinstimmungen in die Berechnung der Intercoder-Reliabilität ein. Er ist definiert als:

$$\kappa = \frac{p_0 - p_e}{1 - p_e}$$

Kappa beträgt hier also (0,7 – 0,5) / (1 – 0,5) = 0,4 und damit ist das zufallskorrigierte Maß beträchtlich niedriger als die relative bzw. prozentuale Übereinstimmung.

Das vorgestellte Prinzip lässt sich problemlos auf mehr als eine Kategorie erweitern, beispielsweise auf vier Kategorien, wobei dann folgende Übereinstimmungstabelle entsteht.

Tab. 25 Übereinstimmungstabelle für mehrere Kategorien und zwei Codierende

Codierer:in 1	Codierer:in 2				
	Kat. 1	*Kat. 2*	*Kat. 3*	*Kat. 4*	*gesamt*
Kat. 1	a	b	c	d	a+b+c+d
Kat. 2	e	f	g	h	e+f+g+h
Kat. 3	i	j	k	l	i+j+k+l
Kat. 4	m	n	o	p	m+n+o+p
gesamt	a+e+i+m	b+f+j+n	c+g+k+o	d+h+l+p	N

Es werden nun für beide Codierenden über die Randhäufigkeiten die Wahrscheinlichkeiten für jede der vier Kategorien berechnet und anschließend werden für alle vier Kategorien die geschätzten Wahrscheinlichkeiten zufälliger Übereinstimmung ermittelt, summiert und in die Kappa-Formel eingesetzt.

Wie wird nun die Höhe des Kappa-Koeffizienten bewertet? Was gilt als guter oder sehr guter Wert für die Intercoder-Reliabilität? Als Faustregel gilt: Kappa-Werte über 0,6 als gut, über 0,8 als sehr gut. Zu beachten ist, dass die Höhe von Kappa sehr stark von der Verteilung der Randhäufigkeiten abhängig ist und Kappa bei asymmetrischen Verteilungen unangemessen kleine Werte annehmen kann (Feinstein & Cicchetti, 1990; Grouven et al., 2007). Es existieren alternative Maße zur Messung der Intercoder-Reliabilität wie Krippendorffs Alpha oder Scotts Pi (Krippendorff, 2004; Zhao et al., 2012), auf die hier allerdings nicht weiter eingegangen werden kann.

Intercoder-Übereinstimmung in der qualitativen Inhaltsanalyse

Wie lässt sich nun das Problem der Intercoder-Übereinstimmung in der qualitativen Inhaltsanalyse angehen? In den meisten Fällen wird wohl Einigkeit darin bestehen, dass die Übereinstimmung von zwei (oder mehr) Codierenden bei der Anwendung eines Kategoriensystems erstrebenswert ist und ein Gütekriterium für die Analyse darstellt. Denn was wären die kategorienbasierten Auswertungen und die Analysen der Zusammenhänge zwischen Kategorien noch wert, wenn man sich – umgangssprachlich formuliert – nicht auf die Codierungen verlassen kann?

Qualitativ Forschende werden sich allerdings sogleich fragen, ob es denn überhaupt zielführend ist, eine Maßzahl zu berechnen oder ob eine solche Koeffizientenberechnung nicht voll und ganz der Logik quantitativer Forschung entspräche. Die Berechnung von prozentualer Übereinstimmung, Cohens Kappa und ähnlichen Koeffizienten lässt sich nämlich nicht ohne weiteres auf die Logik des Codierens und Segmentierens in der qualitativen Inhaltsanalyse übertragen:

Ein sehr wichtiger Unterschied besteht darin, dass bei einer qualitativen Inhaltsanalyse in der Regel das Material nicht vorab segmentiert wird, sondern dass Segmentieren und Codieren eine Einheit bilden. In den meisten Fällen werden Sinneinheiten codiert, d. h., die Codierenden sind frei in der Bestimmung von Anfang und Ende einer solchen Sinneinheit.

Bezogen auf die obige Tab. 22 „Codiertabelle für zehn Codiereinheiten …" bedeutet dies, dass es nicht ohne weiteres möglich ist, eine solche Tabelle, den Ausgangspunkt aller Übereinstimmungsberechnungen, zu erstellen. Bevor Mittel und Wege diskutiert werden, wie sich trotz der Schwierigkeiten Koeffizienten der Übereinstimmung berechnen lassen, ist aber zunächst zu konstatieren, dass es in der qualitativen Inhaltsanalyse zwei Wege zur Sicherstellung der Übereinstimmung von Codierenden gibt, einen qualitativen Weg über das gemeinsame Überprüfen von Codierungen (konsensuelles Codieren) und einen quantitativen Weg über die Berechnung prozentualer Übereinstimmung und ggf. auch eines geeigneten zufallskorrigierten Koeffizienten.

Konsensuelles Codieren in der qualitativen Inhaltsanalyse

Ein in der qualitativen Forschung häufig praktiziertes Verfahren, um die Güte von Codierungen zu überprüfen ist das von Guest et al. (2012, S. 91) als „subjective assessment" bezeichnete Verfahren: Zwei Codierende codieren einen Text unabhängig voneinander und vergleichen anschließend ihre Codierungen. Hopf und Schmidt haben eine solche Vorgehensweise als „konsensuelles Codieren" bezeichnet (Hopf & Schmidt, 1993, S. 61–63).

Generell lässt sich in der Forschungspraxis in Bezug auf die codierenden Personen eine Differenz zwischen qualitativer und quantitativer Inhaltsanalyse feststellen. Während es sich bei quantitativen Inhaltsanalysen meistens um speziell für diese Aufgabe trainierte Hilfskräfte handelt, sind es bei qualitativen Inhaltsanalysen meistens die Forschenden selbst – oder Mitglieder des Forschungsteams – die diese äußerst wichtige Aufgabe übernehmen. Wie sieht das konsensuelle Codieren nun konkret aus? Welche Probleme stellen sich? Zunächst ist in einem Forschungsteam darauf zu achten, dass die Zweier-Teams, die ein Interview codieren, immer wieder neu „zusammengewürfelt" werden, d. h., es sollte vermieden werden, dass sich feste Paare bilden. Das Codieren des gleichen Interviews wird unabhängig voneinander mit dem gleichen Kategorienleitfaden durchgeführt. Fragen und Probleme bei der Codierung werden notiert, bei Benutzung von QDA-Software mit entsprechenden Memos oder Kommentaren bei der betreffenden Codierung. Nun folgt der gemeinsame Teil, der sich wesentlich effektiver gestaltet, wenn mit Hilfe von QDA-Software die Codierungen beider Personen gleichzeitig am Text visualisiert werden. Dort, wo es Differenzen gibt, werden diese diskutiert und die entsprechenden Kategoriendefinitionen zu Rate gezogen. Wird man sich einig, wird diese Codierung festgehalten; unter Umständen wird auch ein Vorschlag zur Verbesserung der Kategoriendefinitionen notiert, der bei der nächsten Teamsitzung dann eingebracht wird.

Was passiert, wenn die beiden Codierenden sich nicht einig werden? In diesem Fall kann eine dritte Person hinzugezogen werden. Am besten wird vorher im Team eine Person bestimmt, die für die Codierphase die Supervisionsrolle übernimmt und dann jeweils nach Anhören der Argumente entscheidet, welche Codierung erfolgen soll. In sehr wichtigen Fällen kann die Entscheidung auch auf eine Teamsitzung verschoben werden. Dies sollte aber wirklich nur bei Differenzen von grundlegender Bedeutung für das Kategoriensystem geschehen.

Mit welchen Fallstricken muss man rechnen? Konsensuelles Codieren ist mühevoll und verlangt nach der Bereitschaft, gute Argumente für die vorgenommenen Codierungen vorzubringen. Es ist also nicht zielführend, wenn nach dem Prinzip „Der Klügere gibt nach“ gehandelt wird. Routine, wie sie sich durch feste Codier-Paare etablieren würde, ist also unbedingt zu vermeiden. Für die Supervision bzw. für die Projektleitung ist die Bestimmung der prozentualen Übereinstimmung der Codierenden deshalb auf alle Fälle zu empfehlen.

Berechnung der Codierenden-Übereinstimmung in der qualitativen Inhaltsanalyse

Wie oben festgestellt, lässt sich aufgrund des Fehlens von festgelegten Codiereinheiten das in der quantitativen Inhaltsanalyse übliche Verfahren der Übereinstimmungsberechnung nicht einfach übertragen. Auf zwei Wegen kann eine Lösung gefunden werden, erstens kann man Überlegungen anstellen, wie man doch noch zur Festlegung von Codiereinheiten kommt und zweitens kann man versuchen, eine auf die segmentorientierte Codierung orientierte modifizierte Berechnung von Übereinstimmungskoeffizienten vorzunehmen.

Betrachtet man jedes Interview oder allgemeiner formuliert jedes Dokument als eine Codiereinheit, so lässt sich für jede dieser Einheiten eine prozentuale Übereinstimmung und daraus eine mittlere Übereinstimmung von zwei Codierenden berechnen. Dies lässt sich so realisieren, dass wie in Tab. 26 eine Matrix „Codierende mal Kategorien“ erstellt wird. Eine „1“ bedeutet, dass die Kategorie codiert wurde, eine „0“, dass sie nicht codiert wurde. Bei vier von fünf Kategorien im Beispiel besteht Übereinstimmung, für eine („Kategorie 3“)

nicht. Daraus ergibt sich eine prozentuale Übereinstimmung von 4 / 5 = 0,8 = 80 %.

Tab. 26 Vergleich der Codierung für zwei Codierende und mehrere Kategorien

Kategorie	Codierer:in 1	Codierer:in 2
Kategorie 1	0	0
Kategorie 2	1	1
Kategorie 3	0	1
Kategorie 4	0	0
Kategorie 5	1	1

Diese Ausweitung der Codiereinheiten ist natürlich mit erheblichen Informationsverlusten behaftet, denn entgegen der sehr feingliedrigen Codierung von Segmenten wird hier – hoch aggregiert – nur das gesamte Interview betrachtet. Verringert wird der Informationsverlust durch die Festlegung von Dokumenten als Codiereinheiten, wenn die Vergleichstabelle der Codierenden nicht nur berücksichtigt, ob die Kategorie im betreffenden Text codiert wurde, sondern wenn die Häufigkeit der Codierung der Kategorie im betreffenden Text als Basis genommen wird. Als Beispiel dient folgende Vergleichstabelle:

Tab. 27 Vergleich der Häufigkeit der Codierung für zwei Codierende und mehrere Kategorien

Kategorie	Codierer:in 1	Codierer:in 2
Kategorie 1	4	4
Kategorie 2	1	1
Kategorie 3	3	4
Kategorie 4	0	0
Kategorie 5	5	5

Auch für diese Tabelle ergibt sich eine Übereinstimmung bei vier von fünf Kategorien, also ebenfalls 80 %.

Der schwierigste Weg, die Codierenden-Übereinstimmung bei der qualitativen Inhaltsanalyse zu messen, besteht darin, eine *segmentgenaue Berechnung* vorzunehmen. Es lassen sich unter anderem folgende Fälle unterschieden:

1. Codierer:in 1 und 2 haben beide exakt die gleiche Stelle mit der gleichen Kategorie codiert.
2. Codierer:in 1 und 2 haben beide die gleiche Stelle mit der gleichen Kategorie codiert, aber nicht exakt mit den gleichen Segmentgrenzen.
3. Codierer:in 1 hat die Stelle mit Kategorie A, Codierer:in 2 exakt die gleiche Stelle mit Kategorie B codiert.
4. Codierer:in 1 hat die Stelle mit Kategorie A, Codierer:in 2 eine überlappende Stelle mit Kategorie B codiert.
5. Codierer:in 1 hat die Stelle mit Kategorie A codiert, Codierer:in 2 gar nicht.[29]

Bevor man eine kategorienspezifische Übereinstimmungstabelle ähnlich wie in Tab. 23 erstellen kann, ist zunächst zu klären, wie eine Codiereinheit definiert sein soll und was als Übereinstimmung zu werten ist. Betrachten wir die obigen fünf Möglichkeiten:

- Fall 1 und Fall 3 sind unproblematisch, die Codiereinheiten sind eindeutig definiert, in Fall 1 haben wir eine Übereinstimmung, in Fall 3 nicht. Fall 5 ist ebenfalls noch gut zu handhaben: Bei Codierer:in 2 findet sich im Text zwar keine codierte Einheit, aber für die Koeffizientenberechnung nimmt man einfach an, dass es eine solche geben würde, diese aber nicht codiert worden wäre.
- Zu klären ist Fall 2, bei dem zwar die gleiche Kategorie zugeordnet wurde, aber die Segmentgrenzen unterschiedlich sind. Als Übereinstimmung der Segmentgrenzen beim qualitativen Codieren immer genau 100 % zu verlangen, erscheint kaum sinnvoll, dann wäre es bereits als Nicht-Übereistimmung zu werten, wenn eine Person das Satzzeichen oder ein Leerzeichen am Ende noch codiert hätte und die andere aber nicht. Hier ist es also besser, eine gewisse Toleranz zu erlauben, etwa, wenn 90 % der codierten Segmente sich überlappen, dann handelt es sich um eine Übereinstimmung.
- Unklar ist noch Fall 4, bei dem sich zwei unterschiedlich codierte Segmente überlappen. Handelt es sich hier um eine Codiereinheit, die unterschiedlich codiert wurde, oder um zwei Codiereinheiten nach dem Muster von Fall 5? Im ersten Moment bietet sich vielleicht an, hier auch nach der 90-Prozent-Regel zu verfahren, d. h. überlappen sich 90 %, dann handelt es sich um eine

29 Noch nicht berücksichtigt sind hier die komplexen Fälle, z. B. Codierer:in 1 hat die Stelle mit Kategorie A codiert, Codierer:in 2 dieselbe Stelle mit Kategorie B, C und D.

> Codiereinheit, ansonsten um zwei. Für qualitatives Codieren ist es allerdings üblich, dass mehrere Codierungen sich überlappen oder ineinander verschachtelt sein können, d. h., der Weg der Ex-post-Bestimmung von Codiereinheiten ist nicht praktikabel.

Statt einer solchen, notwendigerweise unbefriedigenden Ex-post-Bestimmung von Codiereinheiten empfiehlt sich folgendes Vorgehen:

Zuerst erfolgt ein Durchlauf durch die Codierungen von Codierer:in 1. Jede Codierung wird als eine Codiereinheit betrachtet. Als Übereinstimmung wird es gewertet, wenn Codierer:in 2 unter der Berücksichtigung eines bestimmten Toleranzbereichs diesem Segment dieselbe Kategorie zugewiesen hat. Nachdem alle Codierungen von Codierer:in 1 evaluiert sind, erfolgt das gleiche Prozedere für Codierer:in 2, d. h. ein Durchlauf durch alle von Codierer:in 2 vorgenommenen Codierungen. Die Zahl der Codiereinheiten ist somit gleich der Summe der von beiden Codierenden vorgenommenen Codierungen; impliziert ist bei dieser Methode, dass auch ein exakt gleiches Segment als zwei Segmente gezählt wird. Es lässt sich unschwer eine Übereinstimmungstabelle wie Tab. 28 erstellen:

Tab. 28 Übereinstimmungstabelle für zwei Codierende

Codierer:in 1	Codierer:in 2		
	codiert	*nicht codiert*	*gesamt*
codiert	a = 6	b = 4	a + b = 10
nicht codiert	c = 3	d = 0	c + d = 3
gesamt	a + c = 9	b + d = 4	N = 13

Die prozentuale Übereinstimmung lässt sich aus der Tabelle leicht bestimmen:

Anzahl der übereinstimmenden Codierungen / Gesamtzahl der Codierungen = 6 / 13 = 0,46, d. h., die prozentuale Übereinstimmung beträgt 46 %.

Wie steht es nun aber mit der Berechnung eines zufallsbereinigten Koeffizienten, namentlich von Kappa? Aufgrund der Art des qualitativen Codierens, das normalerweise ohne A-priori-Festlegung von Codiereinheiten stattfindet, bleibt die Zelle d immer leer, denn Segmentieren und Codieren sind ja ein und derselbe Vorgang und es kann logischerweise keine Segmente geben, die von beiden Codierenden nicht codiert wurden. Die Bestimmung der zufälligen Übereinstimmung über die Randhäufigkeiten ist also nicht möglich, stattdessen kann man einem Vorschlag von Brennan und Prediger (1981) folgen, nämlich die zufällige Übereinstimmung anhand der Anzahl unterschiedlicher Kategorien bestimmen, aus denen die beiden Codierenden wählen konnten. Angenommen das Kategoriensystem bestand aus 10 Kategorien, so ergibt sich:

für den Erwartungswert (zufällige Übereinstimmung):

$$p_e = \frac{1}{\text{Anzahl der Kategorien}} = 0{,}10$$

für Kappa:

$$\kappa = \frac{p_0 - p_e}{1 - p_e} = \frac{0{,}46 - 0{,}10}{1 - 0{,}10} = \frac{0{,}36}{0{,}90} = 0{,}40$$

Nun ist die Zahl der Kategorien und Subkategorien in der qualitativen Inhaltsanalyse üblicherweise größer als 10, sodass Kappa meistens nur unwesentlich geringer als die prozentuale Übereinstimmung ausfällt. Es ist allerdings zu fragen, was beim qualitativen Codieren eigentlich „zufallsbereinigt" bedeutet. Bei fixierten Codiereinheiten und disjunkten Kategorien leuchtet es ein, dass beispielsweise bei 10 Kategorien die Wahrscheinlichkeit, zufällig die „richtige" zu codieren gleich 1/10 beträgt. Bei freiem Segmentieren und Codieren müsste man dementsprechend die Zufallskorrektur auf der Basis der Wörter berechnen. Wie wahrscheinlich ist es, dass beispielsweise bei einem 3 000 Wörter umfassenden Text das gleiche Wort oder der gleiche Satz zufällig von zwei unabhängig Codierenden mit der gleichen Kategorie codiert werden? Die Wahrscheinlichkeit dürfte mit wachsendem Textumfang asymptotisch gegen null konvergieren. Daraus folgt, dass die Berechnung von Kappa (oder einem anderen zufallsbereinigten Koeffizienten) eigentlich nur Sinn macht, wenn vorab Codiereinheiten festgelegt werden.

Konsensuelles Codieren und/oder Übereinstimmungskoeffizient?

Soll man in der qualitativen Inhaltsanalyse überhaupt Koeffizienten der Intercoder-Übereinstimmung berechnen? Ist es nicht besser, konsensuelles Codieren zu praktizieren und damit eigentlich alle Berechnungen von Koeffizienten überflüssig zu machen? Wenn überall Konsens hergestellt wird, beträgt die Intercoder-Übereinstimmung doch 100 % und die Berechnung von Kappa ist damit auch überflüssig, oder? Prinzipiell lautet die Antwort „Ja, stimmt" aber normalerweise wird die Zeit fehlen, um das gesamte Datenmaterial konsensuell zu codieren. In den meisten Fällen wird das aufwändige Vorgehen des Codierens durch zwei Personen und des anschließenden Diskutierens von Differenzen nur zu Beginn der Codierphase praktiziert werden können. Bei den Übereinstimmungsprüfungen am Anfang des Codierens kann allerdings die Berechnung von Koeffizienten, insbesondere die detaillierte Berechnung pro Kategorie eine Menge Zeit sparen, die man gut an anderer Stelle im Projekt brauchen kann. Anhand der prozentualen Übereinstimmung lassen sich nämlich leicht die Kategorien identifizieren, die problematisch sind und an denen gemeinsam weitergearbeitet werden muss; die Kategoriendefinitionen können noch einmal inspiziert und ggf. überarbeitet werden.

Auf diese Weise kann die Berechnung der Intercoder-Übereinstimmungen, so sie denn in der benutzten QDA-Software realisiert ist, eine wirksame Unterstützung darstellen, um schnell und effektiv zu einer guten Übereinstimmung im Team zu gelangen. Auch wird deutlich, welche Codierenden besonders häufig abweichen. Ein Vorteil ist auch, dass ein Over-all-Koeffizient berechnet wird, der ein wichtiger Indikator für den Stand der Codierqualität ist.

Darüber hinaus besitzt die Berechnung der Koeffizienten natürlich auch eine legitimatorische Funktion. Von Gutachtern und Gutachterinnen, die aus dem Bereich quantitativer Forschung kommen und dem hypothetiko-deduktiven Paradigmas verbunden sind, wird häufig gewünscht, dass Angaben zur Codierenden-Übereinstimmung gemacht werden. Ein Fehlen solcher Angaben wird als Defizit bewertet. Ähnliches gilt nicht selten für die Bevorzugung des Kappa-Koeffizienten gegenüber der Berechnung der prozentualen Übereinstimmung. Die Nicht-Berechnung von Kappa wird ebenfalls häufig als Defizit interpretiert, obwohl der Zufallseffekt bei einer Analyse mit einem typischen qualitativen Kategoriensystem meist nur einen äußerst geringen Effekt hat. Beim qualitativen Codieren mit freiem Segmentieren und Codieren ist die Berechnung von Kappa wenig sinnvoll, weil hier einfach das Modell, das Kappa zu Grunde liegt, für die Realität der Codierprozesse in der qualitativen Inhaltsanalyse nicht angemessen ist. Falls Gutachtende dennoch die Berechnung von Kappa verlangen, sollte man vorab Codiereinheiten festlegen.

9.4 Gültigkeitsprüfungen

Auch dann, wenn alle Punkte der obigen Checkliste zufriedenstellend beantwortet werden, garantiert diese interne Studiengüte noch nicht die Validität, d. h. die Gültigkeit der Ergebnisse. Das gilt auch dann, wenn konsensuelles Codieren praktiziert wurde und möglicherweise sogar die Überprüfungen der Übereinstimmungen der Codierenden inklusive der Berechnung von Übereinstimmungskoeffizienten vorgenommen wurden. Das Thema Gültigkeit der Ergebnisse spielt für jegliche wissenschaftliche Forschung eine Rolle, es wird in der qualitativen Forschung durchaus kontrovers diskutiert (Whittemore et al., 2001). Dabei bilden die Positionen *methodische Kreativität* und *methodische Strenge* die Pole der Diskussion. In Kapitel 1.6 haben wir in Anschluss an Seale für das Konzept des subtilen Realismus plädiert, d.h., wir haben eine Position eingenommen, die eher der methodischen Strenge zuneigt. Dies ist für die Methode der qualitativen Inhaltsanalyse mit ihren Prinzipien der Systematik und der strukturierten Abläufe ja auch folgerichtig. Es existieren nun eine Reihe von Strategien zur Gültigkeitsprüfung, die sich in der Praxis qualitativer Forschung bewährt haben, dazu gehören zum Beispiel

- **Diskussion mit Experten und Expertinnen (peer debriefing)** – darunter sind regelmäßige Treffen und regelmäßiger Austausch mit kompetenten Personen außerhalb des Forschungsprojekts zu verstehen. Diese Experten und Expertinnen nehmen zur Vorgehensweise und zu den ersten Ergebnissen des Projekts Stellung und lenken die Aufmerksamkeit ggf. auf Phänomene und Tatbestände, die leicht übersehen werden.
- **Diskussion mit Forschungsteilnehmenden (member checking)** – d.h. die Besprechung der Analyseergebnisse mit den Forschungsteilnehmenden selbst, um so im Sinne kommunikativer Validierung eine qualifizierte Rückmeldung zu den Forschungsresultaten zu erhalten.
- **Ausgedehnter Aufenthalt im Feld** – Auch ein längerer Aufenthalt im Feld bzw. eine Rückkehr ins Feld kann dabei helfen, voreilige Diagnosen und Fehlschlüsse bei der Analyse des Materials zu vermeiden.
- **Triangulation bzw. Einsatz von Mixed Methods** – Durch Techniken der Triangulation und Kombination verschiedener Forschungsmethoden (Denzin, 1978; Flick, 2011; Kelle, 2008; Kuckartz, 2014b) ergeben sich vielfältigere Perspektiven auf den Forschungsgegenstand und damit auch die Möglichkeit, die Verallgemeinerbarkeit zu erhöhen.

9.5 Übertragbarkeit und Verallgemeinerung der Ergebnisse

Wie lässt sich sicherstellen, dass die Resultate der Analyse über die eigene Studie hinaus Bedeutung haben, dass sie nicht nur situationsbedingt Gültigkeit besitzen, sondern sich verallgemeinern lassen? Diese Frage betrifft nicht mehr unmittelbar die Durchführung einer qualitativen Inhaltsanalyse, sie ist aber eine für die *Nützlichkeit* einer Studie sehr wichtige Frage. Verallgemeinerung bzw. Übertragbarkeit der Ergebnisse werden von zahlreichen Autorinnen und Autoren eindeutig zu den Zielen qualitativer Forschung gezählt (Flick, 2009, S. 26). Die Frage der Übertragbarkeit sollte deshalb auch bei der Verschriftlichung der Ergebnisse einer qualitativen Inhaltsanalyse gestellt werden. Allerdings gilt es festzuhalten: In der qualitativen Forschung muss nicht in jedem Fall verallgemeinert werden. Man denke etwa an ethnografische Studien, die bewusst keine verallgemeinerten Theorien anstreben. Solche Studien haben beispielsweise das Leben in einem Dorf im Hunsrück, als Lehrerin in der Rütlischule in

Berlin-Neukölln oder als bulgarischer Zeitarbeiter in der Fleischverarbeitung zum Gegenstand. Die dichte Beschreibung, die in diesen Studien angestrebt wird, besitzt ihre eigene Wahrheit. Die Frage der Übertragbarkeit wird dann den Überlegungen der wissenschaftlichen Audience übereignet, was durchaus legitim ist. Ebenso legitim ist es aber, auch in der qualitativen Forschung *verallgemeinern zu wollen.*

Angenommen mittels qualitativer Interviews seien sechs Lehrer und sechs Lehrerinnen zu ihrer Wahrnehmung von Inklusion im Schulalltag befragt worden. Die Daten seien mittels inhaltlich strukturierender qualitativer Inhaltsanalyse unter Einhaltung aller Regeln analysiert worden. Lässt sich das Ergebnis dieser Studie verallgemeinern? Die ersten Fragen, die diesbezüglich gestellt werden sollten, betreffen das Sample bzw. das Sampling: Wer wurde in der Studie interviewt? Handelt es sich um Lehrende einer bestimmten Schule? Vielleicht sogar einer besonderen Schule wie etwa einer Brennpunktschule, Steinerschule, konfessionell gebundenen Schule? Wie wurden die Befragten ausgewählt? Per Zufall, Quote, Convenience, Schneeball? Wie nachvollziehbar ist der Auswahlprozess? Wurden „normale" Lehrer und Lehrerinnen befragt, oder Mitglieder einer bestimmten Gruppe, z. B. (Junglehrer, politisch aktive, Gewerkschaftsmitglieder)?

Schauen wir uns ein anderes Problem an: Wenn das Ergebnis zu einer bestimmten Forschungsfrage bei 100 % der befragten Lehrpersonen dasselbe ist, dann erscheint es vermeintlich plausibel, das Ergebnis auf andere Lehrpersonen außerhalb der Stichprobe zu übertragen, was aber geschieht bei Ergebnissen, die bei zwei Dritteln oder nur bei einem Drittel des Samples festgestellt wurden? Hier gilt es zu fragen, welches eigentlich meine Motive für die Ausweitung der Ergebnisse sind. Warum will ich überhaupt verallgemeinern? Nun, es wird den meisten Forschenden nicht genügen, nach einer relativ aufwendigen Studie nur Aussagen über eine kleine Gruppe von vielleicht nur zwölf Befragten zu tätigen. Ein solcher minimalistischer Anspruch würde vermutlich auch die Scientific Community, der die Ergebnisse präsentiert werden sollen, enttäuschen. Es ist aber nicht nur das Problem der geringen Zahl von Forschungsteilnehmenden, das hier eine Rolle spielt. Auch bei 100 oder 200 Befragten, großen Fallzahlen für eine qualitative Studie, stellt sich die Frage nach der Zusammensetzung des Sample und dem Auswahlprozess. Wenn ich beispielsweise die Folgen von Arbeitslosigkeit eruieren möchte, dann ist die Auswahl von 100 Befragten in einer einzigen sächsischen Kleinstadt womöglich nicht angemessen, um weitreichende Fragen über die Erfolgsaussichten von politischen Maßnahmen für Arbeitslose zu beantworten. Dem Anspruch der Forschenden nach soll die ausgewählte Kleinstadt das Labor für viele Städte oder doch zumindest für viele Kleinstädte sein. Betrachten wir einmal, welche Verallgemeinerungsstrategien in der sozialwissenschaftlichen Forschung zur Verfügung stehen:

1. Probabilistische Strategie: Diese Strategie setzt eine definierte Grundgesamtheit und eine Zufallsstichprobe voraus. Wahrscheinlichkeiten und Vertrauensintervalle lassen sich berechnen, Verallgemeinerung geschieht auf dieser Grundlage.

2. Experimentelle Strategie: Es werden Experimente mit randomisierter Experimental- und Kontrollgruppe (RCT) durchgeführt. Der Kontext der Experimente wird weitestmöglich kontrolliert; vorher und nachher werden Beobachtungen bzw. Messungen durchgeführt. Aufgrund kontrollierter Zufallszuweisung können signifikante Unterschiede zwischen Experimental- und Kontrollgruppe verallgemeinert werden.

3. Sättigung in wiederholten Untersuchungen: Zum Beispiel wird in natürlicher Umgebung mit unterschiedlichen Gruppen von Kindern das Spielverhalten bei einem Murmelspiel untersucht. Die Aushandlungsprozesse und die Streitsituationen werden protokolliert. Das Experiment wird mehrmals wiederholt, wobei die Ergebnisse stets die gleichen sind, sie sind replizierbar. Bis zum Beweis des Gegenteils lassen sich die Ergebnisse verallgemeinern.

4. Theoretische Strategie: Eine Theorie bildet den Hintergrund, etwa die Annahme, dass alle Menschen hinsichtlich der physiologischen Basisfunktionen nahezu identisch sind: Wenn ein Mensch sich die Pulsadern durchschneidet, tritt viel Blut aus und der Mensch verblutet, wenn niemand zu Hilfe kommt. Zwecks Verallgemeinerung ist kein großes Sample notwendig; $n = 2$ genügt hier schon, um das Ergebnis auf alle Menschen in der gleichen Situation zu verallgemeinern.

5. Abduktive Strategie: Ein überraschendes Ergebnis führt zu einer neuen theoretischen Annahme, einer neuen Regel, welche die erzielten Ergebnisse in überzeugender Weise erklären kann. In einer Studie über die „Vätermonate" zeige sich beispielsweise bei den befragten jungen Vätern, dass ein gewandeltes Vaterbild (und nicht wie zunächst von den Forschenden vermutet das Elterngeld) die entscheidende Triebfeder ist. Diese Verallgemeinerungsstrategie besitzt von allen fünf Strategien das höchste Risiko, dass fälschlicherweise verallgemeinert wird.

Es dürfte klar sein, dass bei qualitativen Studien in der Regel nicht die Verallgemeinerungsstrategien Nummer 1 und Nummer 2 zur Verfügung stehen. Wegen der zeitlichen Streckung der Projektlaufzeit ist auch die dritte Strategie nur selten denkbar. Wenn aber die klassisch kritisch-rationalistischen Strategien mit Zufallsstichprobe und Inferenzstatistik nicht anwendbar sind, dann bedarf es der argumentativen Rechtfertigung von Verallgemeinerungen, d. h., es gilt eine neue Theorie zu entwickeln und überzeugend darzulegen, dass diese die Forschungsergebnisse als ein „Fall von“ erklären kann. Dabei sollte man sich des Risikocharakters abduktiver Schlüsse bewusst sein, wie Peirce (1931/1974, S. 106) es formuliert: „Abduction merely suggests that something *may be*“ (Abduktion bedeutet lediglich, dass etwas *sein kann;* Herv. im Original).

Aufgrund dieser generellen Problematik scheint es sinnvoll, dem Begriff Übertragbarkeit (transferability) gegenüber Generalisierung oder Verallgemeinerung den Vorzug zu geben, denn dem Begriff Übertragbarkeit ist eine gewisse Begrenztheit von Ausweitung inhärent, während Verallgemeinerung Grenzenlosigkeit suggeriert. Das Ziel der Verallgemeinerung im Sinne kritisch-rationalistischer Strategien ist – das ist in der qualitativen Forschung bekannt – ohnehin nicht erreichbar und nach eigenem Selbstverständnis auch gar nicht sinnvoll, denn man weiß um Differenz und Diversität, um die Kontext- und Situationsgebundenheit von Zusammenhängen im Bereich des Sozialen. So gibt es beispielsweise auch Arbeiterkinder, die an Universitäten studieren, obwohl alle Untersuchungen die Benachteiligung derselben belegen. Diese soziale Tatsache ist auch dann wahr, wenn sie nur für 5 % einer Gruppe gilt. Generalisierte Aussagen sind nicht das primäre Ziel qualitativer Forschung und probabilistische (etwa: „Die Chance eines Arbeiterkindes zu studieren sind viermal ungünstiger als die eines Mittelschichtkindes“) sind Sache der quantitativ orientierten Sozialforschung. Als die Forschenden der berühmten Marienthalstudie wissen wollten, wie groß der Anteil der verschiedenen von ihnen identifizierten Haltungstypen tatsächlich ist, verließen sie sich nicht auf die Zahlen ihrer qualitativen Studie, sondern führten einen Survey durch, um die genaue Verteilung der ermittelten Haltungstypen zu ermitteln. Im Rahmen qualitativer Forschung können Prozentzahlen und Verteilungsangaben nur Anhaltspunkte, nur grobe Abschätzungen, sein. Vorsicht also vor solch generalisierenden Aussagen wie „So denken die Ärzte“, „So denken die Pflegekräfte“ oder gar „So denken die Deutschen“. Für den Fall, dass im Rahmen einer qualitativen Studie ein Zufalls-Sampling durchgeführt wurde und die Fallzahl ausreichend ist, lassen sich natürlich auch entsprechende Vertrauensintervalle und Parameter berechnen, solche Studien sind aber nur sehr selten zu finden.

Halten wir fest: Die in der quantitativen Forschung üblichen Verallgemeinerungsstrategien kann die qualitative Forschung aufgrund ihrer Samplingstrategien und der normalerweise relativ kleinen Stichproben nicht oder nur sehr selten einsetzen. Die Frage der Übertragbarkeit auf externe Kontexte sollte aber im Ergebnisbericht reflektiert werden und es sind, so Flick (2009, S. 276), konkrete Schritte zur Prüfung der Übertragbarkeit zu leisten.

9.6 Forschungsbericht und Dokumentation

An vielen Stellen in diesem Buch haben wir versucht das Missverständnis auszuräumen, dass das Niederschreiben der Ergebnisse eine Tätigkeit ist, die erst in der Endphase eines Projektes stattfindet. Stattdessen empfehlen wir, während des gesamten Studienverlaufs und vor allem während des Prozesses der Datenanalyse kontinuierlich zu schreiben. Auf diese Weise wird – fast wie von selbst – eine Menge Material gesammelt, auf dessen Basis der endgültige Forschungsbericht wesentlich leichter erstellt werden kann, als wenn man bei null anfängt; der Bericht ist dann nur noch das letzte Stadium eines kontinuierlich stattfindenden Schreibprozesses.

Am Ende der Forschungsarbeit müssen Ergebnisse stehen – wie es eingangs dieses Buches in dem zitierten Forumsbeitrag einer Diplomandin hieß: „Man will ja auch Ergebnisse berichten". Bei der Integration der verschiedenen inhaltlich wichtigen Bruchstücke, die bereits während der Auswertung entstanden sind, sollte man sich als leitende Orientierung immer wieder ins Gedächtnis zurückrufen: Wie lauten meine Forschungsfragen? Alles, was ich formuliere, soll dabei helfen, diese Fragen zu beantworten. Die Antworten zeigen die Relevanz der Fragen auf und haben eine nützliche Funktion für die Praxis und/oder weitere Forschung.

Ausgangsmaterial für die Erstellung des Forschungsberichts ist alles, was im Projektverlauf geschrieben wurde, d. h. also:

- Die Memos, insbesondere Theorie-Memos,
- die Kategorienbeschreibungen inklusive illustrierenden Beispielen,
- die Fallzusammenfassungen,
- die Literaturexzerpte und Reviews,
- Vorträge und Artikel, die man unter Umständen schon während des Projektverlaufs über Teilergebnisse verfasst hat,
- graphische Modelle und Diagramme, z. B. Concept-Maps
- Visualisierungen (beispielsweise von Zusammenhängen von Kategorien) sowie
- das Projekttagebuch (Forschungstagebuch), in dem nicht nur der Forschungsablauf, sondern auch Ideen, Reflexionen und Kommentare festgehalten wurden.

Am Anfang des Schreibens des Forschungsberichts steht deshalb eine Art Inventur dessen, was auf dem Weg hierhin schon alles produziert wurde. Diese Inventur kann sich insbesondere dann, wenn zusammen in einem Team gearbeitet wird, als eine längere Angelegenheit erweisen, denn man muss sich zunächst einen Überblick verschaffen und sollte dabei auch festhalten, wo Lücken existieren und wo es noch an Vorarbeiten mangelt. Über den Prozess des Schreibens wissenschaftlicher Arbeiten ist eine Menge an Ratgeberliteratur erschienen (z. B. Kornmeier, 2011; Rost, 2018), die hier nicht wiederholt werden soll. Wie die verschiedenen Autorinnen und Autoren zu Recht betonen, gibt es nicht den einen, für alle Forschenden gleichermaßen richtigen Weg, wie der Prozess des Schreibens zu gestalten ist. In jedem Fall sollte zunächst eine Gliederung erstellt werden, die sich an folgendem allgemeinen Schema orientieren sollte:

1. Einführung in das Thema einschließlich Darstellung des Forschungsstandes
2. Darlegung der Forschungsfrage ggf. auch Formulierung von Hypothesen und Theoriebezügen
3. Beschreibung der Methoden
4. Resultate der Forschung
5. Schlussfolgerungen und Relevanz für die Praxis

Weitere sinnvolle Differenzierungen ergeben sich zum Teil von selbst, etwa sind beim *Methodenkapitel* die Verfahren der Datenerhebung, Art und Regeln der Transkription, und die Phasen der inhaltsanalytischen Auswertung, zu beschreiben. Je nachdem, ob es sich um eine wissenschaftliche Qualifikationsarbeit, ein drittmittelfinanziertes Forschungsprojekt oder eine Evaluation handelt, sind die Schwerpunkte dem Zweck angemessen zu bestimmen. Naturgemäß sind bei wissenschaftlichen Qualifikationsarbeiten die einzuhaltenden Formen strenger und der Methodenteil sollte detaillierteren Anforderungen gerecht werden. Bei Evaluationen zählen hingegen in der Regel vornehmlich die Ergebnisse, die von den Evaluatorinnen und Evaluatoren vorgenommenen Bewertungen und deren Konsequenzen.

Gerade beim Schreiben von Berichten im Rahmen qualitativer Forschung stellt sich häufig ein Phänomen ein, das die amerikanischen Autoren Miles und Huberman (1994) als „data overload" bezeichnet haben: Man hat so viele interessante Daten gesammelt, dass man gewissermaßen den Wald vor lauter Bäumen nicht mehr sieht. Die Auswahl von Ergebnissen und von illustrierenden Daten wird deshalb zum Problem: Was soll man berichten und was weglassen? Warum soll man gerade dies auswählen – etwa diese Fallzusammenfassung und jene nicht? Warum sollen ausgerechnet bestimmte Kategorien in den Mittelpunkt gestellt werden?

Häufig ist leider festzustellen, dass Forschende bereits mit dem Transkribieren und Codieren der Daten sehr viel Zeit zugebracht und gewissermaßen ihr Pulver verschossen haben. Gerade diese ersten Phasen zu Beginn des Analyseprozesses können ungeheuer viel Zeit verschlingen, mit der Konsequenz, dass dann Zeit und Energie für komplexe Analysen und die Erstellung des Berichts fehlen. Hier lässt sich nur empfehlen, stets die Gesamtheit des Forschungsprozesses im Auge zu haben, ausreichend Zeit für das Schreiben vorzusehen und rechtzeitig die Analysearbeit zu stoppen bzw. – wie oben empfohlen – schon während der Analyse auch immer ans Schreiben zu denken.

Während des Schreibens können auch Befürchtungen aufkommen, dass die Ergebnisse Rückwirkungen auf das untersuchte Feld haben könnten. Hier ist es unbedingt notwendig, solche potenziellen Wirkungen zu antizipieren und in die Überlegungen einzubeziehen. Dies gilt insbesondere für Evaluationen. Die Standards für Evaluationen der DeGEval sehen beispielsweise im Bereich Fairness vor:

> „Die Evaluation soll unterschiedliche Sichtweisen von Beteiligten und Betroffenen auf Gegenstand und Ergebnisse der Evaluation beachten. Der gesamte Evaluationsprozess sowie die Evaluationsberichte sollen die unparteiische Position der Evaluierenden erkennen lassen." (DeGEval-Standard F4 „Unparteiische Durchführung und Berichterstattung"; DeGEval – Gesellschaft für Evaluation, 2016, S. 42)

Dies sollte man bei der Erstellung des Textes berücksichtigen und ggf. Rücksprache mit den Auftraggebenden und Stakeholdern nehmen, bevor der Bericht endgültig formuliert wird.

Umgang mit Zitaten. Quantitativ Forschende haben bei der Abfassung ihres Ergebnisberichtes ein quasi natürliches Bedürfnis, der Scientific Community Zahlen in Form von Prozentuierungen, Koeffizienten, Korrelationen etc. mitzuteilen und auf diese Weise sichtbar zu machen, was die Forschung ergeben hat. Ähnlich geht es qualitativ Forschenden mit den verbalen Daten, die der Scientific Community *zeigen* sollen, wie das Resultat der inhaltsanalytischen Arbeit aussieht. Das Bedürfnis beispielsweise aus offenen Interviews zu zitieren, ist insofern ganz natürlich und es spricht auch nichts dagegen, im Forschungsbericht Zitate zu verwenden – im Gegenteil. Alle Zitate müssen als solche gekennzeichnet werden, Auslassungen sind zu vermerken und Hervorhebungen durch die Forschenden normalerweise nicht zulässig. Alle Zitate sollten ähnlich wie Literaturquellen Herkunftsvermerke erhalten, die nach dem Prinzip „Interviewkennzeichnung und Absatz- bzw. Zeilennummern" aufzubauen sind. In diesem Sinne sind (B07: 14) oder (Frau Berkemper: 311–315) korrekte Herkunftsangaben. Im ersten Beispiel wurde mit einem Interviewkürzel und Absatznummern gearbeitet, im zweiten Beispiel mit Zeilennummern und einer anonymisierten Bezeichnung der Interviewten.

Mit Zitaten sollte eher sparsam umgegangen werden, auch in Masterarbeiten oder Dissertationen sollten sie keinesfalls mehr als ein Viertel des entsprechenden Ergebnisteils ausmachen. Es mag zwar sein, dass man die Wiedergabe von authentischen „O-Tönen" als besonders reizvoll empfindet, doch erhält eine wissenschaftliche Arbeit hierdurch einen ausgeprägt beschreibenden, nicht-analytischen Charakter, den es zu vermeiden gilt.

Bewusst sein sollte man sich auch der Gefahr der selektiven Plausibilisierung, d.h., auf einen analytischen Befund folgt sogleich ein entsprechender Beleg mittels eines Originalzitats. Die Verführung zu einem solchen Schreibstil ist gewiss groß, aber bei den Leserinnen und Lesern wird ein solches Vorgehen zunehmend Misstrauen wecken. Stattdessen sollte darauf geachtet werden, auch widersprüchliche und abweichende Originalaussagen im Ergebnisbericht zu präsentieren und das Spektrum von Antworten auch entsprechend in den Zitationen vorkommen zu lassen.

Dokumentation. Transparenz und Auditierbarkeit wurden oben in Kapitel 9.1 als spezielle Gütekriterien qualitativer Forschung genannt. Das bedeutet, es ist eine gute Dokumentation anzufertigen. Was sollte in welcher Form, z.B. bei einer Qualifikationsarbeit, dokumentiert werden? Was muss intern aufbewahrt werden? Was sollte für Gutachtende und Reviews nachvollziehbar und überprüfbar sein?

Im eigentlichen Text der Forschungsarbeit sollte im Methodenteil die gewählte inhaltsanalytische Methode klar und nachvollziehbar beschrieben sein:

- Wie wurden die Daten für die Analyse ausgewählt? Wie umfangreich war das Material? Wie war das Material beschaffen?
- Welche Varianten der qualitativen Inhaltsanalyse wurden mit welchem Ziel angewendet?
- Wie wurde das Datenmaterial exploriert?
- Wie wurde das Kategoriensystem entwickelt? Bestand dies primär aus deduktiven oder induktiven Kategorien und wie hat es sich warum im Verlaufe der Analyse verändert? Welche Kategorienarten kamen zum Einsatz? An wie viel Material wurden ggf. induktive Kategorien gebildet?
- Wie wurde codiert? Nach welchen Kriterien bestimmte sich das zu codierende Segment? Wie viele Personen waren an der Codierung beteiligt und wie wurde ggf. der gemeinsame Codierprozess organisiert?
- Mit welchen Verfahren wurde die Codierqualität sichergestellt und überprüft? Wurde eine Codierenden-Übereinstimmung ermittelt? Mit welchen Ergebnissen? Wie wurde mit Nicht-Übereinstimmungen umgegangen und welche Konsequenzen wurden daraus gezogen?
- Wie wurden die codierten Daten ausgewertet? Welche Rolle haben dabei fallorientierte und kategorienorientierte Zugänge gespielt?
- Welche QDA-Software und ggf. welche KI-Tools wurden wie eingesetzt?

Zumindest die zentralen Kategorien, die in der Analyse eine herausgehobene Rolle spielen, sollten ebenfalls im Text selbst dargestellt werden. In den Anhang von Qualifikationsarbeiten und Forschungsberichten gehören hingegen:

- Wichtige schriftliche Unterlagen der Studie, wie beispielsweise Anschreiben oder Einladungsschreiben
- Die Regeln, nach denen transkribiert wurde bzw. der Verweis auf einschlägige Standards (ggf. auch in den Text selbst und nicht nur in den Anhang)
- Der Interviewleitfaden (falls im Interview ein Leitfaden benutzt wurde)
- Der Begleitfragebogen (sofern ein solcher verwendet wurde)
- Angaben zur Länge der einzelnen Interviews oder zumindest der durchschnittlichen Länge und der Spannweite der Interviewdauer
- Das Kategorienhandbuch, also die Dokumentation des Kategoriensystems einschließlich von Beispielen
- Sofern es seitens der Gutachtenden verlangt wird, mindestens ein Transkript als Beispiel für die erhobenen Daten und die Art der Verschriftlichung

Darüber hinaus sollten in Absprache mit den Gutachterinnen und Gutachtern folgende Daten in elektronischer Form übermittelt werden:

- Die letzte Fassung der Projektdatei, sofern QDA-Software für die Analyse benutzt wurde.
- Die Transkripte der anonymisierten Originaldaten in einem herkömmlichen Standardformat (DOCX, RTF oder PDF); dies entfällt bei Nutzung von QDA-Software, da dies die Transkripte bereits enthält.

Nachnutzung der Daten. Insbesondere für öffentlich finanzierte Forschungsstudien gilt das Gebot, die erhobenen Daten nach Studienende der wissenschaftlichen Gemeinschaft für die Nachnutzung zur Verfügung zu stellen, denn wie es in den „Leitlinien zum Umgang mit Forschungsdaten“ der Deutschen Forschungsgemeinschaft heißt: „Die langfristige Sicherung und Bereitstellung der Forschungsdaten leistet einen Beitrag zur Nachvollziehbarkeit und Qualität der wissenschaftlichen Arbeit und eröffnet wichtige Anschlussmöglichkeiten für die weitere Forschung“ (DFG, 2015, S. 1). Das Gebot, erhobene Daten für die Nachnutzung bereitzustellen, betrifft auch Studien, bei denen mit der qualitativen Inhaltsanalyse gearbeitet wurde. Es muss allerdings kritisch angemerkt werden, dass die Archivierung und Sekundäranalyse qualitativer Daten nicht unproblematisch ist und in der Praxis oftmals viele Hürden zu überwinden sind. Auf rechtlicher und forschungsethischer Seite stehen der Archivierung von Interviews insbesondere der Datenschutz und Persönlichkeitsrechte gegenüber, auf praktischer Seite sind qualitative Daten aufgrund geringer Standardisierungsmöglichkeiten schwieriger zu archivieren. So berichten Laudel und Bielick (2019) von zahlreichen forschungspraktischen Problemen bei der Archivierung von leitfadengestützten Interviews und Corti et al. (2005) diskutieren die Potenziale und Probleme von Sekundäranalysen qualitativer Daten in ihrer Einleitung einer entsprechenden Sonderausgabe der Online-Zeitschrift „FQS – Forum Qualitative Sozialforschung".

Vor diesem Hintergrund sollten bei Daten, die für die Auswertung mit der qualitativen Inhaltsanalyse erhoben wurden, insbesondere folgende Aspekte für die Nachnutzung beachtet werden: Erstens die Einwilligung aller Befragten in die Speicherung und Sekundärnutzung und zweitens eine ausreichende Anonymisierung der Daten. Auf der Qualiservice-Webseite des Forschungsdatenzentrum für qualitative sozialwissenschaftliche Daten an der Universität Bremen finden sich zahlreiche entsprechende Hinweise und Handreichungen, unter anderem Musterformulare für Einwilligungserklärungen.[30]

Die Bereitstellung von Forschungsdaten zur Nachnutzung wird durch QDA-Software mit verschiedenen Funktionen unterstützt:

- Die analysierten Daten lassen sich (ohne eigene Codierungen) exportieren, wobei ausgewählte Software auch ein automatisches Unkenntlichmachen markierter Bereiche erlaubt.
- Einzelne Programme bieten spezielle Funktionen zur Archivierung an, wobei auf Wunsch nicht nur die analysierten Dokumente, sondern wahlweise auch die zugehörigen Audio- und Videodateien, die standardisierten Hintergrundinformationen zu den Fällen (z. B. soziodemographische Daten) und das verwendete Kategoriensystem exportiert werden.
- Ganze Projekte oder auch nur das Kategorienhandbuch können in einem allgemeinen Austauschformat für QDA-Programme, dem sogenannten REFI-QDA-Standard gespeichert werden (www.qdasoftware.org), das von einigen Datenarchiven als bevorzugtes Datenformat angesehen wird.

30 https://www.qualiservice.org/de/helpdesk.html (Zugriff 29. 05. 2024).

10 Unterstützung durch künstliche Intelligenz (KI)

In diesem Kapitel erfahren Sie etwas über
- den Einsatz künstlicher Intelligenz bei der qualitativen Inhaltsanalyse,
- die Diskussion um LLMs in der Wissenschaft,
- die Doppelrolle der KI als Werkzeug und Partnerin bei der Datenanalyse,
- praktische Anwendungsmöglichkeiten der KI bei der Datenexploration und Kategorienbildung,
- weitere Anwendungsmöglichkeiten bei der Codierung und Analyse der codierten Daten,
- Probleme des Datenschutzes und ethische Herausforderungen sowie
- die Frage möglicher disruptiver Effekte von generativer KI.

10.1 KI und ihre Rolle in der qualitativen Inhaltsanalyse

Dieses zehnte Kapitel haben wir neu für diese sechste Auflage dieses Lehrbuches geschrieben. Es wurde zu einem Zeitpunkt verfasst, als riesige Fortschritte in der Entwicklung künstlicher Intelligenz mit großem Tempo passierten, es aber gleichzeitig (noch) an verbindlichen, überall gültigen Regelungen des Einsatzes von KI mangelte. Die Rolle, die künstliche Intelligenz (KI) potenziell in der qualitativen Inhaltsanalyse spielen kann, lässt sich nicht unabhängig von der allgemeinen KI-Rezeption im Bereich der Wissenschaft und den dort diskutierten Regelungen der Nutzung bzw. Einschränkung der Nutzung bestimmen. Es sind die gesetzlichen Vorgaben hinsichtlich des Datenschutzes, die ethischen Normen und die Regeln guter wissenschaftlicher Praxis, welche die Rolle determinieren, die KI in der Analyse von Forschungsdaten überhaupt spielen kann bzw. spielen darf. Als das Unternehmen OpenAI im November 2022 den Chatbot ChatGPT vorstellte, fand dies zunächst in der breiten europäischen Öffentlichkeit wenig Beachtung. Durch den kostenfreien Zugang von ChatGPT wurden jedoch generative große Sprachmodelle, sogenannte Large Language Models (LLMs), allgemein zugänglich und damit nahm die Aufmerksamkeit für künstliche Intelligenz sehr schnell exponentiell zu. Die Resonanz auf ChatGPT war nicht nur in den Medien riesig. Fast alle, die den Chatbot selbst ausprobierten, waren von den Leistungen verblüfft. Es stellte sich eine Art Wow-Effekt ein, doch gleichzeitig wurden auch Ängste und dystopische Befürchtungen virulent. Die Hochschulen und Wissenschaftsorganisationen, wie die DFG (Deutsche Forschungsgemeinschaft) und der DHV (Deutscher Hochschulverband), befassten sich dann sehr schnell mit dem Thema „Künstliche Intelligenz". Bereits im Heft 1/2023 erschien in der DHV-Zeitschrift „Forschung und Lehre" ein Artikel unter der Überschrift „Meilenstein der KI-Entwicklung? Der Chatbot ChatGPT" (Weßels, 2023), in dem die Autorin die Auswirkungen von generativen KI-Modellen für die Zukunft des Lehrens und Lernens an Hochschulen fokussierte. Sie schätzte die Entwicklung der LLMs als bahnbrechend ein:

> „Seit dem 30. November 2022 ist meine Welt (…) gefühlt eine andere Welt, die uns in die ‚Neuzeit' führt, von der wir noch nicht wissen, ob wir sie lieben oder fürchten sollen." (ebd., S. 26)

KI-Modelle bieten, so Weßels, „die Möglichkeit, große Datenmengen schneller und präziser zu analysieren und neue Erkenntnisse und Perspektiven zu gewinnen. Sie können auch dazu beitragen die Qualität und Validität von Forschungsergebnissen zu verbessern" (ebd., S. 27). Weßels forderte die Hochschulen und die Wissenschaftler und Wissenschaftlerinnen dazu auf, sich bewusst für die verantwortungsvolle und ethische Verwendung von LLMs zu entscheiden und Richtlinien einzuführen. Dies ist allerdings bislang nicht geschehen. Im Bereich von Bildung und Wissenschaft besteht immer noch Unsicherheit darüber, wie mit den neuen Möglichkeiten der generativen KI umgegangen werden kann. Während an der Spitze der Bildungshierarchie, in den Ministerien und Universitätspräsidien, nach wie vor keine Einigkeit über die Zulässigkeit und die Limits der KI-Nutzung besteht, zeigen empirische Studien, dass zur gleichen Zeit im Bildungssystem von unten eine Generation nachwächst, die ganz selbstverständlich mit künstlicher Intelligenz in Form von LLMs arbeitet. So zeigte schon eine im Juli und August 2023 durchgeführte Studie des Bayerischen Forschungsinstituts für digitale Transformation (bidt) unter mehr als 3 000 Internetnutzenden, dass 73 % der erwachsenen Schülerinnen und Schüler und 78 % der Studierenden generative KI einsetzten. Annähernd die Hälfte der KI-Nutzenden war überzeugt, dadurch bessere Noten erreicht zu haben, und ein ähnlich hoher Prozentsatz der Lehrkräfte war überzeugt, dass KI zu einer Leistungssteigerung führe (Schlude et al., 2024). Die Prozentzahlen der Nutzenden haben sich seither vermutlich stetig erhöht. Fakt ist also, dass LLMs von sehr vielen genutzt werden, es aber nach wie vor keine Richtlinien für die Nutzung gibt. Allgemeine Stellungnahmen pro KI-Nutzung und konkretes Handeln vor Ort passen häufig nicht gut zueinander: Während die DFG in ihrer Stellungnahme betont, „dass der Einsatz von KI-Modellen im wissenschaftlichen Arbeiten nicht ausgeschlossen werden sollte, da er erhebliche Chancen und Potenziale bietet" (DFG, 2023), lässt die TU München zur gleichen Zeit einen Studienbewerber nicht zum Studium zu, weil sie vermutet, dass der Bewerber bei der Abfassung seines Bewerbungsessays ChatGPT benutzt hat. Dass es im Wissenschaftsbereich bislang nicht gelungen ist, klare operationale Regeln zu formulieren, lässt sich gut anhand der in der Zeitschrift „Forschung und Lehre“ erschienen Artikel nachzeichnen. Dort finden sich sowohl Beiträge, die KI ablehnen und ihre Leistung geringschätzen (bspw. Cap, 2023), als auch Beiträge, die für eine Integration in Forschung und Lehre plädieren (Hoeren, 2023) und davon überzeugt sind, dass sich durch KI die Qualität und Validität von Forschungsergebnissen verbessern lässt (Weßels, 2023).

Diese unsichere Situation macht es uns nicht leicht, die Funktion zu bestimmen, die generative KI, insbesondere LLMs, in der qualitativen Inhaltsanalyse übernehmen kann. Bis zum Zeitpunkt der Abfassung dieses Kapitels (Juni 2024) ist die Entwicklung generativer Sprachmodelle in rasantem Tempo verlaufen, die Modelle werden immer zahlreicher und immer leistungsfähiger. Gleichzeitig wurden generative Sprachmodelle auch bereits in Software zur qualitativen Datenanalyse wie MAXQDA und ATLAS.ti integriert. Was die Analyse sozialwissenschaftlicher Forschungsdaten betrifft, so sind in diesen QDA-Programmen schon seit längerem Funktionen enthalten, die sich wie die *Sentiment Analysis* oder *Topic Modeling* auf KI-Techniken stützen, ohne dass dies als Problem gesehen worden wäre. Niemand hätte eine Ablehnung der Masterarbeit oder Dissertation riskiert, wenn er oder sie Topic Modeling benutzt hätte, im Gegenteil wäre dies vielleicht als interessante methodische Innovation bewertet worden. Mit KI in Form von generativen Sprachmodellen verhält sich dies nun völlig anders. Warum? Wir sehen hierfür zwei Gründe, erstens die ungleich größere Mächtigkeit von LLMs und zweitens deren Doppelcharakter als *Werkzeug* und als *Assistenz.*

Die mächtigste Funktion *als Werkzeug* ist wohl die Fähigkeit der KI, in sehr kurzer Zeit sehr große Datenmengen zusammenzufassen und dabei die wichtigsten Punkte herauszuarbeiten. Diese Fähigkeit ist weitaus mächtiger als das bisherige Instrumentarium von QDA-Software, welches es „nur“ ermöglicht, aus sehr großen Textmengen alle Textstellen zusammenzustellen, die bestimmte Worte, Wortkombinationen oder thematisch codierte Segmente enthalten.

Gänzlich neu ist aber die Rolle der KI als *Assistenz,* als Co-Analyst bei der Exploration und Auswertung der Daten. Hier ist vor allem die Fähigkeit zum Chat hervorzuheben: Nun ist es möglich, in einen direkten Dialog mit den zu analysierenden Daten zu treten und in mehreren Zyklen Erkenntnisse zu gewinnen. Wie bei einem menschlichen Assistenten bzw. Assistentin kann die Assistenzrolle allerdings unterschiedlich interpretiert und praktiziert werden. Assistenz kann bedeuten, lediglich einfache Arbeiten zu delegieren; Assistenz kann aber auch bedeuten, wesentliche Teile der Arbeit oder sogar die gesamte Arbeit, inklusive der Erstellung des analytischen Berichts, zu delegieren. In diesem Fall würden die Forschenden dann nur noch Politikern ähneln, die das vom Redenschreiber verfasste Manuskript lediglich vorlesen.

Es ist vor allem diese Doppelrolle der generativen KI als Werkzeug und als Assistenz, die es den Universitäten und Forschungseinrichtungen schwer macht, zu operationalen Regeln für den Einsatz von LLMs zu kommen. Die Rolle als Werkzeug würde sich noch relativ einfach regeln lassen. Hier können, wie die DFG in ihrer o.g. Stellungnahme vorschlägt, die etablierten Standards guter wissenschaftlicher Praxis als Grundlage dienen. In Bezug auf die Nutzung von LLMs als Werkzeug würde dies bedeuten, Transparenz herzustellen und offenzulegen, welche Methoden in welchem Umfang eingesetzt wurden. Wie detailliert hierbei zu verfahren wäre, müsste dann noch festgelegt werden. Orientiert man sich daran, wie derzeit der Einsatz von Computersoftware beispielsweise bei der Literaturrecherche, bei statistischen Berechnungen, bei der Analyse qualitativer Daten oder bei der Texterstellung in Forschungsarbeiten offengelegt wird, so erscheinen allzu detaillierte Nachweise nicht erforderlich zu sein, schließlich ist es auch nicht üblich, bei jeder statistischen Tabelle das Hilfsmittel anzugeben, etwa durch die Anmerkung: „Diese Faktorenanalyse wurde mithilfe von SPSS Version 25 erstellt". Auch bei einer qualitativen Inhaltsanalyse ist es nicht üblich, bei jedem Zitat das Werkzeug zu benennen („Dieses Zitat wurde mit Hilfe der von MAXQDA erstellten Zusammenstellung aller codierten Segmente der Kategorie ‚xy' ausgewählt").

Weitaus schwieriger ist es, präzise Regelungen für die Assistenzrolle zu finden. Am Ende von Dissertationen, Bachelor- und Masterarbeiten muss eine sogenannte Selbstständigkeitserklärung eingefügt sein. In dieser wird erklärt, die Arbeit eigenständig verfasst zu haben und sämtliche fremde Quellen angegeben zu haben. In diesem Rahmen gab es Assistenz schon lange vor der Existenz von generativer KI. Konstruktive Doktorandencolloquien, kritische Lektüre von Kolleginnen und Kollegen, Tipps und Ratschläge von Betreuenden sowie Korrekturlesen und Verbessern durch kompetente Mitmenschen, all das war keineswegs verboten, sondern gängige und erwünschte Praxis – und natürlich wurden auch Tools und Datenbanken für die Online-Recherche über den Stand der Forschung sowie Zusammenfassungen und automatisch erstellte Zusammenfassungen genutzt. Detaillierte Regelungen oder gar Verordnungen zu Art und Umfang solcher Assistenztätigkeiten existieren nicht, letzten Endes bildet hier Vertrauen die Grundlage: Wer könnte schon etwas dagegen haben, dass beispielsweise die Masterarbeit durch die Durchsicht des befreundeten Deutschlehrers fehlerfrei und sprachlich wesentlich verbessert wird. Auch die Weiterentwicklung des Kategoriensystems aufgrund von intensiven Diskussionen im Graduiertenkolleg ist mit der Selbstständigkeitserklärung vereinbar.

Was bedeutet all dies nun für die Rolle von generativer KI im Rahmen der qualitativen Inhaltsanalyse? Potenziell kann KI ein sehr mächtiges Werkzeug für die qualitative Inhaltsanalyse sein, das mächtigste Werkzeug, das wir derzeit zur Verfügung haben und das mit großem Tempo weiterentwickelt wird. Aber generative KI ist eben nicht nur ein Werkzeug, sondern kann für die qualitative Inhaltsanalyse eine kompetente Assistenzrolle übernehmen: Mit der KI können wir Ideen über das Kategoriensystem und die Relevanz von Kategorien austauschen, wir können direkt mit den Daten kommunizieren, Zusammenhänge explorieren, große Textmengen zusammenfassen und dies in ungeahnter Geschwindigkeit tun. Large Language Models können sogar noch mehr: Sie können interpretieren, verschiedene Lesarten gegenüberstellen, Kategorien für die Analyse entwickeln, Besonderheiten entdecken, ja sogar Zusammenhänge visualisieren. All das ist jetzt bereits möglich und die Möglichkeiten werden kontinuierlich mehr. Im folgenden Kapitel 10.2 werden wir konkret forschungspraktisch in die Materie einsteigen und potenzielle neue, integrative Analysemöglichkeiten vorstellen. Dies tun wir aus der Sicht von aktiven Pionieren, die untersuchen, wie diese neuen Techniken und Möglichkeiten im Rahmen der qualitativen Inhaltsanalyse genutzt werden können. Generative KI stellt uns gleichzeitig auch vor große Herausforderungen, vor allem Ethik und Datenschutz betreffend; diese erörtern wir anschließend in Kapitel 10.3.

10.2 Praktische Anwendungsmöglichkeiten

Auf den folgenden Seiten zeigen wir die vielfältigen Möglichkeiten auf, wie künstliche Intelligenz, insbesondere generative Sprachmodelle, die Durchführung einer qualitativen Inhaltsanalyse bereichern kann. Es ist uns wichtig zu betonen, dass KI dabei nicht als einfacher Automatismus funktioniert, der aus eingegebenen Interviews oder anderen Texten einen fertigen Analysebericht erstellt. Vielmehr begreifen wir KI als Assistenzfunktion, die in den einzelnen Arbeitsschritten der qualitativen Inhaltsanalyse wertvolle Hilfe bietet. Als Forschende tragen wir dabei die uneingeschränkte Verantwortung für die Analyse, was bedeutet, dass wir die von der KI generierten Ausgaben kritisch überprüfen und falls nötig an unsere Forschungsziele anpassen müssen, um die Qualität und Integrität unserer Arbeit sicherzustellen (Rädiker, 2024a).

Der Einsatz von KI ist in allen drei Varianten der qualitativen Inhaltsanalyse möglich. Unsere Ausführungen gliedern sich daher entlang der Schritte des allgemeinen Ablaufmodells (Abb. 11, S. 106), beginnend mit der initiierenden Textarbeit, über die Bildung von Kategorien, das Codieren und die Analyse der codierten Daten, bis hin zur Erstellung des abschließenden Berichts. KI lässt sich natürlich auch in dem vorbereitenden Schritt der Transkription gewinnbringend einsetzen, dies haben wir bereits im Kapitel 8.1 erläutert.

Zur Umsetzung der im Folgenden beschriebenen Möglichkeiten können Sie verschiedene Softwarelösungen verwenden:

- ChatGPT, Microsoft Copilot und andere Online-Tools, die Chat-Anfragen mit Hilfe großer Sprachmodelle beantworten.

- QDA-Software (vgl. Kapitel 8) wie MAXQDA und ATLAS.ti, die mittlerweile auch KI-gestützte Funktionen anbietet, etwa zur automatischen Erstellung von Zusammenfassungen oder Codevorschlägen. Teilweise ist auch ein Chat direkt in die QDA-Software integriert. Die Entwicklung der Funktionen geschieht derzeit so rasant, dass wir empfehlen, sich auf den Webseiten der Hersteller über den aktuellen Funktionsumfang zu informieren.
- Online-Schreibwerkzeuge zur sprachlichen Optimierung von Texten, wie das aus Deutschland stammende DeepL Write.

Bei der Nutzung dieser Softwarelösungen müssen in der Regel die analysierten Daten auf die Server der Anbieter hochgeladen werden. Dafür ist es notwendig, personenbezogene Daten zu anonymisieren und die Einwilligung der betreffenden Personen einzuholen. Zudem muss gewährleistet sein, dass die Server DSGVO-konform betrieben werden (weitere Hinweise zum Datenschutz geben wir weiter unten in Abschnitt 10.3).

KI bei der initiierenden Textarbeit und Exploration der Daten

Ein wesentliches Ziel der initiierenden Textarbeit und Exploration der Daten besteht darin, sich mit dem Datenmaterial vertraut zu machen, dieses aus der Perspektive der Forschungsfragen zu betrachten und sowohl eine Übersicht über die einzelnen Fälle als auch über das Gesamtmaterial zu gewinnen (vgl. Kapitel 4.5). Als Ergebnis der Exploration können erste Hinweise für das Kategoriensystem, an die Daten angepasste Forschungsfragen, erste Vermutungen über Zusammenhänge und Unterschiede sowie viele weitere Erkenntnisse vorliegen. Die KI-Unterstützung in dieser Phase kann nicht nur bei der Exploration des Inhalts und der verwendeten Sprache erfolgen, sondern auch bei der Optimierung der Forschungsfragen und der Reflexion der eigenen Vorurteile. Folgende KI-Techniken und Verfahren stehen hierfür zur Verfügung:

Erstellung von Zusammenfassungen für ganze Texte. Als Einstieg in die Exploration bietet es sich an, automatische Zusammenfassungen der Texte zu erstellen. Diese Zusammenfassungen ermöglichen einen schnellen Überblick über die Themen, die in einem Text angesprochen werden, und helfen bei der Auswahl geeigneter Texte für die tiefergehende Exploration. Um eine Zusammenfassung zu erstellen, können die in QDA-Software eingebauten Funktionen verwendet werden. Üblicherweise lässt sich die Länge der produzierten Zusammenfassungen einstellen und diese optional in Form von Stichpunkten anfordern. Alternativ muss der gesamte Text in einen Online-KI-Textgenerator kopiert werden.

Abb. 36 zeigt die bereits in Kapitel 4.5 präsentierte, manuell erstellte Fallzusammenfassung für ein Interview mit einer Studentin und darunter eine automatisch durch KI generierte Zusammenfassung desselben Interviews.

Abb. 36 Fallzusammenfassung für Interview B2 (manuell vs. automatisch)

Interview B2: (manuell geschriebene Zusammenfassung)

- Ist selten zur Vorlesung und mehr in das Tutorium gegangen.
- Mochte schon immer Mathe und jetzt auch Statistik.
- Kann sich zuhause besser konzentrieren und ist daher nicht in die Vorlesung
- gegangen.
- Vorlesung hat nichts gebracht, weil sie nichts verstanden hat.
- Internet mit Übungen und Lösungen sind Lernquelle.
- Hat den Bortz gekauft und durchgearbeitet.
- Das Tutorium empfindet sie als sehr gut.
- Sie hat eine andere Vorstellung von Statistik gehabt, praktischer.
- Ihre Lernweise ändert sich in der Mitte fundamental.
- Sie schlägt mehr Zeit für Übungen und mehr Inhalte zum selbst mitschreiben vor.
- Fühlt sich gut vorbereitet auf die Klausur.

Interview B2: (automatisch erstellte Zusammenfassung)

- Die Studentin besucht die Vorlesung am Anfang, aber findet sie langweilig und trocken.
- Stattdessen lernt sie lieber zu Hause und besucht das Tutorium regelmäßig.
- Sie hat sich den Bortz gekauft und durchgearbeitet, um sich auf die Klausur vorzubereiten.
- Sie hat gemischte Gefühle gegenüber Statistik, mag aber die mathematischen Aspekte.
- Sie hat anfangs Angst vor dem Thema gehabt, fühlt sich aber mittlerweile gut vorbereitet.
- Die Stoffmenge ist okay, aber ohne Reader wäre es zu viel.
- Die Studentin findet die Vorlesung langweilig, die Übungen hilfreich und das Tutorium gut.
- Verbesserungswünsche sind mehr Zeit für Übungen und abwechslungsreichere Vorlesungsfolien.
- Sie hat sich intensiv auf die Klausur vorbereitet und erwartet eine Note zwischen zwei und drei.

Die beiden Zusammenfassungen ähneln sich inhaltlich stark und sind trotz geringfügiger Abweichungen austauschbar. Solche Unterschiede in Formulierung und Schwerpunktsetzung wären auch zu erwarten, wenn zwei Personen denselben Text zusammenfassen würden. Einige KI-Tools bieten die Möglichkeit an, Themen vorzugeben, nach denen die Zusammenfassung gegliedert werden soll. Diese Fokussierung auf bestimmte Aspekte sorgt für eine systematische Vergleichbarkeit der Zusammenfassungen verschiedener Texte und sollte nach Möglichkeit genutzt werden. Es kann übrigens auch hilfreich sein, zuerst eine eigene Zusammenfassung zu erstellen und diese dann mit einer automatisch generierten zu vergleichen. Durch die Gegenüberstellung lassen sich dann nicht nur eigene Formulierungen und Auslassungen kritisch hinterfragen, sondern es kann auch der Blick auf eigene Perspektivverengungen gerichtet werden.

Erstellung von Zusammenfassungen für einzelne Abschnitte. Automatische Zusammenfassungen lassen sich nicht nur für ganze Texte, sondern auch für einzelne Abschnitte erstellen. Dies bietet sich insbesondere dann an, wenn ein Text abschnittsweise durchgearbeitet wird. Zu jedem Abschnitt kann eine automatische Zusammenfassung erzeugt und bei Bedarf sofort nachgebessert werden, weil der Inhalt des Originaltextes noch präsent ist. So entsteht eine Art Inhaltsübersicht, die später einen schnellen Überblick über die Abschnitte ermöglicht und als Basis für Fallzusammenfassungen oder Kategorienbildung dienen kann.

Chat mit einem Text. Für die vertiefende Exploration einzelner oder mehrerer Texte bietet sich ein Chat-Tool an, bei dem die Forschenden Fragen zum Material stellen und Anweisungen für die Analyse geben können (Abb. 37, nächste Seite). Im Vergleich zum Erstellen einer Zusammenfassung mit einer „Klick-Funktion" steht bei der Nutzung eines Chat-Tools ein ganzes Universum an möglichen Fragen und Anweisungen zur Verfügung. Wir haben hier einige zur Inspiration zusammengestellt.

Chatanfragen für die Exploration eines einzelnen Textes:

- Liste die zentralen Themen des Textes und erstelle jeweils eine kurze Zusammenfassung
- Erstelle eine Zusammenfassung des Dokuments, gruppiert nach diesen Themen: [Thema A], [Thema B], …
- Fasse die Aussagen der interviewten Person zu [Thema] zusammen
- Identifiziere mögliche Widersprüche in den Aussagen zu [Thema]
- Wie ließe sich die Forschungsfrage „[Frage]" mit dem vorliegenden Text beantworten?
- Welche Belege finden sich im Text für den Zusammenhang zwischen [Aspekt A] und [Aspekt B]?
- Welche Personengruppen werden im Text genannt?
- Welche Auffälligkeiten bei der Verwendung von Sprache und Metaphern lassen sich identifizieren?
- Welche Adjektive werden für die Beschreibung von [Aspekt/Gegenstand] verwendet?

Chatanfragen für die Exploration mehrerer Texte zugleich:

- Erstelle für jede befragte Person eine sehr kurze Zusammenfassung zu [Thema].
- Worin unterscheiden sich die Dokumente bezüglich [Aspekt/Thema]?
- Wer von den Befragten zeigt die größte [Aspekt]? Begründe deine Antwort ausführlich.

Abb. 37 Chat mit einem Interview in einer QDA-Software (hier: MAXQDA)

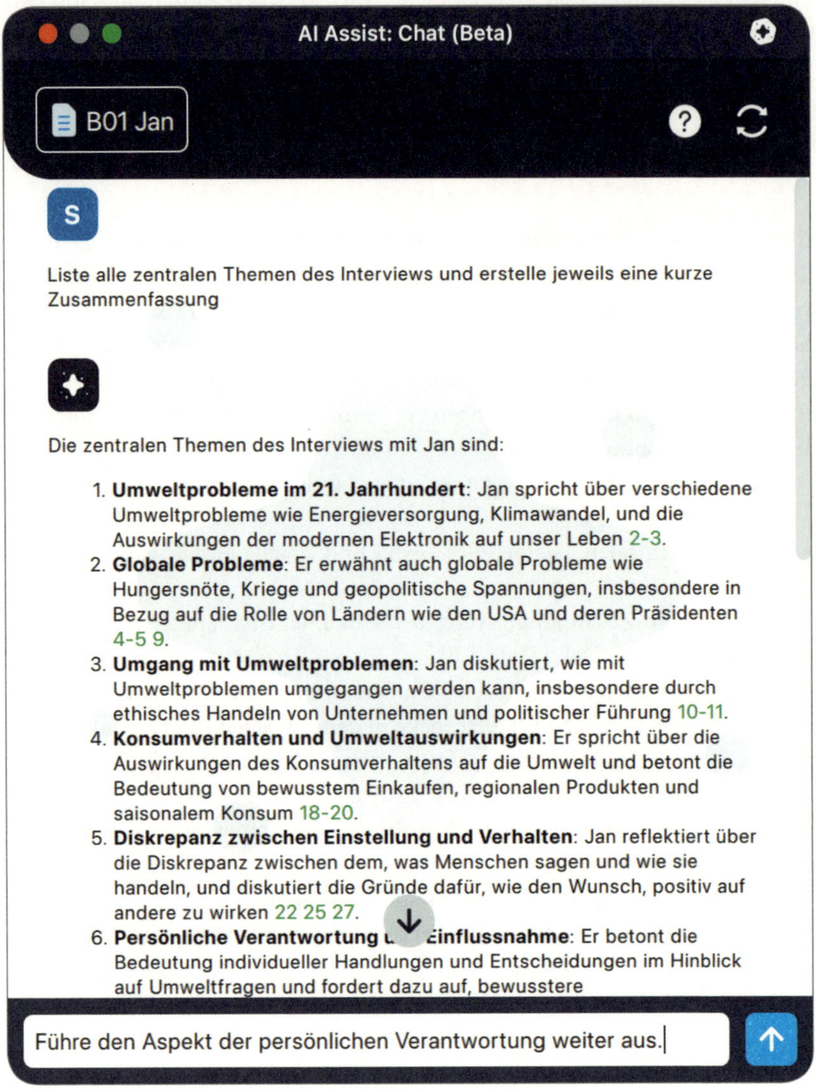

Diese Beispiele verdeutlichen, dass sich die Fragen sowohl auf manifeste als auch auf latente Inhalte eines Textes beziehen können. Gerade bei der Exploration latenter Inhalte bietet ein Chat-Tool den Vorteil des gezielten Nachfragens, denn durch eine mehrstufige Konversation lässt sich ein ausgewählter Aspekt tiefgreifender analysieren, etwa durch Fragen wie: „Finden sich im Text weitere Hinweise auf diesen Zusammenhang?", „Wie ließe sich dies basierend auf dem vorliegenden Text noch erklären?" oder „Mit welchen Adjektiven könnte man dieses Verhalten beschreiben?"

Es kann hilfreich sein, dem Chatbot zu Beginn der Konversation eine spezielle Rolle zuzuweisen und zudem das Ziel oder die Forschungsfragen des Projekts mitzuteilen, etwa in der folgenden Art: „Du bist Expertin für qualitative Forschung. Im aktuellen Forschungsprojekt geht es darum, Ursachen für die Diskrepanz zwischen Reden und Handeln im Klimaschutz zu identifizieren." Darüber hinaus lässt sich das gewünschte Ausgabeformat beeinflussen, indem gezielt eine Tabelle, Stichpunkte oder eine besonders ausführliche Antwort angefordert werden.

Wenn sich bei der Datenexploration herausstellt, dass eine Forschungsfrage bezüglich unerwarteter oder neuer Aspekte angepasst werden sollte, kann auch hierbei ein Chat-Tool unterstützen, indem zum Beispiel gefragt wird: „Wie lässt sich folgende Forschungsfrage fokussieren, um [Aspekt] zu berücksichtigen?"

Semantische Suche. Eine semantische Suche ermöglicht es, Textabschnitte zu einem bestimmten Thema zu finden, ohne dass ein vorgegebenes Suchwort enthalten sein muss. Im Gegensatz zur einfachen Textsuche, die nur eingegebene Begriffe findet, kann die semantische Suche auch indirekte Erwähnungen des Themas identifizieren. Die Suche kann über ein Chat-Tool erfolgen, indem man beispielsweise anweist: „Liste alle Textstellen, bei denen die befragte Person direkt oder indirekt über [Thema] spricht" und gegebenenfalls nachfragt, ob es weitere relevante Stellen gibt. Zudem bieten einige KI-Tools auch die Möglichkeit, Begriffe vorzugeben, nach denen semantisch gesucht wird.

KI bei der Kategorienbildung

KI kann die *induktive Kategorienbildung* am Material unterstützen, indem sie Vorschläge für die Systematisierung offener Codes zu übergeordneten Kategorien generiert. Dazu lassen sich die entwickelten Codes in ein Chat-Tool kopieren und mit einer entsprechenden Anweisung versehen, beispielsweise: „Hier ist eine Liste von offenen Codes, die bei der Analyse eines Interviews zu [Thema] entstanden sind. Bilde abstraktere Kategorien für eine qualitative Inhaltsanalyse, um die Codes zu gruppieren. Ergänze für jede Kategorie eine kurze Definition". Um verschiedene Möglichkeiten der Kategorienbildung gegeneinander abzuwägen und gegebenenfalls zu kombinieren, sollten immer alternative Vorschläge vom Chat-Tool angefordert werden.

Wenn noch keine offenen Codes am Datenmaterial entwickelt wurden, die Texte jedoch bereits mit Hauptkategorien codiert wurden, können auf Basis der codierten Segmente KI-gestützt Vorschläge für geeignete Subkategorien erstellt werden. Dies kann durch das Chatten mit den codierten Segmenten der Hauptkategorie erfolgen oder mit Hilfe speziell dafür entwickelter Tools in QDA-Software. Abb. 38 zeigt einen KI-generierten Vorschlag für die Bildung von Subkategorien zur Hauptkategorie „Ursachen der Diskrepanz", mit der Aussagen zur Diskrepanz zwischen Reden und Handeln im Umwelt- und Klimaschutz erfasst wurden. Für jede Kategorie wurden automatisch erläuternde Beispiele aus den codierten Segmenten ergänzt.

Abb. 38 Mit KI automatisch generierte Subkategorien für eine Hauptkategorie

Ursachen für die Diskrepanz
1. Bequemlichkeit und Faulheit – Bequemlichkeit und Faulheit als Hauptursachen – Gewohnheiten und Bequemlichkeit als Hindernisse – Bequemlichkeit als Grund für mangelnde Veränderungsbereitschaft 2. Gesellschaftlicher Druck und soziale Anerkennung – Sozialer Druck und das Streben nach Anerkennung – Gesellschaftliche Normen und Erwartungen als Einflussfaktoren – Soziale Anerkennung als Motivationsfaktor 3. Finanzielle Aspekte und Kosten – Finanzielle Barrieren und Kosten als Hindernisse – Kosten als Hinderungsgrund für umweltbewusstes Handeln – Finanzielle Einschränkungen als Ursache für Diskrepanz 4. Mangelndes Bewusstsein und Nicht-Wissen – Mangelndes Bewusstsein über Auswirkungen des Handelns – Fehlendes Wissen über nachhaltige Alternativen – Unkenntnis über Zusammenhänge und Konsequenzen 5. Medieneinfluss und gesellschaftliche Prägung – Medieneinfluss und Katastrophenszenarien als Faktoren – Gesellschaftliche Prägung und Einfluss der Medien – Einfluss von Medienberichterstattung auf Umweltbewusstsein

Als Zwischenschritt für die Ausdifferenzierung von Kategorien in Subkategorien kann es hilfreich sein, für jedes codierte Segment eine Zusammenfassung schreiben zu lassen (zur Nutzung von Zusammenfassungen einzelner codierter Segmente siehe Rädiker, 2024b). Auch dieser Zwischenschritt kann automatisch mit KI erfolgen, um dann anschließend die Zusammenfassungen – ohne oder auch mit KI-Unterstützung – inhaltlich zu systematisieren und auf dieser Basis Subkategorien zu entwickeln. In Abb. 39 haben wir eine manuell erstellte Zusammenfassung eines codierten Segments aus einer Studie zu autonom arbeitenden Pflegekräften einer automatisch erzeugten gegenübergestellt, um zu zeigen, dass die automatische Zusammenfassung mindestens eine gute textliche Grundlage für die manuelle Verfeinerung bietet, wenn nicht sogar als Ersatz dienen kann.

Abb. 39 Zusammenfassung eines codierten Segments (manuell vs. automatisch)

manuell	automatisch
Mehr Autonomie als bei klassischem Ansatz bei Dienstplan; Schichten tauschen; individuelle Abstimmung mit und Beratung von Klienten und für diese auch etwas vorschlagen können.	Autonomie in der Arbeitsorganisation und individuelle Abstimmung mit Klienten sind wichtige Aspekte, die im klassischen System fehlen.

Bei der *deduktiven, a-priori Kategorienbildung*, die unabhängig vom Datenmaterial erfolgt, kann der Einsatz eines Chat-Tools folgende Aufgaben unterstützen:

- Entwicklung von Kategorien aus einem Interviewleitfaden, z. B. mit einer Anweisung der folgenden Art:

  > Du bist Expertin für qualitative Forschung und die Entwicklung von Kategoriensystemen. Hier ist ein Interviewleitfaden. Er stammt aus einer Studie [Beschreibung]. Die zentrale Forschungsfrage lautet: [Forschungsfrage].
  > Leitfaden: [Leitfaden].
  > Erstelle eine Liste von Hauptkategorien, die für die Codierung der Daten im Stile der qualitativen Inhaltsanalyse genutzt werden können, und alle Aspekte des Leitfadens und der Forschungsfrage umfasst.

- Optimierung eines Entwurfs für ein Kategoriensystem. So lässt sich fragen, welche Kategorien sich noch sinnvoll ergänzen ließen oder welche Verbesserungen und Vereinheitlichungen der Kategoriennamen und ihrer Abstraktionsgrade möglich sind.
- Entwicklung von Kategoriendefinitionen. Für ausgewählte oder alle Kategorien kann ein Entwurf für eine Kategoriendefinition angefordert werden, zum Beispiel als stichpunkthafte Erläuterung der inhaltlichen Bedeutung einer Kategorie.

KI bei der Codierung der Daten

KI kann auch bei der Codierung von Daten Unterstützung bieten. Für einzelne Textstellen können Vorschläge für neue, induktiv entwickelte Kategorien oder die Zuordnung bereits vorhandener Kategorien angefordert werden – entweder direkt in einer QDA-Software oder in einem Chat-Tool. Aber auch der umgekehrte Weg ist denkbar: Man bittet die Software, für einen Text alle Passagen zu listen, die mit einer vorgegebenen Kategorie codiert werden könnten. Dafür ist es sinnvoll, die Kategoriendefinition einzubeziehen.

Für die Entwicklung und Optimierung von Kategoriendefinitionen kann ein Chat-Tool genutzt werden, um Möglichkeiten für sprachliche Verbesserungen, potenzielle Signalwörter und Abgrenzungen zwischen verschiedenen Kategorien zu erhalten. Dabei kann es sinnvoll bzw. notwendig sein, bereits codierte Textsegmente in die Anfrage einzubeziehen. Die Unterstützung bei der Abgrenzung von Kategorien kann insbesondere für evaluative Kategorien von Interesse sein. Ein Chat-Tool kann auch hinzugezogen werden, wenn es Unsicherheiten bei der Zuordnung einer Textstelle zu Kategorien gibt: „Hier ist ein Textsegment, das im Rahmen einer qualitativen Inhaltsanalyse mit einer von zwei Kategorien codiert werden soll: [Textsegment]. Welche Gründe sprechen für eine Codierung mit Kategorie [erste Kategorie] und welche für eine Codierung mit [zweite Kategorie]?"

Wer Freitextantworten auf offene Surveyfragen codieren möchte, kann nicht nur die oben bereits erwähnten Kategorienvorschläge einsetzen, sondern mit Hilfe einer automatischen Sentimentanalyse die Antworten von ‚sehr negativ' über ‚neutral' bis ‚sehr positiv' vorsortieren. Dadurch stehen meist ähnliche Inhalte dichter beisammen, was die Codierung der Antworten deutlich erleichtert. Eine Sentimentanalyse hat natürlich nur Sinn, wenn die Antworten irgendeine Form der Bewertung der Befragten enthalten.

Bei einer evaluativen Analyse besteht eine zentrale Aufgabe der Forschenden häufig darin, mehrere Segmente pro Fall zu einem bestimmten Thema oder Aspekt zu betrachten und eine bewertende Einschätzung vorzunehmen, z. B. wie hoch das Verantwortungsbewusstsein einer Person gegenüber globalen Problemen ist (vgl. Kapitel 6). Für diese skalierende Bewertung können die Kategoriendefinitionen zusammen mit den thematisch relevanten Segmenten eines Falls in ein Chat-Tool kopiert werden, um eine begründete Zuordnung anzufordern.

KI bei der Analyse codierter Daten

In der qualitativen Inhaltsanalyse führt die Codierung der Daten zu einer inhaltlichen Strukturierung, wie wir sie in der Profilmatrix in Tab. 4 in Kapitel 4.2 vorgestellt haben und hier in Tab. 29 noch einmal in allgemeiner Form für drei Fälle präsentieren.

Tab. 29 Profilmatrix: Fälle und Kategorien als Strukturierungsdimensionen

	Thema A	Thema B	Thema C	
Fall 1	Textstellen von Fall 1 zu Thema A	Textstellen von Fall 1 zu Thema B	Textstellen von Fall 1 zu Thema C	→ Fallorientierte Auswertung Fall 1
Fall 2	Textstellen von Fall 2 zu Thema A	Textstellen von Fall 2 zu Thema B	Textstellen von Fall 2 zu Thema C	→ Fallorientierte Auswertung Fall 2
Fall 3	Textstellen von Fall 3 zu Thema A	Textstellen von Fall 3 zu Thema B	Textstellen von Fall 3 zu Thema C	→ Fallorientierte Auswertung Fall 3
Kategorienbasierte Auswertung zu	↓ Thema A	↓ Thema B	↓ Thema C	

Mit dieser Profilmatrix als Ausgangspunkt, in der die Fälle die Zeilen und die Themen die Spalten bilden, eröffnet sich eine Vielzahl an Möglichkeiten für den Einsatz von KI, von denen wir hier einige vorstellen. Dabei werden jeweils unterschiedliche codierte Segmente der Profilmatrix berücksichtigt:

- Fallbezogene thematische Zusammenfassungen: Für jede Zelle lässt sich eine automatische Zusammenfassung erstellen. Dabei werden die Segmente eines Falls zu einem Thema zusammengefasst. Die Nutzung solcher Zusammenfassungen bei der Analyse beschreiben wir ausführlich in Kapitel 5 ab Seite 142.
- Thematische Zusammenfassungen: Durch das Zusammenfassen der codierten Segmente einer Spalte entstehen Zusammenfassungen pro Thema. Auf diese Weise können alle Aussagen zu einem Thema in kondensierter Form für den Bericht vorbereitet werden.
- Fallbezogene Zusammenfassungen: Für ausgewählte Themen können pro Zeile automatische Zusammenfassungen generiert werden, wodurch spezifische Einsichten pro Fall entstehen.
- Ähnlichkeitsanalyse der Fälle: Die Fälle können auf Ähnlichkeiten und Unterschiede bezüglich ausgewählter Themen untersucht werden, etwa um diese als Vorstufe zu einer typenbildenden qualitativen Inhaltsanalyse zu gruppieren.

Wenn für den gewünschten KI-Einsatz keine entsprechenden Funktionen in der verwendeten QDA-Software zur Verfügung stehen, müssen die jeweils relevanten codierten Segmente in ein Chat-Tool kopiert werden.

KI bei der Formulierung und Gliederung des Berichtstextes

Wir haben diesen Abschnitt bewusst nicht mit „KI bei der Erstellung des Berichts“ überschrieben, weil unserer Ansicht nach die finale Erstellung eines Berichts in den Händen der Forschenden liegen muss und sich nicht durch KI ersetzen lässt. Dennoch bieten die zuvor beschriebenen automatisch erstellten Zusammenfassungen eine sehr gute Basis für die Erstellung des Ergebnisberichts. Aktuelle KI-Tools sind zudem besonders stark in der Textformulierung und -bearbeitung, einschließlich der sprachlichen Verbesserung vorhandener Texte. Sie können daher ähnlich wie bei einem extern vergebenen Lektorat zur Optimierung von Formulierungen, der Gliederung und zur Steigerung der Lesbarkeit herangezogen werden.

10.3 Datenschutz, Ethik, generelle Hinweise und Fragen

Inwieweit ist es überhaupt gestattet, bei einer qualitativen Inhaltsanalyse im Rahmen eines Forschungsprojektes oder einer Qualifikationsarbeit künstliche Intelligenz zu nutzen? Wie muss die Art und Weise der Nutzung ggf. dokumentiert werden? Welche besonderen Vorschriften des Datenschutzes gelten im Fall von KI-Nutzung? Lässt sich die Nutzung von generativer KI ethisch rechtfertigen und lässt sie sich vereinbaren mit den Regeln guter wissenschaftlicher Praxis, wie sie etwa in den Leitlinien der DFG beschrieben sind? Wird generative KI die bisherigen Analysemethoden, namentlich die qualitative Inhaltsanalyse, ersetzen? Solche Fragen zu Datenschutz, Ethik und der disruptiven Wirkung von KI werden hier im Weiteren behandelt.

Datenschutz

Ein fundamentales Prinzip jeglicher Forschung mit Menschen ist das Prinzip der informierten Einwilligung. Dies bedeutet, dass alle Beteiligten – ob Probanden, Interviewte oder Teilnehmende an Fokusgruppen – umfassend über das Forschungsprojekt und alle sie persönlich betreffenden Aspekte aufgeklärt werden und diesen zustimmen müssen. Zu den erforderlichen Informationen gehören die Ziele und Methoden des Projekts, mögliche Risiken und das Recht, die Teilnahme jederzeit beenden zu können. Die bereitgestellten Informationen müssen klar und verständlich sein, und es sollte die Möglichkeit bestehen, Fragen zu stellen. Die Teilnahme muss freiwillig erfolgen, und die Zustimmung der Teilnehmenden sollte schriftlich auf einem Einwilligungsformular festgehalten werden, das alle relevanten Informationen enthält. Entsprechende Musterformulare für die informierte Einwilligung sind auf Webseiten wie z. B. www.forschungsdaten-bildung.de[31] verfügbar. Wenn künstliche Intelligenz im

31 https://www.forschungsdaten-bildung.de/files/fdbinfo_4.pdf (Zugriff 29. 05. 2024).

Forschungsprojekt eingesetzt wird, muss das Einwilligungsformular entsprechend angepasst werden und die Art des Einsatzes der KI beschrieben werden.

Bei Einsatz von künstlicher Intelligenz im Forschungsprozess gelten für den Schutz der Privatsphäre prinzipiell dieselben gesetzlichen Regelungen wie sie auch ohne Einsatz von KI gelten. In Deutschland und der EU sind Fragen des Datenschutzes generell durch die Datenschutz-Grundverordnung (DSGVO) geregelt. Diese Verordnung befasst sich mit der Verarbeitung von *personenbezogenen Daten.* Diese werden in Artikel 4 der DSGVO definiert als: „Informationen, die sich auf eine identifizierte oder identifizierbare natürliche Person (im Folgenden ‚betroffene Person') beziehen; als identifizierbar wird eine natürliche Person angesehen, die direkt oder indirekt, insbesondere mittels Zuordnung zu einer Kennung wie einem Namen, zu einer Kennnummer, zu Standortdaten, zu einer Online-Kennung oder zu einem oder mehreren besonderen Merkmalen, die Ausdruck der physischen, physiologischen, genetischen, psychischen, wirtschaftlichen, kulturellen oder sozialen Identität dieser natürlichen Person sind, identifiziert werden kann". Nach dieser Definition sind anonymisierte Daten keine personenbezogenen Daten, vorausgesetzt die Anonymisierung ist vollständig. Pseudonymisierte Daten, in denen Namen, Orte und andere Identifikatoren durch Decknamen ersetzt wurden, gelten jedoch weiterhin als personenbezogene Daten. Personenbezogene Daten dürfen nur so lange gespeichert werden, wie es für die Zwecke, für die sie erhoben wurden, erforderlich ist. Die DSGVO enthält in § 89 ein sogenanntes Forschungsprivileg, demzufolge für wissenschaftliche Forschungszwecke einzelne Bestimmungen der DSGVO gelockert werden können. So ist beispielsweise für bestimmte Forschungszwecke auch die Sekundärnutzung von Daten erlaubt. Ansonsten müssen Daten, die für die ursprünglichen Zwecke nicht mehr benötigt werden, gelöscht oder anonymisiert werden.

Die Vorschriften der DSGVO gelten für jede sozialwissenschaftliche Datenanalyse, durch den Einsatz von KI entstehen nun zusätzliche neue Problembereiche. Gleichzeitig wird die Aufmerksamkeit aber auch auf Punkte gerichtet, die bereits in der Vor-KI-Zeit problematisch waren, nun aber erst als solche wahrgenommen werden. Das gilt beispielsweise für die Verschriftlichung von Interviewaufnahmen durch externe Hilfskräfte und Transkriptionsdienste. Es ist durchaus üblich, dass Interviews nicht von den Forschenden selbst, sondern von Hilfskräften und Transkriptionsdiensten verschriftlicht werden. Es entspricht aber der Natur der Sache, dass Audio- und Videoaufzeichnungen nicht anonymisiert sind bzw. nur mit unverhältnismäßig großem Aufwand anonymisiert werden können. Erst nach der Transkription lassen sich die im nun verschriftlichten Interviewtext genannten Personen, Orte und Institutionen anonymisieren oder pseudonymisieren. Die Berechtigung, die Audioaufnahmen „außer Haus" zu geben, muss also auch bereits in die Einwilligungserklärung aufgenommen werden.

Durch den Einsatz von KI zur automatischen Transkription und zur Analyse der Daten kommt nun noch eine Reihe zu beachtender Punkte hinzu:

- Werden die Daten mittels einer lokal installierten KI verarbeitet oder werden sie zu einem entfernten Server transferiert?
- Steht der Server, auf dem die Daten verarbeitet und ggf. gespeichert werden, im Geltungsbereich der DSGVO oder außerhalb, beispielsweise in England oder den USA? Wenn außerhalb: Sind entsprechende Regelungen vorhanden, um DSGVO-Konformität zu gewährleisten?
- Werden die Daten unmittelbar nach der Verarbeitung und der Erstellung der Textantwort, z. B. nach der Transkription und dem Zusenden der Textdatei, gelöscht?
- Wenn die Daten nicht nach der Verarbeitung gelöscht werden, für welchen Zeitraum werden sie weiterhin gespeichert?
- Werden die Daten zum Trainieren der KI benutzt?

Diese Fragen müssen vor der Benutzung einer KI geklärt werden und in der Einverständniserklärung müssen die entsprechenden Zustimmungen eingeholt werden. Die Forschungsteilnehmenden haben ein Recht darauf, dass sie entsprechend über die Verwendung und Speicherung ihrer Daten aufgeklärt werden.

Ethische Aspekte

Jenseits der rechtlichen Fragen, die sich primär um den Datenschutz und die Privatsphäre drehen, ergeben sich bei Einsatz von KI bei der Datenanalyse auch weitere ethische Fragen in Bezug auf das Handeln der Forschenden, also hinsichtlich dessen, was als richtig oder falsch gewertet wird. Die Forschenden sind besonders bei der Nutzung von generativer KI mit folgenden Herausforderungen konfrontiert.

Privatsphäre. Durch die Fähigkeit großer KI-Modelle, sehr große Datenmengen zu verarbeiten und Querbezüge herzustellen, ist die bisher vorgenommene Anonymisierung möglicherweise nicht ausreichend. Es muss im Einzelfall geprüft werden, ob der Schutz der betroffenen Personen auch tatsächlich gewährleistet ist.

Bias. Aufgrund der Selektivität der Trainingsdaten kann es bei Large Language Models zu verzerrten Ergebnissen kommen. Die Modelle sind zwar so programmiert, dass sie neutrale und objektive Antworten liefern sollen, aber die Daten, mit denen sie trainiert wurden, können Vorurteile und verengte Perspektiven enthalten. Sofern die KI nicht nur Zusammenfassungen erstellen, sondern auch Interpretationen liefern soll, kann es daher vorkommen, dass bestimmte Gruppen benachteiligt werden. Auch Menschen weisen aufgrund ihrer unterschiedlichen Sozialisation eine je spezifische Perspektive auf, die sich als Vorurteile und als Bias bemerkbar machen können. Generative KI basiert auf ungleich mehr Trainingsmaterial als Menschen und insofern gibt es eigentlich keinen Grund zu der Annahme eines stärkeren Bias bei einer KI. In jedem Fall empfiehlt sich eine kritische Überprüfung auf mögliche Vorurteile und ggf. ein Abgleich mit anderen Informationsquellen. Die Gefahr eines durch die KI verursachten Bias ist jedoch im Fall der Analyse der Daten des eigenen Forschungsprojekts als eher gering einzustufen.

Intransparenz. Die gängigen KI-Modelle wie GPT, Mixtral oder Claude basieren auf dem Training mit Billionen von Daten. Es ist nahezu ausgeschlossen, einen Überblick über die verwendeten Daten zu bekommen. Selbst wenn diese Trainingsdaten offen zugänglich wären, wäre es angesichts der Masse der Daten faktisch unmöglich, Ungleichgewichte und Verzerrungen zu identifizieren.

Halluzinationen. In den Diskussionen während der ersten Monate nach der Veröffentlichung von ChatGPT wurde häufig das Thema Halluzination, das Erfinden von Informationen durch die KI, vorgebacht und mit teilweise drastischen Beispielen belegt. Teilweise spielte hier ein Missverständnis eine Rolle, denn bei GPT handelt es sich um ein Sprachmodell und nicht um eine gigantische Wissensdatenbank. Solche Modelle verfügen nur über Wahrscheinlichkeiten sprachlicher Assoziationen und Korrelationen und nicht über Wissensbestände, aufgrund deren sie über richtig oder falsch entscheiden könnten. Mittlerweile können einige Sprachmodelle auch auf aktuelle Wissensbestände im Internet zugreifen, wodurch die Gefahr von Halluzinationen wesentlich minimiert wird. Bei der Analyse der Daten des eigenen Forschungsprojekts sind Halluzinationen nahezu ausgeschlossen, weil die Resultate nur auf diesem (hochgeladenem) Datenkorpus beruhen. Erst wenn Fragen darüber hinausgehen, kann es zu Halluzinationen kommen.

Über die genannten Herausforderungen hinaus werden im Bereich der Wissenschaft auch ethische Herausforderungen diskutiert, die generelle Auswirkungen von KI betreffen. So wird etwa der höhere Energieverbrauch durch KI kritisiert und die Befürchtung geäußert, dass durch den zunehmenden KI-Einsatz Arbeitsplätze überflüssig werden, was in der Forschung in den Bereichen Transkription und Übersetzung bereits deutlich erkennbar ist. Weiterhin wird befürchtet, dass durch KI menschliche Fähigkeiten abnehmen, d.h., je mehr Aufgaben die KI übernehmen würde, desto mehr drohe, dass die entsprechenden analytischen Fähigkeiten verloren gehen. Ähnliche Befürchtungen wurden allerdings auch vor Jahrzehnten bei der Einführung von statistischer Software und von QDA-Software vorgebracht, ohne dass sie sich bewahrheitet hätten.

Resümierend ist festzuhalten, dass mit dem Einsatz generativer KI zahlreiche ethische Fragen und Herausforderungen verbunden sind, die sorgfältig reflektiert werden müssen. Gesetzliche Regelungen und Richtlinien der Hochschulen sind dringlich zu entwickeln. Der im Mai 2024 vom Europäischen Parlament verabschiedete EU Artificial Intelligence Act (https://artificialintelligenceact.eu/de/das-gesetz) stellt hier einen wichtigen Schritt in Richtung Standards und verantwortungsbewusstem Einsatz von KI dar. Die Zukunft wird unseres Erachtens nicht in Verboten bestehen, sondern in reflektiertem Umgang. Solange es keine verbindlichen Regeln gibt, sowohl generelle als auch an der jeweiligen Hochschule oder Forschungseinrichtung, so lange bleibt die Verantwortung beim Einzelnen und so lange ist es auch recht und billig, dass die Institutionen den Einzelnen vertrauen, genauso wie sie bislang einen Vertrauensvorschuss gegeben haben und es akzeptiert haben, dass die Unterstützung durch Doktorandencolloquien, Kollegen und Kolleginnen, Freunde und Angehörige sich in einem vertretbaren Rahmen bewegt, sodass die Selbstständigkeitserklärung, die am Ende jeder Qualifikationsarbeit anzufügen ist, dennoch zutrifft.

Generelle Hinweise und offene Fragen

Abschließend sollen in diesem Kapitel noch einige generelle Hinweise gegeben werden und der Frage nach der möglichen disruptiven Wirkung generativer KI nachgegangen werden.

Doppelfunktion: Inspiration und Qualitätsprüfung. Der Einsatz von KI im Analyseprozess kann sowohl der Inspiration als auch der Überprüfung der eigenen Analyse dienen. Werden bei der Kategorienbildung mit Hilfe von KI Vorschläge für die Ausdifferenzierung in Subcodes erzeugt, bevor eigene Vorschläge entwickelt werden, so hat dieser vorgelagerte Einsatz primär eine Inspirationsfunktion und nicht selten ergeben sich dabei unerwartete Erkenntnisse und Ideen. Im Anschluss an die manuelle Entwicklung eines Kategoriensystems lassen sich mit Hilfe von KI Hinweise zu dessen Verbesserung generieren. In diesem Fall übernimmt der nachgelagerte KI-Einsatz dann primär eine Überprüfungsfunktion. Diese kann zwar auch inspirierenden Charakter haben, jedoch überwiegt hier der Aspekt der Qualitätsprüfung.

Generell ist daher zu überlegen, zu welchem Zeitpunkt im Analyseprozess KI zum Einsatz kommen soll. Dies betrifft nicht nur einzelne Analyseschritte wie die Kategorienbildung, sondern auch die gesamte qualitative Inhaltsanalyse. So lässt sich KI auch zur Ex-post-Prüfung der eigenen Analyse und Erkenntnisse einsetzen. Hier wird die KI im Sinne eines Peer Reviewing zur Qualitätssicherung tätig. Die KI begutachtet dann nicht nur das Kategoriensystem, sondern auch die vorgenommenen Codierungen, prüft die Schlüssigkeit der Erkenntnisse und sucht ggf. auch nach den Ergebnissen widersprechenden Stellen in den Daten.

Richtung vorgeben durch Projektbeschreibung. Die Ergebnisse einer generativen KI werden umso besser, je präziser die Fragen formuliert werden und je mehr Kontext der KI zur Verfügung gestellt wird. Deshalb ist es sinnvoll, die KI mit Informationen über das Forschungsprojekt zu versorgen. Dies geschieht beispielsweise in ChatGPT mittels der Custom Instructions, in denen eine Projektbeschreibung eingegeben werden kann und man die eigene Rolle beschreiben kann und vielleicht auch etwas über die eigene theoretische Orientierung mitteilt.

Multilingualität. Zu den faszinierenden Fähigkeiten generativer KI zählt die Multilingualität. Es kann beispielsweise ein englischsprachiger Artikel aus einer Fachzeitschrift zusammengefasst werden und die Ausgabe der Antwort in deutscher Sprache erfolgen. Man sollte sich allerdings dessen bewusst sein, dass das Material, mit welchem die KI trainiert wurde, hinsichtlich der Sprachen sehr unterschiedlich verteilt ist. Insbesondere bei nur wenig verbreiteten Sprachen, wie etwa Maltesisch, kann es Verzerrungen in der Übersetzung kommen, sodass die Antworten der KI sorgfältig geprüft werden sollten.

Die Frage nach der disruptiven Wirkung generativer KI. Wird künstliche Intelligenz bisherige etablierte Methoden der qualitativen Datenanalyse ersetzen? Müssen wir, wie manche argumentieren, Datenanalyse sogar gänzlich neu denken und werden zentrale Verfahren wie *Kategorienbildung* und *Codieren* damit hinfällig? Hat generative KI also möglicherweise eine disruptive Wirkung? Wir sind der Überzeugung, dass dies nicht der Fall sein wird. Künstliche Intelligenz macht sozialwissenschaftliche Analysemethoden nicht überflüssig, sondern ganz im Gegenteil, die Methoden werden umso wichtiger. Künstliche Intelligenz zwingt uns dazu, unsere Forschungsfragen möglichst präzise zu formulieren, um brauchbare Antworten zu erhalten. Um generative KI bei der Analyse der Daten sinnvoll einzusetzen, benötigen wir einen methodischen Rahmen, in welchem der KI-Einsatz auf sinnvolle Weise integriert wird. So gibt schon die Differenzierung von verschiedenen Analysephasen in der qualitativen Inhaltsanalyse – von der Exploration bis zur Erstellung des Forschungsberichtes – eine bewährte Struktur, einen Denkrahmen vor, in dem die KI auf je spezifische Weise eingesetzt werden kann. Es ist keineswegs das Prompt-Engineering, das nun etwa anstelle bewährter Analysemethoden treten würde. KI macht das Denken in und mit Kategorien, wie es charakteristisch für die qualitative Inhaltsanalyse ist, nicht überflüssig, denn Kategorien sind nicht nur Mittel, um eine Ordnung des untersuchten Gegenstandsbereichs zu erreichen, sondern sie sind auch sozial geprägte sprachliche Ausdrücke und stellen ein Gedankensystem dar, in welchem wir unsere Fragen behandeln, beantworten und schließlich häufig auch in die gesellschaftliche Praxis und die Transformation derselben umsetzen wollen.

Mit generativer KI haben wir nicht nur ein sehr machtvolles Werkzeug gewonnen, sondern auch eine Assistenz für den gesamten Forschungsprozess. Wir können diese sehr gut nutzen, um beispielsweise unsere Bildung von Kategorien, die Ausdifferenzierung derselben und die in den Daten vorgenommenen Codierungen zu überprüfen. Viele Studierende fragten sich, wie sie bei Dissertationen, Bachelor- und Masterarbeiten die Methode der qualitativen Inhaltsanalyse mit ihrer inhärenten Forderung nach intersubjektiver Gültigkeit umsetzen könnten. Schließlich arbeiten sie doch allein und haben selten die Möglichkeit, die Kategorien und die Codierung der Daten mit den Codierungen einer weiteren Person zu vergleichen. Generative KI ermöglicht es nun, die eigenen Kategorien und Subkategorien mit denen der KI zu vergleichen. Auch die Codierungen können mit denen der KI verglichen werden und ggf. lassen sich auch Koeffizienten zur Inter-Coder-Übereinstimmung berechnen. Derzeit ist die Umsetzung noch ein wenig umständlich, doch ist schon relativ klar erkennbar, wohin die Reise gehen wird: Die Fähigkeiten der KI werden gewiss in den nächsten Jahren noch stark erweitert werden, vor allem die Assistenzrolle eröffnet völlig neue Horizonte zur Integration von KI in den Ablauf qualitativer Inhaltsanalyse. Eines nicht allzu fernen Tages wird generative KI wahrscheinlich die Assistenzrolle abstreifen und sich, so Sam Altman (CEO von OpenAI), zu einem „super-competent colleague" entwickeln (O'Donnell, 2024).

Nachwort

Als Analysemethode für qualitative Daten stößt die qualitative Inhaltsanalyse auf ein stetig wachsendes Interesse und wird von immer mehr qualitativ Forschenden gewählt. In vielen Wissenschaftsdisziplinen, Forschungs- und Praxisfeldern wird die Methode eingesetzt, unter anderem in Erziehungswissenschaft, Soziologie, Politikwissenschaft, Psychologie, Ethnologie, Sozialarbeit/Sozialpädagogik sowie Pflege- und Gesundheitswissenschaft. Die Beliebtheit in derart vielen Bereichen kommt nicht von ungefähr, denn die verschiedenen Varianten qualitativer Inhaltsanalyse weisen wie kaum eine andere Methode qualitativer Datenanalyse zahlreiche Stärken auf. Die Methoden qualitativer Inhaltsanalyse, wie wir sie in diesem Buch vorstellen,

- erlauben eine methodisch kontrollierte und für jede/n nachvollziehbare Analyse,
- sind keine Kunstlehre, sondern ein Bündel von wissenschaftlichen Techniken, die genau beschrieben und erlernbar sind,
- beinhalten ein Spektrum verschiedener Verfahren, die jeweils unterschiedlichen Situationen und Anforderungen angemessen sind,
- können sowohl als sehr offene explorative Verfahren konzipiert werden – beispielsweise in Form einer themenorientierten qualitativen Inhaltsanalyse mit induktiver Kategorienbildung – als auch als hypothesenorientiertes Verfahren mit deduktiv bestimmten Kategorien, das heißt, sie bieten auch die Möglichkeit zum theoriegeleiteten Vorgehen,
- können im Auswertungsprozess das gesamte erhobene bzw. für die Analyse ausgewählte Material erfassen,
- erlauben ggf. auch die Bearbeitung sehr großer Textmengen,
- lassen sich arbeitsteilig durch inhaltlich kompetente Personen betreiben,
- zwingen die Forschenden zur Ausarbeitung eines Kategoriensystems mit detaillierten Definitionen und Beispielen,
- gewinnen durch den Einsatz mehrerer Codierender an Zuverlässigkeit,
- verbinden hermeneutisches Textverstehen mit regelgeleiteter Codierung,
- lassen sich hervorragend mit Unterstützung durch QDA-Software und (generative) künstliche Intelligenz betreiben,
- vermeiden durch die systematische Vorgehensweise Anekdotismus und die Suggestion von Einzelfällen,
- vermeiden anders als die quantitative Inhaltsanalyse vorschnelle Quantifizierungen.

Nimmt man die Forderung Kracauers nach Codifizierung aus den Anfängen der qualitativen Inhaltsanalyse zum Maßstab, so hat es in den letzten Jahren große Fortschritte auf diesem Weg gegeben. Die Zeit steht nicht still und so sind auch die empirische Forschung und ihre Methoden einem ständigen Innovationsdruck ausgesetzt. In den letzten Jahren sind es vor allem die in ihrer Bedeutung stark angewachsenen sozialen Medien, die nach neuen Formen der Analyse verlangen. Social-Media-Daten unterscheiden sich erheblich von den bislang üblichen, vornehmlich mittels offener Interviews, Fokusgruppen oder Feldforschung erhobenen qualitativen Daten. Bei der Analyse von Kommentaren von Facebook und Instagram kann es ohne Weiteres vorkommen, dass mehrere tausend oder gar zehntausende kurze Texte zu analysieren sind. Auch hier kann die von uns an vielen Stellen dieses Buches betonte fallorientierte Perspektive eine Rolle spielen: Was sind dies beispielsweise für Leute, die einen Shitstorm auslösen und durch Beleidigungen und Beschimpfungen der übelsten Art auffallen? Einige Maxime der qualitativen Inhaltsanalyse lassen sich aber bei der Analyse von Daten dieser Art nicht mehr umsetzen, wie etwa die Regel, in der Phase der initiierenden Textarbeit eine möglichst umfassende Kenntnis der Daten zu erlangen. Niemandem ist es zuzumuten, tausende kurze Texte zu lesen. Diese neuen Datenarten verlangen nach methodischen Neuerungen, wobei eine Kombination von menschlicher Analyseleistung und künstlicher Intelligenz einen großen Schritt nach vorn bedeuten könnte.

Die fünfte Auflage dieses Lehrbuches endete mit einem Ausblick auf die Zukunft der qualitativen Inhaltsanalyse und den Sätzen: „Weiterentwicklungen und methodische Innovationen werden die qualitative Inhaltsanalyse voranbringen und KI wird nach unserer Einschätzung dabei ein Motor sein. So enden wir dann mit dem Titel eines Bestsellers der Zukunftsforschung der 1960er Jahre (Kahn & Wiener, 1967): ‚Ihr werdet es erleben'."

In den seither vergangenen zwei Jahren haben wir nun alle erleben können, mit welchem Tempo sich KI entwickelt und wie dies potenziell alle gesellschaftlichen Bereiche betrifft. Auch die Methoden zur Analyse qualitativer Daten werden sich vermutlich zukünftig durch KI stark verändern: KI wird es uns bei der qualitativen Inhaltsanalyse ermöglichen, mit den Daten direkt zu interagieren, mehr Daten in die Analyse einzubeziehen und die KI nicht nur als Werkzeug zu nutzen, sondern als Assistentin oder Partnerin in die verschiedenen Analysephasen zu integrieren. Wir haben in Kapitel 10 Möglichkeiten der KI-Integration dargestellt, aber dies ist sicherlich erst der Anfang. Im Vorwort haben wir beschrieben, dass wir zugleich enthusiastisch und erschrocken waren, als wir zum ersten Mal ChatGPT ausprobiert haben. Hier kommt eine Ambivalenz zum Ausdruck, die eine reflektierte, kritische Herangehensweise beim Einsatz von KI dringend erforderlich macht. Ungebremste Enthusiasten seien an Albert Einstein erinnert: „Wenn ich die Folgen geahnt hätte, wäre ich Uhrmacher geworden."

Tabellen- und Abbildungsverzeichnis

Literatur

Atteslander, P. (2003). *Methoden der empirischen Sozialforschung* (10. Aufl.). Walter de Gruyter.

Barth, B., Flaig, B. B., Schäuble, N. & Tautscher, M. (Hrsg.). (2018). *Praxis der Sinus-Milieus®*. Springer Fachmedien Wiesbaden. https://doi.org/10.1007/978-3-658-19335-5

Bazeley, P. (2018). *Integrating analyses for mixed methods research.* SAGE.

Bazeley, P. (2021). *Qualitative data analysis: Practical strategies.* SAGE.

Berelson, B. (1952). *Content analysis in communication research.* Free Press.

Berelson, B. & Lazarsfeld, P. F. (1948). *The analysis of communication content.*

Bernard, H. R. & Ryan, G. W. (2010). *Analyzing qualitative data: Systematic approaches.* SAGE.

Blasius, J. (2001). *Korrespondenzanalyse.* Oldenbourg.

Böhm, A. (2005). Theoretisches Codieren: Textanalyse in der Grounded Theory. In U. Flick, E. von Kardoff & I. Steinke (Hrsg.), *Qualitative Sozialforschung: Ein Handbuch* (S. 475–484). Rowohlt Taschenbuch Verlag.

Bohnsack, R. (2014). *Rekonstruktive Sozialforschung: Einführung in qualitative Methoden* (9. Aufl.). Barbara Budrich.

Bos, W. & Tarnai, C. (Hrsg.). (1996). *Computerunterstützte Inhaltsanalyse in den empirischen Sozialwissenschaften: Theorie, Anwendung, Software.* Waxmann.

Boyatzis, R. E. (1998). *Transforming qualitative information: Thematic analysis and code development.* SAGE.

Brennan, R. L. & Prediger, D. J. (1981). Coefficient kappa: Some uses, misuses, and alternatives. *Educational and Psychological Measurement, 41*(3), 687–699. https://doi.org/10.1177/001316448104100307

Breuer, F., Muckel, P. & Dieris, B. (2019). *Reflexive Grounded Theory. Eine Einführung für die Forschungspraxis* (4. Aufl.). Springer VS.

Bryant, A. & Charmaz, K. (Hrsg.). (2007). *The SAGE handbook of grounded theory.* SAGE.

Bryman, A. (1988). *Quantity and quality in social research.* Routledge. https://doi.org/10.4324/9780203410028

Cap, C. (2023). „Der neue Gott ist nackt!“ *Forschung & Lehre,* 30(5). https://www.forschung-und-lehre.de/zeitfragen/der-neue-gott-ist-nackt-5604

Categorization. (2021). In *Wikipedia.* https://en.wikipedia.org/w/index.php?title=Categorization&oldid=1023744955

Charmaz, K. (2014). *Constructing grounded theory* (2. Aufl.). SAGE.

Cisneros-Puebla, C. A. (2004). „To learn to think conceptually.“ Juliet orbin in conversation with Cesar A. Cisneros-Puebla [53 paragraphs]. *Forum Qualitative Sozialforschung/Forum: Qualitative Social Research, 5*(3), Art. 32.

Cohen, J. (1960). A coefficient of agreement for nominal scales. *Educational and Psychological Measurement, 20*(1), 37–46. https://doi.org/10.1177/001316446002000104

Corti, L., Witzel, A. & Bishop, L. (2005). Potenziale und Probleme der Sekundäranalyse. Eine Einführung in die FQS-Schwerpunktausgabe über die Sekundäranalyse qualitativer Daten [13 Absätze]. *Forum Qualitative Sozialforschung/Forum: Qualitative Social Research, 6*(1), Art. 49. https://doi.org/10.17169/FQS-6.1.498

Creswell, J. W. & Creswell Báez, J. (2021). *30 essential skills for the qualitative researcher* (2. Aufl.). SAGE.

Creswell, J. W. & Plano Clark, V. L. (2011). *Designing and conducting mixed methods research* (2. Aufl.). SAGE.

Creswell, J. W. & Plano Clark, V. L. (2018). *Designing and conducting mixed methods research* (3. Aufl.). SAGE.

Creswell, J. W. & Poth, C. N. (2018). *Qualitative inquiry & research design: Choosing among five approaches* (4. Aufl.). SAGE.

Danner, H. (2006). *Methoden geisteswissenschaftlicher Pädagogik* (5. Aufl.). Reinhardt.

de Haan, G., Kuckartz, U. & Rheingans-Heintze, A. (2000). *Bürgerbeteiligung in Lokale Agenda 21-Initiativen.* Leske + Budrich.

de Haan, G., Lantermann, E.-D., Linneweber, V. & Reusswig, F. (2001). *Typenbildung in der sozialwissenschaftlichen Umweltforschung.* Leske + Budrich.

DeGEval – Gesellschaft für Evaluation (Hrsg.). (2016). *Standards für Evaluation.*

Denzin, N. K. (1978). *The research act: A theoretical introduction to sociological methods* (2. Aufl.). McGraw Hill.

Denzin, N. K. & Lincoln, Y. S. (Hrsg.). (2018). *The SAGE handbook of qualitative research* (5. Aufl.). SAGE.

Devi Prasad, B. (2019). Qualitative content analysis: Why is it still a path less taken? [41 paragraphs]. *Forum Qualitative Sozialforschung/Forum: Qualitative Social Research, 20*(3), Art. 36. https://doi.org/10.17169/FQS-20.3.3392

DFG. (2015). *Leitlinien zum Umgang mit Forschungsdaten.* https://www.dfg.de/download/pdf/foerderung/antragstellung/forschungsdaten/richtlinien_forschungsdaten.pdf

DFG. (2023). Stellungnahme des Präsidiums der Deutschen Forschungsgemeinschaft (DFG) zum Einfluss generativer Modelle für die Text- und Bilderstellung auf die Wissenschaften und das Förderhandeln der DFG. https://www.dfg.de/download/pdf/dfg_im_profil/geschaeftsstelle/publikationen/stellungnahmen_papiere/2023/230921_stellungnahme_praesidium_ki_ai.pdf

Diekmann, A. (2007). *Empirische Sozialforschung: Grundlagen, Methoden, Anwendungen* (4. Aufl.). Rowohlt Taschenbuch Verlag.

Dietrich, M. & Mey, G. (2019). Visuelle Jugendkulturforschung: Trends und Entwicklungen. *Diskurs Kindheits- und Jugendforschung/Discourse Journal of Childhood and Adolescence Research, 14*(3), 293–307. https://doi.org/10.3224/diskurs.v14i3.04

Dilthey, W. (1990). *Die geistige Welt: Einleitung in die Philosophie des Lebens. Erste Hälfte. Abhandlungen zur Grundlegung der Geisteswissenschaften. Gesammelte Schriften V. Band* (8. Aufl.). Teubner/Vandenhoeck & Ruprecht. (Originalwerk publiziert 1894)

Dittmar, N. (2009). *Transkription. Ein Leitfaden mit Aufgaben für Studenten* (3. Aufl.). VS Verlag für Sozialwissenschaften.

Döring, N. & Bortz, J. (2016). *Forschungsmethoden und Evaluation in den Sozial- und Humanwissenschaften* (5. Aufl.). Springer.

Dresing, T. & Pehl, T. (2018). *Praxisbuch Interview, Transkription & Analyse: Anleitungen und Regelsysteme für qualitativ Forschende* (8. Aufl.). Eigenverlag. https://www.audiotranskription.de/wp-content/uploads/2020/11/Praxisbuch_08_01_web.pdf

Ecarius, J. & Schäffer, B. (Hrsg.). (2010). *Typenbildung und Theoriegenerierung: Methoden und Methodologien qualitativer Bildungs- und Biographieforschung.* Barbara Budrich.

Elo, S., Kääriäinen, M., Kanste, O., Pölkki, T., Utriainen, K. & Kyngäs, H. (2014). Qualitative Content Analysis: A Focus on Trustworthiness. *SAGE Open, 4*(1), 1–10. https://doi.org/10.1177/2158244014522633

Esser, H. (2001). *Soziologie – Spezielle Grundlagen, Band 6: Sinn und Kultur.* Campus.

Feinstein, A. R. & Cicchetti, D. V. (1990). High agreement but low Kappa: I. the problems of two paradoxes. *Journal of Clinical Epidemiology, 43*(6), 543–549. https://doi.org/10.1016/0895-4356(90)90158-L

Fenzl, T. & Mayring, P. (2017). QCAmap: Eine interaktive Webapplikation für Qualitative Inhaltsanalyse. *Zeitschrift für Soziologie der Erziehung und Sozialisation, 37*(3), 333–340.

Festinger, L. (1957). *A theory of cognitive dissonance.* Stanford University Press.

Fielding, J. (2008). Double whammy? Are the most at risk the least aware? A study of environmental justice and awareness of flood risk in England and Wales. In W. Allsop, P. Samuels, J. Harrop & S. Huntington (Hrsg.), *Flood risk management: Research and practice.* Taylor and Frances. https://doi.org/10.1201/9780203883020

Flick, U. (2007). *Qualitative Sozialforschung: Eine Einführung* (8. Aufl.). Rowohlt Taschenbuch Verlag.

Flick, U. (2009). *Sozialforschung: Methoden und Anwendungen. Ein Überblick für die BA-Studiengänge.* Rowohlt Taschenbuch Verlag.

Flick, U. (2011). *Triangulation.* VS Verlag für Sozialwissenschaften. https://doi.org/10.1007/978-3-531-92864-7

Flick, U. (2020). Gütekriterien qualitativer Forschung. In G. Mey & K. Mruck (Hrsg.), *Handbuch Qualitative Forschung in der Psychologie: Band 2: Designs und Verfahren* (S. 247–263). Springer. https://doi.org/10.1007/978-3-658-26887-9_30

Flick, U., von Kardoff, E. & Steinke, I. (2017). Was ist qualitative Forschung? Einleitung und Überblick. In U. Flick, E. von Kardorff & I. Steinke (Hrsg.), *Qualitative Forschung: Ein Handbuch* (12. Aufl., S. 13–29). Rowohlt Taschenbuch Verlag.

Friese, S. (2019). *Qualitative data analysis with ATLAS.ti* (3. Aufl.). SAGE.

Früh, W. (2017). *Inhaltsanalyse: Theorie und Praxis* (9. Aufl.). UVK Verlagsgesellschaft mbH.

Fuß, S., & Karbach, U. (2019). *Grundlagen der Transkription: Eine praktische Einführung* (2. Aufl.). Barbara Budrich.

Gadamer, H.-G. (1960). *Wahrheit und Methode.* J. C. B. Mohr.

Gerhardt, U. (1995). Typenbildung. In Uwe Flick, E. von Kardorff, H. Keupp, L. von Rosenstiel & S. Wolff (Hrsg.), *Handbuch qualitativer Sozialforschung. Grundlagen, Konzepte, Methoden und Anwendung.* PVU.

Glaser, B. G. (2005). *The grounded theory perspective III: Theoretical coding.* Sociology Press.

Glaser, B. G. & Strauss, A. L. (1967). *The discovery of grounded theory.* Aldine.

Glaser, B. G. & Strauss, A. L. (1998). *Grounded theory: Strategien qualitativer Forschung.* Huber.

Gläser, J. & Laudel, G. (2004). *Experteninterviews und qualitative Inhaltsanalyse.* VS Verlag für Sozialwissenschaften.

Gläser, J. & Laudel, G. (2010). *Experteninterviews und qualitative Inhaltsanalyse* (4. Aufl.). VS Verlag für Sozialwissenschaften. https://doi.org/10.1007/978-3-531-91538-8

Gläser-Zikuda, M. (2005). Qualitative Inhaltsanalyse in der Lernstrategie- und Lernemotionsforschung. In P. Mayring & M. Gläser-Zikuda (Hrsg.), *Die Praxis der qualitativen Inhaltsanalyse* (2. Aufl., S. 63–83). Beltz.

Grouven, U., Bender, R., Ziegler, A. & Lange, S. (2007). Der Kappa-Koeffizient. *DMW – Deutsche Medizinische Wochenschrift, 132*(S 01), e65–e68. https://doi.org/10.1055/s-2007-959046

Grunenberg, H. (2001). *Die Qualität qualitativer Forschung. Eine Metaanalyse erziehungs- und sozialwissenschaftlicher Forschungsarbeiten* [Diplomarbeit]. Philipps-Universität Marburg.

Grunenberg, H. & Kuckartz, U. (2010). Deskriptive Statistik in der qualitativen Sozialforschung. In B. Friebertshäuser, A. Langer & A. Prengel (Hrsg.), *Handbuch Qualitative Forschungsmethoden in der Erziehungswissenschaft* (3. Aufl., S. 487–500). Juventa.

Guba, E. & Lincoln, Y. S. (1985). *Naturalistic inquiry.* SAGE.

Guest, G., MacQueen, K. M. & Namey, E. E. (2012). *Applied thematic analysis.* SAGE.

Guetterman, T. C., Creswell, J. W. & Kuckartz, U. (2015). Using joint displays and MAXQDA software to represent the results of mixed methods research. In M. T. McCrudden, G. J. Schraw & C. W. Buckendahl (Hrsg.), *Use of visual displays in research and testing: Coding, interpreting, and reporting data* (S. 145–176). Information Age Publishing.

Guetterman, T. C., Fetters, M. D. & Creswell, J. W. (2015). Integrating Quantitative and Qualitative Results in Health Science Mixed Methods Research Through Joint Displays. *The Annals of Family Medicine, 13*(6), 554–561. https://doi.org/10.1370/afm.1865

Gugushvili, T. & Salukvadze, G. (2021). Using maxqda for analyzing documents: An example of prioritization research design in urban development. In M. C. Gizzi & S. Rädiker (Hrsg.), *The practice of qualitative data analysis: Research examples using MAXQDA* (S. 107–120). MAXQDA Press.

Hammersley, M. (1992). *What's wrong with ethnography?* Routledge.

Helfferich, C. (2011). *Die Qualität qualitativer Daten: Manual für die Durchführung qualitativer Interviews.* VS Verlag für Sozialwissenschaften. https://doi.org/10.1007/978-3-531-92076-4

Hempel, C. G. & Oppenheim, P. (1936). *Der Typusbegriff im Lichte der neuen Logik: Wissenschaftstheoretische Untersuchungen zur Konstitutionsforschung und Psychologie.* Sijthoff.

Hoeren, Thomas (2023). ChatGPT und das Recht. Eine juristische Einschätzung zur Anwendung von KI-Textgeneratoren an den Hochschulen. *Forschung & Lehre 30*(11), 846–847.

Höld, R. (2009). Zur Transkription von Audiodaten. In R. Buber & H. H. Holzmüller (Hrsg.), *Qualitative Marktforschung* (S. 655–668). Gabler. https://doi.org/10.1007/978-3-8349-9441-7_41

Hopf, C. (2016). *Schriften zu Methodologie und Methoden qualitativer Sozialforschung* (W. Hopf & U. Kuckartz, Hrsg.). Springer VS.

Hopf, C., Rieker, P., Sanden-Marcus, M. & Schmidt, C. (1995). *Familie und Rechtsextremismus. Familiale Sozialisation und rechtsextreme Orientierungen junger Männer.* Juventa.

Hopf, C. & Schmidt, C. (1993). *Zum Verhältnis von innerfamilialen sozialen Erfahrungen, Persönlichkeitsentwicklung und politischen Orientierungen: Dokumentation und Erörterung des methodischen Vorgehens in einer Studie zu diesem Thema.* Institut für Sozialwissenschaften der Universität Hildesheim. https://nbn-resolving.org/urn:nbn:de:0168-ssoar-456148

Hsieh, H.-F. & Shannon, S. E. (2005). Three approaches to qualitative content analysis. *Qualitative Health Research, 15*(9), 1277–1288. https://doi.org/10.1177/1049732305276687

Hussy, W., Schreier, M. & Echterhoff, G. (2013). *Forschungsmethoden in Psychologie und Sozialwissenschaften für Bachelor.* Springer. https://doi.org/10.1007/978-3-642-34362-9

Jackson, K. & Bazeley, P. (2019). *Qualitative data analysis with NVivo* (3. Aufl.). SAGE.

Jahoda, M., Lazarsfeld, P. F. & Zeisel, H. (1975). *Die Arbeitslosen von Marienthal. Ein soziographischer Versuch über die Wirkungen langandauernder Arbeitslosigkeit* (25. Aufl.). Suhrkamp.

Johnson, B. & Christensen, L. B. (2020). *Educational research: Quantitative, qualitative, and mixed approaches* (7. Aufl.). SAGE.

Kahn, H. & Wiener, A. J. (1967). *Ihr werdet es erleben: Voraussagen der Wissenschaft bis zum Jahre 2000.* Molden.

Kan, M.P.H. & Fabrigar, L.R. (2017). Theory of planned behavior. In V. Zeigler-Hill & T.K. Shackelford (Hrsg.), *Encyclopedia of personality and individual differences* (S. 1–8). Springer. https://doi.org/10.1007/978-3-319-28099-8_1191-1

Kelle, U. (2007a). Integration qualitativer und quantitativer Methoden. In U. Kuckartz, H. Grunenberg & T. Dresing (Hrsg.), *Qualitative Datenanalyse: Computergestützt* (S. 50–64). VS Verlag für Sozialwissenschaften. https://doi.org/10.1007/978-3-531-90665-2_3

Kelle, U. (2007b). Theoretisches Vorwissen und Kategorienbildung in der „Grounded Theory". In U. Kuckartz, H. Grunenberg & T. Dresing (Hrsg.), *Qualitative Datenanalyse: Computergestützt* (S. 32–49). VS Verlag für Sozialwissenschaften.

Kelle, U. (2008). *Die Integration qualitativer und quantitativer Methoden in der empirischen Sozialforschung* (2. Aufl.). VS Verlag für Sozialwissenschaften. https://doi.org/10.1007/978-3-531-91174-8

Kelle, U. & Kluge, S. (2010). *Vom Einzelfall zum Typus: Fallvergleich und Fallkontrastierung in der Qualitativen Sozialforschung* (2. Aufl.). VS Verlag für Sozialwissenschaften.

Keller, R. (2011). *Wissenssoziologische Diskursanalyse: Grundlegung eines Forschungsprogramms* (3. Aufl.). VS Verlag für Sozialwissenschaften.

Kirk, J. & Miller, M. L. (1986). *Reliability and validity in qualitative research.* Sage Publications.

Klafki, W. (2001). Hermeneutische Verfahren in der Erziehungswissenschaft. In C. Rittelmeyer & M. Parmentier (Hrsg.), *Einführung in die pädagogische Hermeneutik. Mit einem Beitrag von Wolfgang Klafki* (S. 125–148). Wissenschaftliche Buchgesellschaft.

Kluge, S. (1999). *Empirisch begründete Typenbildung: Zur Konstruktion von Typen und Typologien in der qualitativen Sozialforschung.* VS Verlag für Sozialwissenschaften. https://doi.org/10.1007/978-3-322-97436-5

Kornmeier, M. (2011). *Wissenschaftlich scheiben leicht gemacht: Für Bachelor, Master und Dissertation* (4. Aufl.). UTB.

Korte, M.T., Waldschmidt, A., Dalman-Eken, S. & Klein, A. (2007). 1000 Fragen zur Bioethik – Qualitative Analyse eines Onlineforums unter Einsatz der quantitativen Software MAXDictio. In U. Kuckartz, H. Grunenberg & T. Dresing (Hrsg.), *Qualitative Datenanalyse: Computergestützt* (S. 163–174). VS Verlag für Sozialwissenschaften. https://doi.org/10.1007/978-3-531-90665-2_10

Kowal, S. & O'Connell, D.C. (2014). Transcription as a crucial step of data analysis. In U. Flick, *The SAGE handbook of qualitative data analysis* (S. 64–78). SAGE. https://doi.org/10.4135/9781446282243.n5

Kracauer, S. (1952). The challenge of qualitative content analysis. *Public Opinion Quarterly, 16*(4, Special Issue on International Communications Research), 631–642. https://doi.org/10.1086/266427

Krippendorff, K. (2004). Reliability in content analysis: Some common misconceptions and recommendations. *Human Communication Research, 30*(3), 411–433. https://doi.org/10.1111/J.1468-2958.2004.TB00738.X

Krippendorff, K. (2018). *Content analysis: An introduction to its methodology* (4. Aufl.). SAGE.

Kriz, J. & Lisch, R. (1988). *Methoden-Lexikon.* PVU.

Kromrey, H. (2006). *Empirische Sozialforschung: Modelle und Methoden der standardisierten Datenerhebung und Datenauswertung* (11. Aufl.). Lucius & Lucius.

Kuckartz, U. (1988). *Computer und verbale Daten: Chancen zur Innovation sozialwissenschaftlicher Forschungstechniken.* Lang.

Kuckartz, U. (1991). Ideal types or empirical types: The case of Max Weber's empirical research. *Bulletin of Sociological Methodology/Bulletin de Méthodologie Sociologique, 32*(1), 44–53. https://doi.org/10.1177/075910639103200103

Kuckartz, U. (1995). Case-oriented quantification. In U. Kelle (Hrsg.), *Computer-aided qualitative data analysis: Theory, methods and practice.* SAGE.

Kuckartz, U. (1996). Argumentationen und Leitbilder computergestützt analysieren. *Historical Social Reserach, 21*(3), 115–136. https://doi.org/10.12759/HSR.21.1996.3.115-136

Kuckartz, U. (2006). Zwischen Singularität und Allgemeingültigkeit: Typenbildung als qualitative Strategie der Verallgemeinerung. In K.-S. Rehberg (Hrsg.), *Soziale Ungleichheit, kulturelle Unterschiede: Verhandlungen des 32. Kongresses der Deutschen Gesellschaft für Soziologie in München* (S. 4047–4056). Campus. https://nbn-resolving.org/urn:nbn:de:0168-ssoar-142318

Kuckartz, U. (2009). Methodenkombination. In B. Westle (Hrsg.), *Methoden der Politikwissenschaft* (S. 352–263). Nomos.

Kuckartz, U. (2010). *Einführung in die computergestützte Analyse qualitativer Daten* (3. Aufl.). VS Verlag für Sozialwissenschaften.

Kuckartz, U. (2014a). *Qualitative text analysis: A guide to methods, practice & using software.* SAGE.

Kuckartz, U. (2014b). *Mixed Methods: Methodologie, Forschungsdesigns und Analyseverfahren.* Springer VS.

Kuckartz, U. (2020). Typenbildung. In G. Mey & K. Mruck (Hrsg.), *Handbuch Qualitative Forschung in der Psychologie: Band 2: Designs und Verfahren* (S. 795–812). Springer Fachmedien Wiesbaden. https://doi.org/10.1007/978-3-658-26887-9_59

Kuckartz, U., Dresing, T., Rädiker, S. & Stefer, C. (2008). *Qualitative Evaluation: Der Einstieg in die Praxis* (2. Aufl.). VS Verlag für Sozialwissenschaften.

Kuckartz, U. & Rädiker, S. (2024). *Fokussierte Interviewanalyse mit MAXQDA: Schritt für Schritt* (2. Aufl.). Springer VS. https://doi.org/10.1007/978-3-658-40212-9

Kuckartz, U. & Rädiker, S. (2021). Using MAXQDA for mixed methods research. In R.B. Johnson & A.J. Onwuegbuzie (Hrsg.), *The Routledge reviewer's guide to mixed methods analysis* (S. 305–318). Routledge.

Kuckartz, U., & Rädiker, S. (2023). *Qualitative content analysis: A guide to methods, practice and using software* (2. Aufl.). SAGE.

Kuckartz, U., Rädiker, S., Ebert, T. & Schehl, J. (2013). *Statistik: Eine verständliche Einführung* (2. Aufl.). VS Verlag für Sozialwissenschaften.

Lamnek, S. (1993). *Qualitative Sozialforschung: Band 2 – Methoden und Techniken* (2. Aufl.). PVU.

Lamnek, S. & Krell, C. (2016). *Qualitative Sozialforschung* (6. Aufl.). Beltz.

Laudel, G. & Bielick, J. (2019). Forschungspraktische Probleme bei der Archivierung von leitfadengestützten Interviews [75 Absätze]. *Forum Qualitative Sozialforschung/Forum: Qualitative Social Research, 20*(2), Art. 10. https://doi.org/10.17169/fqs-20.2.3077

Lazarsfeld, P.F. (1972). *Qualitative analysis. Historical and critical essays.* Allyn and Bacon.

Legewie, H. & Schervier-Legewie, B. (2004). Anselm Strauss: Research is hard work, it's always a bit suffering. Therefore, on the other side research should be fun. *Forum Qualitative Sozialforschung/Forum: Qualitative Social Research, 5*(3), Art. 22. https://doi.org/10.17169/FQS-5.3.562

Maksutova, A. (2021). Using MAXQDA's summary features: Developing social types in migrant integration studies. In M.C. Gizzi & S. Rädiker (Hrsg.), *The practice of qualitative data analysis: Research examples using MAXQDA* (S. 135–147). MAXQDA Press. https://doi.org/10.36192/978-3-948768058

Mayring, P. (2002). *Einführung in die qualitative Sozialforschung* (5. Aufl.). Beltz.

Mayring, P. (2015). *Qualitative Inhaltsanalyse: Grundlagen und Techniken* (12. Aufl.). Beltz.

Mayring, P. (2019). Qualitative Inhaltsanalyse – Abgrenzungen, Spielarten, Weiterentwicklungen [30 Absätze]. *Forum Qualitative Sozialforschung/Forum: Qualitative Social Research, 20*(3), Art. 16. https://doi.org/10.17169/fqs-20.3.3343

Mayring, P. (2020). Qualitative Inhaltsanalyse. In G. Mey & K. Mruck (Hrsg.), *Handbuch Qualitative Forschung in der Psychologie* (S. 495–511). Springer Fachmedien Wiesbaden. https://doi.org/10.1007/978-3-658-26887-9_52

Mayring, P. & Gläser-Zikuda, M. (Hrsg.). (2005). *Die Praxis der qualitativen Inhaltsanalyse.* Beltz.

Medjedović, I. (2014). *Qualitative Sekundäranalyse: Zum Potenzial einer neuen Forschungsstrategie in der empirischen Sozialforschung.* Springer VS.

Medjedović, I. & Witzel, A. (2010). *Wiederverwendung qualitativer Daten: Archivierung und Sekundärnutzung qualitativer Interviewtranskripte.* VS Verlag für Sozialwissenschaften. https://doi.org/10.1007/978-3-531-92403-8

Merten, K. (1995). *Inhaltsanalyse: Einführung in Theorie, Methode und Praxis* (2. Aufl.). Springer Fachmedien Wiesbaden.

Mertens, D. M. (2018). *Mixed methods design in evaluation.* SAGE.

Merton, R. K. & Barber, E. (2004). *The travels and adventures of serendipity: A study in sociological semantics and the sociology of science.* Princeton University Press.

Mey, G. & Mruck, K. (2011). *Grounded Theory Reader* (2. Aufl.). VS Verlag für Sozialwissenschaften.

Miles, M. B. & Huberman, A. M. (1984). *Qualitative data analysis: A sourcebook of new methods.* SAGE.

Miles, M. B. & Huberman, A. M. (1994). *Qualitative data analysis: An expanded sourcebook* (2. Aufl.). SAGE.

Miles, M. B., Huberman, A. M. & Saldaña, J. (2020). *Qualitative data analysis: A methods sourcebook* (4. Aufl.). SAGE.

Miller, D. C. & Salkind, N. J. (2002). *Handbook of research design & social measurement* (6. Aufl.). SAGE.

Mollenhauer, K. (1997). Methoden erziehungswissenschaftlicher Bildinterpretation. In B. Friebertshäuser & A. Prengel (Hrsg.), *Handbuch Qualitative Forschungsmethoden in der Erziehungswissenschaft* (S. 247–264). Juventa.

Mollenhauer, K. & Uhlendorff, U. (1992). *Sozialpädagogische Diagnosen: Über Jugendliche in schwierigen Lebenslagen.* Juventa.

Morgan, D. L. (2014). *Integrating qualitative and quantitative methods: A pragmatic approach.* SAGE.

O'Donnell, J. (2024). Sam Altman says helpful agents are poised to become AI's killer function. *MIT Technology Review.* https://www.technologyreview.com/2024/05/01/1091979/sam-altman-says-helpful-agents-are-poised-to-become-ais-killer-function

O'Leary, Z. (2018). *Research question.* SAGE.

Oswald, H. (2010). Was heißt qualitativ forschen? Warnungen, Fehlerquellen, Möglichkeiten. In B. Friebertshäuser, A. Langer & A. Prengel (Hrsg.), *Handbuch qualitative Forschungsmethoden in der Erziehungswissenschaft* (3. Aufl., S. 183–201). Juventa.

Peirce, C. S. (1974). *Collected papers of Charles Sanders Peirce* (C. Hartshorne & P. Weiss, Hrsg.; 4. Aufl.). Belknap Press of Harvard University Press. https://books.google.de/books?id=G7IzSoUFx1YC (Originalwerk publiziert 1931)

Popper, K. R. (2010). *Die beiden Grundprobleme der Erkenntnistheorie: Aufgrund von Manuskripten aus den Jahren 1930–1933* (T. E. Hansen, Hrsg.; 3. Aufl.). Mohr Siebeck. (Originalwerk publiziert 1979)

Preisendörfer, P. (1999). *Umwelteinstellungen und Umweltverhalten in Deutschland.* VS Verlag für Sozialwissenschaften. https://doi.org/10.1007/978-3-663-11676-9

Prosch, B. & Abraham, M. (2006). Gesellschaft, Sinn und Handeln: Webers Konzept des sozialen Handelns und das Frame-Modell. In R. Greshoff & U. Schimank (Hrsg.), *Integrative Sozialtheorie? Esser – Luhmann – Weber* (S. 87–109). VS Verlag für Sozialwissenschaften. https://doi.org/10.1007/978-3-531-90259-3_5

Przyborski, A. & Wohlrab-Sahr, M. (2014). *Qualitative Sozialforschung: Ein Arbeitsbuch* (4. Aufl.). Oldenbourg Verlag.

Pürer, H. (2003). *Publizistik- und Kommunikationswissenschaft: Ein Handbuch.* UVK.

Rädiker, S. (2024a). *Transforming qualitative research: AI-assisted analysis with MAXQDA.* MAXQDA International Conference [Keynote address], Berlin.

Rädiker, S. (2024b). Using MAXQDA's code comments for rapid analysis: Writing summaries for analyzing and reporting in evaluation. In S. Rädiker & M. C. Gizzi (Hrsg.), *The practice of qualitative data analysis: Research examples using MAXQDA, Volume 2* (S. 71–86). MAXQDA Press. https://doi.org/10.36192/978-3-948768188_4

Rädiker, S. & Kuckartz, U. (2019). *Analyse qualitativer Daten mit MAXQDA: Text, Audio und Video.* Springer VS.

Rehbein, J., Schmidt, T., Meyer, B., Watzke, F. & Herkenrath, A. (2004). *Handbuch für das computergestützte Transkribieren nach HIAT.* https://www.exmaralda.org/hiat/files/azm_56.pdf

Reichertz, J. (2005). Gütekriterien qualitativer Sozialforschung. In L. Mikos & Cl. Wegener (Hrsg.), *Qualitative Medienforschung: Ein Handbuch* (S. 571–579). UVK.

Ritchie, J. & Spencer, L. (1994). Qualitative data analysis for applied policy research. In A. Bryman & R. G. Burgess (Hrsg.), *Analyzing qualitative data* (S. 173–194). Taylor & Francis. https://doi.org/10.4324/9780203413081

Ritchie, J., Spencer, L. & O'Connor, W. (2003). Carrying out qualitative analysis. In *Qualitative research practice: A guide for social science students and researchers* (S. 219–261). SAGE.

Ritsert, J. (1972). *Inhaltsanalyse und Ideologiekritik: Ein Versuch über kritische Sozialforschung.* Athenäum.

Rössler, P. (2017). *Inhaltsanalyse* (3. Aufl.). UVK Verlagsgesellschaft mbH mit UVK/Lucius.

Rost, F. (2018). *Lern- und Arbeitstechniken für das Studium* (8. Aufl.). Springer VS.

Rust, I. (2019). *Theoriegenerierung als explizite Phase in der qualitativen Inhaltsanalyse: Auf dem Weg zur Einlösung eines zentralen Versprechens der qualitativen Sozialforschung.* https://t1p.de/Theoriegenerierende-Inhaltsanalyse

Saldaña, J. (2013). *The coding manual for qualitative researchers* (2. Aufl.). SAGE.

Schlude, A., Mendel, U., Stürz, R. A. & Fischer, M. (2024). Verbreitung und Akzeptanz generativer KI an Schulen und Hochschulen. *Bidt DE.* https://www.bidt.digital/publikation/verbreitung-und-akzeptanz-generativer-ki-an-schulen-und-hochschulen

Schmidt, C. (2000). Analyse von Leitfadeninterviews. In U. Flick, E. von Kardorff & I. Steinke (Hrsg.), *Qualitative Forschung: Ein Handbuch* (S. 447–455). Rowohlt Taschenbuch Verlag.

Schmidt, C. (2010). Auswertungstechniken für Leitfadeninterviews. In B. Friebertshäuser & A. Prengel (Hrsg.), *Handbuch qualitativer Forschungsmethoden in der Erziehungswissenschaft* (3. Aufl., S. 473–486). Juventa.

Schnell, R., Hill, P. B. & Esser, E. (2018). *Methoden der empirischen Sozialforschung* (11. Aufl.). De Gruyter Oldenbourg.

Schreier, M. (2012). *Qualitative content analysis in practice.* SAGE.

Schreier, M. (2014). Varianten qualitativer Inhaltsanalyse. Ein Wegweiser im Dickicht der Begrifflichkeiten [59 Absätze]. *Forum Qualitative Sozialforschung/Forum: Qualitative Social Research, 15*(1), Art. 18. https://doi.org/10.17169/fqs-15.1.2043

Schründer-Lenzen, A. (1996). Inhaltsanalyse als Instrument methodisch kontrollierter Typenbildung: Das Textanalysesystem MAX in der Forschungspraxis. In W. Bos & C. Tarnai (Hrsg.), *Computergestützte Inhaltsanalyse in der empirischen Sozialwissenschaften: Theorie – Anwendung – Software* (S. 135–148). Waxmann.

Schütz, A. (1972). *Gesammelte Aufsätze.* Nijhoff.

Seale, C. (1999). *The quality of qualitative research.* SAGE.

Seale, C. & Silverman, D. (1997). Ensuring rigour in qualitative research. *The European Journal of Public Health, 7*(4), 379–384. https://doi.org/10.1093/eurpub/7.4.379

Silver, C. & Lewins, A. (2014). *Using software in qualitative research: A step-by-step guide* (2. Aufl.). SAGE.

Spencer, L., Ritchie, J., Lewis, J. & Dillon, L. (2003). *Quality in qualitative evaluation: A framework for assessing research evidence.* https://www.gov.uk/government/publications/government-social-research-framework-for-assessing-research-evidence

Sprenger, A. (1989). Teilnehmende Beobachtung in prekären Handlungssituationen: Das Beispiel Intensivstation. In R. Aster, H. Merkens & M. Repp (Hrsg.), *Teilnehmende Beobachtung: Werkstattberichte und methodologische Reflexionen* (S. 35–56). Campus.

Stamann, C., Janssen, M. & Schreier, M. (2016). Qualitative Inhaltsanalyse – Versuch einer Begriffsbestimmung und Systematisierung. *Forum Qualitative Sozialforschung/Forum: Qualitative Social Research, 17*(3), Art. 16. https://doi.org/10.17169/fqs-17.3.2581

Steigleder, S. (2008). *Die strukturierende qualitative Inhaltsanalyse im Praxistest: Eine konstruktiv kritische Studie zur Auswertungsmethodik von Philipp Mayring.* Tectum.

Steinke, I. (1999). *Kriterien qualitativer Forschung: Ansätze zur Bewertung qualitativ-empirischer Sozialforschung.* Juventa.

Steinke, I. (2007). Qualitätssicherung in der qualitativen Forschung. In U. Kuckartz, H. Grunenberg & T. Dresing (Hrsg.), *Qualitative Datenanalyse: Computergestützt* (S. 176–187). VS Verlag für Sozialwissenschaften. https://doi.org/10.1007/978-3-531-90665-2_11

Strauss, A. L. (1991). *Grundlagen qualitativer Sozialforschung: Datenanalyse und Theoriebildung in der empirischen soziologischen Forschung.* Fink.

Strauss, A. L. & Corbin, J. (1996). *Grounded Theory: Grundlagen Qualitativer Sozialforschung.* Beltz PVU.

Tashakkori, A. M., Johnson, R. B. & Teddlie, C. B. (2021). *Foundations of mixed methods research: Integrating quantitative and qualitative approaches in the social and behavioral sciences* (2. Aufl.). SAGE.

Tashakkori, A. M. & Teddlie, C. B. (2010). *Sage handbook of mixed methods in social & behavioral research* (2. Aufl.). SAGE.

Tenorth, H.-E. & Lüders, C. (1994). Methoden erziehungswissenschaftlicher Forschung: Hermeneutische Methoden. In D. Lenzen (Hrsg.), *Erziehungswissenschaft: Ein Grundkurs* (S. 519–542). Rowohlt Taschenbuch Verlag.

Tesch, R. (1990). *Qualitative research: Analysis types and software tools.* Falmer Press.

Uhlendorff, H. & Prengel, A. (2013). Forschungsperspektiven quantitativer Methoden im Verhältnis zu qualitativen Methoden. In B. Friebertshäuser, A. Langer & A. Prengel (Hrsg.), *Handbuch Qualitative Forschungsmethoden in der Erziehungswissenschaft* (4. Aufl., S. 137–148). Beltz Juventa.

Vogt, J. (2016). *Einladung zur Literaturwissenschaft* (7. Aufl.). Wilhelm Fink.